Beratung 2

dgvt Verlag

Die Buchreihe

Beratung

wird herausgegeben von

Prof. Dr. Frank Nestmann, Dresden
Prof. Dr. Hans Thiersch, Tübingen

Verlag

Tübingen

Ruth Großmaß

Psychische Krisen und sozialer Raum

Eine Sozialphänomenologie psychosozialer Beratung

Deutsche Gesellschaft für Verhaltenstherapie
Tübingen
2000

Anschrift der Autorin:

Ruth Großmaß
Universität Bielefeld
ZSB – Zentrale Studienberatung
Postfach 10 01 31
33501 Bielefeld

Die vorliegende Arbeit wurde als Dissertation an der Fakultät
Pädagogik der Universität Bielefeld angenommen.

Die Deutsche Bibliothek – CIP-Einheitsaufnahme

Ein Titeldatensatz für diese Publikation ist bei Der
Deutschen Bibliothek erhältlich

© 2000 dgvt-Verlag
Hechinger Straße 203
72072 Tübingen

Umschlag: Frank Engel, Bielefeld
Satz: VMR Monika Rohde, Bonn
Druck: Druckerei Deile GmbH, Tübingen
Bindung: Buchbinderei Nädele, Nehren

ISBN 3-87159-702-3

Inhalt

Vorwort

Der DGVT-Verlag legt mit Ruth Großmaß »Psychische Krisen und sozialer Raum« den zweiten Band einer neuen Reihe seines Programms vor. Nach den Versuchen der vergangenen Jahre, die Theorie und Praxis von Beratung auch in Deutschland zu einem konturierten wissenschaftlichen Publikationsschwerpunkt zu entwickeln, der der Bedeutung von Beratung als umfassendem und diversifiziertem Tätigkeitsfeld sozialpädagogischer und psychosozialer Profession angemessen ist, wollen Verlag und Verband diese Bemühungen nun in neuer Form bündeln und konzentrieren. Mit der »Einführung in die Beratung« von John McLeod, einem ebenso grundlegenden wie umfassenden Standardwerk zur Beratung und Beratungspsychologie, wurde die Reihe ›Beratung‹ eröffnet.
Die Bände

»Psychosoziale Beratung – KlientInnen – HelferInnen – Institutionen«,
herausgegeben von Manfred Beck, Gerhard Brückner und Heinz-Ulrich Thiel 1991
    und
»Beratung – Bausteine für eine interdisziplinäre Wissenschaft und Praxis«,
herausgegeben von Frank Nestmann 1997

waren wichtige Vorläufer für die Bestrebungen, Beratung als *eigenständiges* theoretisches Modell, als *eigenständige* professionelle Handlungsorientierung und Methode und als *eigenständige* empirische Forschungsdomäne zu profilieren – in einem ebenso *eigenständigen* interdisziplinären Diskurs.
    Erst in einer solchen Perspektive hört Beratung auf, die ›kleine Psychotherapie‹ der Klinischen Psychologie zu sein, wird Beratung nicht mehr reduziert auf eine ‹Sonderform von Erziehung› in der Pädagogik. Beratung lässt sich dann auch nicht mehr als ›Methodenfassette‹ sozialarbeiterischer/sozialpädagogischer Intervention subsumieren und Beratung kann sich erst dann auch vom schlichten Informationstransfer abgrenzen.
    Beratungstheorie, Beratungspraxis, Beratungsmethode, aber auch Beratungsforschung und Beratungsausbildung sind die Schwerpunkte der Beratungsreihe des DGVT-Verlags, die die Geschichte und die Geschichten eines ebenso ›klassischen‹ wie konzeptionell vernachlässigten psychosozialen und sozialpädagogischen Arbeitsfeldes rekonstruieren will. Die Gegenwart beraterischen Denkens und Handelns soll analysiert und die möglichen Zukünfte und Perspektiven von Beratung sollen entworfen werden.

    Die einzelnen Bände der Reihe wenden sich an WissenschaftlerInnen und Studierende genau so wie an PraktikerInnen von Beratung, aber auch der Beratungsadministration und Beratungspolitik werden neue Zugänge eröffnet.

Sie werden eine möglichst große Bandbreite sozialer, psychosozialer, gesundheitlicher wie auch bildungs- und berufsbezogener Beratungsfelder widerspiegeln, die sich heute immer stärker überschneiden und dabei Theorie- und Praxistraditionen wie Entwicklungen unterschiedlicher Leitdisziplinen – insbesondere der Psychologie, Pädagogik, Philosophie, Soziologie und Sozialarbeit – zusammenführen.

Wenn auch mit jeweils verschiedener Schwerpunktsetzung sollen die einzelnen Bände sowohl eine Vermittlung von Konzepten und Anwendungen, von Theorie und Empirie, auch von methodischem Beratungshandeln und gesellschaftlich-institutionellem Kontext anstreben. Ziel ist es hierbei, ein in der hochentwickelten anglo-amerikanischen Counselling-Wissenschaft und -Ausbildung generiertes PraktikerInnen-ForscherInnen-Modell auch in der bisher unterentwickelten deutschsprachigen Fachdiskussion und in der professionellen Praxis zu etablieren.

Im Beratungsbereich, in dem z. B. die Modellbildung und die Forschung weit hinter einem in vielen Feldern etablierten beruflichen Beratungsalltag zurückliegen, wird es vor allem nötig, grundlegende Diskussionen um das Selbstverständnis und die Selbstdefinition von Beratung und BeraterInnen, um Menschenbilder, um Anlässe, Funktions- und Zielvorstellungen, um neue Strategien und alternative methodische Orientierungen zu führen. Die jeweiligen sozialen, ökonomischen und ökologischen Wirkungskontexte und die gegebenen institutionell-organisatorischen Rahmenbedingungen des Beratens sind (neu) zu bestimmen und zu diskutieren.

»Psychische Krisen und sozialer Raum – eine Sozialphänomenologie psychosozialer Beratung«

Die Arbeit von Ruth Großmaß – langjährige Beraterin in der Zentralen Studentenberatung an der Universität Bielefeld – verkörpert in mehrerer Hinsicht dieses Anliegen der neuen Beratungsreihe in geradezu idealer Weise – komprimiert in einem Band.

Zunächst gelingt es hier einer Beratungspraktikerin, die (als Philosophin) auch konzeptionelle Beratungsdebatten in Deutschland über lange Jahre mitverfolgt und mitgeführt hat, am Beispiel ihres universitären Beratungsfeldes die enge Verwobenheit und gegenseitige Durchdringung von Beratungstheorie und Beratungspraxis (und -methode) in einer spezifischen Beratungsinstitution und einem spezifischen Beratungskontext überzeugend aufzudecken.

Psychosoziale Beratungsangebote strukturieren in jeweils unterschiedlicher Form den Übergang von Öffentlichkeit zu Privatheit und Persönlichem – über Informationen, räumliche Gestaltungen und die kommunikative Kompetenz der Beratenden – und sie tun es eingebunden in die Interessen einer in größere sozialpolitische Funktionen integrierten Institution.

Die Autorin bietet in diesem Rahmen eine differenzierte exemplarische Beschreibung und Analyse eines Beratungsfeldes »von innen«. Was geschieht in der Beratungseinrichtung wirklich? Was tun die Berater und Beraterinnen und unter welcher professionellen Perspektive tun sie es? Beratungsalltag einerseits und herrschender pädagogisch-psychologisch wissenschaftlicher Beratungsdiskurs andererseits sind die Grundlagen dieser Betrachtungen, die mit einer gesellschaftlichen ›Außensicht‹ auf Beratung – z.B. der Definition ihres historischen Auftrags und der Analyse ihrer jeweils zeitabhängigen Funktionen – konfrontiert werden.

Am Beispiel der Geschichte und Entwicklung der Gesundheitsberatung/Sexualberatung wie der Bildungs-/Berufs- und Studentenberatung werden die historischen Voraussetzungen von psychosozialer Beratung rekonstruiert. Ruth Großmaß liefert hierbei nicht nur ein Beispiel einer gelungenen konflikt- und interessensensiblen Beratungsgeschichtsschreibung, die die heutige Beratungsentwicklungen in neuem Licht erscheinen lässt, sondern sie rückt auch Beratungsfelder ins Zentrum, die in der bisherigen psychosozialen Beratungsdiskussion unberechtigterweise nur eine Randexistenz führten.

Ein weiteres großes Verdienst dieses Buches ist das Durchbrechen einer inzwischen allzu oft redundanten konzeptionellen Beratungsdiskussion, die Großmaß ganz zu Recht als ›steril‹ charakterisiert durch das Anlegen zweier in diesem Zusammenhang ›neuer‹ soziologischer Theoriefolien. Erstmals in dieser Form wird ein Zugang zu psychosozialer Beratung als sozialem System über Luhmanns Systemtheorie gesucht und erstmals wird Beratung (für Studierende an der Universität) unter der Perspektive des sozialen Feldes als strukturiertem Raum und des Habitus als strukturierter Subjektivität nach der Theorie Bourdieus betrachtet. Der Reduktionismus herrschender Beratungsdefinitionen, die oft genug um scheinbar altruistische Klientenorientierung und/oder therapeutischen Technizismus kreisen, wird offensichtlich. Beratungseinrichtungen kommunizieren nach Großmaß mit politischen Systemen (Trägern), mit Umweltsystemen (Handlungskontexten) und mit den Klientensystemen (Nutzern).

Wie funktioniert psychosoziale Beratung als soziales System und wie ist der Bezug zum psychischen System (der Handelnden) herstellbar? Wie ist die jeweilige Beratungsorganisation in die sie umgebenden sozialen Felder eingebunden? In welchen Macht-, Interessen- und Ressourcenkonstellationen handeln die BeraterInnen? Wie prägt der hier vorherrschende Habitus ihre Orientierungen und ihre Praxis?

Ruth Großmaß versteht es, die anspruchsvollen theoretischen Folien in einer Art und Weise mit dem Analysegegenstand psychosoziale Studien- und Studentenberatung zu vermitteln, die nichts von der Authentizität und der Relevanz ihrer Praxisbeobachtungen und -interpretationen gefährdet. So gelingt ihr eine neue interdisziplinäre Perspektive auf psychosoziale Beratung über, wie sie es selbst nennt, »so etwas wie eine theoretisch fundierte Sozialphänomenologie«, die auch für andere Beratungsfelder lohnend, ja notwendig wäre – nicht nur in analytischer, sondern auch in gestaltender Absicht.

Insofern belässt es Ruth Großmaß auch nicht bei ihrer Analyse, sondern formuliert neue Anforderungen an Beratungseinrichtungen und BeraterInnen, die der Komplexität ihrer Kommunikationsstrukturen (›als System agieren‹) ebenso gerecht werden wie ihren spezifischen Aufgabenkontexten (›an der Semantik des Feldes arbeiten‹) und ihren Nutzerbedürfnissen (›an der Semantik der Gefühle arbeiten‹).

Wir wünschen dem vorgelegten Buch den verdienten LeserInnenzuspruch und der DGVT-Beratungsreihe mit diesem zweiten Band einen weiteren Erfolg auf dem Weg, auch in Deutschland eine neue anspruchsvolle Diskussion über Wissenschaft und Praxis der Beratung zu etablieren.

Frank Nestmann
Hans Thiersch

0 Einleitung:
Welchen Klärungsbedarf gibt es?

Sich in sehr grundsätzlicher Weise ausgerechnet mit Beratung auseinander zusetzen, scheint auf den ersten Blick weder sehr dringlich noch sehr ergiebig zu sein. Stellt sich doch das, was unter »Beratung« zu verstehen ist, im Rahmen der Infrastruktur ausdifferenzierter Gesellschaften (und nur da kommt Beratung als eigenständiges Angebot vor) zunächst einmal als eine relativ klare Angelegenheit dar. Beratung ist zu einem Alltagsphänomen geworden; sie begegnet einem in den unterschiedlichsten Lebensbereichen: als Verkaufsberatung, als Anlageberatung, als Umweltberatung, als Bildungs- und Ausbildungsberatung, als Berufsberatung, als Bürgerberatung und eben auch als psychosoziale Beratung. In der öffentlichen Wahrnehmung solcher Angebote hat »Beratung« die Bedeutung eines Gesprächs, in dem man etwas erfährt, ohne selbst in seinem weiteren Tun festgelegt zu werden. Wer Beratung in Anspruch nimmt, will nicht, daß »Maßnahmen« ergriffen werden, sondern erhofft sich vielmehr – je nach Art der Beratung – Anregungen, neue Orientierung, emotionale Unterstützung und/oder die Eröffnung neuer Handlungsmöglichkeiten. Diese Bedeutung von Beratung – Orientierungshilfe zu bekommen, ohne im eigenen Handlungsspielraum eingeschränkt zu werden – gilt für alle Beratungsangebote, und sie ergibt sich für jeden Bereich, in dem Beratung auftritt, aus einer Kombination von alltagssprachlichen Assoziationen einerseits und je spezifischen Kontextsignalen andererseits. So werden meist Metaphern aus dem alltäglichen Umgang aktiviert: »sich beraten«, »Rat suchen«, »mit Rat und Tat zur Seite stehen«. Und zugleich tritt Beratung immer innerhalb eines bestimmten sozialen Kontextes auf, auf den bezogen die angesprochenen Assoziationen ihre spezielle Bedeutung bekommen. Dieser Kontextbezug enthält in der Regel sowohl eine Zuordnung als auch eine Abgrenzung: Beratung gehört einerseits immer dem gesellschaftlichen Teilbereich an, in dem man sie vorfindet. Im Kontext von Ökonomie erwartet man keinen Altruismus, im kirchlichen Feld keinen radikalen Skeptizismus. Andererseits tritt Beratung aber zugleich in Abgrenzung von etwas auf, das man in diesem Bereich von Gesellschaft auch antreffen kann und das eher negativ konnotiert ist: Die Bildungsberatung tritt an die Stelle von Selektion durch Prüfungen und Benotung. Die Ausbildungsberatung der Handwerkskammern ersetzt die berufsständische Kontrolle des Lehrlings. Und psychosoziale Beratung wird häufig als etwas beschrieben, das an die Stelle von (mit Zwang verbundenen) Sozialfürsorgemaßnahmen tritt (s. Kaskos, 1978; Nestmann, 1981; Hörmann, 1985). Selbst die »Verkaufsberatung« benutzt diese Figur, indem sie sich von manipulativen Verkaufsgesprächen abgrenzt und die Kaufinteressen der Kunden in den Vordergrund stellt. – Mit dem Merkmal »Orientierungsangebot ohne Manipulation oder Zwang« läßt sich, so könnte man sagen, jede Form von Beratung zunächst einmal beschreiben.

Deutliche Unterscheidungen zwischen verschiedenen Beratungsformen ergeben sich erst, wenn man auf die Inhalte und *Themen* schaut, um die es jeweils gehen soll. Zu welchem Fragenbereich etwas zu erfahren ist, läßt sich in vielen Fällen aus dem Namen des Angebotes ableiten. »Umweltberatung« beschäftigt sich mit praktisch-ökologischen Themen; in der Verkaufsberatung eines Autohauses dreht es sich um den Kauf eines Autos. In der Ausbildungsberatung werden Konflikte zwischen Auszubildendem und ausbildendem Betrieb thematisiert. Daß es in psychosozialen Beratungsangeboten um Psychisches und/oder Soziales geht, ist dagegen – hier deutet sich eine Differenz zu anderen Beratungsangeboten an – nur dem Fachjargon zu entnehmen, im Namen einer Beratungsstelle tauchen die beiden Begriffe in der Regel nicht auf. Psychosoziale Beratungseinrichtungen führen in ihrem Namen häufiger ein einzelnes lebensweltliches Phänomen, so die *Drogen*beratung, die *Sucht*beratung, die *Erziehungs*beratung, die *Schulden*beratung oder die *Studien*beratung. Dabei handelt es sich um Phänomene, mit denen man Schwierigkeiten haben kann; daß Beratung auf solche Schwierigkeiten Bezug nimmt, ist dem Namen des Beratungsangebotes allerdings nicht zu entnehmen. Andere psychosoziale Beratungsangebote bezeichnen sich nach der Personengruppe, für die sie Zuständigkeit beanspruchen; dies gilt z. B. für die *Frauen*beratung, die *Studenten*beratung, die *Mütter*beratung, die *Schüler*beratung, die *Senioren*beratung und die *Eltern*beratung; und auch in diesem Fall deutet zunächst einmal nichts darauf hin, warum und in bezug auf was dieser Personengruppe jeweils Beratungsbedarf unterstellt wird. Psychosoziale Beratung ist auf Grund dieses betont sachlich-nüchternen Auftretens nach außen nicht in jedem Fall sofort als solche zu erkennen.

Man kommt der Sache näher, wenn man die Themen, die jeweils behandelt werden, daraufhin befragt, welchen Ort sie im Alltagsleben einnehmen. Gehören sie in den Bereich des problemlos öffentlich Verhandelbaren oder berühren sie die Intimsphäre einer Person? Im Gesamtspektrum von Beratung kommen beide Themensorten vor: Wenn man einen Geschäftsabschluß vorbereiten will oder als Verbraucherberatung Konsumentenaufklärung betreibt, wenn Informationen über Studiengänge abgefragt werden oder Schullaufbahnberatung erfolgt – in all diesen Fällen liegen die Themen im Bereich von Konsum und Bildung und gehören damit zu den auch im Alltag öffentlich verhandelbaren Angelegenheiten. Zwar möchte man vielleicht nicht, daß jedermann weiß, wie es im eigenen Leben genau um diese Bereiche steht (Konto-Stand; Zeugnisnoten) – *daß* man mit diesen Lebensbereichen zu tun hat und für einzelne Entscheidung Beratung in Anspruch nimmt, darf jedoch sichtbar sein bzw. darauf läßt man sich auch ansprechen. Werden allerdings Drogenprobleme bearbeitet oder Fragen der Studieneignung und -motivation erörtert, geht es um Erziehungsprobleme von Eltern oder um Sexualstörungen von Jugendlichen, dann reichen die Fragen in den Bereich des Persönlich-Intimen, für den es einen Anspruch auf Schutz vor öffentlichem Zugriff gibt.

Das auf diese Weise deutlich werdende Spezifikum psychosozialer Beratung ist für ein institutionelles Beratungsangebot insofern gravierend, als die Legitimität einer direkten Einflußnahme auf Personen in demokratisch verfaßten Gesellschaften genau entlang dieser Grenze zwischen öffentlich Zugänglichem und Privat-Persönlichem verläuft. Eingriffe in den Bereich des Persönlichen sind zwar nicht gänzlich ausge-

14

schlossen, bedürfen aber der besonderen Legitimation. Und als legitime Eingriffe in das Leben von Personen gelten heute ausschließlich drei (staatlich kontrollierte) Bereiche: »Sozialisation als Einpassung der Person in Primärgruppen und Gesellschaft, Erziehung und Ausbildung als Vermittlung notwendiger Expertise für den materiellen (heute gesellschaftlich vermittelten) Reproduktionsprozeß«, sowie Maßnahmen der »Resozialisation« (Willke, 1994, S. 92). Beratung gehört keinem dieser drei Bereiche an, auch da, wo sie Bildungs- und Ausbildungsmaßnahmen zugeordnet ist. Beratungsangebote zu persönlichen Problemen stellen daher ein heikles Terrain dar; und das Thematisieren persönlich-intimer Fragen in einem quasi-öffentlichen Raum, wie ihn eine Beratungseinrichtung darstellt, erfordert besondere Schutzmaßnahmen, die die Vertraulichkeit des Mitgeteilten wahren. Psychosoziale Beratungseinrichtungen lösen dieses Problem, indem sie sich eine besondere Struktur geben, durch die der Übergang vom öffentlichen Raum zum professionellen Gespräch über Persönliches gestaltet wird. Obwohl die Formen dieser Struktur angebotsspezifisch variieren, lassen sich doch durchgängig vier Elemente feststellen:

◆ Im *Außenbild* psychosozialer Beratungseinrichtungen wird der Punkt, in dem sich psychosoziale Beratung von allen anderen Beratungsformen unterscheidet – ihre Themen reichen ins Privat-Persönliche – in der Regel nicht besonders deutlich gemacht. Er wird weder im Namen der Einrichtung genannt, noch gibt es in den Beschreibungen psychosozialer Beratungsangebote eindeutige Hinweise darauf. Es scheint vielmehr so, als legten Beratungseinrichtungen im psychosozialen Bereich Wert darauf, ihr heikles Gesprächsangebot betont unspektakulär und unauffällig zu beschreiben. Zwar kommen »Ängste«, »Befindlichkeiten«, »persönliche Probleme« als Worte in den Prospekten, Plakaten und Ankündigungen von Beratungseinrichtungen vor, doch meist bleibt der Ton so sachlich und nüchtern, als handle es sich um Themen, über die ganz selbstverständlich verhandelt werden kann. Dadurch erscheint die Differenz psychosozialer Beratung zu allen anderen Beratungsformen kleiner, als sie ist. Psychosoziale Beratung tritt auf, als sei sie ein Orientierungsangebot neben anderen. Für diejenigen, die von ihren je individuellen Problemen ausgehend, eine Beratung in Anspruch nehmen möchten, ist die auf diese Weise für das Gesamtspektrum von Beratung hergestellte Form von diffuser Klarheit vermutlich ganz nützlich, ermöglicht sie doch, jeweils relativ unterschiedliche individuelle Anliegen mit einer »Beratung« zu verknüpfen und Beratungsmöglichkeiten entsprechend zu nutzen, ohne sich vorweg damit befassen zu müssen, auf welcher Ebene (persönlich-emotional; sachlich-institutionell) ihre Themen zu bearbeiten sind, ob die gewählte Präsentation der eigenen Person in der Kommunikation gewahrt bleibt (und damit Bestätigung erfährt) oder ob Intim-Persönliches zur Sprache kommen, Emotionen ausbrechen – »Peinlichkeit« entstehen kann.

◆ Sowohl in der Außendarstellung von Beratungsstellen (bei öffentlichen Vorträgen z.B.) als auch in der internen Kommunikation einer Einrichtung spielen *Informationen und Aufklärung* über den Lebensbereich, der qua Aufgabenstellung im Zentrum der Arbeit steht, eine große Rolle. Jede Beratungseinrichtung hält ein (aufgaben-)spezifisches Set an Informationen bereit, die in der Arbeit benötigt werden. Diese »sachliche« Seite der Beratungsarbeit ist sowohl Zweck für sich – wer die Einrichtung nutzt, soll über diese Informationen verfügen können – als auch ein möglicher Übergang zum Thematisieren persönlicher Probleme: Wer möchte, kann im Anschluß an eine Auskunft eigenes Betroffensein mitteilen; wer über Persönliches nicht sprechen will, kann bei der eher unpersönlichen Form des Einholens von Informationen bleiben; wer in einem Gespräch merkt, daß die Thematik zu »nah« wird, kann sich auf die Seite der Sachinformation zurückziehen.

◆ Damit der Übergang zu persönlichen Themen möglich wird, sind auch *räumliche Voraussetzungen* erforderlich. Beratungsstellen zentrieren ihre Arbeit meist um einen leicht zugänglichen, die Informationsseite deutlich herausstellenden »öffentlichen« Raum herum, der jedoch zugleich (z.B. durch die räumliche Anordnung von Regalen und Sitzmöglichkeiten) dazu einlädt, individuell verschiedenen Fragebedürfnissen nachzugehen. Für Einzelgespräche gibt es Nischen oder abgegrenzte Räume; und die Kommunikation über im engeren Sinne »Psychisches« findet in Bereichen der Einrichtung statt, die dem »öffentlichen« Blick nicht zugänglich sind (Gruppenräume, Sprechzimmer der Mitarbeiter/innen). Insgesamt bemüht man sich, dafür zu sorgen, daß Sachlichkeit möglich bleibt und zugleich bereits beim Betreten einer Beratungsstelle die »wohnliche« Atmosphäre der Ausstattung auf Privat-Persönliches einstimmt.

◆ Um den durch Außendarstellung, Informationsangebot und räumliche Ausstattung möglich gewordenen Übergang vom öffentlichen Raum in die personenbezogene Beratung auf eine Weise zu realisieren, die das Thematisieren von Intim-Persönlichem ermöglicht, jedoch nicht erzwingt, sind schließlich als vierte Bedingung auf seiten der Berater ganz andere *kommunikative Kompetenzen* erforderlich als beim Besprechen anderer Themenbereiche. Es gilt, den Übergang zu erleichtern zu einem Gespräch, das Persönliches tangiert, und es gilt, Formen für die Rückkehr in die Umgangsstile des Alltags zu finden. Für die Beratungsarbeit insgesamt sind Settings und Kommunikationsformen zu entwickeln und zu etablieren, die den institutionellen Auftrag der Beratungseinrichtung und die mehr oder weniger deutlich artikulierten Bedürfnisse derer, die Beratung suchen, aufeinander beziehbar machen. In der Art, wie diese Balance kommunikativ hergestellt wird, zeigt sich das Spezifikum psychosozialer Beratung noch einmal, nun an dem unterschiedlichen Maß, in dem inhaltliche Eigeninteressen der an einer Beratung Beteiligten die Kommunikation strukturieren. Hierzu einige Erläuterungen: Jede Kommunikation erhält Struktur durch das Ausbalancieren der Gesprächsinteressen der Beteiligten, und in der Regel sind diese Interessen beidseitig und (zumindest auch) thematisch-inhaltlicher Art. In einem Beratungsgespräch sollen nun die Gesprächsinteressen nicht gleichgewichtig, sondern zugunsten des Klienten oder der Klientin verschoben sein. Es geht um die Anliegen der Klientel, und das Eigeninteresse auf Beraterseite besteht ausschließlich darin, Beratungskommunikation zu ermöglichen. Damit ist eine wichtige Form der Strukturierung von Gesprächen unsicher geworden. Denn: je mehr materiell-inhaltliche Eigeninteressen auf der Seite der Anbieter vorhanden sein dürfen – so läßt sich zuspitzen – desto deutlicher ist die Strukturierung der Situation durch dieses Interesse bestimmt, desto mehr werden die Gesprächsinhalte auch von Beraterseite bestimmt (und desto klarer ist der »Beratungs«anteil mit kundenfreundlicher Gesprächsführung identisch). Und umgekehrt: Je mehr in einem Gespräch die Exploration der Interessen der Klientel im Vordergrund steht, desto weniger Gesprächsstruktur ist von Beraterseite durch inhaltliche Vorgaben herzustellen und desto deutlicher muß auch die Struktur, die ein Beratungsangebot herstellt, wiederum die Merkmale bestimmter Unbestimmtheit tragen.

Wie diese vier Bedingungen des Übergangs vom Öffentlichen zum Persönlichen im einzelnen in einer Beratungseinrichtung hergestellt werden, kann sehr unterschiedlich sein und hängt von der inhaltlichen Aufgabe, der angesprochenen Personengruppe und den Strukturen des umgebenden Feldes ab. – Wer mit Kindern arbeitet, benötigt andere Räumlichkeiten, andere Informationsmaterialen und ein anderes Kommunikationsrepertoire als ein Einrichtung für Spielsüchtige. Und diese wiederum hat andere Aufklärungsschwerpunkte, eine andere räumliche Ausstattung, einen anderen Umgangsstil als eine Frauenberatungsstelle, Pro Familia*[1] oder eine Studentenberatung. Man könnte sagen: Je institutionalisierter das soziale Feld ist, auf das sich ein Beratungsangebot bezieht, desto größer der Stellenwert von Informationen und desto höher zugleich die Bedeutung selbstreflexiven Sprechens, sobald es um persönliche Themen geht. Und umgekehrt: Je näher an den privaten Lebenswelten ein Beratungsangebot angesiedelt ist, desto alltagsweltlicher die räumliche Ausstattung und desto stärker materiell gebunden die Kommunikation. Wie sehr sich psychosoziale Beratungseinrichtungen im Detail auch voneinander unterscheiden, die Strukturierung des Übergangs vom öffentlichen Raum zum professionellen Gespräch über Persönliches via räumliche Gestaltung, Informationsmaterialien und kommunikative Kompetenz findet sich in jedem dieser Angebote. Damit hat sich die auf den ersten Blick relativ einfach scheinende Beschreibung von »Beratung« – zumindest für Beratung im psychosozialen Bereich – in eine sehr komplexe Angelegenheit verwandelt.

Die bis hierhin verfolgten Überlegungen unterlagen insofern einer beschränkten Perspektive, als ausschließlich beratungsinterne Aspekte und die Sicht potentieller Klienten berücksichtigt wurde. Die Komplexität des Phänomens »psychosoziale Beratung« nimmt noch einmal zu, wenn man einbezieht, daß ja gerade diese Form von Beratung nicht aus sich selbst heraus existiert, sondern einen sozialpolitischen Auftrag erfüllt. Beratung soll, so läßt sich dieser Auftrag allgemein fassen, auf die Probleme einzelner in bestimmten Lebensbereichen einwirken, damit diese Personen selbst nicht zu einem (sozialen oder politischen) Problem werden. Das professionelle Inter-

---

1.   S. hier wie bei allen weiteren mit * versehenen Kurznamen und Abkürzungen das Abkürzungsverzeichnis am Ende des Buches.

esse von Berater/inne/n, Beratungskommunikation zu ermöglichen, ist also auch noch mit einem institutionellen Interesse verknüpft. Dieses durch den sozialpolitischen Auftrag jeder Beratungseinrichtung bewirkte institutionelle Interesse soll jedoch kein Interesse an einem bestimmten Beratungsergebnis im Einzelfall sein. Es geht vielmehr darum, den Auftrag der Institution aufs Ganze gesehen zu erfüllen; z. B. die Drogenprobleme einer Kommune einzugrenzen oder die Studienabbrecherquote zu senken oder generell zu einem konfliktärmeren Sozialleben des Umfeldes beizutragen. Daß Beratung zwar nicht direkt einwirken, aber doch sozialpolitisch wirksam sein soll, ist einer der Gründe dafür, daß im politischen Raum immer nur kontrovers darüber diskutiert wird. Einerseits wird Effektivität eines Beratungsangebotes (im Sinne des sozialpolitischen Auftrags) gefordert/beschworen; andererseits ist sie kaum nachzuweisen. Dies ist deshalb brisant, weil Beratungseinrichtungen von positiver Resonanz in der Öffentlichkeit abhängig sind. Die Sicherstellung eines Beratungsangebotes ist nämlich – wegen des prekären Übergangs vom Öffentlichen zum Persönlichen – auf eine Reihe äußerer Rahmenbedingungen angewiesen. So sollte die Finanzierung nicht zu Lasten der einzelnen gehen und geklärt sein, bevor eine Beratung beginnt – was für eine Finanzierung der Einrichtung aus öffentlichen Mitteln spricht. Um die Vertraulichkeit intim-persönlicher Mitteilungen zu schützen, ist zu gewährleisten, daß Zugriffe auf Beratungsdaten und -themen ausgeschlossen sind. Der notwendige Verzicht auf die Realisierung von Eigeninteressen – seien sie inhaltlicher, ökonomischer, emotionaler oder sexuell-erotischer Art – schließlich bedarf hoher berufsethischer Standards. All diese Voraussetzungen sind nicht einfach so gegeben, sondern müssen hergestellt und finanziert werden. Psychosoziale Beratung ist daher auch ein Gegenstand öffentlicher Auseinandersetzung und ein Praxisfeld, in dem Finanzierungskämpfe kontinuierliche Begleitung sind.

Faßt man die bisher angesprochenen Aspekte zusammen, dann ergeben sich vier zentrale Merkmale psychosozialer Beratungsarbeit:

◆ Psychosoziale Beratung gehört von außen (und d.h. auch aus der Perspektive möglicher Klient/inn/en) betrachtet in ein breites Spektrum von Beratungsangeboten, von denen es sich zunächst einmal nicht besonders abhebt.

◆ Ein Spezifikum psychosozialer Beratung liegt in den Themenbereichen, die verhandelbar sein sollen. Psychosoziale Beratung beschäftigt sich mit Themen, die ins Persönlich-Intime reichen und dem öffentlichen Zugriff nicht unterliegen. Dies macht besondere Maßnahmen zum Schutze persönlicher Mitteilung erforderlich.

◆ Da für Angebote psychosozialer Beratung Eigeninteressen (persönlicher oder institutioneller Art) nicht als Strukturierungsmittel für Setting und Kommunikation fungieren, vielmehr die Explorierung der Anliegen des Klienten oder der Klientin bestimmend sein soll, sind Offenheit und Unbestimmtheit hinsichtlich der Gesprächsinhalte Bestandteil von Beratungskonzepten.

◆ Psychosoziale Beratung bedarf bestimmter Rahmenbedingungen (Finanzierung, Vertrauensschutz, professionelle Qualität der Arbeit), die in irgendeiner Form öffentlich sicherzustellen sind.

Betrachtet man psychosoziale Beratung als ein *Feld der beruflichen Praxis*, das durch die skizzierten Merkmale gekennzeichnet ist, dann stellt sich die Frage, wie unter professionellen Gesichtspunkten mit einem so komplexen Feld umgegangen werden kann. Oder anders gefragt: Wie entstehen Arbeitskonzepte für psychosoziale Beratung und werden sie den genannten Merkmalen gerecht? Deutlich ist, daß die Struktur einer Beratungsstelle und die Form, in der die verschiedenen Übergänge vom öffentlichen Raum zu sehr personennahen und persönlichen Gesprächsformen kommunikativ abgesichert werden, nicht unmittelbar aus Theorien oder Bedarfserhebungen abgeleitet werden können. Doch wie entstehen sie dann?

Geht man von dem Etablierungsprozeß von Beratungsstellen aus, dann läßt sich konstatieren: Die Konzeptionen, die in der Praxis einer Beratungsstelle wirksam werden, entstehen nicht in Form von Entwürfen oder Expertisen, sondern prozessual in der praktischen Arbeit, einfach dadurch, daß ein Team dem Auftrag, psychosoziale Beratung (mit einem bestimmten inhaltlichen Schwerpunkt und/oder für eine spezielle Klientel) anzubieten, eine nach außen und innen beschreibbare Form zu geben versucht.

Konzeptentwicklung geschieht also in einer ähnlich unstrukturierten Ausgangskonstellation, wie sie für die Serviceleistung Beratung insgesamt kennzeichnend ist: Bei der Etablierung einer Beratungseinrichtung gibt es einen meist schwer zu operationalisierenden Arbeitsauftrag vom Typ »Orientierungshilfe/Prophylaxeangebote bieten für ...«. Vom Träger der Einrichtung wird eine Ausstattung an Personal- und Sachmitteln bereitgestellt und eine Situierung in einem sozialen Feld vorgenommen. Und auf dieser Grundlage werden dann durch Erproben von Angeboten (Sprechstunden, Kurse ...) und Reagieren auf entstehende Nachfrage Arbeitskonzepte entwickelt. Ist eine passende Arbeitsstruktur etabliert, dann ist der Prozeß der Konzeptbildung damit nicht abgeschlossen; vielmehr setzt er sich entlang der hergestellten Struktur fort: Beratungsbedürfnisse ändern sich; das Sicherheitsbedürfnis für den Schutz der Privatsphäre unterliegt kulturell-atmosphärischen Verschiebungen; die Personengruppen, die die Beratung nutzen, wechseln – Beratungskonzepte unterliegen kontinuierlich Veränderungsprozessen. Betrachtet man die berufliche Praxis bestehender Beratungseinrichtungen, dann ist dieser Prozeß der (Weiter-)Entwicklung der eigenen Arbeitskonzepte und der Anpassung des Angebotes an die sich verändernden Bedingungen und Nachfragen etwas, das sich fast naturwüchsig ergibt – durch Trägervorgaben, Kooperationsbeziehungen zu anderen Einrichtungen und sich ergebende Nachfrage werden Konzeptveränderungen vorangetriebenen, sie sind selten das Ergebnis bewußter Planung. Dies hat (neben Gründen, die im Status und in der Belastung von Beratungsstellen liegen) auch damit zu tun, daß die dafür erforderlichen Instrumente nicht so ohne weiteres zur Verfügung stehen.

Eine flexible und (da prozeßbezogen) auch nicht abschließbare Konzeptentwicklung bedarf eines Bezugsrahmens, auf den sowohl hinsichtlich der theoretischen Orientierungen als auch hinsichtlich der kommunikativen Methoden, zurückgegriffen werden kann. Ein solcher Bezugsrahmen ist jedoch für die Beratungsarbeit wie für die Arbeit im psychosozialen Bereich insgesamt nicht einfach gegeben. Beratung kann sich weder für ihre wissenschaftliche Grundlegung auf eine abgegrenzte Disziplin oder Wissenschaft beziehen, noch in ihren Methoden und Techniken auf das abgegrenzte Repertoire einer etablierten Praxis verlassen. Sie stützt sich vielmehr theoretisch auf ein breites Spektrum sozialwissenschaftlicher Erkenntnisse. Und in ihren praktischen Methoden und Arbeitsformen greifen Beratungsangebote auf Verfahren der Psychotherapie, auf Methoden der Gruppenarbeit sowie auf die Arbeitsformen der politischen Bildung zurück. Durch die damit gegebene Vielfalt von Arbeitsformen und Selbstbeschreibungen entsteht – von außen betrachtet – leicht der Eindruck eines Sammelsuriums, aus dem die Anbieter bzw. Ausüber von Beratung jeweils mit einer gewissen Beliebigkeit das ihnen passend Erscheinende auswählen. Ob Körperarbeit oder die Vermittlung von Informationen im Vordergrund steht, ob Einzelgespräche oder therapeutische Gruppensettings bevorzugt werden, ob mit Krankheitsbildern und Störungen operiert wird oder Gesundheit/Kreativität in den Beschreibungen vorherrscht – all das scheint eher eine Frage des Geschmacks oder der persönlichen Ausrichtung zu sein als Ergebnis von Analyse, Wissen und Handlungskonzepten. Und dennoch kann gerade in einer solchen Unsystematik des Erscheinungsbildes ein funktionstüchtiges Beratungskonzept zum Tragen kommen. Hier Transparenz herzustellen, kann nur nützlich sein.

Hat man die bis zu diesem Punkt vorgestellten Überlegungen vor Augen, dann ist deutlich, daß es sich bei psychosozialer Beratung (im Gegensatz zu den zu Beginn geäußerten Vermutungen) keineswegs um eine klare Angelegenheit handelt, die in sehr grundsätzlicher Weise zu thematisieren, nicht ansteht. Im Gegenteil: Um psychosoziale Beratung als ein Praxisfeld zu verstehen, das durch die Dynamik bestimmt ist, die sich aus der hier skizzierten Spannung von *Innen- und Außensicht, gesellschaftlicher Funktion und inhaltlicher Ausfüllung* ergibt, sind grundsätzliche Reflexionen erforderlich und muß die Perspektive relativ weit gefaßt werden. Es reicht nicht aus, sich auf die Beschreibungen zu verlassen, die von jeweils einem der unterschiedlichen Diskurse geliefert werden, die sich heute u.a. auch mit Beratung beschäftigen. Beratung ist weder als eine sich etablierende »neue« Profession[2] zureichend beschrieben – obwohl diese Beschreibung zutrifft. Noch läßt sich Beratung durch einen pädagogisch-psychologischen Diskurs angemessen erfassen, der sich auf die Metareflexion von Beratung beschränkt bzw. die sozialwissenschaftlichen Kenntnisse zusammenträgt, die Lebenssituation und Problemlage bestimmter Klientelgruppen beschrei-

---

2. Die inzwischen breite Professionalisierungsdebatte für Handlungsfelder im Bereich Sozialarbeit und Pädagogik, in der der Beratungsbegriff eine wichtige Rolle spielt, kann hier nicht wiedergegeben werden, sondern wird vorausgesetzt.
    Entsprechendes gilt für die Verschiebung von Professionen im Gesundheitswesen, die Beratung von der anderen Seite tangieren. S. hierzu Döhler, 1997.

ben[3] – obwohl diese Art der Reflexion für die Professionalisierung von Beratern von zentraler Bedeutung ist. Denn hier wird die Institution »Beratung« immer vorausgesetzt, als habe sie sich quasi-naturwüchsig aus der Alltagskommunikation entwickelt; und das impliziert: die politischen und kulturellen Entwicklungen, die zur Etablierung von Beratung geführt haben und führen und die das Praxisfeld prägen (unabhängig davon, mit welchem Detailwissen und mit welchen Reflexionskategorien gearbeitet wird), können nicht gesehen werden. Ähnliches gilt für die relativ breite gesellschaftskritische Diskussion, die sich während der zweiten Etablierungsphase von Beratung in den 60er/70er Jahren mit psychosozialer Beratung auseinandergesetzt hat.[4] Sie erhellt die soziale und pädagogische Funktion von Beratung, aber sie bleibt insofern unzureichend, als gesellschaftliche Institutionen wie Schule, Psychiatrie, Sozialfürsorge und Psychotherapie[5] kritisch in den Blick genommen wurden, psychosoziale Beratung selbst jedoch eher als Lösung denn als Problem fungiert. Und selbst die bereits vorliegenden Metareflexionen über Beratungshandeln und seine Möglichkeiten[6] bleiben insofern unbefriedigend, als sie in ihren Argumentationen die Ebene praktischer Beratungsarbeit zwar (mit-) meinen, die Beratungspraxis jedoch nicht zum Analysegegenstand machen.

Um diskursive Engführungen in bezug auf mögliche Fragerichtungen zu vermeiden und das Praxisfeld Beratung als ganzes in den Blick zu bekommen, wurden für die hier vorgelegte Arbeit drei Grundentscheidungen getroffen:

◆ Zum einen wird der Untersuchungsgegenstand weit gefaßt: Mit der Bezeichnung *Praxisfeld psychosoziale Beratung* wird (zumindest vorläufig) auf eine Definition von Beratung verzichtet, die sich auf deren Inhalte und Methoden stützt. Statt dessen wird von der faktischen Existenz professioneller psychosozialer Beratung ausgegangen: Offenkundig gibt es Beratungseinrichtungen, in denen Beratung als Beruf ausgeübt und als Serviceleistung in Anspruch genommen werden kann. Offenkundig gibt es einen gesellschaftlichen Bedarf an psychosozialer Beratung insofern, als die entsprechenden Beratungsangebote angenommen werden. Und offenkundig gibt es (oder gab es) eine gewisse Bereitschaft, Ressourcen hierfür zur Verfügung zu stellen. Psychosoziale Beratung wird – so eine Implikation dieser Auffassung – nicht durch theoretische Reflexion oder wissenschaftliche Experti-

---

3. Dieser Diskurs wird nur vorläufig vorausgesetzt. Da in der pädagogisch-psychologischen Debatte über psychosoziale Beratung Teilaspekte eines Konzeptes psychosozialer Beratung verhandelt werden, wird in Teil 1 auf diese Diskussion zurückgegriffen.

4. Für Beratung in klassisch pädagogischen Feldern s. Mollenhauer, 1965; für den Bereich Sozialarbeit s. Giese & Melzer, 1974 sowie W. Bäuerle, 1969.

5. Die in dieser Diskussion häufig vertretene Argumentationslinie, die »Entfremdung« des einzelnen in den großen sozialen Institutionen zu kritisieren und dem Beratung entgegenzusetzen, hat sich in der Psychotherapiekritik bis heute durchgehalten, s. Zygowski, 1987, S. 9–45.

6. Diese Ebene wird in der seit dem 90er Kongreß der DGVT wieder aufgenommenen Diskussion über psychosoziale Beratung zentral. Verwiesen sei hier auf die Beiträge von Beck, 1991; Nestmann, 1996; Engel, 1997.

sen, sondern durch *politische Entscheidungsprozesse* als eigenständiges Praxisfeld konstituiert. Nimmt man die in diesem Feld tätigen beruflichen Gruppen zum Anhaltspunkt, ohne ständepolitische Abgrenzungen vorzunehmen, dann ist dieses Praxisfeld im weitesten Sinne im pädagogisch-psychologischen Bereich anzusiedeln – Sozialarbeiter/innen, Pädagog/inn/en, Psycholog/inn/en und (in geringerer Zahl) andere Sozialwissenschaftler/innen arbeiten in Beratungseinrichtungen, in manchen Bereichen sind auch Mediziner beteiligt. Unter welchen Bedingungen, mit welchen Konzepten und Zielen pädagogische bzw. psychologische Praxis in diesem Feld stattfindet, muß bei der hier vorgenommenen Fassung des Untersuchungsgegenstandes nicht vorweg gewußt oder festgelegt werden.

◆ Zum anderen versuchen die folgenden Überlegungen zum Praxisfeld psychosoziale Beratung die Festlegung auf diskursabhängige Perspektiven zu vermeiden, nicht durch Umgehung oder kritische Erweiterung eines bestimmten Diskussionsstranges, sondern indem – umgekehrt – nacheinander unterschiedliche Perspektiven eingenommen werden. Unterschiedliche Sichten auf dasselbe Feld liefern, folgt man der Metapher, unterschiedliche Einblicke in dessen Gestalt, Struktur und Nutzungsmöglichkeit – Einblicke, die sich z. T. berühren, z. T. überschneiden, z. T. auseinanderliegen, jedenfalls immer aufeinander bezogen werden können. Was man zu Gesicht bekommt, hängt dabei stark von dem Zugang ab, den man wählt, und von dem Standpunkt, den man (dem jeweiligen Zugang entsprechend) einnehmen kann. Die Zugänge, über die die folgende Arbeit Erkundungen des Praxisfeldes psychosoziale Beratung vornimmt, gehören in ihrer Kombination nicht zum selbstverständlichen Repertoire sozialwissenschaftlicher Analysen: Es werden Beobachtungen aus der Berufspraxis von Beratung als Beschreibungsmöglichkeiten genutzt; die historische Genese psychosozialer Beratung wird in die Überlegungen einbezogen; und es werden relativ abstrakte soziologische Theorien – Luhmann, Bourdieu[7] – als Analysefolie verwandt, um bestimmte Aspekte von Beratung deutlicher herauszuarbeiten. Dieses Vorgehen bietet die Möglichkeit, auf zwei Ebenen gleichzeitig Erkenntnisse über den Gegenstand zu gewinnen: Zum einen wird das soziale Phänomen »psychosoziale Beratung« zunehmend genauer beschrieben. Jede Zugangsweise fügt dem

---

7. Die Auswahl dieser beiden Autoren wird durch zwei Besonderheiten nahegelegt, die ihren Theorien gemeinsam sind: Beide Autoren thematisieren gesellschaftliche Prozesse in einer sehr weiten (makrosoziologischen) Perspektive – Zusammenhänge zwischen unterschiedlichen sozialen Bereichen können also gesehen werden. Zugleich stellen sie Kategorien zur Verfügung, mit denen sich auch Mikroprozesse wie Beratungskommunikation beschreiben lassen. Dies Motiv für die Wahl der Theorien bestimmt zugleich den Schwerpunkt der Rezeption. Bei Luhmann wie bei Bourdieu ist jeweils die Formulierung ihrer Theorie interessant, in der relationale Kategorien und das Interesse an Genauigkeit bei der Analyse im Vordergrund stehen. Bei Luhmann trifft dies meiner Meinung nach für den Stand der Theorieentwicklung Mitte der 80er zu; bei Bourdieu sind vor allem die Publikationen der letzten fünf Jahre von Interesse. Damit kommt ein Luhmann in den Blick, der z. Zt. etwas in den Hintergrund der Debatte gerückt ist, und ein Bourdieu, der die deutsche Rezeption noch nicht richtig erreicht hat.

bereits Erfaßten Aspekte, Vertiefungen und Ergänzungen hinzu, so daß das Bild (ausgehend von Beobachtungen aus der Berufspraxis) immer weiter an Facetten gewinnt und sich allmählich rundet. Zum anderen ermöglicht die Nutzung theoretischer Modelle als Wahrnehmungsraster für psychosoziale Beratung auch die Diskussion eines theoretischen Beschreibungsrahmens für dieses soziale Phänomen. Als Ergebnis – so könnte man sagen – ist so etwas wie eine theoretisch fundierte Sozialphänomenologie psychosozialer Beratung angestrebt. [8]

◆ Um diesen Untersuchungsansatz realisieren zu können, wurden drittens Beschränkungen hinsichtlich der in die Überlegungen einbezogenen Arbeitsfelder von Beratung erforderlich. Psychosoziale Beratung unterliegt zwar in allen Arbeitsfeldern den hier thematisierten Strukturen und Entwicklungen; die Beratungsangebote in den verschiedenen psychosozialen Arbeitsfeldern (Drogenberatung, Erziehungsberatung, Frauenberatung, Studentenberatung...) unterscheiden sich jedoch in den zur Verfügung gestellten Informationen, dem erforderlichen Hintergrundwissen und der klientelbezogenen Arbeitsweise im einzelnen so stark, daß Vergleichbarkeit auf der Ebene der Phänomenbeschreibung nur zum Preis des Verlustes von Konkretion und Anschaulichkeit hergestellt werden kann.

Es wird deshalb bei den auf die Beratungspraxis bezogenen Explikationen immer *ein Arbeitsfeld* zugrundegelegt: die *Studentenberatung*, in der ich selbst tätig bin. Entsprechend wird bei der Analyse von Arbeitsschwerpunkten innerhalb einer Beratungseinrichtung verfahren. Das Herausbilden solcher Schwerpunkte ist struktureller Bestandteil jeder Beratungspraxis (als professionelle Antwort auf besonderen Beratungsbedarf in dem jeweiligen Klientel- oder Problembereich). Welche Schwerpunkte entwickelt werden, hängt wiederum von der Klientelzusammensetzung und dem kulturellen Umfeld einer Beratungseinrichtung ab sowie von der Handlungsorientierung der Berater/innen. In der hier vorgelegten Untersuchung wird für diesen Fragenbereich jeweils auf den Schwerpunkt *Arbeit mit Frauen* (in einem gemischtgeschlechtlichen Arbeitsfeld) Bezug genommen. Dies aus zwei Gründen: Zum einen handelt es sich dabei um einen meiner Arbeitsschwerpunkte – es stehen also Praxiskenntnisse zur Verfügung – zum anderen kommt der Geschlechterfrage – wie zu zeigen sein wird – im Kontext psychosozialer Beratung eine besondere Bedeutung zu.

Will man ein Verfahren wie das hier skizzierte stringent durchführen, ohne einen Theorieballast zu produzieren, der letztendlich das Phänomen verdeckt, dann empfiehlt es sich, an einigen Stellen auf weitreichende theoretische und methodologi-

---

8. Das hier verfolgte Konzept hat hinsichtlich des Stellenwertes von Theorie Gemeinsamkeiten mit der »grounded theory« (s. Glaser & Strauss, 1979). Allerdings werden Phänomenbeschreibungen an die Stelle empirischer Forschung gesetzt. Von Versuchen der »Neuen Phänomenologie«, die Phänomenbeschreibung psychosozialer Prozesse theoretisch zu verwerten (s. Schmitz 1989), unterscheidet sich das hier vertretene Konzept darin, daß die dort praktizierte Generalisierungsbereitschaft nicht geteilt wird.

sche Reflexionen zu verzichten. Um Mißverständnisse zu vermeiden, möchte ich diese Stellen vorweg benennen:

◆ Das Untersuchungskonzept dieser Arbeit ließe sich über die vorgenommene Plausibilisierung hinaus theoretisch begründen bzw. durch Reflexion absichern. Zurückzugreifen wäre dann auf Theorien im Bereich der Phänomenologie (Philosophie) oder auf Ansätze wie die »grounded theory« (in der qualitativen Sozialforschung). Auf eine solche Metareflexion wird verzichtet, damit der Untersuchungsgegenstand »psychosoziale Beratung« ausreichend Raum gewinnen kann.

◆ Die drei Zugänge, mit deren Hilfe das Praxisfeld »Beratung« untersucht werden soll – Beschreibung auf der Phänomenebene, die Entstehungsgeschichte eingeschlossen/Analyse mit den Instrumentarien der Systemtheorie (Luhmann)/Anwendung der Analyse sozialer Felder (Bourdieu) auf die Studentenberatung – sind weder einzeln über Kritik erhaben noch theoretisch unmittelbar miteinander kompatibel. Sie sind vielmehr in ihrer Leistungsfähigkeit jeweils begrenzt und in ihren Annahmen und Voraussetzungen kritisierbar. Ich werde dennoch auf eine kritische (die Methoden und die theoretischen Annahmen betreffende) Reflexion der einzelnen Ansätze verzichten – nicht weil eine kritische Haltung zu Praxisbeschreibung, historischer Rekonstruktion und den Theorien von Luhmann und Bourdieu nicht mehr vorstellbar ist, wenn man mit diesen Zugängen etwas glaubt anfangen zu können, sondern weil Kritik und Anwendung nicht in demselben Zusammenhang erfolgen können, ohne Unübersichtlichkeit zu erzeugen. Statt dessen werde ich jeweils mit den Ideen und Kategorien arbeiten, die für den Gegenstand meiner Untersuchung produktiv sind. Dies scheint mir u.a. deshalb vertretbar, weil auch der Anspruch der zu leistenden Untersuchung hinsichtlich der theoretischen Ansätze ein reduzierter ist. Es werden ja nicht unterschiedliche Theorien von Beratung vorgestellt (weder Luhmann noch Bourdieu beschäftigt sich mit Beratung!), sondern es werden verschiedene Beschreibungsmöglichkeiten auf das soziale Phänomen »psychosoziale Beratung« angewendet. Es stehen nicht Wahrheit und Programmatik von Gesellschaftstheorien auf dem Spiele, sondern mehr oder weniger ergiebige Beschreibungen eines sozialen Phänomens. Als Kriterien zur Beurteilung der Leistungsfähigkeit dieser Beschreibungen können daher die Plausibilität der Argumentation bzw. das Maß an gelieferten Einsichten dienen. Wie weit sich daraus dann Anknüpfungspunkte für eine Theorie von Beratung ergeben, kann der Untersuchung selbst überlassen bleiben.

◆ Sich bei den für die Explikation jeweils erforderlichen exemplarische Beispielen immer auf ein einziges Arbeitsfeld von Beratung zu beziehen, ist – wie bereits deutlich gemacht – pragmatisch begründet. Da ein Sich-Auskennen im Praxisfeld »Beratung« (in der Terminologie Luhmanns würde man sagen: Milieukenntnis) nicht vorausgesetzt werden kann, haben die Beispiele und Beschreibungen aus dem Praxisfeld auch die Funktion, mit der beruflichen Praxis »Beratung« zunehmend vertraut zu machen. Dies ist mit größerer Anschaulichkeit und Konkretion möglich, wenn immer auf dasselbe Arbeitsfeld zurückgegriffen wird. Dieses Vorgehen hat allerdings zwei Konsequenzen, die benannt werden müssen: Zum einen wird durch den Bezug auf immer dasselbe Arbeitsfeld so etwas wie pseudo-empirische Plausibilität erzeugt – obwohl sich in allen Beschreibungen ausschließlich die Perspektive der Autorin hinsichtlich des beschriebenen Phänomens abbildet. Leser und Leserinnen seien deshalb explizit aufgefordert, andere/eigene Phänomenbeschreibungen zu aktivieren, um die Reichweite der gemachten Behauptungen angemessen zu begrenzen. Zum anderen hat das gewählte Vorgehen die Konsequenz, daß ein Transfer der im einzelnen erreichten Ergebnisse auf ein anderes Arbeitsfeld nur bei Kenntnis dieses anderen Arbeitsfeldes bzw. durch Analyse des jeweils dazugehörigen Umfeldes möglich ist. Dies mag im Einzelfall als Mangel erscheinen, ist jedoch bei den getroffenen Vorentscheidungen unvermeidlich. Im Verlauf der hier vorgelegten Überlegungen wird versucht, in diesem Punkt insofern Transparenz herzustellen, als all die Stellen explizit als solche benannt werden, an denen der Transfer auf andere Beratungseinrichtungen fraglich scheint und/oder zusätzliche Analyse erforderlich macht.

Zum Aufbau des Buches:

1. Die Analyse beginnt mit einem zweifachen Blick auf Beratung als institutionalisiertes psychosoziales Angebot. Zunächst wird der Versuch gemacht, die Phänomenebene des beruflichen Praxisfeldes so zu beschreiben, wie es sich in der aktuellen Berufspraxis aus der Perspektive der diesen Beruf Ausübenden darstellt. Dabei entsteht so etwas wie ein Innenbild von Beratung. Was geschieht in einer Beratungseinrichtung? Was kennzeichnet den professionellen Blick auf die eigene Arbeit? – Diese Fragen sollen an Hand von Beschreibungen aus dem Arbeitsalltag dieses Praxisfeldes (in der konkreten Gestalt der Studentenberatung), sowie durch Einbeziehung des psychologisch-pädagogischen Fachdiskurses geklärt werden. In einem zweiten Schritt wird die soziale Institution Beratung »von außen« in den Blick genommen. Es geht um die gesellschaftliche Stellung und Funktion von Beratung, die durch die Rekonstruktion der historisch-politischen Genese dieser Interventionsform beleuchtet wird. Dieser gesamte erste Teil hat für die weiteren Überlegungen die Funktion, psychosoziale Beratung in möglichst vielen Aspekten zu verdeutlichen, so daß ein Bild dieses Praxisfeldes entsteht, auf das dann im folgenden zurückgegriffen werden kann. Die dafür zusammengetragenen Phänomenbeschreibungen werden nicht alle hier zum erstenmal vorgelegt, sie greifen vielmehr auf eigene Vorarbeiten (Großmaß, 1981, 1991, 1997) sowie auf historische Arbeiten anderer Autoren (v. Soden, 1988; Schuch, 1983) zurück.

2. Das in den Beschreibungen der beiden ersten Teile herausgearbeitete sozial-historische Phänomen psychosoziale Beratung wird im zweiten Teil der Arbeit von der Funktionsseite her analysiert: Wie funktioniert psychosoziale Beratung als soziales

System? Analyseinstrument ist die Systemtheorie Luhmanns. Die im ersten Teil entwickelte doppelte Sicht (aktuelle Funktionsweise *und* Genese) wird wieder aufgegriffen, so daß – ganz im Sinne der methodologischen Positionen Luhmanns – eine zweite Beschreibung (des im ersten Teil konstruierten Phänomens) entsteht. Psychosoziale Beratung aus der Perspektive der Systemtheorie Luhmanns zu betrachten, hat zunächst einmal etwas Provokatives, bricht dieser methodische Schritt doch mit der dem gesamten Beratungsdiskurs zugrundeliegenden Prämisse, bei den (erhobenen, angenommenen, behaupteten) Bedürfnissen der zu Beratenden anzusetzen, oder diese doch zumindest immer mit zu thematisieren. Die Systemtheorie macht diese Bedürfnisse nicht zum Ausgangspunkt und setzt sie auch nicht (wie etwa systemische Therapiekonzepte) voraus. Sie fokussiert vielmehr die Kommunikationserfordernisse anderer sozialer Systeme. Der Bezug zum psychischen System muß in einem besonderen Theorieschritt eigens hergestellt werden. Und es sind die Erkenntnismöglichkeiten dieses methodischen Bruchs, den sich die Arbeit in diesem Teil nutzbar machen will.

3. Neben der Funktionsseite eines sozialen Phänomens ist auch seine Einbindung in Mechanismen der gesellschaftlich-politischen Macht, sowie seine Vernetzung mit den Bedürfnissen und Interessen der beteiligten Personen zu berücksichtigen. Diese Aspekte herauszuarbeiten ist Gegenstand des dritten Teiles. Die Theorie Bourdieus bietet das Instrumentarium zur Analyse der Einbindung einer Beratungseinrichtung in die relevanten sozialen Felder. Bei der vorgenommenen exemplarischen Analyse stehen die Studentenberatung und das akademische Feld, ihre Handlungsbedingungen und Ressourcen im Zentrum des Interesses. Auch mit der Wahl dieser Theorie als Betrachtungsweise für psychosoziale Beratung wird gegenüber den Diskurstraditionen in Sachen Beratung ein Bruch vollzogen. – Wird im Kontext der Theorie Bourdieus doch die Verknüpfung professioneller Beratung mit den Formen der Macht thematisiert, und dies nicht nur hinsichtlich der Auswirkungen von Macht auf mögliche oder faktische Beratungsklientel, sondern auch bezogen auf die Profession Beratung. Es sind die Erkenntnismöglichkeiten der hierfür erforderlichen Selbstdistanzierung, die in diesem Teil genutzt werden sollen.

4. Um die Analyseergebnisse der vorangegangenen Teile für die Handlungsmöglichkeiten im Praxisfeld psychosoziale Beratung zu nutzen, werden sie in der abschließenden Reflexion zusammengetragen und unter professionellen Aspekten so zugespitzt, daß sich so etwas wie ein Handlungskonzept psychosozialer Beratung formulieren läßt. Dafür ist es erforderlich, die am Beispiel der Studentenberatung erarbeiteten Bedingungen und Möglichkeiten von Beratung auf das Praxisfeld als ganzes hin zu reflektieren.

Teil 1:
Psychosoziale Beratung als Feld beruflicher Praxis

Für eine Beschreibung psychosozialer Beratung ist es zunächst einmal naheliegend, einen Blick in die Diskussionen der pädagogisch-psychologischen Fachliteratur zu werfen, läßt sich doch an den dort vorausgesetzten Selbstverständlichkeiten ablesen, wie Beratung gesehen wird, und zeigen doch die Kontroversen, in bezug auf was Reflexions- und Klärungsbedarf besteht.

Eine erste intensive Debatte über Beratung begann in der BRD* gegen Ende der sechziger Jahre; in den 80er Jahren wurde es dann still um dieses Thema; und seit dem DGVT*-Kongreß 1990 in Berlin[9] gibt es erneut eine Beratungsdiskussion. Vergleicht man die beiden Diskussionsphasen miteinander, dann fallen als erstes die Kontinuitäten auf. Die aktuelle Diskussion knüpft in ihren Fragen und in den Richtungen ihrer Antworten an die Orientierungen der 70er Jahre (s. hierzu Nestmann, 1981) an: So ist die Entwicklungslinie von der »case work« der klassischen Sozialarbeit zu Beratung nach wie vor Bezugspunkt bei der Abwehr von unangemessener Psychologisierung sozialer Probleme (s. Thiersch, 1991;1997); die Abgrenzung von der Psychotherapie ist ein Problem geblieben (s. Beck, 1991; Redlich, 1997); und die Einbindung von Beratung in Alltagsformen sozialer Unterstützung bietet immer noch einen wichtigen Orientierungsrahmen (Nestmann, 1991; 1997a; Röhrle, 1994; Pearson, 1996; Brunner, 1997).

Fragt man nach den Unterschieden zwischen den beiden Diskussionsphasen, dann ist zunächst einmal spürbar, daß die aktuelle Debatte in einer veränderten ökonomischen Situation stattfindet: Wurde in den 70er Jahren schlicht vorausgesetzt, daß Beratung finanzierbar ist, so stehen heute auch etablierte Beratungseinrichtungen unter Sparzwang sowie unter dem Druck, die Effektivität ihrer Arbeit in Konkurrenz zu anderen Interventionsmöglichkeiten nachzuweisen. »Beratung in der Krise« wird dadurch zum Thema (Schrödter, 1997, S. 81 f.); und die Auseinandersetzung um Qualitätssicherung ist Anlaß, wenn auch nicht Grund, die beraterische Praxis einer »kritischen Revision« zu unterziehen (Nestmann, 1997a, S. 18). Für die inhaltliche Diskussion scheint sich vor allem der Ort verändert zu haben, von dem aus psychosoziale Beratung in den Blick kommt. Der Hintergrund, auf dem heute über Beratung nachgedacht wird, ist ein anderer als zu Beginn der 70er Jahre. So haben sich – um nur einige Schlagworte zu nennen – die »neuen« Psychotherapieformen aus dem Umfeld der humanistischen Psychologie inzwischen in der klinischen Praxis etabliert; Beratungsstellen sind also nicht mehr *das* Experimentierfeld für psychotherapeutische Innova-

---

9.   Der Kongreß ist dokumentiert in: Beck, Brückner & Thiel, 1991.

tionen. Auch die Institution, an der sich alle Reformbewegungen der 70er Jahre abgearbeitet haben, *die* (psychiatrische) *Klinik*, hat Reformen erlebt, die den Charakter dieser Institution nicht grundlegend verändert, aber doch vielerorts Kooperationsmöglichkeiten eröffnet haben. Beratungsstellen sind daher heute nicht mehr Gegenentwurf zum medizinischen Versorgungsmodell, sondern eher im Vorfeld medizinischer Versorgung – und diese ergänzend – angesiedelt.

Verschoben haben sich auch die Einsatzfelder von Beratung: Schule, Elternarbeit und Jugendhilfe sind immer noch zentral. An den Rand der Beratungsdebatte gerückt ist offenkundig die Drogenberatung und dies nicht, weil das Thema »Drogen« an Bedeutung verloren hätte, sondern weil es bei der offenen Drogenarbeit z.Z. weniger um Beratungsangebote geht – es sind wieder mehr »zugehende« Konzepte der Sozialarbeit in der Diskussion. In der Diskussion über Beratung nehmen die Arbeit mit Frauen (Kypke & Voss, 1991; Vogt 1997) und das Thema »sexueller Mißbrauch« (Willutzki & Lüker, 1991) nun mehr Raum ein, und – am auffälligsten – die Beratung von Institutionen und Organisationen[10] wird neu in die Diskussion einbezogen (dieser Themenbereich füllt z. B. fast die Hälfte des von Beck u.a. herausgegebenen Bandes »Psychosoziale Beratung«). Sucht man nach neuen Ansatzpunkten und Konzepten, dann finden sich in der Beratungsdiskussion die Diskussionspunkte wieder, die auch ansonsten die aktuellen Debatten im Gesamtspektrum Psychotherapie/Pädagogik/Sozialarbeit bestimmen. Die Modernisierungsthese – wie sie in Anschluß an Ulrich Beck (1986) von Heiner Keupp mit Blick auf die Aufgaben psychosozialer Versorgung ausformuliert worden ist (Keupp, 1987) – ist weitgehend Ausgangspunkt der Überlegungen. Und so sind aktuell Positionen im Zentrum der Diskussion, für die Beratung wesentlich durch Empowerment/Ressourcenorientierung gekennzeichnet ist (Keupp, 1993; Nestmann, 1996). Darüber hinaus finden die beiden wichtigsten politischen Reflexionen der 80er und 90er Jahre, die sich auf die Gesamtkultur beziehen – Sexismus- und Rassismuskritik – Eingang in die fachliche Diskussion (wenn auch in Form additiv hinzugenommener Einzelpositionen). Und so wird neben der feministischen Arbeit mit Frauen heute auch Beratung im interkulturellen Kontext thematisiert (Mecheril, 1996).

Prüft man diese Diskussion daraufhin, *wie* Beratung jeweils thematisiert wird, dann ist auffällig, daß die praktische Beratungsarbeit – im Sinne von: Was tut man eigent-

---

10. Gemeint ist nicht die »Organisationsberatung«, die heute in weiten Bereichen von Unternehmensberatung bzw. als Management-Training verbreitet ist, sondern eine personenorientierte Variante, in die auch Elemente der in der Sozialarbeit etablierten Supervision bzw. der in der klassischen Psychotherapie-Ausbildung nüchtern als »Kontrolle« geführten Begleitung praktischer Arbeit eingegangen sind. Dieses neue bzw. veränderte Arbeitsfeld stellt einen interessanten Aspekt der Entwicklung von psychosozialer Beratung dar. Auch in den 70er Jahren wurde Beratung als anderen Bereichen gegenüber durchlässig gefaßt, aber die Durchlässigkeit bestand dem Bildungsbereich gegenüber, nicht gegenüber von Organisationsberatung und Supervision (s. D. Bäuerle u.a., 1979, S. 94–113). Was sich hier abbildet, sind sozialpolitische Verschiebungen: Auch die psychosoziale Versorgung ist heute näher an Marktstrukturen als in den 70er Jahren (s. die Diskussionen um »Qualitätsmanagement«), und sie ist weniger selbstverständlich an staatliche Pflichtaufgaben (wie Bildung) gebunden.

lich, wenn man berät? – vergleichsweise wenig Raum in den Diskussionen einnimmt. Und dies trotz der in den letzten 30 Jahren breiten Möglichkeiten, Arbeitserfahrungen zu machen und zu untersuchen.[11] So kommt die konkrete Alltagspraxis psychosozialer Beratungseinrichtungen z. B. in der bereits angesprochenen Kongreßdokumentation zwar am Rande in einigen Fallbeispielen vor. Bestimmend jedoch sind Metareflexionen – zur Bedeutung der Kategorie »Geschlecht«, zu Vernetzungsmöglichkeiten für Klientel und Beratungseinrichtungen, zu Formen der Problemverleugnung in der psychosozialen Arbeit, zur möglichen Zuordnung bestimmter Beratungsdimensionen zu verschiedenen Wissenschaftsdisziplinen... Was Beratung genau ist, was den Arbeitsalltag einer Beratungseinrichtung ausmacht, bei welchen Kommunikationshandlungen all diese Reflexionen von Bedeutung sind – das wird hierbei vorausgesetzt. Und in dieser Hinsicht ist die zitierte Kongreßdokumentation durchaus exemplarisch.

Was läßt sich aus einer solchen Debatte für die Phänomenbeschreibung des Praxisfeldes »Beratung« ablesen?

Psychosoziale Beratung als berufliches Handeln scheint in diesem Diskurs eine voraussetzbare Selbstverständlichkeit zu sein, und dies vielleicht gerade deshalb, weil Beratung mitnichten als abgegrenzte Profession vorausgesetzt werden kann (s. Nestmann, 1997c), sondern immer noch als (irgendwie zu Service gewordenes) Alltagshandeln wahrgenommen wird. Über das Praxisfeld, in dem Beratung ausgeübt wird, läßt sich aus der Diskussion ableiten, daß es verschiedene Institutionen mit sehr unterschiedlichen Klientelgruppen umfaßt. Diese Verschiedenheit hat in der Diskussion ihren Ort im Nachdenken über die besondere Lebenslage bzw. Problemstruktur der jeweiligen Klientel. Ein wichtiger Teil des gesamten Diskurses gilt der Analyse des sozio-kulturellen Hintergrundes und der in der Beratung zu erkennenden (und für andere Beratungsprozesse nutzbar zu machenden) Problemstruktur spezieller Klientelgruppen.[12] Gemeinsam ist all diesen verschiedenen Arbeitsfeldern, daß sie unter »Beratung« gefaßt werden, ohne daß im einzelnen so recht klar würde, was dieses Gemeinsame eigentlich ausmacht[13].

Gleichzeitig erscheint psychosoziale Beratung in dieser Diskussion als etwas, für das auf eher allgemeiner Ebene ein hohen Bedarf an theoretischer Reflexion besteht,

---

11. Praktische Beratungsarbeit hat ihren Ort in den (vorwiegend in Jahresberichten veröffentlichten) Arbeitsreflexionen von Berater/innen bzw. in ausbildungsbezogenen Fallberichten. Die einzige systematische Untersuchung zu diesem Bereich, eine Befragung professioneller Berater ist älteren Datums (s. Gerstenmaier & Nestmann, 1982).

12. Eine solche Akzentsetzung ist aus der Arbeitsperspektive einer konkreten Beratungseinrichtung heraus durchaus plausibel – ermöglicht Wissen über die Problemlagen der jeweiligen Klientel doch, sich einstellen zu können auf das, was im Arbeitsalltag auf Berater und Beraterinnen zukommt. Sie stellt allerdings insofern eine eingeschränkte Sicht auf das eigene Tun dar, als mit dem Wissen um die Problemstruktur der Klientel ja nicht automatisch ein Beratungsansatz gegeben ist.

13. Man kann vermuten, daß sich in dieser Diffusität eine der Konsequenzen ausdrückt, die das Verdecken des Spezifikums psychosozialer Beratung in der öffentlichen Außendarstellung mit sich bringt. Wer in allen Selbstbeschreibungen für die Öffentlichkeit »Beratung« als im Sinne der Alltagssprache selbstverständlich gegeben voraussetzt, produziert damit eine psychosoziale Realität, die auch das fachliche Denken eingrenzt.

die der Sicherstellung von Professionalität im beruflichen Handeln dient. So gibt es offenkundig bei den Themen »Geschlecht«, »Interkulturalität« und »sexueller Mißbrauch« die Gefahr, diskriminierende Strukturen des Alltagslebens und -denkens in der Beratung zu reproduzieren. Ein anderes Problem scheint die Tendenz zu sein, soziale Probleme zu psychologisieren oder die Alltagsressourcen der Klient/inn/en nicht angemessen zu gewichten.

Der Beratungsprozeß selbst (= wie Beratung vor sich geht) kommt in den Auseinandersetzungen auch dann nicht vor, wenn anscheinend davon die Rede ist, denn auch bei konzeptionellen Überlegungen zu Beratung sind es vor allem Hervorhebungen und Akzentsetzungen, mit denen auf die Beratungspraxis Bezug genommen wird, wenn z. B. betont wird, Beratung solle »Hilfe zur Selbsthilfe« sein (Thiersch, 1991, S. 23), oder wenn professionelle psychosoziale Beratung in ein Kontinuum mit »Alltagsberatung« gestellt wird (W. Bäuerle 1969, Nestmann, 1983/1984), oder wenn psychosoziale Beratung sich dadurch quasi selbst bestimmt, daß sie – abgrenzend – zwischen zwei andere Arbeitsfelder (Sozialarbeit und Psychotherapie) plaziert wird (Hörmann, 1985). – Die hier angesprochenen Themen spiegeln in erster Linie die Diskussionen der 70er Jahre. Für die aktuellen konzeptionellen Überlegungen gilt allerdings Entsprechendes: Auch bei »ressourcenorientierter Beratung« (Nestmann, 1996; 1997a; Pearson, 1996) oder bei »interkultureller Beratung« (Mecheril, 1996) geht es um Akzent- und Schwerpunktsetzungen, die ein in der Praxis funktionierendes Beratungshandeln voraussetzen. Ein konkretes Bild von dem Tun und Handeln professioneller Beratung entsteht auf diese Weise nicht, dazu ist die gewählte Abstraktionsebene jeweils zu hoch. – Insgesamt fällt auf, und das mag mit der gewählten Abstraktionsebene zusammenhängen, daß der Beratungsdebatte etwas Steriles anhaftet. Von Gefühlen und von den Beziehungen zwischen Personen ist kaum die Rede, ein merkwürdiges Ergebnis, wird doch das zentrale Arbeitsmedium psychosozialer Beratung so zum Verschwinden gebracht. Und auch wichtige Themen von Beratung verschwinden auf diese Weise. So kommen z. B. die Geschlechterverhältnisse, die historisch wie in der aktuellen Praxis wichtige »Beratungsanlässe« darstellen, in den allgemeinen Überlegungen zur Konzeption von Beratung nicht vor, sondern bleiben Expertinnen für Zusatzreflexionen überlassen.

Um für die weiteren Überlegungen Vorstellungen und Bilder von Beratungssituationen und -prozessen zur Verfügung zu haben, ist es – so das Ergebnis dieses Blicks in die Fachliteratur – zunächst einmal erforderlich, eigene Beschreibungen von Beratung zu produzieren. Diese sollen nicht an die Stelle reflektierter Konzeptüberlegungen treten, sondern einen ersten Bezug dafür sicherstellen, wovon eigentlich die Rede ist, wenn institutionalisierte Angebote für psychosoziale Beratung diskutiert werden. Damit das so entworfene Bild nicht zu eng ausfällt, wird ein doppelter Zugang gewählt: In einem ersten Schritt soll im folgenden das Phänomen »Beratungseinrichtung« aus der Perspektive der dort Tätigen dargestellt werden. In einem zweiten Schritt folgt dann der Versuch einer historischen Rekonstruktion: die Beschreibung der Genese von psychosozialer Beratung.

1.1 Arbeitsfeld »Beratungsstelle«

Da Beratung – wie in den einführenden Überlegungen beschrieben – heute in vielen Bereichen des Alltagslebens vorkommt und in ihren Selbstbeschreibungen auch an das umgangssprachliche Verständnis von »Rat suchen« oder »Rat geben« anknüpft, da zudem Beratungsstellen für jedermann einigermaßen unproblematisch zugänglich sind, ist es nicht erstaunlich, daß auch jedermann Vorstellungen davon hat, um was es bei einer Beratung geht. Die professionelle Perspektive (= die Wahrnehmung, die Berater und Beraterinnen von ihrem Tun haben) kommt dabei so gut wie gar nicht vor. Sie soll deshalb in der nun folgenden Beschreibung im Mittelpunkt stehen. Dabei geht es mir vor allem um Anschaulichkeit und eine möglichst klare Darstellung von Abläufen und Prozessen – Vollständigkeit und Systematik können mit einem solchen Bild also nicht erzielt werden. Statt dessen will die folgende Darstellung *Einblicke ermöglichen* – Einblicke, die so konstruiert sind, daß ein (folgt man der Diskursgeschichte von Beratung offenkundig naheliegendes) Festhaken an Einzelaspekten vermieden wird. Auf drei (bewußt unterschiedlich gewählten) Ebenen werden im folgenden zunächst Beschreibungen von Arbeitsprozessen vorgelegt, die jeweils im Anschluß mit Blick auf den Fachdiskurs über Beratung ausgewertet werden:

◆ die Beschreibung eines *Beratungstages* zeigt das Spektrum der Tätigkeiten

◆ die Wiedergabe einer *Fallbeschreibung* zeigt Beratung als eine spezifische Form psychosozialer Kommunikation und

◆ die *Entstehungsgeschichte eines Arbeitsschwerpunktes* verdeutlicht, wie Beratungseinrichtungen ihr Angebot entwickeln.

1.1.1 Der Alltag einer Beratungseinrichtung

Die Tätigkeiten einer Beratungseinrichtung stellen aus der Perspektive der dort Arbeitenden ein großes Spektrum von Verschiedenartigem dar: Informationen sammeln und verteilen, am Telefon alle möglichen Auskünfte geben, Verwaltungsrichtlinien durcharbeiten, Broschüren erstellen, Einzelgespräche führen, Selbsterfahrungs- und Therapiegruppen leiten, Trainingskurse für »social skills« durchführen, Wandzeitungen malen und Plakate entwerfen und dabei immer eine latente Aufmerksamkeit mitlaufen lassen für die psychische Verfaßtheit der Personen, für ein mögliches »Dahinter« der thematisierten Anliegen. Im Bewußtsein von Beratern und Beraterinnen entsteht dieses Spektrum von Verschiedenartigem nicht durch Entfalten oder Ausbuchstabieren einer Konzeption oder eines expliziten Auftrags[14], sondern es ist ir-

---

14. Nicht daß Beratungsstellen keinen Auftrag oder keine Konzeption hätten! Doch das konkrete Handeln im Beratungsalltag und die spezifische Struktur des jeweiligen Angebots sind daraus nicht ableitbar bzw. genauso gut ableitbar wie eine Reihe von Alternativen.

gendwie gewachsen aus einem Zusammenspiel von (von außen vorgenommener) Aufgabendelegation, eigenem Angebot und dem in der Nutzung deutlich werdenden Bedarf. Zusammengehalten wird das Spektrum der Anforderungen und Tätigkeiten im Arbeitsalltag jedenfalls – so die Wahrnehmung in den verschiedenen Abläufen – durch nichts als die *Integrationsfähigkeit der Personen*[15] und die räumliche Einheit der Beratungsstelle.

Zur Verdeutlichung die Beschreibung eines einigermaßen durchschnittlichen Arbeitstages aus meiner eigenen Berufspraxis (in der Zentralen Studentenberatung der Universität Bielefeld):

Ich komme kurz nach acht Uhr morgens in die Beratungsstelle. Vor der Glastür, die den Kernbereich der ZSB* von dem langen Flur (einer Längsachse des Universitätsgebäudes) abteilt[16], steht ein junger Mann und studiert die Aushänge. Im Aufschließen frage ich, ob er zur Studienberatung möchte. »Ja, aber ich habe schon gesehen, das geht erst ab zehn« – lautet die Antwort. Da ich selbst heute für die offene Beratung zuständig bin und auch zeitlich etwas Spielraum da ist, gibt es keine Grund, ihn noch einmal wegzuschicken. Ich bitte ihn, einen Moment in der Warteecke Platz zu nehmen, schließe Info-Raum und Küche auf, beantworte ein Telefongespräch (Ob bei uns ZVS*-Infos[17] zu haben sind, wird gefragt) und setze mich dann zu ihm. »Ich mache zur Zeit ein freiwilliges ökologisches Jahr«, erzählt er, »und möchte im Winter anfangen, Germanistik zu studieren«. – Wir sprechen über Zulassungsbedingungen, Studienaufbau und Berufsaussichten; es geht vor allem darum, Unsicherheiten auszuräumen und Entscheidungsmöglichkeiten sichtbar zu machen. In unserem Gespräch wird auch deutlich, daß der Student in spe noch wenig konkrete Vorstellungen darüber hat, wie ein Studium im einzelnen verläuft und was den Studienalltag ausmacht. Ich erzähle von den Alltagsprozeduren des Studierens und ermutige mein Gegenüber, sich den Hochschulbetrieb schon jetzt genau anzuschauen: in Vorlesungen hineinzugehen, mit den Fachberatern und der Fachschaft* zu sprechen. Zwischendurch gehe ich noch zweimal ans Telefon (das Studentensekretariat fragt, ob wir noch »Wegweiser«[18] haben, ein Vater fragt

---

15. »Integrationsfähigkeit« ist hier nicht als Persönlichkeitsmerkmal (im Sinne eines psychodynamischen Ideals therapeutischer Schulen) gemeint, sondern als die Kompetenz, Vielfältiges, Verschiedenartiges, Disparates in (Kommunikations-) Situationen zu integrieren.

16. Die Glastür wurde verschließbar gemacht, nachdem die Gruppenräume der Beratungsstelle und die Sitzecke, die wir an einem Flurende eingerichtet haben und die sowohl als Warteraum genutzt wird als auch als Zentrum für die offene Beratung, immer wieder von Wegelagerern der Großinstitution als Lagerstatt genutzt worden waren. – Eigentlich durchaus im Sinne der Nischenfunktion von Beratung, aber dennoch die Arbeitsfähigkeit der ZSB* einschränkend.

17. Das ZVS-Info wird von der gleichnamigen Institution (=Zentralstelle für die Vergabe von Studienplätzen) in Dortmund zweimal im Jahr herausgegeben und enthält Informationen und Antragsformulare für die Bewerbung um einen Studienplatz in Studiengängen, die kapazitätsbeschränkt sind und für die Studienplätze zentral vergeben werden.

18. »Wegweiser« I und II sind zwei Broschüren, die die ZSB herausgibt. »Wegweiser I« enthält eine Übersicht und Kurzbeschreibung aller Studiengänge der Universität, »Wegwei-

für seine Tochter nach Informationsmaterialien für den Studiengang Biologie – ich notiere die Adresse). Nach jeder dieser Unterbrechungen gehe ich zu meinem Gesprächspartner zurück und nehme den Faden wieder auf. Etwa zwanzig Minuten sind vergangen, als sich abzeichnet, daß der »Studieninteressent« – wie es im Verwaltungsdeutsch heißt – erst einmal genug weiß. Wir beenden unser Gespräch und er macht sich auf den Weg in die Fakultät für Linguistik und Literaturwissenschaft – einen Wegweiser mit Übersichtsplan für das Universitätsgebäude in der Hand.

Inzwischen ist die Beratungsstelle in Gang gekommen, die Kaffeemaschine läuft, zwei Telefone klingeln und werden bedient, ich verschwinde in meinem Arbeitszimmer, ein Einzelgespräch steht um neun in meinem Kalender. Auch hier klingelt das Telefon: eine Frau sagt für die Therapiegruppe am Nachmittag ab; ein junger Mann, der gerade aus einer psychiatrischen Klinik entlassen worden ist, meldet sich verabredungsgemäß, um einen Termin zu vereinbaren und seine Tagesstruktur mit mir abzustimmen – ich bestärke ihn darin, Regelmäßigkeit in seinen Tagesablauf zu bringen, sich für jeden Tag eine Sache vorzunehmen und erst nach zwei, drei Tagen, wenn er mit seinem Alltag wieder vertraut ist, auch einmal in die Uni zu gehen.

Hinter meinem »Neun-Uhr-Termin« verbirgt sich eine Oberstufen-Kollegiatin[19], die bei ihrer Prüfungsvorbereitung Unterstützung sucht. Selbständig Lernstoff zu erarbeiten, fällt ihr schwer, insbesondere da sie auch noch Kurse besuchen muß, die prüfungsrelevant sind. Wir sprechen ihre Arbeitsplanung durch; prüfen, ob ihr alle Materialien zugänglich sind, die sie benötigt, und überlegen gemeinsam, wie sie ihre Arbeitsbedingungen zu Hause verbessern kann. Um kurz vor zehn ist unser Gespräch beendet. Die Kollegiatin geht in die Bibliothek, und ich sammle meine Sachen zusammen, um mich der »offenen Beratung«[20] zu stellen.

Heute herrscht munteres Treiben:

Zwei Schüler und sieben Schülerinnen suchen eine Erstorientierung für ein mögliches Studium. Es geht nur z.T. um Studiengänge, die es in Bielefeld gibt. Die beiden Interessenten für ein Studium »Wirtschaftsingenieurwesen« bzw. »Übersetzen und Dolmetschen« kann ich nur auf schriftliche Informationsmaterialien verweisen. Ich zeige ihnen unseren Info-Raum, erkläre, was wo zu finden ist und wo sie gegebenenfalls etwas kopieren können.

---

ser II« enthält alle Adressen, die Studierende innerhalb der Universität benötigen: Fachberatungen, Studentenwerk, ASTA* ....

19. Das Oberstufen-Kolleg ist eine Einrichtung der Universität – eins der beiden Schulprojekte; hier können junge Leute (bis 25) mit unterschiedlichen Bildungskarrieren in einer vierjährigen Ausbildung Abitur und in zwei Fächern Teile des Grundstudiums abschließen.

20. Die »offene Beratung« findet in der ZSB jeden vormittag zwischen 10 und 12 Uhr statt. Sie ist durch Veröffentlichungen und Usus fest etabliert und neben der telefonischen Anfrage die wichtigste Anlaufstelle für Nutzer der Beratungsstelle. Jeweils ein Berater/eine Beraterin ist für einen Vormittag verantwortlich, Praktikant/inn/en unterstützen die Arbeit, die Mitarbeiterinnen des Sekretariats leisten Hintergrunddienste. Es werden Informationen ausgegeben, Anmeldungen für Gruppen entgegengenommen, psychologische Erstgespräche vereinbart und Studienberatungen durchgeführt.

Eine Studentin möchte wissen, wie man ein Referat gestaltet. Ich frage nach, um was für ein Referat es geht, gebe dann ein paar Tips über Aufbau, Länge und die verschiedenen Möglichkeiten, eine schriftliche Grundlage herzustellen. Dann biete ich ihr an, meine Sprechstunde für Studientechniken zu nutzen, um ihrem Arbeitsprozeß folgend, Unsicherheiten auszuräumen.

Ein Tutor möchte Broschüren über Studientechniken und ein paar Tips, wie man so etwas am besten in einer Gruppe thematisiert.

Zwei Frauen suchen explizit nach mir, um ein Erstgespräch für eine psychologische Beratung zu vereinbaren. Da ich den Eindruck habe, sie wissen, was sie wollen und warum sie zu mir kommen, frage ich nicht weiter nach, sondern vereinbare jeweils einen Gesprächstermin für die nächste Woche.

Ein Student wird von seinem Freund in die offene Beratung gebracht, er klagt über Motivationsprobleme in seinem Studium, sucht nach beruflichen Perspektiven, um sich besser motivieren zu können. Er wirkt angestrengt, leicht zittrig, macht einen labilen Eindruck – auch dieses Gespräch endet mit der Vereinbarung eines Einzeltermins, um »herauszufinden, was dahinter steckt« (Er hat Alkoholprobleme, stellt sich bei dem späteren Gespräch heraus).

Zwischendurch gibt es eine ruhige Viertelstunde, ich verständige mich mit unserem Berufspraktikanten[21] über das, was bisher »los« war, halte einen kurzen Schwatz mit der Sekretärin und sehe meine Post durch: das Protokoll eines Koordinierungstreffens von Beratungsstellen, eine Anfrage, ob mein Vortrag über »Psychische Folgen sexueller Übergriffe« noch schriftlich zu haben ist, und ein ganzer Stapel von Informationen (Zeitungsausschnitte, Protokolle, neue Studienordnungen, HIS*-Materialien), die sich im »Umlauf« durch die Postfächer aller Mitarbeiter/innen wälzen. – Gegen viertel vor eins ist die offene Beratung abgeschlossen. Bevor mir noch jemand über den Weg läuft, geh ich erst einmal essen.

Um halb zwei bin ich wieder in meinem Zimmer. Ich erledige die Post vom Vormittag (ein Exemplar des Jahresberichtes vom Vorjahr heraussuchen und versandfertig machen, zwei Informationen in den PC eingeben. – Dann stelle ich mich auf die Therapiegruppe um, die um zwei Uhr beginnt: Sechs Frauen werden heute dasein ... Was war in der letzten Sitzung? ... Was muß ich noch mit der Praktikantin besprechen, die die Co-Leitung macht?

In der Gruppensitzung selbst beginnen wir mit einer Einstiegsrunde; jede Teilnehmerin erzählt, wie es ihr geht und was sie beschäftigt. Und im Gespräch darüber kristallisiert sich das Thema der heutigen Sitzung heraus. Es geht darum, daß die Teilnehmerinnen das Gefühl haben, in ihrem Leben bereits etwas versäumt zu haben –

---

21. Die ZSB verfügt über zwei Stellen für Berufspraktikant/inn/en im Anerkennungsjahr Sozialarbeit/Sozialpädagogik. Die Berufspraktikant/inn/en kommen nach Abschluß ihres Fachhochschulstudiums für ein Jahr in die Beratungsstelle, nehmen an allen Tätigkeitsbereichen teil und können ein eigenes Projekt (eine Gruppe, einen Beratungsschwerpunkt) durchführen. Nach Abschluß dieses Jahres verfassen sie einen Bericht über ihre Arbeitserfahrungen und absolvieren ein Kolloquium zu diesem Bericht. Erst danach ist ihre Ausbildung abgeschlossen.

einen Knick in der Karriere, eine Krankheit, Umwege beim Finden des richtigen Studiums – es geht um den Druck, der daraus entsteht. Unterschiedliche Bildungsbiographien werden sichtbar. Die Erfahrung fehlender Unterstützung wird artikuliert. Die Frauen versuchen, sich gegenseitig zu entlasten und in ihren Entscheidungen zu stützen. Meine Aufgabe besteht heute hauptsächlich darin, den einzelnen dabei zu helfen, Schwieriges mitzuteilen, indem ich vage Angedeutetes ausspreche bzw. fragend Formulierungsvorschläge mache, die konkrete Beschreibungsmöglichkeiten für Erlebtes enthalten. Parallel richtet sich meine Aufmerksamkeit auf die Gefühle, die in dem Gespräch mitschwingen. Um die Emotionen nicht – wie es im Alltag oft geschieht – wegzudrücken, werden sie in der Therapiegruppe explizit gemacht: sie werden benannt, bildlich umschrieben, mit Körperwahrnehmungen und Erlebnisinhalten in Beziehung gesetzt. Nach zwei Stunden intensiven Austausches wird die Sitzung mit einer Entspannungsübung beendet. Ich bin etwas müde und fröstelig – »Therapie« (= das Präsentsein für die psychischen Prozesse anderer) kühlt aus. Wieder in meinem Zimmer, räume ich noch etwas auf: Einige angefangene Texte liegen auf meinem Schreibtisch. Einer ist eilig. Ich lege das Papier oben auf den Stapel – heute nicht mehr!

Betrachtet man die hier beschriebenen Abläufe eines Beratungstages, dann wird das zu Beginn behauptete Spektrum unterschiedlicher Tätigkeit anschaulich: Es werden universitätsspezifische Informationen abgefragt und ausgegeben. Es wird über sehr unterschiedliche Themen gesprochen, die jedoch alle mit der Universität und den dort lernenden Personen zu tun haben. Dies geschieht in wenig auffälliger Form, aber doch so, daß einiges von dem Lebensprozeß »Studieren« zur Sprache kommt, das im sonstigen Universitätsalltag eher verdeckt bleibt: Entscheidungsprobleme; Gefühle; die Tatsache, daß Lernen gelernt sein will; Schwierigkeiten, die akademischen Leistungsanforderungen in das eigene Leben zu integrieren; Psychiatrieerfahrung; der psychische Druck, der von »Normalbiographien« ausgeht ...

Die Kommunikationsformen, in denen diese Themen behandelt werden, weichen insgesamt nur unbedeutend von der Alltagskommunikation ab – in der Beratungsstelle geht es weniger förmlich zu als im institutionellen Umfeld »Universität«; und zugleich hat der Umgangsstil eine eigene Form und ist nicht privat-informell wie der Umgangston studentischer Peer-groups. Allenfalls die Therapiegruppe pflegt (wie manche Einzelgespräche) eine spezifische Kommunikationsform. Hier wird eine Art des Miteinander-Redens durch die Beraterin hergestellt und in der Gruppe eingeübt, die aus der Psychotherapie bekannt ist, in der Gefühle einen vergleichsweise großen Raum einnehmen und die im abgegrenzten Setting einer (künstlichen) Gruppe einen eigentümlichen, im Alltagsleben normalerweise nicht vorkommenden kommunikativen Raum schafft, der weder öffentlich ist (die in der Öffentlichkeit geltenden Thementabus sind außer Kraft gesetzt) noch privat (die Beziehungsmuster des privat-persönlichen Umgangs sind nicht vorhanden). In dieser Kommunikationssituation wird es dann möglich, Intim-Persönliches zu besprechen, ohne die Interaktionsmuster intimer Beziehungen in Gang zu setzen.

Was von dem hier Beschriebenen macht das Spezifikum psychosozialer Beratung aus? – Ich glaube nicht, daß man, wie in der Fachliteratur implizit vorausgesetzt, eine einzelne Beratungstätigkeit herausgreifen kann, Therapiegruppen etwa oder sehr persönliche Einzelgespräche, gemessen woran alles, was sonst noch in einer Beratungseinrichtung passiert (Information, Trainingsgruppen, offene Sprechstunde ...), vorbereitenden Charakter oder Hilfsfunktion erhält.

◆ Es ist vielmehr die *Gesamtinszenierung* »Beratungsstelle«, die den Übergang strukturiert von den nüchtern-sachlichen Beschreibungen des Beratungsangebots (die nach außen gegeben werden) zum Thematisieren persönlicher Anliegen und Probleme (um die es dann innen gehen kann, wenn auch nicht muß). Gerade weil man eine Beratungsstelle auch aufsuchen kann, wenn man »nur« ein sachliches Informationsbedürfnis hat, kann man sie *auch* in Anspruch nehmen, wenn man in einem persönlichen Konflikt Hilfe braucht. Damit diese Inszenierung gelingt, muß *Verschiedenartiges* in dem *kulturellen Raum* »Beratungsstelle« zu haben sein: die nüchterne Einzelinformation (Aufbau eines Studiengangs, Adresse einer Klinik); Orientierungshilfen, wenn eine Entscheidung zu treffen ist; ein geschützter Ort zum Ausdruck beschämender oder verwirrender Gefühle; die Krisenintervention bei einer Panikattacke.

Wie kommt es – wenn diese Überlegungen stimmen – dann zu dem Bild von Beratung, das der Fachdiskurs spiegelt, in dem die »intime« Kommunikation des Einzelgesprächs mit persönlichem Inhalt zum Kern von institutionalisierter Beratung wird? Dieses Bild wird in allen einschlägigen Definitionen von Beratung produziert, ob Beratung als »professionelle Verständigung« (Redlich, 1997, S. 153 f.) oder als »kunstvoller Dialog« (Schrödter, 1997, S. 87) verstanden wird oder ob Beratung als »gemeinsamer Prozeß der Orientierung, Planung, Entscheidung und Handlung« (Nestmann, 1997a, S. 33) gefaßt wird.[22] Dieses Bild entspricht jedoch nicht den Arbeitsabläufen einer Beratungsstelle, es ist auch nicht durch die Entstehungsgeschichte von Beratung, sozusagen historisch gedeckt. Meiner Einschätzung nach hängt es vielmehr mit der Bedeutung zusammen, die den einzelnen Tätigkeiten im Beratungsalltag zugemessen wird bzw. mit dem Prestige, das mit den unterschiedlichen Anteilen kommunikativer Beratungskompetenz verknüpft ist:

Wie im Alltagsleben wird auch in der Beratungsarbeit den Tätigkeiten eine geringe

---

22. Die in letzter Zeit festzustellende Erweiterung von Beratungsdefinitionen auf Organisationen, Gruppen und Institutionen (s. Beck, Brückner & Thiel, 1991, S. 128–241; in Teilaspekten seiner Argumentation auch Chur 1997), habe ich hierbei nicht berücksichtigt. Diese Erweiterung erfolgt begrifflich durch schlichte Expansion des Beratungsbegriffs auf weitere Praxisfelder und ist durch die damit produzierte Vermischung von Beratung, Supervision und Organisationsentwicklung eher Ausdruck von Terrainkämpfen der beteiligten Berufsgruppen (Supervision und Organisationsentwicklung sind ökonomisch attraktiv, da es sich um Angebote an zahlungsfähige Klientele handelt) als ein Beitrag zur Diskussion über Beratung.

Bedeutung zugesprochen, die mit bereitstellen, vorbereiten, Struktur schaffen zu tun haben (metaphorisch gesprochen »Hausarbeit« darstellen), während die Tätigkeiten, die interaktiver Art sind und unmittelbar als »Beratung« wahrgenommen werden (metaphorisch gesprochen, »Beziehungsarbeit« sind), höher bewertet werden. Schon in der Diskussion, aus der die von mir verwendeten Metaphern stammen – der feministische Diskurs über Familienarbeit[23] – ist deutlich geworden, daß die hierarchisierende Gegenüberstellung von ordnenden, bereitstellenden Tätigkeiten (Putzen, Kochen, Versorgen) einerseits und förderlichen kommunikativen Handlungen in Beziehung zu anderen (Liebe, Nähe, Erziehung) andererseits, zwar die Arbeitsseite der Hausarbeit sichtbar werden läßt, zugleich aber die Beziehungsseite entmaterialisiert. Mit demselben Dilemma ist heute die Diskussion um »Qualitätssicherung« (s. z. B. Thiersch, 1995) und »Controlling« beschäftigt – die Auflösung der sozialen Dienste in abrechenbare Einzelleistungen führt nicht nur zu (gewünschter oder befürchteter) Konkurrenz, sondern löst in der Folge häufig die Beziehungsseite der Versorgung auf.

Für die psychosoziale Beratung hat die selbstverständlich vorgenommene (und durch Besoldungshierarchien verstärkte) Hierarchisierung der Tätigkeiten den Effekt, daß die Kommunikationshandlung »Beratung« gänzlich entmaterialisiert ist und als Information, Orientierungshilfe, Entscheidungshilfe oder explorierendes Gespräch pur erscheint. Die materielle Seite der Herstellung von Räumen, Beratungsmaterialien und -settings verschwindet in dieser Sicht gänzlich oder bekommt den Status relativ unbedeutender Hilfstätigkeiten. Daß diese Tätigkeiten im Beratungsalltag häufig – umgekehrt – die entscheidenden für das Gelingen von Beratungsprozessen sind, hat Silvia Mai für den Bereich der Stadtteilberatung deutlich gemacht (Mai, 1991). Modelle, mit denen sich die Bedeutung der bereitstellenden Tätigkeiten (Informationen beschaffen und so aufbereiten, daß sie für die Klientel zugänglich und möglichst selbständig erschließbar sind, Kommunikationsanlässe räumlich gestalten, durch die Kultur der Einrichtung Bereitschaft zu Kommunikation auf unterschiedlichen Ebenen signalisieren...) für die Beratungsinteraktionen auf einer allgemeineren Ebene angemessen beschreiben läßt, gibt es kaum. Am ehesten ist die Art, wie in einer Beratungsstelle die Umgebung für selbständige Orientierung und Beratungsinteraktionen gestaltet wird, mit Konzepten der Montessori-Pädagogik vergleichbar[24], in denen ein wesentlicher Teil der pädagogischen Energien in die Vorbereitung einer förderlichen Umgebung und die Herstellung und Bereitstellung von angemessenen Materialien geht (s. Montessori, 1952).

Auch für den in der Selbstwahrnehmung von Beratern wichtigeren Teil ihrer Tätig-

---

23. Diese Debatte ist gut dokumentiert in der Zeitschrift »beiträge zur feministischen theorie und praxis«. Die erste Phase der Auseinandersetzung Ende der 70er Jahre ist aufzufinden in dem mit »Hausarbeit im Kapitalismus« überschriebenen zweiten Teil (S. 65–94) des ersten Heftes, das unter dem Titel »Erste Orientierungen« 1978 noch in München erschien. Die zweite Diskussionsphase findet – ausgelöst durch das »Müttermanifest« – zehn Jahre später in derselben Zeitschrift statt, die inzwischen in Köln erscheint, (s. Heft 21/22 »Mamalogie«, 1988, S. 13–83: 201–207).
24. Diesen Hinweis verdanke ich Jürgen Frese.

keiten – die Kommunikationsform Beratung – läßt sich eine hierarchisierende Bewertung feststellen, hier der Unterscheidung »selbst erarbeitet«/»durch (teure) Ausbildung erworben« folgend. Und auch hier gilt: die Hierarchisierung läßt sich nicht aus einer Struktur ableiten, die im Tun unmittelbar gegeben wäre, denn auch die Kommunikationsform »Beratung« ist ein Kontinuum von Verschiedenartigem: Um die Übergänge zwischen den unterschiedlichen Interventionsebenen von Beratung gestalten zu können, müssen Berater/innen teils nacheinander, teils parallel verschiedene kommunikative Leistungen erbringen. Dafür gilt es, (auf dem Hintergrund bereits gemachter Arbeitserfahrung) das ganze Spektrum möglicher Anliegen präsent zu haben – denn nur dann läßt sich schnell und ohne umständliche Vorabklärung auf ein in der Situation angesprochenes Anliegen eingehen.

Berater müssen darüber hinaus für unterschiedliche Bedürfnisse Kommunikation strukturieren können: Bei Informationsbedarf geht es um präzise Auskünfte. Benötigt jemand eine Orientierungs- oder Entscheidungshilfe, dann ist ein offenes Formulierungsangebot gefragt, kombiniert mit Sachinformationen und Mitteilungen über die Erfahrungen, die andere in ähnlichen Situationen gemacht haben. Sucht jemand Unterstützung beim Verstehen der eigenen Situation und der eigenen Gefühle, dann verlangt dies neben dem Einräumen von Platz und Zeit ein relativ sicheres Wahrnehmungs- und Ausdrucksvermögen für die Gefühlslagen anderer Menschen. Ist eine Krisenintervention angesagt, dann gilt es, zusätzlich Wissen und Erfahrungen in bezug auf psychische Krisen zu aktivieren und ggf. entsprechend zu handeln. Diese verschiedenen Wahrnehmungs- und Kommunikationsleistungen werden erbracht, damit die Last der Unstrukturiertheit der Situation (= die Kehrseite eines offenen Angebotes) nicht auf der Klientelseite bleibt. Darüber hinaus gilt es, in allen Kontakten Aufmerksamkeit (=awareness) dafür mitlaufen zu lassen, ob nicht vielleicht Anliegen auf anderen Interventionsebenen als den explizit angesprochenen der Unterstützung bedürfen. Merkmal für Beratung scheint, betrachtet man dieses Spektrum, eher *Flexibilität des kommunikativen Verhaltens* zu sein als eine einzelne Kommunikationstechnik.

Ansatzpunkte für die unterschiedliche Bewertung der verschiedenen Anteile von Beratungskompetenz ergeben sich erst, wenn man danach fragt, wie Berater/innen diese kommunikativen Kompetenzen erwerben. Genauer betrachtet, geht es um drei Ebenen, auf denen eine spezifische Beratungskompetenz erforderlich ist. Erworben wird diese Kompetenz, je nach Ebene in sehr unterschiedlichen Formen und Situationen: Da ist zum einen die Fähigkeit, Wissen und Information *situations-* und *fallangemessen* zu aktivieren, und zwar so, daß einerseits ausreichend Neues für die jeweils »Rat-Suchenden« präsentiert wird, um Neuorientierung anzuregen, andererseits aber wenig genug, um nicht durch Informationsüberflutung Desorientierung zu produzieren. Diese Fähigkeit wird (wie die Bereitstellung des Informationspools selbst) beratungsstellenintern durch »training on the job« erworben. Zweitens geht es darum, *Haltungen, Ausdrucksweisen* und Handlungen, die die Schwierigkeiten des oder der Ratsuchenden verstärken oder sogar produziert haben, in der Beratung möglichst nicht zu wiederholen. Solche für eine Beratung hinderlichen Kommunikationsaspekte betreffen vor allem kulturell typische Unterlegenheitserfahrungen in Familie und Schule, aber auch soziale und geschlechtsspezifische Hierarchisierungen (s. Vogt, 1997, S. 142–145), sowie ethnische oder rassistische Ausgrenzungen. Diese (negative) Beratungskompetenz zu erwerben, bleibt heute faktisch der politischen Sozialisation der einzelnen überlassen. Die in feministischen und multikulturellen Beratungskonzepten eingeforderte Reflexion solcher Hierarchisierung bzw. Ausgrenzung (s. Mecheril, 1996; Willutzki & Lüker, 1991; Castro Varela, Schulz, Vogelmann & Weiß, 1998) verweist insofern auf ein Problem des Praxisfeldes Beratung, das sich jedoch in allen pädagogischen und psychosozialen Berufsfeldern wiederfindet. Für die Ausübung von Beratung wird drittens die Fähigkeit benötigt, *die persönliche Dimension* (Emotionen und Schwächen aller Beteiligten eingeschlossen) angemessen in die Kommunikation einzubeziehen und das so Thematisierte selbst auch verarbeiten zu können. Diese Qualifikation (die Selbsterfahrung und Training der Berater/innen einschließt) wird durch personenbezogene Aus- und Fortbildung außerhalb der Beratungsstelle erworben.

Diese dritte Dimension hat seit der breiten Etablierung psychosozialer Beratung in den 70er Jahren eine zunehmende Bedeutung für das professionelle Selbstverständnis von Beratern bekommen. Das hat nicht nur damit zu tun, daß jede externe Fortbildung als »professioneller« bewertet wird als Selbsterarbeitetes. Sondern es hat seinen Grund auch darin, daß die »Psychologisierung« der sozialen Arbeit zu diesem Zeitpunkt noch relativ neu war und als positive Erweiterung bzw. Aufwertung des Berufsfeldes erlebt wurde. Zudem gab und gibt es keine speziellen Ausbildungsmöglichkeiten für psychosoziale Berater/innen – auch die inzwischen von vielen Berufsgruppen angewendete »klientenzentrierte Gesprächsführung«[25] ist keine Ausbildung in Beratung, sondern eher eine kleine Ausgabe der entsprechenden Therapierichtung (s. Zygowski, 1989, S. 174); dasselbe gilt für »Gestaltberatung« (s. Rahm, 1979) – und so griffen und greifen die meisten Kolleg/inn/en auf psychotherapeutische Zusatzausbildungen zurück.[26]

---

25. Die »Gesellschaft für wissenschaftliche Gesprächsführung« (GwG) mit Sitz in Köln bietet Zusatzausbildungen nach den Konzepten von Carl Rogers an. Die Ausbildung in »Gesprächspsychotherapie« (in erster Linie für Psychologen) und die Ausbildung in »Klientenzentrierter Gesprächsführung« (für Sozialarbeiter, Sozialpädagogen und verwandte Berufsgruppen) gelten inzwischen als Basiskompetenzen für psychosoziale Berater wie Psychotherapeuten.

26. Inzwischen gibt es in vielen Ausbildungsinstituten auch Ausbildungsgänge, die für Beratungsberufe ausgewiesen sind. Sie sind jedoch nicht beratungsspezifisch konzipiert, sondern bleiben »kleine« Ausgaben der psychotherapeutischen Zusatzausbildungen. Ich würde so weit gehen zu behaupten, daß überhaupt nur aus standespolitischen Gründen Beratungsausbildungen etabliert worden sind – um die interessierte Klientel aus dem Beratungsbereich zu binden und gleichzeitig den Zugang zur abrechnungsfähigen Psychotherapie bestimmten Berufsgruppen vorzuhalten. Wenn das zutrifft, dann sind solche Überlegungen in der Diskussion um Beratung stark tabuisiert; spielen sie doch in den Auseinandersetzungen keine Rolle. Ich habe ähnliche Gedanken nur bei Zygowski gefunden (Zygowski, 1989, S. 174). Für den hier diskutierten Zusammenhang muß nicht so weit gegangen werden. Es reicht festzuhalten, daß auch Beratungsausbildungen und die entsprechenden Konzeptionen in ihren Methoden und anthropologischen Grundlagen nach wie vor den ursprünglich psychotherapeutischen Richtungen verpflichtet sind. Plastisch

Das in diesen Ausbildungen Gelernte ist nur z. T. direkt auf die Beratungspraxis zu übertragen. Unmittelbar anzuwenden ist die (psychotherapeutisch geschulte) Fähigkeit, psychische Prozesse wahrzunehmen und in ein Gespräch einzubeziehen; dasselbe gilt bezogen auf die Beschreibungsmöglichkeiten, die der psychotherapeutische Diskurs für irritierende Befindlichkeiten erarbeitet hat; und die psychodynamischen Konzepte der verschiedenen psychotherapeutischen Richtungen bieten unterschiedliche, aber in sich konsistente Möglichkeiten, die Art und Weise, in der Menschen ihre (Um-)Welt erleben, mit ihrer Lebensgeschichte und Erfahrung in Beziehung zu setzen. Erweiterte Kommunikationsfähigkeit und erhöhtes Integrationsvermögen hinsichtlich von Gefühlen und psychischen Befindlichkeiten gehen so direkt in die Beratungsarbeit ein.

Andere Bestandteile der psychotherapeutischen Zusatzausbildungen bedürfen gewisser Übersetzungsleistungen, bis sie beratungstauglich geworden sind. So müssen die Übergänge von der Alltagskommunikation zum psychotherapeutischen Reden (im Sinne von Latentes/Unbewußtes ansprechen, Intimes einbeziehen) in Beratungsgesprächen weicher gestaltet werden als in psychotherapeutischen Konstellationen, die in ihrer Grundstruktur der ärztlichen Praxis ähnlich sind (mit Vorverhandlung, Wartezimmer, Therapieraum) und die Übergänge entsprechend formell herstellen. Andere Elemente psychotherapeutischen Handelns, die in den entsprechenden Zusatzausbildungen vorausgesetzt werden, sind für die Beratungspraxis untauglich: So können Berater weder auf ein eingespieltes Diagnose-/Indikationssystem zurückgreifen, noch können sie voraussetzen, daß es, wann immer sich jemand an sie wendet, um die Bearbeitung emotionaler Konflikte geht. Und auch wenn es um Persönlich-Emotionales geht, ist der Orientierungsrahmen ein anderer; denn in Beratungsprozessen ist die soziale Dimension in anderer Weise präsent als in psychotherapeutischen Prozessen (s. dazu weiter unten).

Die bei der Umsetzung psychotherapeutischen Know-hows in die Beratungspraxis erforderlichen Übersetzungsleistungen werden in der Regel unterschätzt, im fachlichen Diskurs über Beratung kommen sie gar nicht vor. Ähnlich wie Beratung oft als »kleine Therapie« verstanden wird, wird die Anpassung therapeutischen Wissens und Könnens an Beratungsanforderungen häufig als eine Art von »Zurückfahren auf kleinere Ansprüche« behandelt. Damit werden jedoch entweder die entsprechenden Leistungen geleugnet oder aber Wirkungschancen vergeben. Die Übersetzung von psychodynamischen Kategorien etwa auf eine Alltagssprache, die der Klientin oder dem Klienten eine veränderte Selbstbeschreibung und damit vielleicht auch Handlungsal-

---

abzulesen ist dies z.B. an einer einschlägigen britischen Publikationsreihe (SAGE Publications), die sich mit Beratung (engl. counselling) beschäftigt. Die Titel dieser Reihe lauten: *Feminist Counselling in Action, Gestalt Counselling in Action, Transcultural Counselling in Action, Key Issues for Counselling in Action, Psychodynamic Counselling in Action, Person-Centred Counselling in Action, Transactional Counselling in Action, Cognitive-Behavioural Counselling in Action.* – Es findet sich nahezu das komplette Spektrum psychotherapeutischer Richtungen, wobei an die Stelle von »psychotherapy« jeweils »counselling« tritt.

ternativen ermöglicht, erfordert sprachliche Kreativität, Einfühlungsvermögen und ein sicheres Gespür dafür, wieviel emotionale Sicherheit die Beratungsbeziehung aktuell bietet (zur Veranschaulichung s. den unter 1.1.2 beschriebenen Beratungsfall).

Da die hier angesprochen Differenzen zwischen Psychotherapie und Beratung nicht Gegenstand der jeweiligen Ausbildung sind, an der ein Berater oder eine Beraterin teilnimmt, muß die Integration der erworbenen Kompetenzen in den Beratungsalltag im Anschluß, und d.h. im Arbeitsalltag geleistet werden. Sie erfolgt durch Erproben und Weiterentwickeln des je eigenen Zugangs in der Arbeit selbst. Diese mit dem Transfer psychotherapeutischer Zusatzausbildungen in den Beratungsalltag verbundene Anpassungs- und Übersetzungsleistung ist daher auch nicht punktuell, »von jetzt auf gleich« zu erbringen, sondern erfolgt in einem längeren Prozeß, (der im günstigen Fall durch kompetente Supervision begleitet wird und) in dem der persönliche Kommunikationsstil eines Beraters oder einer Beraterin entsteht und durch den gleichzeitig der Arbeitsstil einer Beratungseinrichtung (mit-)geprägt wird. Daß Beratungskompetenz in einem solchen allmählichen Anpassungsprozeß entsteht, hat einen paradoxen Nebeneffekt: der Prozeß, in dem die spezifische Beratungskompetenz entsteht, wird von den Beratern selbst nicht als spezifisch wahrgenommen und bewertet; er ist daher auch nicht fester Bestandteil ihrer beruflichen Identität.

Auf diesem Hintergrund haben die Ausbildungserfahrungen, die Berater im psychotherapeutischen Milieu machen, dann auch weiterreichende Auswirkungen auf den Beratungs*diskurs*, die bisher noch unzureichend bedacht worden sind: Berater erwerben in psychotherapeutischen Zusatzausbildungen nicht nur die bisher beschriebenen Kompetenzen, sie lernen auch – per Sozialisierung in die jeweilige Institutskultur – eine Prestigehierarchie für psychosoziale Kompetenzen zu beachten und auszudrücken, die entlang der Statushierarchie der Berufsgruppen verläuft: Sozialarbeit ➔ Sozialpädagogik ➔ Pädagogik ➔ Psychologie ➔ ärztliche Psychotherapie. Dies hat Auswirkungen auf die Bewertung ihrer beruflichen Arbeit. Denn im Interesse der beruflichen Selbst-Wertschätzung erfolgt die Positionierung der eigenen Tätigkeit bei allen Berufsgruppen im Umfeld der jeweils höher geschätzten. Und so wie die Mitarbeiter der Sozialverwaltung ihre Tätigkeit gern der Beratung zuordnen, sehen psychosoziale Berater ihre Tätigkeit gern in Psychotherapie-Nähe. Daraus folgt eine hohe Identifikation mit der psychischen Dimension ihrer Arbeit, mit der Implikation einer deutlich individuenzentrierten Sicht auf die Arbeit insgesamt sowie der Orientierung an Menschenbildern und Entwicklungskonzepten, die dem psychotherapeutischen Diskurs entstammen. Vielleicht ist es diese Nähe (in den Orientierungskonzepten, nicht im praktischen Tun), die dazu führt, daß Beratung immer von der intimen face-to-face-Situation aus definiert wird, und die zugleich die Abgrenzung von der Psychotherapie zu einem schwierigen Dauerthema des fachlichen Diskurses über Beratung macht.

An den einleitenden Texten des »Beratungsführers 1994« (den die Deutsche Arbeitsgemeinschaft für Jugend- und Eheberatung im Auftrag der Bundesregierung herausgibt) läßt sich diese Bindung, an der sich Beratung abarbeitet, gut aufzeigen[27]:

---

27. Dieser »Beratungsführer«, der im Auftrag des BMfJS* herausgegeben wird, ist in erster

»Beratungsarbeit« – so heißt es im Einführungsteil – »ist gerichtet auf zwischen-menschliche Beziehungen und deren Möglichkeiten und Konflikte, auf Lebens-geschichte und entwürfe, auf Lebens und Entwicklungsbedingungen und deren Zusammenhänge mit psychischen und/oder psychosomatischen Leiden und Sym-ptomen. Beratungsarbeit geht im Unterschied zu einer am Krankheitsbegriff orien-tierten heilkundlichen Psychotherapie davon aus, daß das Leben von Individuen, Paaren, Familien und Lebensgemeinschaften einem Entwicklungsprozeß unter-worfen ist, bei dem die Grenzen zwischen gleichsam notwendigen Krisen und see-lischen Fehlentwicklungen fließend sind. ... Das Erleben solcher Krisen und Beein-trächtigungen und die Art und Weise ihrer Verarbeitung sind der primäre Ansatz-punkt für Beratung.« (Beratungsführer, 1994, Bd. 1, S. 8). –

Buchstabiert man die in dieser Definition gelieferten Bestimmungen von »psychoso-zialer Beratung« aus, dann findet sich zunächst einmal – bezogen auf persönliche Lebensthemen – Vielfältigkeit als Merkmal hier wieder. Das Spektrum persönlicher Lebensthemen, die in einer Beratung vorkommen können, ist sehr groß: es umfaßt Arbeits-, Liebes-, Freundschafts- und familiäre Beziehungen; es schließt Konflikte und unerfüllte Wünsche ein, macht die individuelle Biographie mit ihren Versagungen und Identifikationspunkten zum Thema und enthält auch die Möglichkeit, sich mit von außen kommenden Beschränkungen des eigenen Lebens (in Familie, Herkunfts-milieu und aktueller Lebenssituation) auseinanderzusetzen. Gleichzeitig werden all diese Themen auf einen potentiellen (Verursachungs-?)Zusammenhang mit psychi-schen Leiden/Symptomen hin thematisiert. Die naheliegende Assoziation »Psycho-therapie« wird formal durch Ausschluß der am Krankheitsbegriff orientierten Heil-kunde, inhaltlich jedoch durch die Fokussierung auf Krisen ausgegrenzt. Krisen – so wird nahegelegt – sind notwendige Phasen in Entwicklungsprozessen. In Krisen lie-gen Krankheit und Gesundheit dicht beieinander; die Art der Verarbeitung von Krisen ist bedeutend dafür, ob Beeinträchtigungen vorübergehend (und damit gesund) sind, oder ob sie zu seelischen Fehlentwicklungen führen. Hier liegt der Ansatzpunkt für Beratung, die in diesem Konzept die Aufgabe hat, gesunde Krisenverarbeitung zu fördern und Fehlentwicklungen zu verhindern. Im medizinischen Jargon ausgedrückt, ließe sich sagen: Beratung setzt an Risikofaktoren und -situationen an, im Unterschied zur Psychotherapie, die Erkrankungen behandelt.

Gegenüber der oben wiedergegebenen Beschreibung eines Beratungstages sind in dieser Definition drei Punkte auffällig:

Linie eine Adressensammlung der »ambulanten psychosozialen Beratungsstellen in der BRD« (die 94er Ausgabe bezieht in Bd. 2 erstmals auch die neuen Bundesländer ein) und richtet sich an mögliche Nutzer von Beratungseinrichtungen sowie an Multiplikatoren. Der »Beratungsführer« hat dadurch im doppelten Sinne den Charakter des Offiziellen (so-wohl hinsichtlich der Selbstdarstellung der Beratungsstellen als auch im Sinne staatlicher Anerkennung) und ist wegen der damit verbundenen Definitionsmacht ein für den hier diskutierten Zusammenhang besonders interessantes Dokument.

◆ Beratung wird weitgehend auf die psychische Dimension reduziert.
◆ Beratung ist nicht nur insofern individuenzentriert, als sie mit einzelnen Personen, Paaren und Familien umgeht; Beratung thematisiert auch vorwiegend Individuelles.
◆ Beratung orientiert sich am Konzept der Entwicklungskrise.

Alle drei Punkte scheinen mir problematisch, da das faktische Arbeitsfeld institutionalisierter Beratung durch die vorgenommenen Festlegungen verzerrt in den Blick kommt. Die Vielfältigkeit der Tätigkeiten wird verkürzt; und durch die inhaltliche Individuenzentrierung werden all die Situationen aus dem Blickfeld ausgeschlossen, in denen Beratungsbedarf nicht durch Störungen des Individuums und des individuellen Lebensraums, sondern durch *Umbrüche kultureller und sozialer Art* entsteht. Die Orientierung der Arbeit am Konzept der Entwicklungskrise schließlich bedeutet eine Fokussierung von Beratung, die durchaus praktische Vorteile hat, die Handlungsmöglichkeiten von Beratung letztendlich aber einschränkt. Dieser Fokus ermöglicht nämlich – und darin liegt sein Vorteil – eine ziemlich präzise Beschreibung des Aufgabenfeldes und der Interventionsformen von Beratungsarbeit, indem Arten von Krisen unterschieden und entsprechende Beratungsansätze entwickelt werden (s. Fiedler, 1988, S. 114–118). So läßt sich angeben, wie man Krisen erkennt und was im Einzelfall mit welchem Zeitaufwand zu tun ist.

Dabei wird vor allem an Krisen gedacht, die im Entwicklungsprozeß von Personen und Beziehungen »notwendig« auftreten. Die Fokussierung von Entwicklungskrisen legt allerdings – und hier beginnen die Schwierigkeiten – auch auf ein Modell von Person und Beziehung fest, das sich mit Begriffen wie Ganzheit, Kontinuität und Identität umreißen läßt. In einem solchen Modell werden Veränderungen und Brüche als Anpassung und Wachstum verstanden. Krisen sind Phasen der Irritation, deren erfolgreiche Bewältigung zu persönlicher Reife führt. Fast alle psychodynamischen Entwicklungskonzepte (s. z. B. das Theorem der reifen Genitalität in der klassischen Psychoanalyse oder das Lebenszyklus-Konzept E.H. Eriksons) lassen sich einem solchen Modell zuordnen. Die Affinität solcher Leitbilder zum bürgerlich-männlichen Subjekt-Begriff ist offenkundig. Und es bedurfte nicht erst der postmodernen Dekonstruktion des Subjekts, um diesem Konzept seine selbstverständliche Plausibilität zu nehmen.[28]

Für den Kontext von Beratung ist vor allem kritisch anzumerken, daß eine solche Festlegung auch die Perspektive für den Beratungsprozeß einengt. Es kommen nämlich nur solche Krisenbewältigungen in den Blick, die mit den jeweils vorhandenen Vorstellungen von Persönlichkeitsentwicklung kompatibel sind, dadurch werden all die Orientierungsmöglichkeiten faktisch ausgeschlossen, die fragmentierte Identitäten

---

28. Auch sozialphilosophische Analysen, die mit dem marxistischen Ideologiebegriff arbeiten, sowie die feministische Androzentrismuskritik und neuere Ansätze der Männlichkeitsforschung kommen zu vergleichbaren Ergebnissen. Zur Verdeutlichung dieses Zusammenhanges s. Frese, 1983; Fox-Keller, 1986, S. 73–134; Irigaray, 1980, S. 169–187; Connell, 1995, S. 31–36; Lorey, 1996, S. 7–9.

oder situative Paradoxien legitimieren und/oder radikale soziale oder kulturelle Innovationen zum Inhalt haben. Beratung kann so schnell zu einer Anpassung an konventionelle oder subkulturelle Lebensstile geraten oder – wenn dies von Klientelseite verweigert wird – sich bestimmten Klientelgruppen (Psychoseerfahrenen z. B.) verschließen.

Es spricht auf dem Hintergrund solcher Implikationen vieles dafür, die enge Bindung psychosozialer Beratung an die Psychotherapie – die in bezug auf die personenbezogene Ausbildung kommunikativer Beratungskompetenz ihre Berechtigung hat – für die Beschreibung des Praxisfeldes aufzulösen. Das bedeutet zunächst einmal, daß Beratung mehr und Differenzierteres umfaßt, als das persönliche Beratungsgespräch (einzeln oder in der Gruppe), das in seinem Kern die psychische Dimension des einzelnen zum Thema hat. Andererseits ist es keine Frage, daß persönliche Beratungsgespräche dieser Art in der Alltagspraxis vorkommen. Und so läßt sich – einen Schritt weiter gehend – nun fragen: Unterscheiden sich solche Gespräche in ihrem Verlauf von Gesprächen in der psychotherapeutischen Praxis, oder liegt der Unterschied ausschließlich darin, daß sie Teilelement eines anderen Gesamtsettings sind? Auch diese Frage soll an Hand einer Beschreibung aus der praktischen Beratungsarbeit diskutiert werden:

1.1.2 Die Konstruktion[29] eines Beratungsfalles

Um sichtbar zu machen, daß auch ein einzelner Beratungsprozeß, der die persönlich-private Dimension der Person einbezieht, nicht ein psychotherapeutischer Grenzfall von Beratung ist, sondern als Prozeß selbst Beratungsspezifisches enthält, hier zunächst eine Fallbeschreibung aus der Studentenberatung. Es handelt sich um die Einzelberatung einer Studentin. Das Beispiel wurde jedoch nicht ausgesucht, weil in der Problematik oder im Verlauf der Beratung Geschlechtsspezifisches zum Tragen kommt (ähnliche Themen und Probleme kommen auch bei jungen Männern vor), Auswahlkriterium war vielmehr, wieviel Beratungsspezifisches deutlich gemacht werden kann:

Christa kommt an einem Nachmittag – außerhalb der offenen Beratung – ins Sekretariat der ZSB*. Sie ist unruhig und beginnt ohne weitere Einleitung, von ihrer Examensarbeit zu sprechen. Dies und die Tatsache, daß sie sich auch durch vorsichtige Hinweise darauf, daß jetzt kein Berater direkt zu sprechen sei, nicht von ihrem Thema abbringen läßt, macht auf die Mitarbeiterin im Sekretariat den Eindruck, daß Christa dringend Hilfe braucht. Und so werde ich gefragt, ob ich Zeit für

---

29. Der Begriff Konstruktion wurde gewählt, nicht weil es sich um eine konstruierte Geschichte handelt, sondern um deutlich zu machen, daß die Art und Weise, in der kommuniziert wird, die Form, in der ein Problem in der Praxis angegangen wird, einen Fall konstruiert – in der Psychotherapie anders als in der Beratung, in der Sozialarbeit anders als in der Medizin

sie freimachen kann. Ich frage Christa, ob sie etwas warten kann, beende das Gespräch, in dem ich mich befinde, und bitte sie dann zu mir ins Zimmer. Christa wirkt angestrengt und übernächtigt, sie beginnt leise und etwas stockend zu reden, Stimme und Gestik sind ein wenig zittrig. »Ich brauche Hilfe«, sagt sie, »bei meiner Examensarbeit, sonst schaff ich das nicht mehr«. Vorsichtig erfrage ich ihre Situation, wobei ich viele Pausen entstehen lasse und Christa immer wieder ermutige, ihre Verzweiflung nicht wegzulassen – Tränen sind in einer Beratungsstelle erlaubt:

Christa studiert einen Lehramtsstudiengang für die Sekundarstufe II mit den Fächern Mathematik und Sozialwissenschaften. Sie hat sich für die gerade laufende Prüfungssequenz zum Examen angemeldet, das Thema für die Staatsarbeit im Fach Sozialwissenschaften erhalten und soll in zwei Wochen abgeben. »Ich arbeite immer chaotisch«, erzählt sie, »und so habe ich erst einige Wochen vor mich hin gelesen, Material angehäuft ... meistens werde ich ruhiger, wenn ich erst einmal weiß, daß ich genug zu schreiben habe. ... Und wenn ich dann etwas Abstand gewinne, fällt mir auch ein, wie ich anfangen kann. Aber diesmal klappt es nicht so richtig.«

Was denn nicht so richtig klappt, ist nicht aus ihr herauszubekommen. »Es stockt«, »es fluppt nicht«, »ich bin völlig undiszipliniert«, »ich kann gar nicht mehr loslossen« – bei solchen eher vagen Umschreibungen bleibt sie stehen. Erst als ich direkt nachfrage, wieviele Seiten sie denn schon stehen hat, erfahre ich, daß sie noch nichts geschrieben hat. Die Situation ist also ziemlich verfahren, und genau das melde ich Christa zurück. »Ja, ich weiß auch nicht, wie ich das noch hinkriegen kann«, ist ihre Antwort. Meine Reaktion »das ist nicht mehr hinzukriegen!« muß ich mehrfach wiederholen, bis ich merke, daß ich sie damit erreicht habe.

Nun wird deutlich, unter welchem Druck Christa steht. Zwischen Weinen und heftigem Widerspruch wechselnd, bringt Christa zum Ausdruck: die Arbeit nicht abgeben zu können, »es« nicht geschafft zu haben, durchzufallen – diese Möglichkeit ist für sie so wenig erlaubt, daß sie entsprechende Gedanken in den vergangenen Wochen völlig verleugnen mußte. Auch ihre unmittelbare Umgebung (ihr Partner, ihre Freunde) weiß nichts davon. Man hat zwar mitbekommen, daß Christa Schwierigkeiten hat, aber alle glauben, sie sei produktiv und werde es irgendwie schaffen.

An diesem Nachmittag brauchen wir noch mehr als zwei Stunden – in denen Christa, von heftigen Gefühlsausbrüchen begleitet, immer wieder von vorn zu argumentieren beginnt, daß sie einfach fertig werden muß – bis sie akzeptiert hat, daß dieser Versuch, eine Abschlußarbeit zu schreiben, mißglückt ist. Zwei Dinge stehen an, damit diese Einsicht nicht wieder verfliegt, sondern soziale Realität gewinnt: es Partner, Freunden und Eltern mitzuteilen und das Prüfungsamt zu informieren. Da Christa sehr unter Druck steht, über Kopfschmerzanfälle klagt und insgesamt sehr erschöpft ist, schlage ich ihr vor, diese beiden schweren Schritte schnell zu tun, damit sie die Last los ist. Sie stimmt zu, und wir verabreden ein weiteres Gespräch für den folgenden Tag.

Am darauffolgenden Nachmittag kommt Christa – blaß und verweint, aber nicht mehr so gedrückt. Sie war beim Prüfungsamt; der Fehlversuch ist offiziell eingestanden.«Mir hat richtig gut getan, wie nüchtern und selbstverständlich die damit umgehen« – so ihr Kommentar. Mit ihrem Freund hat sie noch am Abend vorher gesprochen, mehr ging noch nicht. Und vor dem Gespräch mit ihren Eltern hat sie richtig Angst. Es ist der erste große Mißerfolg ihres Lebens. Ihre Eltern erwarten viel von ihr. »Sie werden doppelt enttäuscht sein«, sagt sie, »weil ich versagt habe und weil ich kein Vertrauen zu ihnen hatte!«

Wir sprechen ausführlich über all die Ängste, die für sie an ein »Versagen« im Examen geknüpft waren und sind, und über ihr Gefühl, daß es irgendwann »einfach herauskommen mußte, daß ich nicht wirklich fähig bin«. Meine Aufgabe dabei besteht vor allem darin, Realität und innere Angstvisionen immer wieder voneinander zu unterscheiden. Wir sprechen auch darüber, wie anstrengend die letzten Wochen für sie waren – obwohl sie nichts geleistet hat. Am Ende ist klar, daß jetzt erst einmal Erholung ansteht. Christa will sich »richtig ausschlafen« und dann am Wochenende zu ihren Eltern fahren und »Klartext sprechen«. Für die kommende Wochen vereinbaren wir einen weiteren Termin, bei dem es darum gehen soll, wie es weiter geht.

Als ich sie dann eine Woche später wiedersehe, wirkt Christa sichtlich erholt; sie spricht lebendig und bewegt sich lockerer. Sie ist voller Tatendrang, will gleich loslegen, alles »wettmachen«.

Ich frage, ob sie mit Volldampf in die nächste Katastrophe rennen will. Und in ihrer Antwort wird deutlich, daß sie sich bei ihren Eltern nicht nur gut erholt hat, sondern die Familie gemeinsam es auch geschafft hat, die »Katastrophe« in einen »Ausrutscher« zu verwandeln, der »nicht so schlimm ist, mal passieren kann und sich nur nicht wiederholen darf«. Daß Christa an ihrem Umgang mit Arbeit, an ihrer Art zu planen und zu schreiben, vielleicht etwas ändern muß, daß alles vielleicht mehr Zeit und Ernsthaftigkeit braucht, ist dabei völlig aus dem Blick geraten. Christa ist ganz ernüchtert durch meine Umgangsweise mit dem Problem; sobald sie dessen schwierige Seite zuläßt, fühlt sie sich entmutigt und resigniert. Damit ist unser Thema für die nächsten drei Gespräche klar: Es geht für Christa darum, zu akzeptieren, daß jede schwierige Aufgabe das Risiko enthält, daß man an ihr scheitern kann. Es geht darum zu lernen, daß Schwierigkeiten anerkennen auch heißt, etwas unternehmen und für sich sorgen zu können. Wir arbeiten durch Ernstnehmen ihrer Gefühle heraus, was Christa braucht, um die »schwierige Aufgabe« eines zweiten Versuchs bei der Staatsarbeit bewältigen zu können:

◆ ein überschaubares Thema
◆ einen Zeitplan
◆ keinen Druck von außen
◆ Unterstützung beim Durchhalten einer nüchternen Arbeitshaltung
◆ Erholungsmöglichkeiten.

Wir überlegen gemeinsam, wie sie sich diese Voraussetzungen schaffen kann. Was das Thema angeht, fühlt sich Christa bei ihrer Dozentin gut aufgehoben. Den Zeitplan werden wir zusammen erarbeiten. Beim Punkt »Nüchternheit« grinst mich Christa an »da komm ich zu dir«. Schwierig bleiben die Punkte Außendruck und Erholung. Zwar hat Christa den Eindruck, daß ihre Freunde und ihre Familie »nicht wirklich Druck machen«, aber sie fühlt sich immer noch und immer wieder hohen Erwartungen ausgesetzt, die sie selbst in Druck verwandelt. Und mit der Erholung ist es deshalb schwierig, weil sich Christa, wenn sie ehrlich ist, am besten zu Hause, bei ihren Eltern erholen kann – da kann sie reiten, draußen sein, und für ihr leibliches Wohl wird gesorgt. Zugleich wird sie gerade in der Familie immer wieder verführt, Schwierigkei*ten und Angst zu leugnen und so zu tun als ob ...*
Ich habe den Eindruck, daß es gut wäre, die Eltern für einen anderen Umgang mit Christas Problemen zu gewinnen – und so frage ich Christa, was sie denn von einem Familiengespräch hält. Sie ist überrascht über diese Möglichkeit, stimmt dann aber schnell zu.

Sechs Wochen später trifft sich Christa mit ihrer Familie (= Eltern und jüngerer Bruder) in der Beratungsstelle:
Die Eltern möchten einerseits alles tun, um Christa zu helfen; zum anderen sind sie jedoch auch sehr damit beschäftigt, das Mißglücken der ersten Abschlußarbeit mir gegenüber zu erklären, zu entschuldigen und als Ausrutscher zu beschreiben. Mutter wie Vater sprechen häufig an Stelle ihrer Kinder. Christa versucht gelegentlich dazwischen zu kommen. Der 17jährige Bruder sitzt unbewegt dabei – wir sind mitten im Thema! Das Familiengespräch entwickelt sich, nachdem ich dieses Muster angesprochen habe, zu einem lebhaften, manchmal hektischen Austausch über Eltern- und Kinderrolle, Verantwortung und Selbständigkeit, Erwachsenwerden und die in der Familie übliche verdeckte Nachsicht allem möglichen gegenüber. Meine Aufgabe besteht vorwiegend darin, den einzelnen Familienmitgliedern Platz zu verschaffen, für sich selbst zu sprechen. Am Ende gibt es eine ziemlich klare Vereinbarung darüber, in welchem Umfang Christa sich während ihrer Prüfungszeit zu Hause erholt, was sie dann braucht und daß sie wortlos wegfährt, wenn jemand in der Familie versucht, ihre Arbeit leichtzureden.
Nach diesem Familiengespräch gibt es aus meiner Sicht keine besonderen Probleme mehr. Christa macht mit mir zusammen eine Zeitplanung für ihre Arbeit. Sie meldet sich – nachdem sie ihre Arbeit angefangen hat – regelmäßig in meiner Studientechniksprechstunde, berichtet, wie weit sie gekommen ist, paßt die Arbeitsplanung an den erreichten Stand an und fragt mich um Rat, wenn sie festsitzt. Ihre Schreibprobleme tauchen nicht wieder auf. In dem Moment, in dem sie das »Ganze« in kleinere Abschnitte aufgeteilt hat, fühlt sie sich auf sicherem Terrain und kann loslegen. Dabei bleibt ihr Arbeitsstil so, wie sie ihn am Anfang beschrieben hat: »chaotisch«. Sie liest sich erst durch das jeweilige Materialpäckchen, läuft dann einige Tage eher ziellos um den Schreibtisch herum und fängt irgendwann an zu schreiben. Dies gelingt dann ziemlich störungsfrei und zügig. Was auf eine Ar-

beit von 100 bis 120 Seiten bezogen blockierend wirkt, ist für Abschnitte von ca. 20 Seiten produktiv.

Christas zweiter Versuch der Abschlußarbeit ist erfolgreich.

Betrachtet man diese Fallgeschichte unter der hier diskutierten Fragestellung, dann fällt als erstes auf, daß sie im Vergleich zu Fallbeschreibungen aus der Psychotherapie oder aus psychotherapeutischen Zusatzausbildungen weniger »psychologisch« wirkt. Es geht scheinbar sachorientierter zu, es wird weniger Emotionales im klassischen Sinne »durchgearbeitet«. Und dies kommt weder dadurch zustande, daß Christas »Fall« nicht auch Teil einer Psychotherapie sein könnte, noch dadurch daß die aus der Psychotherapie stammenden Kommunikationsformen nicht präsent wären – explorierendes Fragen (in bezug auf den Grund ihres Kommens, und die Erfahrungen am Schreibtisch/im Elternhaus) und das Verbalisieren von Gefühlen (bezogen auf Angst und Scham bei ihrem Prüfungsversagen) kommen genauso vor wie die Konfrontation mit verleugneten Realitätsanteilen (»das ist nicht zu schaffen«) und das Einbeziehen des psychodynamischen Hintergrundes (Familienmuster der Versagensleugnung).

Diese Fallgeschichte ist anders als Fallgeschichten der Psychotherapie oder der Sozialarbeit, weil sie als (im Beratungsverlauf hergestellte und dann erzählte) Geschichte anders konstruiert ist. Es wird nicht mit einer psychodynamisch orientierten Anamnese begonnen, es gibt keine Beschäftigung mit den Symptomen (Schreibblokkierung, Migräne). Die Krisenintervention bestimmt nicht nur die Arbeit in der Anfangssituation, sondern der ganze Beratungsprozeß bleibt an der Lösung des in diesem Kontext formulierten Problems orientiert. Diese Unterschiede ließen sich allerdings auch als Akzentsetzungen eines bestimmten therapeutischen Arbeitsstils beschreiben. Es gibt Konzepte für Kurztherapie, die ein solches Vorgehen nahelegen (s. Strupp & Binder, 1991). Und auch im Rahmen der oben wiedergegebenen (und als zu eng kritisierten) Definition von Beratung läßt sich die konstatierte Differenz bis zu diesem Punkt beschreiben.

Erst wenn man sich fragt, wodurch diese Differenz möglich wird, stößt man auf eine weitere Ebene: In dem gesamten Beratungsprozeß ist die soziale Dimension anders präsent als in der therapeutischen Beziehung, die durch das therapeutische Setting reale soziale Bezüge klein hält und Soziales ausschließlich zwischen Therapeut/in und Klient/in kommunikativ herzustellen sucht (s. Fürstenau, 1979, S. 7–9; 83–93).

> ◆ In der Beratungssituation ist der (von beiden geteilte) soziale Raum Hochschule mit seinen Gepflogenheiten, Ritualen, Leistungsanforderungen und Konfliktlösungsmöglichkeiten gegenwärtig.

Und dies in anderer Weise, als es etwa ein Wissen im Hintergrund ist (das ja auch ein Arzt, da selbst Hochschulabsolvent, oder ein Kreativtrainer, der sich sachkundig gemacht hat, haben kann); er ist in der Beratung unausgesprochen und fraglos als Umgebung und Milieu vorhanden, auf das sich beide Beteiligten jederzeit wie selbstverständlich beziehen, da sie sich alltäglich darin bewegen, ihm angehören, auf es einwirken können. Hier nur einige Bezüge, die in der Arbeit mit Christa als Möglichkeit oder faktisch eine Rolle gespielt haben: Ich hätte im Zweifelsfall mit einem Prüfer Rücksprache halten oder ein Gutachten zur Verfügung stellen – jedenfalls auf eingespielte institutionelle Kommunikationswege zurückgreifen können. Wir könnten gemeinsam die Prüfungsordnungen auf Ausweichmöglichkeiten hin befragen. Christa hat als Studentin Zugang zu informellen Quellen, aus denen man erfahren kann, wie Dinge gehandhabt werden – und ich weiß davon. Ich habe Erfahrung mit der Bearbeitung hochschulspezifischer Störungen – und das bedeutet, Modelle und Praktiken zur Verfügung zu haben, auf die zurückgegriffen werden kann. Wir beide kennen die soziale Ordnung, die sich in der Arbeitsplatzstruktur der Bibliothek genau so abbildet wie in der Sitzordnung in der Mensa oder bei der Besetzung der Treppen in der Halle – und können uns entsprechend schnell darüber verständigen. Als eine, die »den Laden kennt«, komme ich Christa schnell auf die Schliche, was ihre Verleugnungsmanöver angeht. Und – wir beide können gemeinsam ihrer Familie gegenüber den Feldvorteil nutzen, den kulturelle Ortskenntnis und soziale Zugehörigkeit bieten.

All diese Möglichkeiten, die Kommunikation auf einen sozialen Raum (wie die Hochschule oder einen Stadtteil) zu beziehen, sind beratungsspezifisch. Die Beratungsstelle als abgetrennter und geschützter, aber dennoch zugehöriger Bereich des Lebensraumes (hier: der Universität) ist »näher dran« – an den Konfliktformen des jeweiligen sozialen Raumes wie an dessen Lösungsmöglichkeiten. Zugespitzt ließe sich resümieren: Auch da, wo Beratung der Psychotherapie am ähnlichsten ist, in der räumlich und zeitlich separierten Einzelberatung, in der emotionale Konflikte bearbeitet werden, geschieht anderes als in einer Psychotherapie. Und zwar nicht nur durch die Zugehörigkeit dieses Prozesses zum Gesamtsetting »Beratungsstelle«, aus dem sich bereits Spezifika wie Lebensraumnähe, leichterer Zugang, fehlendes Krankheitslabel ergeben.

> ◆ Das Beratungsgespräch selbst erhält seine spezifische Form dadurch, daß neben der *individuellen Psyche* (mit ihren Bedürfnissen, Problemen und Möglichkeiten) und der (psychotherapeutisch ausgebildeten) *kommunikativen Kompetenz* der *sozio-kulturelle Raum*, dem die Personen und die Einrichtung angehören, präsent ist. Psychosoziale Beratung konstruiert ihre Beratungsfälle in Einbeziehung dieser drei Ebenen, und – sie entfaltet ihre Produktivität durch Nutzung dieser drei Ebenen.

Nimmt man diese Beschreibung psychosozialer Beratungssituationen ernst, dann ist Kulturabhängigkeit jeder Beratung immanent. Sie ist nicht etwas, das durch theoretische Reflexion hergestellt werden muß (s. Engel, 1997), sondern etwas, das sozusagen qua institutioneller Struktur gegeben ist und in bezug auf das man (dann nur noch) mehr oder weniger bewußt verfahren kann. Die kulturellen Einflüsse, denen Beratung unterliegt, werden sowohl im Beratungsalltag als auch im Diskurs über Beratung häufig im Status unreflektierter Implizität belassen[30]. Daß dies nicht unproblematisch ist, zeigt sich daran, daß in demselben Diskurs von seiten der feministischen Beratung und Therapie (s. Kypke & Voss, 1991; Willutzki & Lüker, 1991) wie von seiten interkultureller Beratung (s. Mecheril, 1996: Castro Varela, Schulze, Vogelmann & Weiß, 1998) Reflexionsbedarf angemeldet wird, damit die diskriminierenden Formen der Alltagskultur nicht in den Beratungsangeboten ihre Fortsetzung finden. Es lohnt sich also genauer hinzusehen, wie der sozio-kulturelle Raum des jeweiligen Feldes von Beratung in der Beratung selbst präsent ist, wo Reflexionsbedarf besteht und wie sich kulturelle Veränderungen der Umgebung in der Beratungseinrichtung widerspiegeln. Solche Zusammenhänge sind in der Regel dann besonders gut zu erkennen, wenn dieser Einfluß nicht in Kontinuität und Alltäglichkeit zum Ausdruck kommt, sondern in Diskontinuitäten und Brüchen sichtbar wird.

Zur Verdeutlichung der Prozesse, mit denen sich kulturelle Veränderungen in der Beratungspraxis Geltung verschaffen, und zur Erläuterung der Arbeitsmöglichkeiten, die sich aus der bewußten Wahrnehmung solcher Prozesse ergeben, wird daher im folgenden ein Beispiel für Umbrüche in Beratungsinstitutionen genauer beleuchtet. Ich greife noch einmal auf meinen eigenen Arbeitskontext zurück, diesmal mit einer Beschreibung der Entwicklung, die zu dem heute fast selbstverständlichen Schwerpunkt »Arbeit mit Frauen« geführt hat.

1.1.3 Arbeit mit Frauen – die Entstehung eines Beratungsschwerpunktes

Geht man vom aktuellen Erscheinungsbild der Bielefelder Beratungsstelle aus, dann erscheint es fast als selbstverständlich, daß das Angebot der Studentenberatung in vielen Themenbereichen einem geschlechtsspezifischen Akzent unterliegt. Dieser Akzent wird nicht durch ein gesondertes Angebot (nur) für Frauen hergestellt, sondern findet in einer Reihe etablierter Praktiken seinen Ausdruck, die in die bereits beschriebenen Arbeitsabläufe der Beratungsstelle (s. 1.1.1) eingebettet sind: So können z. B. Studentinnen darauf bestehen, von einer Frau beraten zu werden, während ansonsten eher die Arbeitsteilung innerhalb des Teams (= wer gerade für die offene Beratung zuständig ist) darüber entscheidet, an wen man gerät, wenn man die Beratungsstelle aufsucht[31]. Und das Thematisieren frauenspezifischer Erfahrungen (Diskriminierung im Alltag, sexuelle Übergriffe, Selbstunsicherheit, Schwangerschaft und Kinderversorgung) wird in der Beratungsstelle durch die Art und Weise leicht gemacht, in der

---

30. In der Praxis geschieht dies, indem man z.B. kulturelle Veränderungen, die in der Arbeit ja durchaus wahrgenommen werden, den Personen zurechnet, die Beratung aufsuchen. Im Reden über Beratung erfolgt dies z.B. dadurch, daß mit diffusen Gesellschaftsdiagnosen wie »Orientierungsvakuum« oder »Handlungsverunsicherung in komplexen, kaum standardisierbaren Alltagssituationen« (Beck, 1991, S. 12) operiert wird.

31. Daß ein entsprechendes Verfahren in der umgekehrten Konstellation (Student - Beraterin) gar nicht erst Thema wird, macht deutlich, daß es bei dieser Geschlechterfrage nicht in erster Linie um Innerpsychisches (Eltern-Imagines z. B.) auf Klientelseite geht, sondern vielmehr um die Geschlechtsbedeutungen in der Beratungskommunikation.

Frauen im Team präsent sind und bei der Konkretisierung von Beratungsanliegen diese Aspekte mitthematisieren. Die ZSB* ist außerdem Mitherausgeberin einer Informationsschrift »FrauenForum«, in der in jedem Semester frauenspezifische Lehrveranstaltungen zusammengestellt und, ergänzt um die Adressen von Fraueninitiativen und -anlaufstellen, veröffentlicht werden. Atmosphärisch ist deutlich (an Aushängen, Informationsblättern und telefonischen Kontakten), daß die Mitarbeiterinnen der Beratungsstelle mit Frauen in anderen Bereichen der Hochschule kooperieren. Und darüber hinaus gibt es bei entsprechender Nachfrage Therapie- und Trainingsgruppen speziell für Frauen. Bei all diesen Bemühungen geht es weniger darum, einen separaten Frauenraum zu schaffen, als vielmehr darum, dem institutionellen »Unsichtbarsein« von Frauen in der Universität dadurch entgegenzuwirken, daß deutlich ist: hier wird mit spezifisch weiblichen Anliegen gerechnet.

Dieser Arbeitsschwerpunkt ist daher im Erscheinungsbild der ZSB spürbar, aber er ist nicht in Form eines ausgegrenzten Spezialangebotes organisiert; d.h. es gibt weder eine Sonderbehandlung für Frauen (das Angebot »Beratungsstelle«, wie es bisher beschrieben wurde, gilt in seiner Gesamtstruktur beiden Geschlechtern) noch wird Geschlechterseparation praktiziert (eine geschlechtsspezifische Differenzierung der Arbeitsfelder findet nicht statt). Zwar gibt es inzwischen neben den Gruppenangeboten für Frauen auch eine Männergruppe im Beratungsangebot; doch nur im Rahmen solcher Gruppenangebote, in denen u.a. Identitätsprobleme (und damit auch Fragen der Geschlechtsidentität) behandelt werden, gibt es so etwas wie Geschlechtertrennung. Der Schwerpunkt »Frauen« ist, so könnte man sagen, auf beratungsspezifische Weise in das Gesamtkonzept der Einrichtung eingebaut, indem im Alltagsbetrieb Aufmerksamkeit für die besonderen Beratungsanliegen von Frauen mitläuft, indem diesen Anliegen Raum gegeben wird – ggf. mit der Konsequenz frauenspezifischer Angebote (Bewerbungstraining, Therapiegruppe, Gruppe »Redeängste«). Auf diese Weise reagiert die Beratungsstelle auf das Gesamtspektrum an Belastungen und Anforderungen, das Studentinnen in der Universität erleben: Konflikte, die mit der Entwicklung einer Identität als Frau *und* Intellektuelle verbunden sind; Irritationen, die eine ursprünglich männliche Institution bereithält; Sexismus, sexuelle Gewalt, Wissenschaft als männlicher Konkurrenzbetrieb, der Mangel an weiblichen Vorbildern ...

Sie reagiert allerdings, dies zeigt ein Blick in die Entstehungsgeschichte dieses Arbeitsschwerpunktes, nicht unmittelbar auf das Vorhandensein dieser Probleme, sondern vermittelt über entsprechendes In-Anspruch-Genommen-Werden, sowie durch (frauenpolitische) Anstöße von »außen«. Denn auch in Beratungseinrichtungen läßt sich – dies zeigt die Geschichte der Studentenberatung – über Klienten und deren Probleme reden, ohne daß Männer und Frauen vorkommen; Geschlecht erscheint dann als ein statistisches Auswertungsmerkmal wie die Studienrichtung oder die Verteilung der Anfragen über das Jahr (so im ersten Jahresbericht der ZSB Bielefeld 72/73). Wie die Universität insgesamt hat auch die Studentenberatung erst allmählich damit begonnen, Studentinnen als weibliche Subjekte wahrzunehmen. Frauen sind zwar seit Beginn dieses Jahrhunderts zum Studium zugelassen (1908 ist die Auseinandersetzung darum mit der Zulassung von Frauen zum Studium auch in Preußen abgeschlossen) und in der Universität präsent; doch Studentinnen partizipierten bis in die 60er Jahre unter der Kondition am Studienbetrieb, daß sie die soziale Rolle des (männlich gedachten) Studenten erfüllten. Erst seit Beginn der 70er Jahre gibt es in den Hochschulen Debatten und Diskussionen über den Status von Frauen in der Universität.

Zur Verdeutlichung ein Blick in die Geschichte der Bielefelder Studentenberatung:

Als die ZSB der Universität Bielefeld 1972 ihren Betrieb aufnahm, wurde zunächst ein, sieben Monate später ein zweiter Psychologe als Berater eingestellt. Im Sekretariat nahm eine Mitarbeiterin die Arbeit auf. In diesem ersten Jahr wurde der oben zitierte Jahresbericht erstellt. Für das Studienjahr 1973/74 ist dann der erste inhaltlich differenzierte Jahresbericht herausgegeben worden, in dem ein Arbeitsvolumen von 496 Beratungsfällen ausgewertet wird. Neben Problemen der Studienentscheidung ging es in den Beratungen um Orientierungshilfen sowie um Unterstützung bei Leistungs- und Kontaktstörungen, bei Prüfungsängsten und Partnerschafts- bzw. Sexualproblemen. Die Geschlechterverteilung wird mit 38 % weiblich und 62 % männlich angegeben. Dem auswertenden Psychologen fällt auf, daß Frauen, gemessen an ihrem Anteil an der Gesamtpopulation der Studenten in der Beratung überproportional vertreten sind:

»Die Gesamtprozentzahlen entsprechen nicht denen der Universität. Studierten an der Uni im WS 73/73 27 % Studentinnen, so beträgt der weibliche Anteil an der ZSB-Klientel 38 % – bei der längeren psychologischen Beratung erhöht sich dieser Anteil noch.
Eine Hypothese wäre, daß Studentinnen im höheren Maße unter Rollenproblemen im Studium leiden. So ist das herkömmliche Rollenverständnis der Frau dem einer »selbstbewußten« Studentin genau entgegengestellt. Das traditionelle Rollenverständnis verlangt von ihnen, gefühlsbetont und angepaßt zu sein. Eine erfolgreiche Mathematikerin z. B. negiert diese Rolle, steht aber dadurch oftmals unter großer innerer Spannung. Ist sie nicht erfolgreich, kommen zu diesem Rollenkonflikt noch – wie bei männlichen Studenten – Mißerfolgserlebnisse hinzu. Studentinnen sind hier potenziert bedroht, was zur Erklärung dieser überdurchschnittlichen Repräsentanz in der Beratungsstelle dienen kann.«

So weit die Reflexion zur Geschlechterrelation in der Beratungsarbeit 1975 (Tätigkeitsbericht der ZSB 73/74, S. 18), die auf der Ebene individueller Rollenkonflikte verbleibt.

Im Jahr darauf sind es laut Tätigkeitsbericht 506 Beratungsfälle mit einer Geschlechterverteilung von 46 % weiblich und 54 % männlich (weiblicher Anteil bei der Gesamtpopulation der Studenten: 30 %). Die Erklärungshypothese ist dieselbe wir im Vorjahr, ergänzt durch Überlegungen über den geschlechtsdifferenten Umgang mit persönlichen Problemen:

»Eine weitere Hypothese wäre, daß Studentinnen Probleme eher akzeptieren als Studenten und leichter psychologische Hilfe in Anspruch nehmen« (Tätigkeitsbericht der ZSB 74/75, S. 17).

Im Studienjahr 75/76 sind die Fallzahlen auf 829 gestiegen; die Geschlechterverteilung hat 55 % weiblich und 45 % männlich erreicht – besonders hervorgehoben wird diese Disproportionalität jedoch nicht mehr. Verändert hat sich in der Zwischenzeit allerdings die Struktur der Beratungsstelle insgesamt. Die Pädagogische Hochschule wurde (nach den Vorgaben des Überleitungsgesetzes NRW*) in die Universität integriert, was der ZSB* einen weiteren Berater einbrachte. Nachdem Studienberatung als zentrale Aufgabe der Hochschulen im Landeshochschulgesetz verankert worden war, wurde der ZSB eine weitere Beraterstelle zugewiesen, die auf Grund der beschriebenen Erfahrungen der Kollegen mit einer Frau besetzt werden sollte (ab 1.3.76 mein eigener Arbeitsplatz). Im Tätigkeitsbericht drückt sich die neue Konstellation im Beratungsteam zunächst einmal darin aus, daß die Arbeit nicht nur quantitativ ausgewertet wird, sondern auch inhaltliche Berichte aus der Arbeit (Prüfungsseminar, Studienfachberater-Training) mitgeteilt werden. Im darauf folgenden Jahr werden weitere Veränderungen sichtbar: Zum einen hat die ZSB ein verändertes Arbeitskonzept entwickelt, die »offene Beratungsstelle«, eine Art offener Sprechstunde (zweistündig am Vormittag[32]), in der Beratung als Gruppengespräch intendiert ist, aber auch die Möglichkeit sichtbar gemacht wird, Einzelgespräche zu vereinbaren. Zum anderen gibt es die ersten Gruppenangebote für Frauen.

Die Arbeit in und mit Frauengruppen wird dann in den folgenden Jahren der Kern des sich herausbildenden Arbeitsschwerpunktes »Frauen«, von dem Veränderungen für die gesamte Praxis der Beratungsstelle (wie Nachfrage nach Beratung durch eine Beraterin, Thematisierung von Eßstörungen und sexueller Gewalt) ausgehen. Da dieser Bereich der Arbeit zugleich gut dokumentiert ist[33], wird die inhaltliche Entwicklung dieses Arbeitsschwerpunktes im folgenden an Hand der Gruppenarbeit beschrieben:

Mitte der 70er Jahre (= auf dem Höhepunkt der »Psychobewegung«) waren Gruppen ausschließlich für Frauen, die sich nicht als Zufallskonstellation ergaben, sondern bewußt als Arbeitsinstrument eingesetzt wurden, keine etablierte Normalität, sondern ein Politikum und als solches unter professionellen Gesichtspunkten eher suspekt. Praktisch bedeutete dies, daß ich für meine eigene Arbeit in diesem Bereich nicht auf ein erprobtes Instrumentarium zurückgreifen konnte, sondern auf Erfahrungen angewiesen war, die außerhalb professioneller Beratung gemacht worden waren. Der Bezug auf Organisationsformen der Frauenbewegung lag dafür in doppelter Hinsicht nahe:

---

32. Diese Einrichtung hat sich als »offene Beratung« bis heute erhalten (s. die Beschreibung des Arbeitstages in 1.1.1).

33. Erste Reflexionen meines eigenen Experimentierens in diesem Feld sind im Jahresbericht 77/78 zu finden. Ein Artikel »Arbeit mit Frauengruppen in der Studentenberatung« (s. Großmaß, 1981) reflektiert die Arbeitserfahrungen des Zeitraums zwischen 1976 und 1981, Erfahrungen mit unterschiedlichen Gruppenmodellen. Ähnliche Schwerpunkte hat es auch an anderen Universitäten gegeben. Ein Beispiel aus jüngster Zeit ist ein Projekt der ZSB* Regensburg von 1994: In 20 Monaten wurde ein Projekt »Frauenspezifische Studienberatung« entwickelt und durchgeführt, als Ergebnis liegt u.a. ein Reader für Studentinnen vor (s. Heintz & Staudinger, 1996).

»Als ich 1976 mit der Arbeit mit Frauengruppen begann, begannen Frauen innerhalb der Frauenbewegung mit Gesprächsgruppen und Selbsterfahrungsgruppen zu experimentieren, Erfahrungen über ähnliche Versuche innerhalb von Institutionen lagen so gut wie nicht vor« (Großmaß, 1981, S. 57) –

so die lapidare Formulierung dieses Zusammenhangs in den Reflexionen von 1981.

In dieser Bezugnahme auf die Themen und Innovationen der Frauenbewegung liegt jedoch eine stärkere kulturelle Bindung als in diesen pragmatischen Überlegungen deutlich wird. Ich griff nicht nur als Beraterin auf Arbeitsformen zurück, die in der Frauenbewegung entstanden waren, auch die Studentinnen äußerten ihre Bedürfnisse in einer Form, die eine Nähe zu den Themen der Frauenbewegung ahnen läßt, und darüber hinaus bezogen sich auch die an der Universität arbeitenden Frauen auf denselben Diskurs. In den Formulierungen von 1981 klingt das so:

»Als ich im Sommersemester 76 die erste Frauengruppe im Rahmen der Zentralen Studentenberatung (ZSB) anbot, war die Motivation dafür für mich selbst relativ klar umrissen:
1. Von Studentinnen, die mit Problemen aus dem psychosozialen Bereich die ZSB aufsuchten, wurde die Erfahrung bzw. die Vermutung geäußert, Frauen gegenüber sei es leichter, über bestimmte Probleme zu sprechen oder Emotionen auszuagieren; die Anwesenheit von Männern setze Interaktionsmechanismen in Gang (Rollenverhalten, Konkurrenz), die hinderlich seien.
2. Die Frauenbewegung hatte neben ihren bis dahin wichtigsten Ausdrucksformen – politische Aktion und soziale Beratung – eine dritte entdeckt: die Gesprächs und Selbsterfahrungsgruppe und wenig später die feministische Therapie. Wenn auch außerhalb der Hochschule, experimentierten Studentinnen relativ breit mit diesen Arbeitsformen. Es lag nahe, diese offensichtlich fruchtbaren Anregungen aufzugreifen und für die institutionelle Arbeit zu nutzen, wenn auch offen war, ob diese Arbeitsformen, die in Selbsthilfeinitiativen entstanden sind, im institutionellen Rahmen einer Beratungsstelle ihrer positiven Impulse nicht beraubt würden.
3. Schließlich war ich selbst als im Hochschulbereich arbeitende Frau von den Fragen und Problemen betroffen, um deren Beratung es ging, und insofern an der Arbeit daran unmittelbar und direkt interessiert.«
(Großmaß, 1981, S. 58 f.)

Für die Gruppenarbeit in der Studentenberatung ergaben sich aus dieser Anlehnung drei Akzente, die bei genauem Hinsehen bereits in den soeben zitierten Passagen angelegt waren: Die Arbeit begann nach dem *Gesprächsgruppenmodell*; sie war stark an Selbsthilfekonzepten orientiert; und die gemeinsame Verortung von Teilnehmerinnen und Beraterin im Hochschulalltag war Arbeitsgrundlage. An die erste, auf dieser Grundlage durchgeführte Frauengesprächsgruppe schlossen sich dann in den Jahren 77–80 vier weitere Gruppen für Frauen an: Im Wintersemester 77/78 begann eine offene therapeutische Gruppe, die über ein Jahr lief und persönliche Probleme der Teilnehmerinnen im Studium zum Thema hatte. Um dem Gruppenprozeß (zugunsten der Probleme einzelner Frauen) nicht so viel Raum zu geben, wurde im Sommersemester 78 ein dreitägiges Kompaktseminar (ohne thematische Eingrenzung) durchgeführt. Im Wintersemester 78/79 schloß sich ein dreitägiges Kompaktseminar für magersüchtige Frauen an. Und im Wintersemester 79/80 wurde eine nun wieder wöchentlich (für jeweils zwei Stunden) tagende themenzentrierte *Gruppe für Frauen im Übergang zwischen Hochschule und Berufsfeld* – so der Ausschreibungstext – angeboten. Bei allen vier Gruppen habe ich nicht allein gearbeitet, sondern mir jeweils Kooperationspartnerinnen aus anderen Berufsfeldern gesucht (eine Sozialpädagogin, eine Lehrerin, eine Therapeutin), mit der gemeinsam die Gruppe geleitet und ausgewertet wurde. Am Ende dieses Prozesses standen drei Modelle für die Gruppenarbeit mit Studentinnen zur Verfügung:

◆ Die Frauen-Therapiegruppe, die den Teilnehmerinnen die Möglichkeit gibt, ihre persönliche Entwicklung in Krisenzeiten während des Studiums durch eine professionell angeleitete Gruppe begleiten zu lassen. (Die unter 1.1 beschriebene Gruppensitzung gehört in einen solchen Gruppenprozeß). Frauen-Therapiegruppen sind relativ klein (6–8 Teilnehmerinnen), treffen sich einmal wöchentlich für 2–3 Stunden und haben eine Laufzeit von 1 bis 1,5 Jahren. Heute werden solche Gruppen in der ZSB nicht mehr ausgeschrieben, die Teilnehmerinnen haben sich in der Regel vorher (auf der Suche nach Unterstützung bei psychosozialen Problemen) von sich aus an die ZSB gewandt.

◆ Fortlaufende themenzentrierte Gruppen (wie die oben genannte für Frauen am Studienende) werden heute meist dann eingerichtet, wenn in der alltäglichen Beratungsarbeit deutlich geworden ist, daß eine bestimmte Gruppe von Studierenden (Studienanfängerinnen, Mütter, Frauen vom zweiten Bildungsweg, Frauen mit sexueller Gewalterfahrung) besonders häufig persönliche Konflikte im Studium erlebt. Eine solche Gruppe kann bis zu 12 Teilnehmerinnen haben und arbeitet in der Regel ca. ein Jahr lang, bei wöchentlichen Treffen von etwa 3 Stunden. Die durch die thematische Festlegung vorgenommene »Problemorientierung bedeutet keine Themenzentrierung, sondern eine gewisse Homogenisierung des Teilnehmerkreises (Großmaß, 1981 S. 73) und damit verbunden eine klarere gemeinsame Erfahrungsgrundlage.

◆ Im Gegensatz dazu ist ein themenzentriertes Kompaktseminar wirklich themenzentriert. Die Gruppe (Größe: bis zu 15 Teilnehmerinnen) wird in ihrem Prozeß strukturiert angeleitet, es werden Übungen angeboten, und in der inhaltlichen Arbeit ist das vorgegebene Thema Fokus. Sprechängste, Arbeitsprobleme, Berufsfindung sind Themen, für die diese Arbeitsform geeignet ist.

In dem hier skizzierten Entwicklungsprozeß verwandelt sich das Experimentieren mit Arbeitsformen, die als Innovationen der Frauenbewegung bezeichnet werden können (Gesprächsgruppe, Selbsterfahrungsgruppe für Frauen), in ein strukturiertes professionelles Angebot, das in einer Beratungseinrichtung seinen Platz hat. Damit sind natürlich Veränderungen verbunden: Die zu Beginn deutliche Nähe zwischen Teilnehmerinnen und Gruppenleiterin weicht solidarischer Distanz, und die professionelle Sicht auf Gruppen – Reflexion ihrer Leistungsfähigkeit, Beachtung des Gruppenprozesses, insgesamt die Nutzung der Gruppe als Arbeitsinstrument – verändert das, was in den Kommunikationsprozessen geschieht. In meiner eigenen Auswertung der Arbeitserfahrungen der beiden ersten Jahre wird dies bereits deutlich:

»Das Spezifikum für Frauengruppen ist meiner Erfahrung nach nicht, daß inhaltlich im Vordergrund steht, was häufig als »Frauenprobleme« thematisiert wird. Es geht vielmehr um alle Fragen, die in der jeweiligen Entwicklungsphase der teilnehmenden Frauen anstehen: Ablösung vom Elternhaus, Berufsfindung, Bewältigung von Konfliktsituationen, Durchsetzungsprobleme, Umgang mit den eigenen Emotionen und der eigenen Sexualität. Hierbei stehen jedoch immer wieder auch Bewertungsprobleme und Unsicherheit der Selbsteinschätzung im Vordergrund, die sich aus gesellschaftlichen Normen in bezug auf die Frauenrolle ergeben.

In der Bearbeitung dieser Inhalte bietet eine Frauengruppe den Teilnehmerinnen Entlastung in bezug auf bestimmte Interaktionsmuster wie: Konkurrenz zu anderen Frauen, Rollenverhalten gegenüber Männern und Funktionalisierung des eigenen Körpers. Damit zusammenhängende Konflikte können deshalb leichter thematisiert werden, Schwäche kann eher gezeigt, Unterstützung eher angenommen werden. Für einige Frauen findet sich in einer Frauengruppe die erste Möglichkeit seit ihrer Kindheit, durch Neugier und Interesse geleiteten Kontakt zu anderen Frauen aufzunehmen.

Für den Gruppenprozeß einer Frauengruppe scheinen mir vor allem folgende Merkmale spezifisch zu sein:

◆ die Teilnehmerinnen bringen eine höhere Erwartung in bezug auf emotionale Sicherheit und Intimität mit in die Gruppe (mir scheint es sinnvoll, dieser Erwartung nachzukommen hinsichtlich von Gruppengröße, und Unterstützung der einzelnen)
◆ die Bereitschaft der einzelnen, aufeinander einzugehen, ist in der Anfangsphase größer als das Bedürfnis, sich voneinander abzugrenzen, und bleibt auch im Verlauf der Gruppe überdurchschnittlich tragfähig.
◆ die Verbindlichkeit der in der Gruppe gestifteten Beziehungen auch über die Sitzungen hinaus ist höher als in vergleichbaren Gruppen.
◆ auf dem Hintergrund des massiven Wunsches, sich in der Gruppe aufgehoben und sicher zu fühlen, ist der Widerstand gegen Anforderungen und Erwartungen besonders groß.

◆ der Konflikt Funktion/persönliche Integration ist für mich (in der Leitungsrolle) Prozeßmerkmal der Gruppenentwicklung.«

(Großmaß, 1981, S. 65–66)

Das so entwickelte Beratungsangebot »Frauengruppe« konnte deshalb zum Kern eines entsprechenden Arbeitsschwerpunktes werden, weil damit ein *geschützter kommunikativer Raum* innerhalb der Beratungsstelle entstanden ist, in dem die spezifischen Probleme, die Studentinnen als Frauen im Laufe ihres Studiums zu verarbeiten haben, formuliert und in den Kontext der individuellen Lebenserfahrung eingeordnet werden können. Auf diesem Hintergrund, können sie dann auch in der Beratungsstelle insgesamt anders präsent sein als vorher.

Vor allem für drei große Themenbereiche läßt sich diese Veränderung seit etwa 1978 konstatieren:

◆ Eßstörungen – in ihrer zugespitzten Erscheinungsform als Anorexie bzw. Bulimie – sind unter jungen Akademikerinnen sehr verbreitet. Sie werden in der Regel auf dem Familienhintergrund erklärt, in manchen Fällen handelt es sich auch um direkte Symptombildungen bei erlittener sexueller Gewalt. In den Frauengruppen wurde jedoch auch deutlich, daß zahlreiche Studentinnen mit Eßstörungen (und bei anderer Vorgeschichte mit anderen körperlichen Symptomen) auf die in der Hochschule erlebten Anforderungen und Fremdheitsgefühlen reagieren: Studierende Frauen fühlen sich einem spezifischen Zwiespalt ausgeliefert. Einerseits sollen sie als Studenten funktionieren, andererseits werden sie jedoch über ihre Weiblichkeit definiert, sobald darin für Lehrende und Mitstudenten eine soziale Entlastung liegt. Da dieser Zwiespalt nicht als soziale Paradoxie erfahren wird, sondern als individuelles Nicht-Genügen, ist eine somatische Verarbeitung nicht unwahrscheinlich.

◆ Sprechängste und Angstsymptome werden häufig als Merkmale des weiblichen Sozialcharakters behandelt. In einer Frauengruppe zum Thema gemacht oder mit einer Beraterin in der Einzelsituation besprochen, erweisen sie sich z.T. als Produkte sexueller Diskriminierung, die frau in der Hochschule erfährt (wenn etwa Nachfragen in der Vorlesung mit Frauen-»scherzen« beantwortet oder in Seminaren anzügliche Beispiele angebracht werden). Oft handelt es sich um die (gar nicht so unangemessene) Reaktion auf diffuse Formen von Ausgrenzung, die das Gefühl hinterlassen, in einer Konkurrenz bestehen zu sollen, deren Regeln fremd sind und bei der vorweg klar ist, daß sie nicht zu gewinnen ist (wenn eine Frau z. B. mit ihrer Stimme nicht durchkommt und belächelt wird; oder wenn ihr Beitrag gehört, aber nicht in die Diskussion einbezogen wird).

◆ Schwangerschaft und Kindererziehung während des Studiums gehen – dem liberalen Umgang der Hochschule mit allen möglichen Lebensformen zum Trotz – weitgehend auf Kosten der Ausbildung und der Lebensenergie der jeweiligen Frau. Sie

57

werden als persönliche Belastungen und Schwierigkeiten erlebt; und erst wenn es im Beratungsgespräch um Mutterschutzfristen im Studium und bei befristeten Arbeitsverträgen geht oder um die Möglichkeit, in flexibler Termingestaltung Prüfungen abzulegen, wenn Kinderbetreuungsmöglichkeiten auf dem Campus besprochen werden – erst dann wird für viele Studentinnen deutlich, daß »ihr« persönliches Problem auch ein Problem der sie umgebenden sozialen Realität ist.[34]

Probleme und Schwierigkeiten auf diese Weise neu situieren zu können, bedeutet auch, neue Möglichkeiten der Bearbeitung zu sehen. Und wenn in der Beratungsstelle entsprechend damit umgegangen wird, verändert sich nicht nur das mögliche Lösungsrepertoire, sondern auch der Pool an bereitgestellten Informationen und das Spektrum der alltäglichen Kooperationskontakte. D.h. die Präsenz der genannten Themen verändert das Beratungsangebot und -verhalten der Einrichtung insgesamt. Arbeitsschwerpunkte in Beratungsstellen haben – so läßt sich verallgemeinern – wesentlich damit zu tun, wieviel beratungsspezifische Ressourcen (Raum, Zeit, Informationen, Weiterbildungs- und Reflexionsmöglichkeiten) den zugehörigen Themen eingeräumt werden. Wie lange sich ein solcher Schwerpunkt hält, ob die entsprechenden Akzente ins Repertoire aller Mitarbeiter eingehen oder ob sie »Steckenpferd« von einzelnen bleiben, und wieviel insgesamt in einen solchen Schwerpunkt investiert wird, dies alles hängt letztendlich nicht von der Bereitschaft und dem Engagement der Mitarbeiterinnen ab. Bedeutender ist, ob es für diese Themen auch außerhalb der Beratungsstelle Resonanz und Verstärkung gibt; so war für den Schwerpunkt »Arbeit mit Frauen« z. B. die Präsenz von »Frauenfragen« in Seminaren und Uni-Öffentlichkeit wichtig.

Ob ein Arbeitsschwerpunkt sich für längere Zeit etablieren kann, hängt letztendlich von den politischen und strukturellen Rahmenbedingungen ab, die mit der Bereitstellung von Stellen und Materialien einhergehen. Daß frauenspezifische Beratung heute selbstverständlicher Bestandteil des ZSB-Alltags ist, konnte auf unspektakuläre Weise dadurch entstehen, daß inzwischen drei Beraterinnen dort tätig sind (gegenüber zwei männlichen Kollegen) und sich die umgebende politische Kultur so weit verändert hat, daß Frauenförderung heute zu den (ministeriell verordneten) Aufgaben einer Hochschule gehört. Anderen Arbeitsschwerpunkten, die es fast zeitgleich in Studentenberatungsstellen gab – »Arbeiterkinder an der Hochschule«, »Beratung für Schwule« – fehlten diese Rahmenbedingungen; sie sind längst aus dem Erscheinungsbild der Beratungsstellen verschwunden.

Betrachtet man den gesamten Prozeß der Etablierung des Arbeitsschwerpunktes »Frauen« – von der Wahrnehmung eines quantitativ höheren Beratungsbedarfs bei Frauen, über das Ernstnehmen der Geschlechtsspezifik von Beratung durch Einstellen von Mitarbeiterinnen, über die Entwicklung spezifischer Beratungsangebote für Studentinnen und das Experimentieren mit professionellen Arbeitsformen *und* Innovatio-

---

34. Erstmals für die Hochschulöffentlichkeit formuliert habe ich die hier wiedergegebene Neusituierung von Problemen im zweiten Memorandum der Wissenschaftlerinnen in NRW* (s. Großmaß, 1984).

nen der umgebenden Kultur bis zur Reflexion dieser Arbeitserfahrungen und ihrer
Rückbindung an den Beratungsalltag –; dann läßt sich konstatieren:

> ◆ Es ist gerade das Zusammenspiel von sozialen, kulturellen und politischen Verän-
> derungen innerhalb und außerhalb von Beratung, das – wenn es eine professionel-
> le Umsetzung in neue/veränderte Beratungsangebote erfährt – zur Herausbildung
> eines Arbeitsschwerpunktes für die Beratungseinrichtung führt.

Natürlich ist es nicht zufällig, daß sich diese Entwicklungsform gerade am Arbeitsschwerpunkt »Frauen« so deutlich nachzeichnen läßt. Die Auflösung der selbstverständlichen Geschlechterkomplementarität ist eine der zentralen kulturellen Entwicklungen dieses Jahrhunderts, und keine andere Gruppierung hat ihren Umgang mit den
Möglichkeiten einer akademischen Ausbildung und ihre Identifikation mit Wissenschaft in den letzten 20 Jahren so deutlich verändert wie die Frauen. Dennoch gilt die
beschriebene Art der Strukturbildung auch für andere Schwerpunkte in Beratungseinrichtungen. So gab es z. B. in einigen Studentenberatungen Ende der 70er Jahre ein in
ähnlicher Weise hergestelltes Beratungsangebot für Studierende aus Arbeiterfamilien;
homosexuelle Studenteninitiativen wurden mit Beratungsangeboten begleitet; und
Anfang der 80er Jahre entstanden Beratungsangebote für studierende Eltern. In ähnlicher Weise bildete sich in vielen Frauenberatungsstellen ein Schwerpunkt »Arbeit mit
lesbischen Frauen« heraus. Sucht man nach aktuellen Entwicklungsansätzen, dann
lassen sich vergleichbare Prozesse bei der Herausbildung von Beratungsschwerpunkten für Psychiatrieerfahrene beobachten sowie bei den Ansätzen für interkulturelle
Beratung. Jeder dieser Beratungsschwerpunkte und -akzente wird, was die beratungsinternen Prozesse angeht, entweder durch Angebote von seiten der Einrichtung ange-
stoßen, die dann überdurchschnittliche Resonanz haben, oder aber dadurch, daß bestimmte Themen von Klientelseite verstärkt nachgefragt werden; – im Kern, so läßt
sich zuspitzen, ist ein Beratungsschwerpunkt nichts anderes als eine besondere Offenheit für einen bestimmten Ausschnitt möglicher Beratungsthemen, auf die dann beratungsspezifisch reagiert wird: mit dem Besorgen von Informationsmaterialien, Gruppenangeboten und den entsprechenden Akzenten in Einzelgesprächen.
  Sucht man in der fachlichen Diskussion über Beratung danach, welchen Stellenwert Prozesse wie die hier beschriebene Herausbildung eines Arbeitsschwerpunktes
einnehmen, dann läßt sich nur konstatieren, daß sie nicht explizit vorkommen. Es
finden sich gelegentlich Spuren solcher Prozesse: Irmgard Vogts Überlegungen über
»Geschlechtsspezifische Aspekte von Beratung« (Vogt, 1997) enthalten neben der
Kritik an dem weitgehend geschlechtsneutralen Reden über Beratung auch Ansatzpunkte für eine frauenspezifische Arbeit (in ihrem Fall für die Arbeit mit Suchtproble-
men). Auch in dem von Dietmar Chur beschriebenen Projekt zur Vermittlung von
»Schlüsselqualifikationen aktiven Studierens« (Chur, 1997, S. 62 f.) in Heidelberg
kommt eine Verschiebung der Gewichtung, vielleicht auch die Etablierung eines neu-
en Arbeitsschwerpunktes zum Ausdruck. Ähnliches gilt für das Projekt »Frauenspezifische Studienberatung« in Regensburg (Heintz & Staudinger, 1996) oder für den in

Essen entwickelten Beratungsschwerpunkt »Berufs- und Lebensplanung von Hochschulabsolventinnen« (Rompeltien, 1994). Und schließlich lassen sich auch die allgemeiner gefaßten Reflexionen – zu »feministischer Beratung« (Kypke & Voss 1991), »multikultureller Beratung« (Mecheril, 1996) oder zu Beratung als »Ressourcenförderung« (Nestmann, 1997a) – als Appelle lesen, die jeweils thematisierten Gesichtspunkte als Beratungsanforderungen aufzugreifen und entsprechende Arbeitskulturen in den Beratungseinrichtungen zu etablieren. In all diesen Kontexten wird jedoch die Herausbildung von Arbeitsakzenten und -schwerpunkten nicht als Element der Konzeptentwicklung und Selbststrukturierung von Beratungseinrichtungen behandelt. Und genauso wenig wird den externen Bedingungen für die Etablierung von Arbeitsschwerpunkten und -akzenten Aufmerksamkeit geschenkt. Möglicherweise bleiben solche Beiträge gerade deshalb im Appellativen stecken.

1.1.4 Resümee

Was hat – so läßt sich fragen – der bis hierhin vorgenommene Ausflug auf die Phänomenebene dessen, was in einer Beratungseinrichtung geschieht, für die Diskussion um psychosoziale Beratung eingebracht?

Zunächst einmal scheint mir deutlich geworden zu sein, daß es nicht sehr ergiebig sein kann, Beratung von der relativ einfachen Face-to-face-Interaktion aus zu definieren. Denn alles, was in einer Beratungseinrichtung sonst noch geschieht, erhält dann die Bedeutung einer mehr oder weniger gelungenen, in jedem Fall aber aufwendigen Inszenierung einer im Alltag relativ leicht herzustellenden Kommunikation. Sinnvoller scheint mir, von dem (Selbst-) Organisationsprozeß von Beratung als Institution auszugehen und die dadurch sichtbar werdenden Möglichkeiten solcher Einrichtungen systematisch zu nutzen. Auf drei Ebenen haben sich dafür bereits Ansatzpunkte ergeben:

◆ Eine Beratungseinrichtung läßt sich als Einheit von verschiedenartigen Kommunikationsformen beschreiben, die sich jedoch insgesamt auf die Orientierungsanforderungen des sozialen Raumes beziehen, dem die Beratungsstelle selbst angehört. Sie stellt bezogen auf diesen sozialen Raum ein organisiertes (und deshalb auffindbares) Angebot von Orientierungsmöglichkeiten bereit, ohne die Nutzungsebene vorweg festzulegen.

◆ Auch in Einzelberatungen, die als Gespräche zwischen zwei Personen ablaufen und persönliche Konflikte des oder der Ratsuchenden zum Gegenstand haben, ist der soziale Raum, dem beide angehören als symbolischer Raum präsent und wirksam. Und zwar nicht durch methodische Anstrengung oder gezielte Vergegenwärtigung, sondern durch die Situierung, die die Beratungsstelle darstellt.

◆ Das Gesamtspektrum des Beratungsangebots entsteht durch das Aufgreifen und Formulieren von Beratungsthemen sowie durch die Herausbildung von Arbeitsschwerpunkten. Dieser Prozeß ist kein beratungsinterner, sondern er erfolgt in Austausch und Auseinandersetzung mit der sozialen, kulturellen und politischen Umwelt der Beratungseinrichtung. – Diese Ebene des Selbstorganisationsprozesses von Beratung hervorzuheben, ist von besonderer Bedeutung, da es dafür im fachlichen Diskurs über Beratung die wenigsten theoretisch-begrifflichen Anknüpfungspunkte gibt.

Diese – im bisherigen Argumentationsgang herausgearbeiteten – Merkmale psychosozialer Beratung lassen sich in soziologische Begriffe wie »Komplexität«, »soziale Organisation von Kommunikation« und »Selbststeuerung« übersetzen und legen es dann nahe, eine Beratungsstelle als soziales System zu beschreiben. Bevor diese Möglichkeit weiter verfolgt wird, sollen jedoch diese aus einer Innensicht entwickelten Thesen durch eine Außensicht auf Beratung erweitert bzw. präzisiert werden. Ich wähle dafür eine historische Perspektive. Die Entstehungsgeschichte psychosozialer Beratung ist daher Gegenstand des folgenden Kapitels.

1.2 Die historischen Voraussetzungen von psychosozialer Beratung

Institutionalisierte psychosoziale Beratung ist eine Innovation des 20. Jahrhunderts und insofern eine relativ »moderne« Interventionsform. Bedenkt man, welche sozialen und kulturellen Voraussetzungen erfüllt sein müssen, damit ein organisiertes Beratungsangebot verstanden und genutzt werden kann, dann ist plausibel, warum Beratung historisch erst nach Erziehung und Bildung auftritt. Denn Beratung als eine verbreitete Möglichkeit, Orientierungsprobleme zu lösen, ist nur vorstellbar in gesellschaftlichen Konstellationen, die den einzelnen real (oder als geglaubte Illusion) bedeutsame Entscheidungsspielräume zubilligen; und dies nicht nur ausnahmsweise oder für eine kleine Gruppe, sondern regelmäßig und für eine große Anzahl. Erst wenn Berufsentscheidungen von individuellen Fähigkeiten und Wünschen abhängig gemacht werden können; erst wenn die Anzahl der eigenen Kinder nicht Geschick ist, sondern zum persönlichen Lebensentwurf gehört; wenn Studienentscheidungen Selbstverwirklichung und Arbeitsmarktchancen in Balance zu bringen haben; wenn die Beziehungen zwischen Männern und Frauen nicht mehr als naturgemäß vorgegeben gelten, sondern individuelle Gestaltungsaufgaben enthalten; wenn Sexualität nicht mehr per se Heterosexualität heißt; und wenn irgendwo zu Hause zu sein, nicht mehr damit gleichzusetzen ist, daß man dort auch geboren wurde – erst unter solchen Bedingungen nimmt die staatliche bzw. öffentliche Einflußnahme auf die persönliche Lebensführung nicht die Form des unmittelbaren Zwangs oder der religiösen Anleitung, sondern die Form eines Orientierungsangebots an, wie es Beratung darstellt. Um

61

ein solches Angebot gestalten zu können, bedarf es auf der anderen Seite psychologischer und soziologischer Theorien, die einen komplexen Zusammenhang von Gesellschaftsprozeß und Subjektivität annehmen – einen Zusammenhang, der erst durch die Modernisierungsprozesse im ersten Drittel dieses Jahrhunderts sinnfällig und durch die breite Rezeption marxistischer und psychoanalytischer Theorien formulierbar geworden ist. Diese Voraussetzungen sind in etwa seit Beginn der 20er Jahre für die europäischen Gesellschaften gegeben. Vielleicht läßt sich aus den Anfängen psychosozialer Beratung etwas über ihren gesellschaftlichen Ort ablesen?

1.2.1 Zur Genese psychosozialer Beratung[35]

Beratungsansätze entstehen etwa zeitgleich in allen Gesellschaften, die heute unter dem Label »westliche Welt« zusammengefaßt werden. Für den deutschsprachigen Raum (auf den ich mich hier beschränken möchte) heben sich zwei Zeitphasen besonders heraus, in denen es zu intensiven Gründungsaktivitäten in Sachen Beratung kommt: die Jahre der Weimarer Republik (~ 1919–1932) und die Reformphase der BRD (~ 1965–1975). Um zu verdeutlichen, auf welchem Hintergrund psychosoziale Beratung entsteht, welche Interessen und Kräfte sich dafür stark machen und welche Funktion Beratung in ihrem Institutionalisierungsprozeß erhält, werden beide Phasen im folgenden skizziert:

1.2.1.1 Beratungsinitiativen in der Weimarer Republik

Von heute aus gesehen, sind zwei gesellschaftliche Felder auszumachen, in denen sich Beratung fast zeitgleich etabliert. Zwischen 1920 und 1940 entstehen (sowohl in den Vereinigten Staaten als auch) in Europa Beratungsdienste im Feld der Berufs- und Karriereberatung (s. Nestmann, 1988, S. 104); und im selben Zeitraum werden auch in den Bereichen Gesundheit und Erziehung Beratungsangebote entwickelt. In beiden gesellschaftlichen Bereichen ist bereits seit der Jahrhundertwende im Rahmen grundlegender Kritik an den sozialen Zuständen allgemein und der Gesundheitsversorgung im besonderen über Formen von Beratung nachgedacht worden – im Kontext der Frauenbewegung, in den reformpädagogischen Initiativen sozialistischer Couleur und bei den Sexualreformern. »So setzte 1898 der Bund deutscher Frauenvereine eine Kommission zur Förderung der beruflichen Erwerbstätigkeit ein und prägte den Namen Berufsberatung.« (Schnautz, 1981, S. 136). Und die ersten Aktivitäten zur Verbesserung des Mutterschutzes in Wien Ende des 19. Jh. enthielten bereits Vorstellungen über Aufklärungs- und Informationseinrichtungen für junge Frauen.

Zur Etablierung von Beratungseinrichtungen, die als Vorläufer heutiger Beratungsstellen gelten können, kam es jedoch erst nach dem ersten Weltkrieg, als die notwen-

---

35. Bei diesem Abschnitt handelt es sich um eine überarbeitete Fassung eines bereits als Teil eines Aufsatzes vorliegenden Argumentationsschrittes (s. Großmaß 1997).

dig gewordene (Wieder-)Herstellung der gesellschaftlichen Infrastruktur auch Gesundheitsministerien, Bezirksämter und die stärker werdenden Wohlfahrtsverbände bereit machte, mit neuen Interventionsformen zu experimentieren. Daß Berufsberatung und Gesundheitsberatung im weitesten Sinne im Vordergrund solcher Bemühungen standen, hat mit Umbrüchen in diesen gesellschaftlichen Bereichen zu tun. Im Bereich »Berufsberatung« lagen dem Umstrukturierungen des Arbeits und Berufsmarktes (Facharbeiterausbildung, Entstehung des Ingenieurswesens, Differenzierung des Dienstleistungssektors) zugrunde. Für den Bereich der psychosozialen Beratung liegen die Gründe im Massenelend der Nachkriegszeit und in den Veränderungsimpulsen, die in Deutschland durch die neue politische Situation der Republik freigesetzt wurden.

An verschiedenen Orten des Deutschen Reiches und in Österreich entstehen in dieser Zeit eine Reihe von Beratungseinrichtungen, die regional unterschiedliche Ausprägung und Einbindung haben. So gibt es zu Beginn der 20er Jahre psychoanalytisch oder individualpsychologisch orientierte Erziehungs- und Elternberatungsstellen in Wien und Frankfurt. Von unterschiedlichen, z. T. entgegengesetzten gesellschaftlichen Kräften werden an zahlreichen Orten in Deutschland Sexual- und Lebensberatungseinrichtungen geschaffen (s. hierzu von Soden, 1988). Und parallel dazu etablieren sich in Anbindung an die psychotherapeutischen Kliniken (in Berlin und Frankfurt) Institutsambulanzen[36] mit eigenen Beratungsdiensten.

Zur Verdeutlichung einige Eckdaten aus der Entwicklung der Sexualberatungsstellen in der Weimarer Republik[37], die hinsichtlich der gesellschaftlichen Hintergründe und der Entwicklungsdynamik dem heutigen Praxisfeld psychosoziale Beratung relativ nah sind:

Zwischen 1919 und 1932 wurden in Deutschland mehr als 400 Sexualberatungsstellen gegründet (davon allein 40 in Berlin)[38]. Schwerpunkt der Gründungsaktivitäten waren die Ballungsräume (Hamburg, Bremen, Ruhrgebiet, Dresden, Frankfurt und natürlich Berlin). An der Trägerschaft wird deutlich, welche politischen Kräfte hinter diesen Initiativen stehen: Ca. ein Drittel befand sich in öffentlicher Trägerschaft und wurde durch Gesundheits-, Wohlfahrts- oder Bezirksämter eingerichtet. Der Rest existierte in »freier« Trägerschaft, d.h. die Beratungsstellen wurden durch Frauenverbände, einzelne Arbeiterorganisationen (vor allem SPD- bzw. KPDnah, kirchliche Verbände waren zunächst die Ausnahme) und durch die Sexualreformbewegung (H.

36. Die Entwicklung dieser Beratungsangebote kann nur im Kontext der jeweiligen Gesamtinstitution nachvollzogen werden. S. hierzu für die psychoanalytischen Institute: Karen Brecht u.a., 1985, S. 50–57, 136–164. Diese Materialsammlung, die eine Ausstellung zur Geschichte der Psychoanalyse in Deutschland dokumentiert, wurde anläßlich des 34. Kongresses der »Internationalen Psychoanalytischen Vereinigung« 1985 in Hamburg herausgegeben und zeigt beeindruckend deutlich, wie eng die Verknüpfung von politisch-wirtschaftlicher Gesamtlage, Beratungs- und Therapiebedarf, sowie der dazugehörenden Einrichtungen und Kompetenzen ist.

37. Die hier herangezogenen Daten stammen aus der Untersuchung von Kristine von Soden (1988), s. dort S. 9–12, 58–94.

38. Zum Vergleich: 1979 existierten in der BRD 83 Beratungsstellen von Pro Familia*.

Stöcker) initiiert und finanziert – bei allerdings weitgehend ehrenamtlicher (mehrheit-
lich weiblicher!) Mitarbeiterschaft. Die Aufgaben der Sexualberatungsstellen waren
umschrieben mit:

◆ Sexualaufklärung
◆ Information über medizinische und psychologische Fragen des Geschlechtslebens
◆ Beratung über Empfängnisverhütung und ungewollte Schwangerschaft.

Aus Gesprächen mit ehemaligen Ratsuchenden und Mitarbeiter/innen schließt Kristine von Soden, daß sich hinter diesem Aufgabenkatalog das ganze Spektrum der Irritationen und Neuorientierungen verbarg, das aus den Diskussionen um Intimhygiene,
über die eigenständigen sexuellen Bedürfnisse von Frauen, um die Kameradschafts-
ehe und die »neue Frau«, sowie aus den Auseinandersetzungen um Empfängnisverhütung statt Abtreibung resultierte. Vermutlich wegen dieser inhaltlichen Offenheit
konnten die Sexualberatungsstellen eine Klientel von ca. 1000 Personen pro Jahr ver-
zeichnen, im Gegensatz zu den eher kontrollierend arbeitenden Eheberatungsstellen
(«erbgesundheitliche Beratung von Ehebewerbern«), die ab 1926 eingerichtet wurden
und eine Klientel von unter 200 pro Jahr verbuchten.

Die rege Gründungsaktivität während der kurzen Aufbau- und Neuorientierungs-
phase der Weimarer Republik war einerseits eine Reaktion auf die ökonomische Verelendung breiter Bevölkerungsschichten, stellte jedoch andererseits auch eine innovative Umgangsform mit der (nach dem 1. Weltkrieg auch in Deutschland) veränderten
Stellung der Frau dar. Inhaltlich bezieht sie sich in ihren Argumentationen z. T. auch
auf Entwicklungen, die bereits vor dem Krieg wahrzunehmen waren. So war gegen
Ende des neunzehnten Jahrhunderts eine besorgniserregende Zunahme von Ge-
schlechtskrankheiten in den Ballungsräumen registriert worden, und zwischen 1900
und 1912 hatte bereits ein Geburtenrückgang von 25 % Anlaß zu politischen Debatten
gegeben. Die Beratungsinitiativen entstanden aus dem aktiven Umgang engagierter
politischer Gruppierungen mit diesen gesellschaftlichen Problemen. Dabei handelte es
sich in erster Linie um Gruppierungen aus dem Umfeld der sozialistischen Arbeiterbe-
wegung, der Frauenbewegung und der Sexualreformbewegung – Gruppierungen, die
zwar über Einfluß, meist jedoch nicht über Regelungsmacht verfügten. Initiative und
Engagement bei den Beratungsangeboten entsprangen dem Versuch, die Richtung der
gesellschaftlichen Entwicklung zu beeinflussen und durch Aufklärung und Beratung
bei Konflikten, die ins Intim-Persönliche reichen, die Handlungs- und Selbstbestim-
mungspotentiale breiter Bevölkerungsschichten zu entfalten. Konservative Kräfte
versuchten, dieser Entwicklung gegenzusteuern, indem zum einen Auflagen und Einschränkungen für die Beratungsarbeit durchgesetzt, zum anderen aber auch eigene
Beratungsangebote mit wertkonservativer Ausrichtung etabliert wurden.

Die Machtübernahme durch die Faschisten beendete diese Entwicklung: Am
6. Mai 1933 wurde Hirschfelds Institut für Sexualwissenschaft in Berlin zerstört; am
17. Mai folgte die Anweisung des Preußischen Ministeriums des Inneren an die Lan-
despolizeibehörden, alle Organisationen aufzulösen, die sich für Geburtenregelung

und Sexualhygiene einsetzten. Die Zeitschriften der entsprechenden Verbände (»Sexualhygiene«, »Liebe und Leben«, »Freies Geschlecht«) wurden verboten (s. von Soden, 1988, S. 148 f.). Die konservativ ausgerichteten Eheberatungsstellen nahmen eine andere Entwicklung: Sie wurden nur z. T. geschlossen, für die weiter bestehenden wurde als neue Aufgabenstellung die Rassenpflege verordnet. Entsprechende Umbenennungen wurden vorgenommen, der Mitarbeiterstamm wurde um jüdische und linke Mitarbeiter/innen bereinigt. Auch die konfessionellen Beratungseinrichtungen paßten sich den neuen Richtlinien an (s. von Soden, 1988, S. 156–163).

1.2.1.2 Weiterentwicklung nach 1945

Auf dem Hintergrund der Entwicklung, die die Beratungsinitiativen der Weimarer Republik nahmen, ist es nicht erstaunlich, daß die Beratungseinrichtungen, die in der Wiederaufbauphase nach dem zweiten Weltkrieg ihre Tätigkeit (wieder) aufnahmen, konservativ-stabilisierende Funktionen hatten. Die Beratung bei den Gesundheitsämtern diente der Seuchen- und Parasitenbekämpfung; die Mütterberatung informierte über Kinderernährung und Körperpflege, Sozialberatungsangebote der Kirchen und der freien Wohlfahrtsverbände widmeten sich der Wiederherstellung von Familien und sozialen Bindungen.

Erst mit den öffentlich und offener ausgetragenen Konflikten seit Beginn der 60er Jahre bekommen Beratung und Beratungseinrichtungen wieder einen anderen Stellenwert:

◆ Die Öffnung des Bildungswesens für »bildungsferne« Schichten machte Bildungs-, Erziehungs- und Schulberatung zu einem wichtigen Rekrutierungsinstrument (zur inhaltlichen Gestaltung s. Mollenhauer, 1965 und Heller, 1975). In den Universitäten wurden dann in Folge der sprunghaft zunehmenden Studentenzahlen psychotherapeutische bzw. psychosoziale Beratungsstellen geschaffen (zum Hintergrund s. Ziolko, 1969).

◆ Der Kampf der zweiten Frauenbewegung gegen das Abtreibungsverbot führte zum einen zur Gründung von Pro Familia* und der Einrichtung von Sexual- und Schwangerschaftsberatungsstellen. Und auf der anderen Seite richteten aber auch die meisten Frauenzentren 218-Beratungen ein, die deutlicher auf die autonomen Interessen der Frauen bezogen waren. (Von diesen frühen Beratungsangeboten der Frauenzentren, die zwischen 1968 und 1973 entstanden, gibt es personale, z. T. räumliche oder institutionelle Verbindungen zu den in den 80er Jahren entstehenden psychotherapeutisch ausgerichteten Frauenberatungsstellen. S. hierzu Großmaß, 1986)

◆ Die Psychologisierung der gesellschaftlich verbreiteten Auffassung von Erziehung und Identität führte zu Beginn der 70er Jahre zu einem veränderten Konzept von Erziehungsberatung, die erst seit dieser Zeit als psychosoziale Beratung verstanden wird. Zeitgleich hatten neue sozialpolitische Akzente im Bereich der Kinder- und

Jugendhilfe auch eine Differenzierung des Beratungsangebots zur Folge. Es entstanden Familien- und Jugendberatungskonzepte (s. Bäuerle, 1969) sowie Einrichtungen für Drogenberatung (s. hierzu Bäuerle, König & Pedina, 1979). Und hieraus wiederum ergaben sich Ansätze für die beratende Arbeit mit Erwachsenen, woraus u.a. psychologische Beratungsdienste für Erwachsene hervorgingen.

Mit der zunehmenden Bedeutung der psychischen Dimension bekommt Beratung insgesamt eine andere kommunikative Form; aber auch die Auseinandersetzung um Beratung bekommt einen neuen Akzent: Die zunehmend deutlich formulierte Kritik an inhumanen Arbeitsweisen der Psychiatrie bzw. der ärztlichen Psychotherapie operiert seit Beginn der 70er Jahre häufig mit Beratung als Gegenmodell[39] – eine Diskussion, die für Beratung nicht folgenlos bleibt, denn als ein solches »Gegenmodell« bieten sich Beratungseinrichtungen auch für die Erprobung alternativer (psychotherapeutischer) Arbeitsformen an. Und so wurde manche Beratungseinrichtung Ende der 70er Jahre zum Experimentierfeld für die aus den USA kommenden Therapieverfahren der humanistischen Psychologie.[40] Die Abgrenzungsversuche und -schwierigkeiten der Psychotherapie gegenüber haben hier ihren gesundheitspolitischen Ursprung. Insgesamt sind die 70er Jahre ein Zeitraum der Expansion von Beratung und der Institutionalisierung entsprechender Einrichtungen. Mit Beginn der 80er Jahre ist dann das zu Beginn konstatierte Phänomen zu beobachten: Beratung wird zu einer selbstverständlichen sozialpolitischen Interventionsform; für ein immer größer und differenzierter werdendes Feld wird Beratung etabliert bzw. gefordert.

1.2.1.3 Einschätzung der Entwicklungsphasen

Vieles an der Entwicklung, die psychosoziale Beratung in den 60er und zu Beginn der 70er Jahre in der Bundesrepublik[41] genommen hat, ist mit der ersten Gründungsphase

---

39. Diese Kritiklinie gibt es noch heute, nun bezogen auf das Gesamtspektrum psychotherapeutischer Schulen, s. hierzu Zygowski 1987 und 1989.
40. Diese Situierung von psychosozialer Beratung im Bündnis mit neuen Richtungen der Psychotherapie gegen die »psychiatrische Anstalt« hat sehr viel mit der Starrheit des deutschen medizinischen Systems zu tun (naturwissenschaftliche Ausrichtung der Medizin und – faschismusbedingte – Ausgrenzung der Psychoanalyse). Dies wird deutlich, wenn man die Entwicklung in anderen »westlichen« Ländern zum Vergleich heranzieht: In Italien hat die Psychiatrie-Kritik zur Öffnung der Kliniken und zur Einrichtung kommunaler Ambulanzen geführt. Psychosoziale Beratung ist dadurch stärker dem Terrain der Sozialarbeit verhaftet geblieben und weniger psychotherapeutisiert worden. Frankreich ist den Weg des Ausbaus öffentlich finanzierter psychotherapeutischer Ambulanzen gegangen, während »orientation« Element des Bildungssystems und der sozialen Brennpunkt-Arbeit wurde. Die angelsächsischen Länder und Skandinavien schließlich haben Beratungsdienste (counseling) zu einer Sparte der Psychologie spezialisiert, die in vielen Lebensbereichen (Bildung, Berufsfindung, Gesundheit, »social coping«) zur Anwendung kommt.
41. Die Einschränkung auf die BRD* erfolgt bewußt, denn in der Schweiz und in Österreich ist die Entwicklung auf Grund unterschiedlicher Gesundheits-, Sozial- und Schulgesetzgebung zwar nicht strukturell, aber doch im Detail anders verlaufen. In beiden Ländern hat

während der Weimarer Republik vergleichbar. In beiden Fällen handelt es sich um gesellschaftliche Umbruchphasen, in denen auch Werte und Lebenskonzepte fraglich geworden sind, die weit in die persönliche Lebensführung und die Intimsphäre der einzelnen reichen: Die Formen der Sexualität, die Geschlechterrollen und die sexuelle Identität sowie die gesellschaftlich akzeptierten Erziehungsziele und Bildungsideale stehen zur Disposition. In beiden Phasen werden politische Gruppierungen gestaltend aktiv, die – wie die Protestbewegungen der 60er und 70er Jahre – zwar über Einfluß, nicht aber über Regelungsmacht verfügen. In beiden Fällen gehen die Impulse von eher linken Positionen aus, die Beratungsidee wird dann jedoch auch von konservativen Kräften (in den Kirchen und Wohlfahrtsverbänden) aufgegriffen und gestaltet.

Dieser Prozeß verläuft in beiden Entwicklungsphasen nicht frei von Konflikten. Beratung ist nicht einfach das Ergebnis einer notwendig gewordenen und deshalb durchgeführten Sozialreform, wie man annehmen könnte, wenn man historisierende Selbstbeschreibungen von Beratungsstellen liest. Dieser Prozeß ist vielmehr mit politischen Kämpfen und öffentlichen Auseinandersetzungen verbunden; und die Einrichtung von Beratungsstellen ist Teil politischer Kompromißbildungen. Am Abtreibungskonflikt, der in beiden Entwicklungsphasen von Beratung eine Rolle gespielt hat, ist dies besonders gut zu zeigen: Veränderte Lebensbedingungen, ein bewußteres Umgehen mit persönlichen Lebenskonzepten – auch für Frauen als Individuen –, sowie neue medizinische Techniken gaben dem Schwangerschaftsabbruch als Möglichkeit und Alltagspraxis ein neues Gewicht. Aufklärung über die vorhandenen Möglichkeiten und das Angebot von Beratung in persönlichen Entscheidungssituationen waren Versuche, eine liberalisierte Lebenspraxis für größere Bevölkerungsgruppen zu erreichen. Im Gegenzug erfolgten staatliche und kirchliche Reglementierungsversuche, die sich jedoch als faktisch nicht durchsetzbar erwiesen; in den sich anschließenden Reformversuchen konnten sich wiederum die Inhaber der Entscheidungsmacht (in der Weimarer Republik die Legislative, in der BRD* Legislative und Bundesverfassungsgericht) nicht zu einer wirklichen Liberalisierung der Rechtslage entschließen. In dem schließlich realisierten Modell bekommt Beratung die Funktion eines liberalen Steuerungsmittels und wird – nun öffentlich finanziert – als »Schwangerschaftskonfliktberatung« auf Dauer gestellt.

Stellt man die beiden Entwicklungsphasen psychosozialer Beratung vergleichend gegenüber, dann werden neben den Gemeinsamkeiten allerdings auch Punkte deutlich, in denen sie sich voneinander unterscheiden:

◆ Die Arbeit der Sexualberatungsstellen hatte Aufklärung und Information zum Ziel;

---

z.B. eine frühzeitig (bis Mitte der 80er Jahre abgeschlossene) Reform der rechtlichen Basis ambulanter Psychotherapie, die auch den Zugang nicht-ärztlicher Psychotherapeuten regelt, dafür gesorgt, daß Beratung weniger (als Ausweichterrain) in die gesundheitspolitischen Auseinandersetzungen einbezogen wurde. Dies hatte eine pragmatischere Entwicklung von Beratungseinrichtungen (mit klarem pädagogisch-psychologischem Auftrag) zur Folge. Im Bereich der DDR waren für weite Bereiche die oben genannten Voraussetzungen für Beratung (subjektive Spielräume in der Lebensführung) nicht gegeben – Studienberatung z. B., die es an einigen Universitäten gab, war normierend-lenkend und hatte Kontrollfunktionen.

ihre Brisanz lag in der offenen Besprechung tabuisierter Themen, im Zugänglich-Machen von Wissen. Sie lag nicht in einer speziellen Kommunikationsform, die in besonderer Weise Emotionalität einbezieht und dabei Konflikte thematisiert, die in der Person des Ratsuchenden liegen und diesem vielleicht nicht einmal bewußt sind. Soweit es aus berichteten Gesprächserfahrungen erschlossen werden kann, gilt dies auch für die Beratungsangebote der psychotherapeutischen Ambulanzen, in denen nicht mit einer Behandlung begonnen, sondern über diese Möglichkeit verhandelt wurde bzw. Empfehlungen für das Alltagsleben zur Sprache kamen. Im Gegensatz dazu arbeitet heute jede Form psychosozialer Beratung mit einem kommunikativen Repertoire, das aus dem Methodenpool der verschiedenen psychotherapeutischen Schulen stammt. D.h. konkret: in jedem Beratungsgespräch geht es nicht nur um die gemeinsame Reflexion eines persönlichen Themas, nicht nur um das Erweitern des Informationsstandes in bezug auf eine bestimmte Fragestellung – um all das geht es in der Regel auch -, sondern dies geschieht in einer Kommunikationsform, in der Emotionen angerührt, explizit gemacht und in bezug auf das behandelte Problem verstehbar gemacht werden (sollen). Hinsichtlich des kommunikativen Geschehens in einem Beratungsgespräch läßt sich – so könnte man behaupten – in den letzten zwanzig Jahren ein Professionalisierungs- und Spezialisierungsprozeß ausmachen, der Beratung für ein noch weiteres Themenspektrum öffnet und der psychischen Dimension zunehmendes Gewicht verleiht.

◆ Die zweite Differenz bezieht sich auf die Institutionalisierung psychosozialer Beratung: Bei den Beratungsstellen in der Weimarer Republik wurde der Prozeß der Etablierung von Beratungsdiensten und ihre Integration in die Alltagskultur der psychosozialen Versorgung durch die dirigistisch-normierende Politik der faschistischen Regierung abgebrochen. Die Beratungsstellen hatten dadurch gar nicht die Gelegenheit, die Etablierungskosten und Anpassungsprozesse zu erfahren, die mit der gesellschaftlichen Integration und der Institutionalisierung verknüpft sind. Historisch wurde Beratung daher weiterhin mit der ideellen Bewertung einer Innovation der emanzipatorisch-fortschrittlichen Kräfte verknüpft; Vereinnahmung und Funktionalisierung als Folgeerscheinung von Integration und politischem Erfolg konnten – außer in direkt faschistischer Prägung – nicht auftreten. Dies ist in der zweiten Phase der Etablierung von psychosozialer Beratung anders verlaufen. Beratung ist heute, wie zu Beginn beschrieben, eine erfolgreiche Interventionsform, die sich im Bereich von Erziehung und Bildung sowie in der psychosozialen Versorgung fest etabliert hat. Damit hat sich auch der Charakter der Beratungseinrichtungen verändert: Die Einrichtungen, in denen heute psychosoziale Beratung organisiert und praktiziert wird, sind den Organisationen an-/eingebunden, die sie finanziell und verwaltend tragen. Damit verbunden ist, daß sie sich jeweils auf ein begrenztes soziales Feld beziehen. Und die dadurch erforderlich gewordenen Selbstorganisationsprozesse haben (wie in Teil 1 gezeigt) Merkmale eines komplexen, sich selbst steuernden sozialen Systems produziert.

Beide Differenzen – Professionalisierung der Kommunikationsform »Beratung« und die erfolgreiche Institutionalisierung von Beratungseinrichtungen – haben das, was in einer Beratungseinrichtung geschieht, und das, was von einer solchen Einrichtung erwartet wird, deutlich verändert. Diese Veränderungen sind struktureller Art und gelten deshalb für alle psychosozialen Beratungsangebote. Am Beispiel der Studentenberatung, die sich an deutschen Universitäten seit Mitte der 60er Jahre entwickelt hat und heute in fast allen Bundesländern durch landesgesetzliche Regelungen etabliert ist, möchte ich den Professionalisierungs- und Institutionalisierungsprozeß von psychosozialer Beratung exemplarisch verdeutlichen. Die Spezifika, die sich für diesen Beratungszweig aus der Einbindung in die Hochschulverwaltung und den Bezug auf das soziale Feld Hochschule ergeben, sind allerdings nicht auf andere Zweige übertragbar[42].

1.2.2 Von der Studentenberatung zur Zentralen Studienberatung – Entstehung einer Beratungsinstitution

Anders als in der angelsächsischen Hochschultradition, in der die pädagogische und soziale Verantwortung für die Studierenden in institutioneller Form wahrgenommen wird (tutorial system, medical services, counseling services), sind die deutschen Universitäten bis in die sechziger Jahre ohne explizite Beratungsdienste ausgekommen.[43]

Das änderte sich mit den ab 1962/63 fast explosionsartig ansteigenden Studentenzahlen: Zwischen 1965 und 1969 entstanden in der BRD* ca. 25 psychologisch-psychotherapeutische Beratungseinrichtungen. Träger dieser Einrichtungen waren in der Regel die örtlichen Studentenwerke. Das Deutsche Studentenwerk, der Dachverband der örtlichen Studentenwerke, war zu diesem Zeitpunkt noch eine relativ autonome, weitgehend selbstverwaltete Organisation, die (aus den Sozialbeiträgen der Studenten finanziert) das Gesamtvolumen der studentischen Sozialbelange (einschließlich Krankenversicherung und Kinderbetreuung) abdeckte. Trotz zentraler Richtlinien gab es einen vergleichsweise großen Spielraum für die örtlichen Studentenwerke. Die psychotherapeutischen Beratungsstellen (= PBS*) verdankten ihre Existenz – in Nutzung dieses Spielraumes – einer breiten Debatte über die psychische Lage der Studenten (z.T. wurden solche Debatten durch spektakuläre Einzelfälle ausgelöst), dem Engagement von Mitarbeitern der örtlichen Studentenwerke und dem Druck studentischer Gruppen. Die Hochschulverwaltungen waren daran meist nicht beteiligt.[44]

---

42. In einem Punkt unterscheidet sich die Studentenberatung – das läßt sich bereits vorweg konstatieren – von den meisten anderen Beratungseinrichtungen: Die Universität als sozialer Raum ist hochstrukturiert (zur Orientierung in ihr bedarf es daher eines hohen Informationsstandes) und verglichen mit einem Stadtteil z.B. auch sehr klar von ihrer Umwelt abgegrenzt.
43. Einzige Ausnahme: Das Studentenwerk Hamburg hatte bereits 1954 eine psychotherapeutische Beratungsstelle eingerichtet. S. hierzu sowie zur Rekonstruktion der Entstehungsgeschichte insgesamt: Hans-Waldemar Schuch, 1983, S. 53–60.
44. Auch hier gibt es Ausnahmen. So war z. B. das Studienbüro der Ruhr-Universität Bochum

Parallel zu diesem Engagement der Studentenwerke führte eine ganz andere Entwicklung an einzelnen Hochschulen zu ähnlichen Resultaten: Universitäten mit medizinischen Fakultäten, in denen psychotherapeutische oder psychosomatische Schwerpunkte etabliert waren, machten in ihren Kliniken und Ambulanzen die Erfahrung, daß Studenten einen Großteil ihres Patientenstammes ausmachten. Und bei der Behandlung akuter Krisen wurde häufig ein unmittelbarer Zusammenhang mit dem Universitätsalltag deutlich. So schienen Prüfungen z. B. oder die häufig isolierte Lebensform der Studenten (in Wohnheimen oder zur Untermiete ohne die Möglichkeit, Besuch zum empfangen), aber auch der in hochschulöffentlichen Diskussionen empfundene Leistungsdruck die jungen Leute emotional zu belasten und körperliche und/oder nervliche Krisen zu produzieren. Ein spezielles Beratungsangebot für Studenten wurde deshalb für sinnvoll gehalten – nicht nur um situationsspezifischer arbeiten zu können, sondern auch in der Hoffnung, etliche der psychisch labilen Jungakademiker gar nicht erst zu Patienten werden zu lassen.[45]

Die im Kontext der Universitätskliniken entwickelten Beratungsangebote wurden z. T. durch wissenschaftliche Forschungsprojekte begleitet; und so existieren aus dieser Anfangszeit der Studentenberatung recht gründliche Untersuchungen der studentischen Beschwerden (s. Ziolko, 1969; Moeller & Scheer, 1974; Krüger u.a., 1982): Arbeitsschwierigkeiten und Konzentrationsstörungen, Kontaktprobleme und Isolationsängste, sexuelle Störungen und Konflikte in nahen Beziehungen (Freund/Freundin; Eltern) – in diesen Bereichen bewegten und bewegen sich die Probleme, mit denen Studenten (beiderlei Geschlechts) in die Beratung kommen. Dabei wurden schon 1974 quantitative Tendenzen benannt, die sich bis heute erhalten haben. Auf die Frage, welche Studierenden am häufigsten Beratung aufsuchen, lautet die Antwort, daß Studierende, die zu traditionell universitätsfernen sozialen Gruppen gehören – Frauen und Arbeiterkinder – relativ zu ihrem Anteil an der Gesamtpopulation häufiger Beratung in Anspruch nehmen. Fragt man nach den Anlässen, deretwegen Beratung aufgesucht wird, dann werden heute wie vor 20 Jahren Arbeitsprobleme und Beziehungskonflikte am häufigsten genannt.

Auf dem Hintergrund solcher Untersuchungsdaten und durch Auswertung der ersten Arbeitserfahrungen mit gezielter Studentenberatung entwickelte sich eine lebhafte Debatte über Formen und Konzepte von Hochschulpsychotherapie sowie über die Gestaltung der psychosozialen Versorgung der Studierenden insgesamt[46]. In einem Prozeß von ca. fünf Jahren entstand hieraus eine weitgehend anerkannte Form der

---

(der ersten neugegründeten Großuniversität in NRW) von Beginn an eine Einrichtung der Universität. Dies hat sicher z. T. damit zu tun, daß die Bochumer Universität sich bewußt als Campus-Universität verstand und bei der Gestaltung ihrer Infrastruktur amerikanischen Vorbildern stärker folgte als andere Neugründungen.

45. Für zwei Universitätsorte, an denen eine solche Entwicklung (unter jeweils sehr unterschiedlichen Rahmenbedingungen) stattfand – Heidelberg und Gießen – ist der Etablierungsprozeß einer Beratungsstelle gut dokumentiert. s. hierzu: Spazier & Bopp, 1975; Moeller & Scheer, 1974.

46. Zur Verdeutlichung der gesamten Debatte sei auf die folgenden Publikationen verwiesen: Dörner, 1967; Ziolko, 1969; Jöhrens & Rausch, 1975; Wagner, 1977; Krüger u.a., 1982.

Studentenberatung – als etablierte Einrichtung in und an der Universität, mit einem ausgewiesenen Repertoire von Methoden (Erstinterview, Diagnose[47], personenbezogenes Unterstützungsangebot) und Arbeitsformen (Einzelgespräche, Selbsterfahrungs- und Therapiegruppen, Verhaltenstrainings), das sich explizit auf die Spezifika des universitären Raumes und die hier entstehenden inneren Konflikte bezog. Die Professionalisierung der Studentenberatung als psychosoziale Beratung war gelungen, wobei vielleicht hervorzuheben ist, daß das Spezifikum dieser Beratungsform (ausgehend von der Psychotherapie) durch Bezug auf den sozialen Raum Hochschule mit seinen Problemen entwickelt wurde.

Blättert man in alten Jahresberichten der Beratungsstellen, dann wird das Spektrum der Arbeitsformen konkret:

Einzelberatungen wurden, auch wenn sie sich mit sehr persönlichen Problemen auseinandersetzten, begleitend zu den universitären Arbeitsprozessen organisiert, so daß sie für diesen Bereich stützende Funktion bekamen. Es gab themenzentrierte Gruppen zu Lernstörungen und Kontaktproblemen; es wurden Trainingskurse zu Studientechniken und Prüfungsverhalten durchgeführt; und studentische Tutoren wurden auf ihre Tätigkeit in Seminaren vorbereitet. Daneben gab es Selbsterfahrungsgruppen und Encounter, Einzeltherapien und psychotherapeutische Gruppen. Einige dieser Arbeitsformen haben sich bis heute erhalten und sind in der im ersten Kapitel vorgenommenen Beschreibung des Beratungsalltags wiederzuerkennen. Deutliche Ausnahme: die Vermittlung von Informationen kommt in dieser ersten Entwicklungsphase von Studentenberatung nicht als be- oder gewußte Aufgabe vor. Alle in dieser Anfangszeit entwickelten Arbeitsformen haben eines gemeinsam: Sie geben den Emotionen Raum und versuchen die Balance zu halten zwischen den Themen und Problemen der einzelnen Person und den Anforderungen und Problemen der Institution bzw. des sozialen Lebensraumes. Da wo ausgearbeitete Konzepte der Hochschulpsychotherapie vorlagen (wie z. B. in der PBS* Heidelberg), wurde eindeutig die Arbeit mit Gruppen favorisiert; Einzelgespräche dienten der Problemklärung und der Krisenintervention. Grundlage dieser Entscheidung waren zwei Thesen, die in der Auseinandersetzung um die psychische Belastung von Studenten von allen Beteiligten benutzt und vertreten wurden. Dabei handelte es sich zum einen um die These von der Anonymität der modernen Großuniversitäten (als strukturelles Problem), zum anderen um die These von der verlängerten Adoleszenz (auf der Seite der studentischen Subjekte).[48] Die Arbeitsangebote der Beratungsstellen sollten diese Probleme

---

47. Zur Verdeutlichung: Als ich 1976 als Mitarbeiterin in die Zentrale Studentenberatung der Universität Bielefeld kam, gehörten Tests und psychologische Erhebungsbogen zum selbstverständlichen Set an Arbeitsmitteln. Verwendet wurden im Arbeitsbereich psychosoziale Beratung: ein Arbeitsbogen zur Lebensgeschichte, der Freiburger Persönlichkeitsinventar (FPI) und der Gießen-Test (GT). Zur Klärung von Studieneignung und motivation wurden in der allgemeinen Studienberatung Intelligenztests (IST) und Interessenstests (DIT) durchgeführt.

48. Interessanterweise haben sich diese beiden Ansatzpunkte allen Veränderungen der Realität und der Diskurse zum Trotz bis heute erhalten. Sie kommen bei so unterschiedlichen Theoretikern (und in so unterschiedlichen Diskussionsphasen) vor wie Niklas Luhmann

thematisieren helfen und zugleich die Erarbeitung solidarischer Lösungsformen unterstützen.

Insgesamt läßt sich konstatieren, daß die Arbeit dieser ersten Generation von Studentenberatungsstellen in doppelter Hinsicht erfolgreich war: Sie wurden von einer großen Anzahl von Studierenden genutzt und setzten Impulse in der örtlichen Hochschulkultur (z. B. durch Orientierungstage für Erstsemester und durch hochschulpädagogische Innovationen wie Prüferseminare). Dieser Erfolg ist jedoch als Einzelphänomen nicht angemessen beurteilt – gehört diese Entwicklungsphase der Studentenberatung (genau genommen handelt es sich um den Zeitraum von 1965 bis etwa 1975) doch in eine Zeit (nicht nur der Studenten-Unruhen, sondern auch) insgesamt lebendiger Auseinandersetzungen und zahlreicher Innovationen an den Universitäten[49].

Mit der Verabschiedung des Hochschulrahmengesetzes (= HRG*) in der Fassung von 1976 ist diese Phase abgeschlossen, und ihre Ergebnisse werden nun z.T. in Form gesetzlicher Vorgaben festgeschrieben. Hierzu gehört auch die Beratung von Studierenden. Die Studentenberatung wird als Studienberatung institutionalisiert (§ 14 HRG*) und in der Folgezeit auf der Basis von Landesgesetzen und -erlassen ausgebaut. Der Prozeß, der nun beginnt, läßt sich insofern als Institutionalisierung der psychosozialen Beratung im oben angesprochenen Sinne bezeichnen, als die Beratung der Studierenden nun nicht nur ex lege zur Aufgabe der Universitäten erklärt wird, sondern zur Erfüllung dieser Aufgabe auch eigenständige Einrichtungen geschaffen werden – aufbauend auf bzw. sich abgrenzend von den Konzepten der Psychotherapeutischen Beratungsstellen.

Drei Entwicklungen sind in der nun folgenden Phase (Anfang der 70er bis Mitte der 80er Jahre) wahrzunehmen:

◆ An Hochschulen, die bis dahin keine Beratungseinrichtungen hatten, werden Zentrale Studienberatungsstellen (ZSB*s) eingerichtet. Die inhaltliche Ausrichtung dieser Stellen wird über die Personalentscheidungen, die Ausstattung und die organisatorische Einbindung durch die Hochschulleitungen bestimmt. Die Interessen der *Organisation* Universität gewinnen dadurch großen Einfluß: Fachliche Information der Studieninteressenten und Studenten, Vermittlung des spezifischen Profils der eigenen Hochschule, Serviceleistungen für andere Einrichtungen, die mit Orientierungsproblemen der Studentenschaft befaßt sind (Herstellen von Broschüren, Erstsemester-Einführungen, Prüfungstrainings) – diese Aufgaben stehen im Vordergrund der Arbeit. Die so entstandenen Beratungsstellen entwickeln sich (in Abhängigkeit vom landesgesetzlichen Auftrag, dem sozialen Klima der Hochschule und dem Engagement der beteiligten Personen) unterschiedlich: Aus einigen werden gut funktionierende Informationsbüros, die das komplette Spektrum der

---

1968 (s. Luhmann, 1992, S. 16); Heiner Keupp 1985 (s. Keupp, 1985, S. 323 f.) und Michael Daxner 1995 (in: ARGE, 1996, S. 1–10).

49. S. z. B. die Initiativen im Bereich der Hochschuldidaktik und – weniger spektakulär, aber folgenreich – die Veränderungen im studentischen Wohnen: offene Wohnheime und die Erfindung der Wohngemeinschaft.

Studienmöglichkeiten und -bedingungen repräsentieren und bei denen die Kommunikationskompetenz Beratung in Form einer reflektierten Informationsdidaktik realisiert wird. Andere ZSB*s kommen über ihre Arbeitserfahrungen dazu, inhaltliche Schwerpunkte auszubilden und die dazu erforderlichen Kompetenzen zu entwickeln: Tutorenausbildung, die Durchführung von Orientierungseinheiten zu Beginn und von Bewerbungstrainings zu Ende des Studiums, Gesprächsgruppen für Arbeiterkinder und Frauengruppen ... Damit knüpfen sie an den Professionalisierungsstand der PBS*s an.

◆ Zur Erarbeitung von Studienberatungskonzepten und zur Etablierung der Hochschulreform via Studienberatung werden an zwei Universitätsstandorten (Münster und Saarbrücken) großangelegte Modellversuche durchgeführt. Von der politisch vorgegebenen Aufgabenstellung her sowie durch das persönliche Engagement der dort Arbeitenden orientieren sich diese Einrichtungen an den Leitbegriffen der Bildungsreform. *Studienzeitverkürzung* durch Entscheidungshilfen, Information der Studierenden über das sich *differenzierende Studienangebot*, Unterstützung der Studenten bei der Herstellung von *Praxiskontakt* – das sind die aus der Bildungsreformdebatte sich ableitenden Arbeitsfelder von Studienberatung. Die Modellversuche stellen sich stärker als andere Beratungsstellen der Aufgabe, auf dem Hintergrund ihrer unmittelbaren Arbeitserfahrungen in die Organisation und Verwaltung der Universitäten hineinzuwirken. Dies führt, da wo es gelingt, zu wechselseitigen Assimilierungsprozessen: Die Beratung wird verwaltungsnäher (Formalisierung der Umgangsformen, Selbstdefinition der Berater über den Informationsanteil ihrer Arbeit); die Verwaltung wird studentenfreundlicher[50]. Interessanterweise wirkten die Ergebnisse der Modellversuche kaum direkt modellbildend auf andere Beratungsstellen. – Dafür waren die Differenzen hinsichtlich Ausstattung, Unterstützung durch die politischen Instanzen und Einflußmöglichkeiten in den Universitäten zu groß. Sie wirkten dagegen (durch ihre Abschlußberichte und die Resonanz bei Ministerien und Rektorenkonferenz) sehr wohl modellbildend auf die Erwartungen, die durch Hochschulverwaltungen und Politik an die ZSB*s herangetragen wurden/werden.

◆ Die bereits vor dem Etablierungserfolg von Studienberatung bestehenden Studentenberatungsstellen mit psychologisch-psychotherapeutischer Ausrichtung kamen durch diese Entwicklungen stark unter Druck. Sie waren von den sich nun ergebenden Reformdiskussionen ausgeschlossen und erfuhren im weiteren wenig Unterstützung. Drei Faktoren tragen meines Erachtens zu diesem Ergebnis bei. Zum einen veränderten die Auswirkungen der ökonomischen Rezession das allgemeine

---

50. Auch für einen solchen Prozeß kann ein Beispiel aus jüngster Zeit angegeben werden, wenn es auch nicht (mehr) aus einem Modellversuch stammt. An der Universität Mannheim werden seit 1994 Studienbüros eingerichtet, die unter Leitung und Anleitung von Studienberatern Information, Einschreibung und Prüfungsverwaltung (für jeweils einen größeren Fächerbereich) unter einem Dach anbieten (s. Ertmann & Kurth, 1996).

politische Klima. Die Bereitschaft, in Wachstum und Entwicklung von Personen zu investieren, ließ nach; in den Vordergrund traten auch in den Universitäten Bemühungen um Effektivitäts- und Funktionalitätszuwachs. Problembewältigung trat an die Stelle von Problemlösung. Für die PBS*s bedeutsam wurde zudem die Umstrukturierung der Studentenwerke, die als Anstalten öffentlichen Rechts weniger auf örtliche Besonderheiten und Einzelaufgaben eingehen konnten. Nicht zu unterschätzen ist jedoch als dritter Faktor, daß die ZSB*s sich als viel funktionstüchtiger und anpassungsfähiger als die PBS*s erwiesen, sobald es um die Beratungsbedürfnisse der Universität als Organisation ging. Eine psychotherapeutische Einrichtung bleibt ein Fremdkörper in der Kultur einer Hochschule und wird immer mehr dazu, je formalisierter und bürokratischer diese Organisation sich entwickelt[51]. Studienberatungsstellen dagegen, die als Zentrale Einrichtungen oder als Verwaltungseinheiten selbst Bestandteil der bürokratischen Seite einer Universität sind, haben zwar auch einen Anteil von Fremdheit, solange sie Beratung als Eingehen auf die Anliegen der Individuen verstehen und praktizieren. Sie sind aber in diesem Anteil viel leichter zu beeinflussen. So sahen sich die PBS*s in den 80er Jahren vielfach in Abwehrkämpfe verwickelt, aus denen sie nur z.T. erfolgreich hervorgingen[52]. Verhältnismäßig leicht gelang die Umstellung auf die neuen Arbeitsaufträge den Beratungsstellen, die bereits vor 1976 als universitäre Einrichtungen mit zunächst psychologisch/psychotherapeutischem Arbeitsauftrag existiert hatten. In NRW* gilt dies für das Studienbüro in Bochum (seit 1965) und die ZSB Bielefeld* (seit 1972)[53]. Da die Veränderung mit Personalzuwachs verbunden war und das Landeshochschulgesetz ausdrücklich psychologische Beratung in den Aufgabenkatalog aufnahm, konnte hier additiv verfahren werden: Studienberatung *und* psychosoziale Beratung wurden zu Aufgabenfeldern der Einrichtung.

Betrachtet man diese – hier nur skizzierte – Entwicklung unter der oben aufgeworfenen Fragestellung nach den Auswirkungen von Professionalisierung und Institutionalisierung auf die Beratungspraxis, dann sind folgende Punkte auffällig:

◆ Die *Professionalisierung* nimmt – anders als bei früheren Beratungsinitiativen – ihren Ausgangspunkt in der psychotherapeutischen Arbeit[54] mit Studenten. Sie er-

---

51. Zu dieser Tendenz s. N. Luhmann, Zwei Quellen der Bürokratisierung in Hochschulen 1981, in Luhmann, 1992, S. 74–79

52. An Hochschulstandorten, an denen wie in Heidelberg und Kassel beide Typen von Einrichtung existierten – PBS* und ZSB* – erwies sich in den Auseinandersetzungen paradoxerweise als erfolgreich, daß Mitarbeiter der ZSB darauf hinweisen konnten, ihre Arbeit bleibe nur durch Überweisung an die PBS einigermaßen »therapiefrei«.

53. Bei der Bielefelder Einrichtung war die Historie bis Anfang 1999 noch im Namen versteckt: Die Beratungsstelle hieß Zentrale *Studentenberatung*, wurde jedoch abgekürzt als ZSB wie die Studienberatungsstellen.

54. Daß in die Professionalisierung von Beratung in den 60/70er Jahren psychodynamisch orientierte Problemdiagnosen eingehen, ganz im Gegensatz zum Stand der 20er Jahre, ist, daran sei hier erinnert nicht spezifisch für die Studentenberatung. Die neueren Entwick-

folgt auf dem Hintergrund einer Debatte über die problemverursachenden Strukturen der Universität. Beratung wird konzipiert, um zielgerichtet mit Studenten arbeiten und in der Hochschule prophylaktisch wirken zu können. Die für die Studentenberatung spezifischen Kompetenzen werden daraufhin erst in der Praxis entwickelt und zwar durch Ausarbeitung einer *doppelten Zielgruppenspezifik*: Zum einen werden die vorhandenen psychotherapeutischen Arbeitsformen spezifiziert und weiterentwickelt. Sie werden der Lebensform, den Problemen und dem Lebensalter der Zielgruppe angepaßt. Die Arbeitsprozesse werden kürzer, die Gruppe wird zur bevorzugten Arbeitsform; und darüber hinaus werden Lösungswege für die spezifischen Probleme von Studenten – Lernstörungen, Kontaktprobleme und Leistungsängste – erfunden: die themenzentrierte Gesprächsgruppe, das Verhaltenstraining und die Begleitung von Studienarbeiten. Auf der anderen Seite ergibt sich aus der Arbeit mit den Personen auch eine spezifische Perspektive in bezug auf den sozialen Raum Universität. Allein dadurch, daß in den Beratungsgesprächen immer wieder auf bestimmte Erfahrungen an der Universität rekurriert wird, kommt die Universität als ein sozialer Raum in den Blick, der den sich dort bewegenden Menschen zu schaffen macht. Was auf diesem Wege jeweils als Problem wahrgenommen und benannt wird, unterliegt Veränderungsprozessen – Veränderungen der Institution, Veränderungen der Verarbeitungsstruktur auf seiten der Studierenden, aber auch Veränderungen im Diskurs über Probleme an der Universität tragen dazu bei. Solche Veränderungen der universitären Problemstruktur zu formulieren (und damit am Diskurs teilzunehmen) und in veränderte Beratungsangebote umzusetzen, wird in einem zweiten Schritt zum Bestandteil professioneller Studentenberatung.[55]

Aus dieser – sozusagen in den Beratungsprozeß eingebauten – Erfahrung heraus entsteht die besondere Form, in der Beratungseinrichtungen ihre Arbeitsschwerpunkte entwickeln und die ich unter 1.1.3 am Beispiel der Arbeit mit Frauen beschrieben habe.

Die Institutionalisierung der Studentenberatung als Studienberatung hat diesem Stand einen weiteren Aspekt hinzugefügt: Informationsverarbeitung und Orientierung in der akademischen Welt waren zwar auch vorher für Anforderungen an Studenten gehalten worden, aber doch für solche, die so eng mit dem Studieren selbst verknüpft sind, daß sie nicht als besondere Leistungen erkannt werden können. Die Studienreformdebatte hatte diese Selbstverständlichkeit destruiert, indem sie sichtbar machte, daß man sehr wohl Informationen in Form von Studieninhalten verarbeiten, gleichwohl aber in bezug auf die Informationen hilflos und desorientiert sein kann, die man zur Bewältigung des Studiums als Lebenssituation benötigt. Ab

---

lungen der Psychotherapie und die Debatten um die »Psychische Verelendung« hatte auch in anderen Beratungszweigen diese Wirkung.

55. Erst mit dieser Implikation wird nachvollziehbar, daß es sich bei einem solchen Beratungsangebot um psycho*soziale* Beratung handelt, d.h. um eine Beratungsarbeit, die Konflikte, die zunächst einmal nur auf der psychischen Ebene wahrnehmbar sind, wieder zum sozialen Erfahrungsraum der Subjekte in Beziehung setzt.

Mitte der 70er Jahre werden Studieninformation und Studienorientierung zum festen Bestandteil von Studentenberatung[56].

Professionelle Beratung von Studierenden ist heute, so ließe sich die Entwicklung zusammenfassen, ein Orientierungsangebot der Universitäten, und zwar in Form eines Ortes in der Hochschule selbst, an den sich Studierende (mit welchem Anliegen auch immer) wenden können. Die Basiskompetenzen für Beratung sind gute Kenntnisse über die formale und inhaltliche Seite des Studierens, Wissen über Problemlösungs- und Entscheidungsprozesse sowie die spezifische Kommunikationsform des psychologisch bzw. psychotherapeutisch geschulten Gesprächs. Zur Lösung der in solchen Gesprächen sichtbar werdenden Probleme kann auf einen Pool von (eigens zu diesem Zweck zusammengestellten) Informationen zurückgegriffen werden. Und diese in der Beratungsstelle zu erhaltenden Informationen, werden selbst wiederum zum Anlaß, die Beratungsstelle aufzusuchen.

Informationen sind so auch eine (hochschulspezifische) Form, den Übergang von der öffentlichen Kommunikation (die die einzelnen immer als funktionstüchtige, gut orientierte Subjekte voraussetzt) in die mögliche Intimität eines Beratungsgespräches zu gestalten. Informationen sind jedoch nicht die einzigen »Übergangsobjekte«. Eine ähnliche Doppelfunktion haben auch die bereits genannten stützenden und/oder lösungsorientierten zusätzliche Angebote der Studentenberatung: Lerntechniken-Kurse, Verhaltenstrainings, themenzentrierte Gruppen. Die thematischen Schwerpunkte der Arbeit werden (auf der Grundlage von in der Beratung sichtbar werdenden Veränderungen der Institution und des Lebensraumes Hochschule) den Selbstorganisationsrhythmen von Beratungsarbeit folgend, verschoben bzw. neu definiert.

Ist psychosoziale Beratung in der beschriebenen Weise zu einer eigenständigen Einrichtung geworden, dann besteht professionelle Beratungsarbeit, so läßt sich über die Studentenberatung hinaus verallgemeinern, nicht mehr aus dem, was man sich, vom Alltagsverständnis her kommend, unter Beratung vorstellt. Zwar nehmen Gespräche, die man gemeinhin mit »Beratung« assoziiert (= face to face Kommunikation), eine wichtige Stelle in der Arbeit ein; daneben jedoch geht es um die Gestaltung des sozialen Raumes »Beratungsstelle«, um Informationsbeschaffung und -aufbereitung, um Problemanalysen bezogen auf das soziale Feld, dem sich die Beratung zuordnet, und um die flexible Erarbeitung von begleitenden Angeboten, die den Ratsuchenden helfen und zugleich öffentlich sichtbar machen, in bezug auf welche Themen und Probleme von dieser Einrichtung etwas zu erwarten ist. – Was hier schlagwortartig benannt ist, wurde im ersten Kapitel aus der Perspektive aktueller Berufspraxis beschrieben.

---

56. Die Organisationsform für psychosoziale Beratung an den Universitäten ist damit noch nicht festgelegt. Es gibt auch heute noch Hochschulen mit zwei Beratungseinrichtungen (eine PBS* und eine ZSB*), es gibt Beratungsstellen mit integriertem Ansatz, und es gibt ZSB*s, die auf der Informationsseite ihren Schwerpunkt sehen. S. hierzu: Figge, Kaiphas, Knigge-Illner & Rott, 1995, S. 13–35.

◆ Die *Institutionalisierung* von Beratungsangeboten für Studierende hat Effekte auf mehreren Ebenen: Zunächst einmal hat sie die Bedeutung, daß Beratung zum selbstverständlichen (sichtbar-realen!) Bestandteil der universitären Kultur wird (auch die Fachberatung durch Lehrende nimmt in der Folge deutlichere Konturen an). Die Etablierung von Zentralen Studienberatungsstellen bedeutet im weiteren auch einen Professionalisierungsimpuls für die Studentenberatung insgesamt: Unterstützung beim Umgang mit Informationen sowie Orientierungshilfen in bezug auf die akademische Welt werden zum Bestandteil der Beratungsarbeit. Damit wird neben der individuellen Dimension (= die einzelnen Ratsuchenden) und dem sozialen Raum Hochschule eine dritte Dimension in die Beratung einbezogen: die bürokratische Seite der Universität.

Gleichzeitig werden neue bzw. bis dahin verdeckte Interessen in bezug auf Beratung deutlich. So entwickelt die *Organisation* Universität organisationskonforme Interessen: Einfügen der Beratungsarbeit in die normalen Arbeitsabläufe der Hochschulverwaltung; Entlastung anderer Einrichtungen der Universität von Orientierungsaufgaben; Zum-Verschwinden-Bringen von sozialen und kommunikativen Störungen im Hochschulalltag. Auch die Wissenschaftsministerien, die z. T. per Landeshaushalt eigens Planstellen für Beratung an den Universitäten geschaffen hatten, verknüpften damit eigenständige Erwartungen: Schaffen von Transparenz (vor allem für Studieninteressenten und Studienanfänger); Vorwärtstreiben von Studienreform – sehr wohl auch gegen Widerstände an den Hochschulen. Um diesen Interessen Nachdruck zu verleihen, wird auf die in dieser Zeit üblichen Steuerungsmittel der Studienreformpolitik zurückgegriffen; und das mit Erfolg, denn durch die Initiierung von Modellversuchen für Studienberatung sorgen die Wissenschaftsministerien dafür, daß ihren Erwartungen an Beratung (via Verwaltung und Rektorenkonferenz) auch *innerhalb* der Universitäten Gehör verschafft wird. Studentenberatung, aus Konflikten an den Universitäten entstanden, wird damit selbst zum Austragungsort von Interessenkonflikten der Hochschulpolitik.

Diejenigen, um die es in der Studentenberatung geht und die zu Beginn lebhaft an den Diskussionen teilhatten – die Studierenden – sind nicht zufällig mit der Etablierung der »Reform«-einrichtungen verstummt. Nicht zufällig deshalb, weil mit der Etablierung von Beratungsstellen eine abfedernde Vermittlungsinstanz zwischen studentischen Orientierungsbedürfnissen einerseits und der Institution Universität andererseits geschaffen wird. Die Debatte um die Orientierungsbedürfnisse der Studierenden und die Orientierungsmängel der Hochschule wird nun als Debatte über Beratungsanliegen und Beratungsbedürfnisse geführt.

Die damit verbundenen Konfliktpotentiale und Konflikte gehen zumindest teilweise in die Diskussionen über Beratung ein. Und diese Auseinandersetzungen finden nun weitgehend ohne die Betroffenen statt. Es sind die Studentenberater/innen, die in den Diskussionen um Beratung häufig als Anwälte ihrer Klientel auftreten – darin allerdings auch nur begrenzt überzeugend, haben sie doch selten ein explizites Mandat und vertreten sie in der Regel doch zugleich ihre eigenen Arbeitsinteressen.

1.2.3 Resümee

Die vorgenommene historische Beschreibung von psychosozialer Beratung ermöglicht es nun, einige Aspekte genauer zu benennen, die für die Klärung der gesellschaftlichen Funktion von Beratung bedeutsam sind:

In der sozialhistorischen Sicht zeigt sich, daß psychosoziale Beratung viel stärker mit *gesellschaftlichen Konflikten, Interessenkämpfen und Machtverschiebungen* verknüpft ist, als die meisten Beschreibungen von Beratung erkennen lassen: Psychosoziale Beratung verdankt sich in ihrem Beginn den Selbsthilfepotentialen engagierter politischer Gruppierungen, die auf diese Weise – obwohl nicht über Regelungsmacht verfügend – ihren Einfluß auf die Konfliktlösungsrichtung geltend machen. Das läßt sich gleichermaßen für die Sexualberatungsstellen der Weimarer Republik zeigen wie für die Studentenberatungsstellen der 60er Jahre, genau so aber auch für aktuelle Entwicklungen wie die Wildwasser-Beratungsstellen[57], die in den 80er Jahren entstanden sind. Solche Veränderungsimpulse »von unten« (soziale Bewegungen, politische Gruppierungen oder Projekte) sind komplexer Natur. Sie stehen nicht nur für Verbesserungen der psychosozialen Versorgung – als solche sind sie hier kontextbedingt in den Blick gekommen – sie formulieren in viel umfassenderer Form gesellschaftliche Konflikte, repräsentieren eine Lösungsrichtung und sind zugleich auf der Suche nach Möglichkeiten der Absicherung und Einbindung für ihre psychosozialen Innovationen. Für die Studentenberatung etwa haben die Studentenwerke zunächst die Aufgabe der Absicherung übernommen. Solche Etablierungserfolge sind hinsichtlich der ursprünglichen Anliegen durchaus ambivalent: Einerseits sichern sie die Weiterarbeit; zum anderen rufen sie – stärker noch als die Probleme selbst, die ihre Aktivitäten ausgelöst hatten – gestaltende bzw. regulierende Maßnahmen von seiten der politischen Bürokratie auf den Plan. Im Falle der Studentenberatung übernahmen die Universität (als Organisation) und die Landespolitik (durch die Hochschulgesetze und -haushalte) diese regelnde/reglementierende Funktion. Daß einzelne Hochschulleitungen sich bis heute schwertun, ein produktives Verhältnis zu »ihrer« Beratungsstelle zu entwickeln und die jeweilige ZSB* eher wie einen Fremdkörper behandeln, den es zu kontrollieren gilt, hat (zumindest auch) mit den hochschulpolitischen Konfliktpotentialen zu tun, die durch die Einrichtung von Beratungsstellen stillgestellt wurden.

Mit der Institutionalisierung bzw. der öffentlichen Finanzierung von psychosozialer Beratung bekommen die Beratungseinrichtungen daher einen neuen Akzent: Sie werden faktisch (zumindest auch) zu Instrumenten der Reglungsmacht, die ihre Problemlösungsinteressen einbringt und auf die Gestaltung von Beratungsstellen per Stellenpolitik, Mittelzuweisung und direkter Auftragerteilung Einfluß nimmt. Damit sind neue Konflikte vorprogrammiert: Beratung unterliegt nun – der Institution gegenüber

---

57. »Wildwasser« ist Mitte der 80er Jahre an mehreren Orten in der BRD* als Initiative von Frauen entstanden, die in ihrer Kindheit und Jugend sexueller Gewalt ausgesetzt waren. Zunächst wurden Selbsthilfegruppen gegründet und initiiert, dann entstanden hieraus Beratungsangebote und -einrichtungen. Die Organisationsform ist die von gemeinnützigen eingetragenen Vereinen.

– anderen Begründungspflichten, anderen konzeptionellen Orientierungen bzw. Auflagen, anderen Aufgabenzuweisungen. Der personenbezogene Auftrag bleibt jedoch bestehen, und so bleibt auch die Beratungsarbeit (im unmittelbaren Kontakt mit ihrer Klientel) den Ansprüchen und Bedürfnissen derer verpflichtet, die sich »Rat suchend« an sie wenden.

Damit bekommt institutionalisierte psychosoziale Beratung eine paradoxe Auftragsstruktur: Sie soll – so der explizite inhaltliche Auftrag – auf Defizite des psychosozialen Lebensprozesses antworten, indem sie professionelle Kommunikation anbietet, ein Angebot allerdings, das allein von der Größenordnung her nur von einer Auswahl von Personen genutzt werden kann[58]. Eine Beratungseinrichtung soll außerdem – so der durch die Institutionalisierung erfolgende implizite Auftrag – die Kommunikation über die Konflikte des sozialen Feldes, dem sie zugeordnet ist, zum Verschwinden bringen oder in einer Form organisieren, die für die Institutions- bzw. Verwaltungsseite des Feldes störungsfrei ist.

Dieser paradoxe Arbeitsauftrag wiederum macht Beratung dann auch zu einem geeigneten Austragungsort für den Machtkampf unterschiedlicher politischer Interessen, die über die vermuteten Einflußmöglichkeiten von Beratung Kontrolle ausüben wollen. Politisch gesehen, läßt sich die Einrichtung von Beratungsstellen daher auch als eine Verschiebung gesellschaftlicher Konflikte von der politischen auf die institutionelle Ebene beschreiben.

In diesem (komplexen) Entwicklungsprozeß, in dem Beratung als Institution entsteht, entsteht auch Beratung als professionelles Handeln. Damit sind wir beim zweiten Aspekt von Beratung, der sich nach dem Blick in die Entstehungsgeschichte klarer beschreiben läßt: Das, was Beratung als Kommunkationsform ausmacht, hat sich im Verlauf der Entwicklung seit den 20er Jahren verschoben. Bedeutete »Beratung« in den Einrichtungen der Weimarer Republik noch so etwas wie verständnisvolle Aufklärung und Bereitstellung von Wissen, so ist »psychosoziale Beratung« in den 60er Jahren zu einer psychologisch-psychotherapeutisch geschulten Kommunikation geworden, die die Verarbeitungsstrukturen von Personen zu verändern beabsichtigt. Einige Beratungseinrichtungen sind wie die Studentenberatung sogar aus der psychotherapeutischen Arbeit hervorgegangen[59]

---

58. Zur Verdeutlichung der quantitativen Relation: Das Gesamtvolumen der psychosozialen Beratungsstellen in Bielefeld umfaßte im Jahr 1995 11841 Personen. Bei einer Bevölkerung von ca. 320.000 ergibt sich eine Nutzung von etwa 3,7 %. D.h. 3,7 % der Bevölkerung sind im Laufe eines Jahres überhaupt mit psychosozialer Beratung *in Berührung gekommen*. (S. hierzu PSAG* 1996, S. 5).
Für die psychosoziale Beratung der Studierenden in der Universität Bielefeld ergibt sich eine Relation in vergleichbarer Größenordnung: 565 Studierende nutzten die Beratung im Jahr 1995 für einen intensiveren Beratungsprozeß; dies ergibt bezogen auf eine Studentenzahl von ca. 18.000 ungefähr 3, 1 % (s. ZSB Jahresbericht, 1995).
59. Interessanterweise ist diese Verschiebung in der Diskussion um Beratung kaum Thema; sie bleibt vielmehr hinter der jeweils selbstverständlichen Unterstellung verdeckt, die Bedeutung von »Beratung« sei umgangssprachlich oder aus dem Diskussionskontext von selbst klar.

Und diese Verschiebung ist z. T. Ergebnis allgemeiner kultureller Veränderungen, z. T. aber auch unmittelbarer Effekt der Institutionalisierung von Beratung. Denn zum einen hat sich in dem in Frage stehenden Zeitraum auch im Alltagsleben die Vorstellung davon verändert, in bezug auf was jemand Rat benötigen bzw. ratlos sein kann. Daß nicht nur bei pragmatischen Handlungsentscheidungen Beratung erforderlich sein kann, sondern auch Emotionen, Identitäten und Beziehungen zum Gegenstand von profaner Kommunikation werden können, und zwar mit der Erwartung verknüpft, dies habe positive Wirkungen auf die weitere Lebensführung, dies ist ein Ergebnis der Psychologisierung der Alltagskultur, die sich in demselben Zeitraum vollzogen hat. Psychosoziale Beratung in ihrer professionellen Ausprägung ist insofern ein *Produkt kultureller Veränderungsprozesse.*

Umgekehrt ist jedoch auch der Institutionalisierung von Beratung die Tendenz eigen, der psychischen Dimension von Kommunikation eine wachsende Bedeutung zu verschaffen. Dies wird unmittelbar deutlich, wenn man sich fragt, was sich verändert, wenn eine einzelne Funktion der Alltagskommunikation in einem speziellen kulturellen Raum spezialisiert und ausgebaut wird. Was geschieht, wenn dafür ausgewählten Personen die Aufgabe zugewiesen wird, die stützende Seite psychosozialer Kommunikation beruflich zu betreiben? Es kann sich ja nicht um dieselbe Art von Kommunikation handeln, die auch in den Alltagsbezügen vorkommt. Dies schon deshalb nicht, weil es nun eine eindeutige, nicht mehr durch Rollentausch ausgleichbare Festlegung gibt: eine/r *nimmt* Rat, eine/r *gibt* Rat. Verändert hat sich auch die Einbindung dieser speziellen Kommunikationsleistung, sie wird nun abgelöst von den übrigen Kommunikationsakten des sozialen Feldes praktiziert, nicht mehr beiläufig, sondern ins Zentrum gerückt. In gewisser Hinsicht wird die Kommunikation dadurch entmaterialisiert, d.h. von den praktischen Handlungsmöglichkeiten abgetrennt, auf die bezogen psychosoziale Alltagskommunikation ihre Glaubwürdigkeit erhält. Die dadurch symbolisch(er) gewordene Kommunikation kann nur noch durch das, was in der Gesprächssituation selbst vor sich geht, Vertrauen herstellen. Der psychische Teil psychosozialer Kommunikation erhält ein größeres Gewicht. Es gibt also eine Tendenz zur Psychologisierung, die der psychosoziale Beratung inhärent ist. Diese Tendenz steckt in der kommunikativen Innovation von Beratung und kommt dadurch zustande, daß eine Form der Kommunikation, die losgelöst von den Handlungs- und Sachbezügen des sozialen Lebens und daher wesentlich auf der psychischen Ebene stattfindet, professionalisiert wird. Psychosoziale Beratung ist nicht nur ein *Produkt der Psychologisierung der Alltagskultur*, sondern auch *Agens dieses Prozesses.*

Vergleicht man diese Ergebnisse der historischen (Außen-)Sicht auf Beratung mit der unter 1.1 dargestellten Innensicht, dann ergeben sich einige neue Aspekte: Die historische Rekonstruktion macht nachvollziehbar, in welchen Etappen und unter welchen Einflüssen psychosoziale Beratung sich zu dem ausdifferenzierten Tätigkeitsfeld entwickelt, als das es aus der Perspektive der dort Arbeitenden erscheint. Zugleich wird deutlich, daß es sich bei dieser neuen Interventionsform nicht – wie Beratungseinrichtungen selbst es gern sehen – um eine menschenfreundliche sozialreformerische Innovation handelt, die auf einen (wie auch immer festgestellten) Beratungs-

bedarf antwortet und das ansonsten gegebene Spektrum psychosozialer Versorgungs-
angebote additiv erweitert. Psychosoziale Beratung ist vielmehr in konflikthaften
Prozessen entstanden und widersprüchlichen Anforderungen ausgesetzt, denen nachzukommen nicht so ohne weiteres möglich ist. Vielmehr bedarf es dazu einer Organisationsform, die es erlaubt, die unterschiedlichen, z. T. paradoxen Anforderungen in
situativ und räumlich/zeitlich unterschiedene Handlungskontexte zu übersetzen und
Unverträgliches so voneinander zu trennen, daß den verschiedenen Anforderungen,
wenn nicht nachgekommen, so doch begegnet werden kann.

Die im ersten Kapitel beschriebene Vielfalt von Tätigkeiten/Angeboten in einer Beratungsstelle hat nicht nur die Funktion, den Übergang vom öffentlichen Raum in Ge-
sprächssituationen über Persönliches zu gestalten, sie dient gleichzeitig dazu, disparaten Anforderungen Platz zu verschaffen. Beratungseinrichtungen, wie wir sie heute
kennen, sind organisationssoziologisch als Antworten auf dieses Problem zu sehen. Sie
schaffen soziale Orte, an denen professionelle Beratungskommunikation möglich ist.
Wird dieses Angebot genutzt, dann entsteht ein beratungseigener *kultureller Raum*, der
zugleich einen Zwischenraum darstellt zwischen einem sozialen Feld, in dem der psychosoziale Lebensprozeß defizitär geworden ist, und der für dieses Feld zuständigen
Administration, für die diese Defizite als Funktionsstörungen wahrnehmbar sind. Die
Beratungseinrichtung übernimmt nun als Institution die Kommunikation mit den politischen Instanzen. Sie tut dies über einen hierfür geschaffenen Weg (Träger/Verwaltung),
und zwar abgetrennt von der als »Innen« definierten Beratungskommunikation.

Zu dieser Beschreibung paßt, daß die Art, wie sich Beratung in der Alltagspraxis für
die dort Tätigen darstellt (s. 1.1), wenig von dem gesellschaftlich-politischen Hintergrund ihrer Entstehung zeigt. In der alltäglichen Arbeit gibt es Verwaltungtätigkeiten
(wie Statistiken erstellen, Formblätter zur Kenntnis nehmen, Abrechnungen überprüfen, Anfragen von anderen Verwaltungseinheiten beantworten oder abwimmeln); es
gibt auch immer mal wieder Konflikte mit dem Träger/der Leitung über die Aufgaben
der Einrichtung und die Arbeitsvoraussetzungen von Beratung; und es gibt regelmäßig
Situationen bzw. Gelegenheiten, die es erforderlich machen, die Beratungserfahrungen
in verwaltungs- und politikkonformes Wissen zu verwandeln, in Expertenwissen[60], das
sich in Zahlen, Tendenzen und Beratungsbedarfsrechnungen ausdrückt. Doch diese Tätigkeiten sind einzelne innerhalb des oben beschriebenen Gesamtspektrums von *verschiedenen* Tätigkeiten. Sie werden in einer Form praktiziert, die sie in eine Kommunikation mit einer mehr oder weniger lästigen Umwelt verwandeln; und als solche lassen
sie den Zusammenhang des eigenen Tuns mit gesellschaftlichen Konflikten und politischen Kämpfen nicht sichtbar oder spürbar werden.

Bereits am Ende des ersten Abschnitts hatten sich Begriffe wie »Komplexität«,
»soziale Organisation von Kommunikation« und »Selbststeuerung« angeboten, um
Spezifika von Beratung zu benennen. – Begriffe wie diese legen es nahe, psychosoziale Beratung auch einer systemtheoretischen Analyse zu unterziehen. Der historische

---

60. Mit diesen Anforderung an Beratung habe ich mich an anderer Stelle auseinandergesetzt.
    S. hierzu Großmaß, 1991.

Blick auf Beratung hat dem Merkmale hinzugefügt wie: »innen/außen als Organisationsprinzip« und »Kommunikation mit sozialer Umwelt«. Auch diese Aspekte verweisen auf systemtheoretische Beschreibungsmöglichkeiten. Diese enthalten die Chance, psychosoziale Beratung als historisch produzierte gesellschaftliche Funktion (wie die historische Sicht sie zeigt) *und* als professionalisierte Kommunikationsform (wie sie der fachliche Diskurs beschreibt) *und* als Praxisfeld (beruflicher Tätigkeiten) in den Blick zu bekommen. Die dafür erforderliche doppelte Distanzierung – aus dem beruflichen Praxiszusammenhang »Beratung« und aus dem pädagogisch-psychologischen Diskurs – wird im folgenden dadurch hergestellt, daß eine soziologische Theorie, die Systemtheorie Luhmanns, als Beschreibungsform für psychosoziale Beratung als *System* genutzt wird. Die Theorie Luhmanns eignet sich sowohl inhaltlich für die Beschreibung von Beratung – ist doch Kommunikation für Luhmann *die* Operationsform von Gesellschaft – als auch auf Grund ihres Methodenverständnisses, faßt sie doch Erkenntnis als Ergebnis von Beschreibungen (Luhmann, 1996, S. 59), und legt sie es doch nahe, Methoden so zu wählen, daß »man *Distanz* zum Gegenstand in Erkenntnisgewinn transformieren ... und die Milieukenntnisse der sozial erfahrenen Teilnehmer ... zugleich bestätigen und überbieten« kann. (Luhmann, 1997, S. 37).

Teil 2:
Vom Paradox zum sozialen System – Beschreibung im Rahmen der Theorie Luhmanns

Die Systemtheorie Luhmanns als theoretisches Analyseinstrument für psychosoziale Beratung heranzuziehen, versteht sich nicht von selbst, sind Beratungsprozesse doch in der Regel nicht Gegenstand soziologischer Theorien. Die Überlegungen der vorhergehenden Abschnitte legen es jedoch nahe, nach Theorien Ausschau zu halten, die nicht ausschließlich auf der Ebene von psychosozialer Kommunikation operieren, sondern soziale Prozesse aus einer weiteren Perspektive betrachten. Ist dies erst einmal zugestanden, dann erscheint der Ansatz Luhmanns als ausgesprochen vielversprechend, denn einige Phänomene, die in den bisherigen Beschreibungen nur durch sehr aufwendige und umständliche Formulierungen zu fassen waren – die Etablierungsprozesse von Beratung z. B. oder die spezifische Art, in der Beratungseinrichtungen ihre Arbeitsschwerpunkte herausbilden – erscheinen, aus der systemtheoretischen Perspektive betrachtet, als Operationen der Ausdifferenzierung sozialer Systeme, die direkt als solche benannt werden können und auch außerhalb von Beratung zur Strukturbildung sozialer Systeme einfach dazugehören. Vielversprechend ist auch der Präzisierungsgewinn, der hinsichtlich der Beschreibung von psychosozialer Beratung im einzelnen zu erwarten ist (deren Spezifikum durch das Beiwort »psychosozial« ja benannt, aber im Diffusen gelassen wird), wenn man von einer Theorie ausgeht, die Psychisches und Soziales zunächst einmal radikal trennt – sie stellen unterschiedliche Systemtypen dar – denn aus einer solchen Sicht kommt Beratung dann als eigenständige Operation in den Blick, deren Ablauf und Schwierigkeiten benannt und untersucht werden können.

Im folgenden soll deshalb der Versuch gemacht werden, die im ersten Teil erarbeiteten Merkmale psychosozialer Beratung sozusagen durch die Brille der Systemtheorie Luhmanns ein zweites Mal zu beschreiben[61], wobei das im ersten Teil produzierte Wissen über das Phänomen »psychosoziale Beratung« vorausgesetzt und immer wieder aufgegriffen wird. Da Luhmann nicht nur Systeme in ihrer Funktionsweise analysiert, sondern auch den Evolutionsaspekt zunehmender Differenzierung ausgearbeitet

---

61. Damit ist ein Grundtheorem Luhmanns akzeptiert, nämlich daß Erkennen »beschreiben« heißt: »Die Begründung für das ständige Neubeschreiben von Wiederbeschreibungen liegt ... darin, daß unsere Gesellschaft in dieser Hinsicht keine Wahl läßt. ... Deshalb müssen wir, was Handeln betrifft, entscheiden und, was Erkennen betrifft, beschreiben.« (Luhmann, 1996, S. 59)

hat, kann die im ersten Teil vorgenommene Zweiteilung der Beschreibung von Beratung hier wiederholt werden. Es wird daher zunächst die aktuelle Funktionsweise von Beratung als sozialem System beschrieben; und in einem zweiten Schritt werden dann Überlegungen zur Entstehung von Beratung/Beratungsbedarf angeschlossen.

Für die Explikation der relativ abstrakten systemtheoretischen Konzepte ist Veranschaulichung erforderlich, die um der Verständlichkeit willen möglichst auf ein soziales Feld bezogen sein sollte. Für die folgenden Überlegungen sind das soziale Feld Hochschule und die Institution Studentenberatung ausschließlicher Bezugspunkt; andere Beratungsbereiche werden in die Überlegungen nicht mehr einbezogen.[62]

2.1 Die Funktionsweise psychosozialer Beratung

Um das in dieser Theorie bereitgestellte begriffliche Instrumentarium nicht vorschnell mit den bisher verwendeten Begriffen der akademischen Alltagssprache gleichzusetzen, ist mit einer Begriffsbestimmung von zwei Termini zu beginnen – »System« und »Kommunikation« – die sowohl für die bisherigen Überlegungen als auch in der Theorie Luhmanns zentral sind[63]:

Im Unterschied zur akademischen Umgangssprache sind in der Luhmannschen Terminologie »*Systeme*« keine Objekte, d.h. sie sind nicht identisch mit wahrnehmbaren sozialen Einheiten, die durch feste Strukturen bestimmt und an materiellen Grenzen eindeutig erkennbar sind. Auch solche Einheiten (Gruppen, Organisationen, Institutionen) können zwar als Systeme beschrieben werden, zum System oder zum Teil eines Systems werden sie jedoch nicht durch ihre Objektmerkmale, sondern durch ihren Operationsmodus. Systeme entstehen durch *Operationen* eines bestimmten Typs, nämlich durch Prozesse, die Unterscheidungen vornehmen (d.h. die selektiv sind) und damit an andere Operationen desselben Typs anschließen. Dies gilt für Systeme generell. Unterschieden werden Systeme durch das Medium, in dem sie operieren. Die Differenz der für unseren Zusammenhang wichtigen Systeme ist durch die

---

62. Damit ist auch eine inhaltliche Entscheidung über die Reichweite der Ergebnisse getroffen: Systemtheoretisch gedacht, gelten die zu erarbeitenden Bestimmungen generell, also für jede Form psychosozialer Beratung. Sobald jedoch Konkretionen für die Ausarbeitung herangezogen werden, die Spezifika eines bestimmten Arbeitsfeldes von Beratung enthalten, muß offen bleiben, ob und mit welchen Modifikationen die Resultate auch für psychosoziale Beratung in anderen Arbeitsfeldern zutreffen.

63. Auch andere Termini der Theorie Luhmanns haben natürlich festgelegte Spezialbedeutungen, die – in der Regel in zirkulären Verfahren – im Verlauf der Entfaltung der Theorie festgelegt werden. An dieser Stelle werden nur die beiden Begriffe vor die inhaltliche Debatte gezogen, die auch für die bisherige Diskussion zentral und – ausgehend vom psychologischen Diskurs – enger gefaßt waren. Zur Klärung dieser wie der im weiteren entfalteten Kategorien, beziehe ich mich in erster Linie auf »Soziale Systeme« (Luhmann, 1984), in dem die hier benötigte Begrifflichkeit (psychisches System/soziales System) am detailliertesten beschrieben ist und das Luhmann auch heute noch als »systemtheoretisches Einleitungskapitel« seiner Gesellschaftstheorie bezeichnet (Luhmann, 1997, S.11). Auf andere Schriften Luhmanns greife ich dann zurück, wenn sie inhaltlich weiterführen.

Medien Kommunikation/Bewußtsein bestimmt: soziale Systeme produzieren Kommunikation, psychische Bewußtsein.

Damit ist der zweite Terminus bereits eingeführt: *Kommunikation* meinte im bisherigen (psychologischen) Sprachgebrauch ausschließlich personale Kommunikation (= Austausch von Bedeutung transportierenden Mitteilungen zwischen Menschen). Als Medium sozialer Systeme im Sinne Luhmanns umfaßt Kommunikation dagegen jeden Transport von Bedeutung, an den sinnvoll angeschlossen werden kann und an den auch tatsächlich (durch Selektion von Sinn) angeschlossen wird. Kommunikation in diesem Sinne ist natürlich auch die personale Kommunikation; der Begriff ist jedoch weiter: er trifft auch für situationsbezogene Interaktionssysteme (wie den Straßenverkehr) zu, er gilt für Verwaltungsakte in Organisationen genauso wie für wissenschaftliche Diskurse und künstlerische Produktionen. Damit verliert Kommunikation (als Medium sozialer Systeme) jeden emphatischen Akzent, sie bezieht sich nur noch auf die soziale Funktion und wird neutral gegen Unterschiede der emotionalen Qualität von Kommunikation, wie sie im Kontext von Beratung relevant sind. Es stellt sich deshalb die Frage, wie die für Beratung wichtige psychosoziale Dimension innerhalb der Systemtheorie abgebildet werden kann.

2.1.1 Soziales versus psychisches System

Ein Phänomen aus der Sicht der Systemtheorie zu betrachten, ist gleichbedeutend damit, seine *Funktionsweise* zu untersuchen. Von diesem Gesichtspunkt aus sind soziale und psychische Systeme in erster Linie verschieden. Zwar gibt es bedeutende Ähnlichkeiten und Gemeinsamkeiten zwischen beiden Systemarten. So handelt es sich in beiden Fällen um hochkomplexe, selbstreferentielle Systeme, die mit Sinn operieren. Soziale und psychische Systeme sind zudem auf eine spezifische Weise miteinander verknüpft: das eine ist jeweils notwendige Umwelt für das andere. Aber all das ändert nichts daran, daß soziale und psychische Systeme unabhängig voneinander und auf verschiedene Art funktionieren: das soziale System als selbständige Einheit von Kommunikation und das psychische System als selbständige Einheit von Bewußtsein.

2.1.1.1 Das soziale System Beratung

Was bedeutet dies für den Kontext von Beratung? Zunächst einmal ist schnell geklärt, daß (auch psychosoziale) *Beratung* als *soziales* System[64] zu beschreiben ist – trotz aller Intentionen für die Dimension des Psychischen. Denn Beratung besteht zwar

---

64. Und zwar – um eine bereits unter 1. getroffene Präzisierung wiederaufzunehmen – als sich selbst steuerndes und reproduzierendes (=autopoietisches) System, nicht wie im fachlichen Diskurs durch Voraussetzung der Alltagbedeutung von »beraten« faktisch unterstellt, als ein methodisch reflektiertes Interaktionssystem, das durch Professionelle betrieben wird.

nicht nur aus personaler Kommunikation; doch auch alle anderen Prozesse, die in und um Beratung stattfinden – Bereitstellen von Orientierungswissen, Sprechstunden, Gruppenangebote, Interventionen im Feld, Rückmeldung von Arbeitserfahrungen – sind Kommunikationsprozesse im systemtheoretischen Sinn.

Allerdings sind auch einige Besonderheiten sofort deutlich: Zum einen könnte man sagen, Beratung ist so etwas wie Kommunikation pur – in einer Beratungseinrichtung gibt es nichts anderes als Kommunikation. Während man z. B. ein Museum vom rein äußeren Eindruck her auch für ein Magazin alter Bilder halten könnte und bei einer Schule nicht völlig falsch läge, wenn man den Eindruck hätte, hier würden Kinder aufbewahrt, lassen sich bei einer Beratungseinrichtung kaum andere Zwecke vermuten: alles was geschieht, ist Kommunikation oder dient dem Sichtbarmachen von Kommunikation bzw. von Kommunikationsangeboten. Daß Kommunikation eigens sichtbar gemacht werden muß, liegt daran, daß sie als Operation nicht wahrnehmbar ist. Da »Kommunikation nicht direkt beobachtet, sondern nur erschlossen werden kann ..., muß ein Kommunikationssystem als Handlungssystem ausgeflaggt werden« (Luhmann, 1984, S. 226).

Weitere Besonderheiten des Systems Beratung werden deutlich, wenn man die Merkmale, die Kommunikation in der Theorie Luhmanns ausmachen, auf Beratung anwendet. Kommunikation ist die Einheit von drei Prozessen, die sich jeweils als Wahl, das Markieren von Differenzen oder das Treffen von Entscheidungen (bei Luhmann »Selektion« genannt) beschreiben lassen: *Information* (= Selektion aus Daten), *Mitteilung* (= Selektion aus Informationen) und *Verstehen* (= Selektion aus Mitgeteiltem). Jeder dieser drei Vorgänge kann auch mißlingen; Kommunikation ist nur dann realisiert, wenn alle drei Prozesse so durchlaufen sind, daß neue Ereignisse anschließen können. Kommunikation kann also erfolgreich sein oder nicht; und die Abschätzung dieses Risikos geht in den Kommunikationsprozeß ein. »Wer Kommunikation für aussichtslos hält, unterläßt sie.« (Luhmann, 1984, S. 218).

Konkretisiert man diese Beschreibung für die Kommunikationsaktivitäten einer Beratungseinrichtung, dann ist leicht zu erkennen, daß Beratungseinrichtungen wiederum in verschiedene soziale Systeme eingebunden sind: Es gibt die *Kommunikation der Beratungsgespräche*, die in das System Beratung fällt und mit der Berater/innen in der Regel identifiziert sind. Es gibt die *Kommunikation im Feld*, auf das die Beratungsstelle bezogen ist. Hieran nimmt die Beratungseinrichtung (nur) teil – immer dann nämlich, wenn sie mit ihrer potentiellen Klientel Kontakt aufnimmt und sich anbietet. Und schließlich gibt es die Ebene der *Kommunikation mit dem Träger/der Politik*, je nach Einbindung der Beratungsstelle.

Systemtheoretisch können diese Kommunikationsebenen als drei verschiedene soziale Systeme beschrieben werden, von denen zwei eine größere Extension haben als die Beratungsstelle selbst:

◆ Für die Verwaltung – im Falle der Studentenberatung die Zentrale Universitätsverwaltung oder der Senat – ist die Beratungsstelle eine Einrichtung neben anderen, die durch politische Entscheidungen entsteht, eine beschreibbare Funktion erfüllt und in deren Ausübung kontrolliert wird. Mitteilungen von Beratungseinrichtungen haben ausschließlich innerhalb dieser Kommunikationsprämissen Chancen auf Verstehen. Für die im engeren Sinne bürokratische Seite dieser Einbindung (Mittelzuweisungen, Abrechnungen, Dienstzeitregelung usw.) scheinen diese Voraussetzungen unproblematisch. In der Regel erledigt eine Beratungseinrichtung die sich daraus ergebenden Anforderungen wie andere Einrichtungen auch.

Interessanter als dieser Teil der Kommunikation mit der Verwaltung ist die Frage, wie über die konkrete Beratungsarbeit kommuniziert wird. Hier scheint es sich so zu verhalten, daß die Menge der Operationen von seiten der Beratungsstelle eher klein gehalten wird. Im oben beschriebenen Arbeitstag (1.1.1) kommt diese Kommunikation in Form eines Anrufs (aus dem Studentensekretariat) vor, den man als einzelnen auch der Kommunikation mit dem Feld zurechnen könnte. Einige Papiere aus dem Postfach können der Kommunikation mit der Universitätsverwaltung zugeordnet werden. In der Fallgeschichte (1.1.2) ist diese Ebene ganz ausgeblendet. Und auch in der Entstehungsgeschichte des Frauenschwerpunktes kommt die Seite der Verwaltung nicht vor – sie hätte vorkommen können, als intervenierende Kontrollinstanz (etwa in Form einer Anfrage, ob dieses Engagement mit den Aufgaben der Beratungsstelle denn kompatibel sei). Sucht man nach Mitteilungen einer Beratungsstelle an den Träger/die Verwaltung, in denen über die eigene Arbeit gesprochen wird, dann ist man auf Rechenschaftsberichte bzw. Stellungnahmen zu vorgegebenen Themen verwiesen. Solche Selbstbeschreibungen enthalten wenig Beratungsspezifisches, sie operieren mit Zahlen, Trends und anerkannten Problemdiagnosen.

Welche Bedeutung die Kommunikationsebene mit dem System Verwaltung für die Beratungsarbeit faktisch hat, ist deutlicher an der Entwicklungsgeschichte von Beratung abzulesen, beispielsweise an dem Einfluß, den Universitätsverwaltungen und Ministerien auf die inhaltliche Gestaltung von Beratung während der Institutionalisierungsphase der Studienberatung genommen haben: die Festlegung von Informationsvermittlung als zentrale Aufgabe von Beratung sowie die Übernahme der Effektivitätskriterien der Studienreform für die Beratungsarbeit wurden hier durchgesetzt. Ist die Institutionalisierung abgeschlossen, dann scheint es im Interesse von Beratungseinrichtungen zu liegen, die Kommunikationsdichte mit der Verwaltung niedrig zu halten – verständlicherweise, denn innerhalb der Logik von Verwaltungshandeln führt jedes Befaßtsein zu Entscheidungen – und wenn Kommunikation stattfindet, diese so zu gestalten, daß möglichst wenig Eingriffe in die Beratungsarbeit erfolgen.

◆ Was das soziale Feld angeht, dem die Beratungsstelle sich anbietet, so handelt es sich hierbei um eine Mischung aus ineinandergreifenden Interaktionssystemen und mediengesteuerter Öffentlichkeit. Das soziale Feld Hochschule, auf das sich die Studentenberatung bezieht, hat eigene Publikationsorgane, vielfältige Formen von Anschlagsäulen und einen (zumindest z. Z. noch) privilegierten Zugang zur Internet-Kommunikation. Diese Öffentlichkeit wirkt in und wird genutzt von unter-

schiedlichen Interaktionssystemen wie Lehrveranstaltungen, Selbstverwaltungs-
gremien und informellen sozialen Netzen mit den dazugehörenden gossip-Formen.
Sich in einem solchen Feld präsent zu machen, bedeutet gezielte Intervention durch
Bekanntmachungen, Vorträge, Wegweiser und die Beteiligung an Interaktionen.
Für Mitteilungen von seiten einer Beratungsstelle ist diese Kommunikationsebene
vor allem dann von Bedeutung, wenn eine Einrichtung ihre Arbeit erstmalig aufnimmt oder wenn neue Arbeitsschwerpunkte entwickelt werden oder auf einzelne
Beratungsangebote gesondert aufmerksam gemacht werden soll. Ansonsten ist es
eher umgekehrt: Die Beratungseinrichtung versucht (die dort stattfindende Kommunikation) zu verstehen, indem sie sich bemüht, Informationen, die für ihre Arbeit wichtig werden könnten, aus der im Feld laufenden Kommunikation zu sele-
gieren, was nicht voraussetzt, daß diese Informationen explizit als Mitteilungen an
die Beratungsstelle gefaßt werden. Arbeitsschwerpunkte und -akzente einer Einrichtung werden wesentlich auf der Basis dieser Kommunikation entwickelt. Im
eingespielten Beratungsalltag (wie er oben exemplarisch beschrieben wurde) ist
diese Kommunikationsebene dann vor allem dadurch präsent, *daß* die Beratungsstelle in Anspruch genommen wird und *hinsichtlich welcher Themen* sie in Anspruch genommen wird. Hieran läßt sich ablesen, daß und wie die Mitteilungen der
Beratungsstelle an das soziale Feld verstanden worden sind.

◆ Das dritte soziale System – die psychosoziale Gesprächspraxis professioneller Be-
rater/innen mit »ihren« Ratsuchenden bzw. die Kommunikationsofferten, die daran
anschließen – ist so etwas wie die Binnenkultur des Systems Beratung. Es besteht
aus Informationsmaterialien über das soziale Feld Hochschule, Beschreibungsan-
geboten für Fragen und Problemsorten, die in der Beratung thematisiert werden
(können), und zu einem großen Teil aus personaler Kommunikation, die in Stil,
Inhalt und Atmosphäre persönlich gehalten ist und z.T. Züge des Intimen trägt. Für
die Studentenberatung gehören zu dieser systemspezifischen Kommunikation alle
schriftlichen Materialien, die in der Beratungsstelle hergestellt und angeboten werden, die Gestaltung der Beratungsräume, sowie alle Interaktionen mit den Studierenden, die die Beratungsstelle in Anspruch nehmen: die offene Sprechstunde, die
Studieninformation, die Einzelberatungen und alle Sorten von Gruppenangeboten.
Kommunikation auf dieser Ebene nimmt im laufenden Arbeitsalltag den quantitativ größten Raum ein. In dem oben (unter 1.1.1) beschriebenen Arbeitstag ist mit
Ausnahme eines Telefonats, des Gesprächs mit dem Praktikanten, der kurzen Sequenz mit dem Tutor und der Postbearbeitung alles dieser Kommunikationsebene
zuzurechnen.

Vergleicht man die hier vorkommenden Aktivitäten miteinander, so fällt auf, daß der
Grad der *Selektivität* auf den verschiedenen Ebenen von (Beratungs-)Kommunikation
extrem differiert[65]:

---

65. Hierin liegt eine wichtige Differenz zur Psychotherapie, deren Auswahlverfahren stetiger

Bei der Mitteilung eines Beratungsangebotes nach außen (= Selbstbeschreibung der Beratungseinrichtung für mögliche Klientel) ist der Selektionsgrad sowohl bei der Information als auch bei der Mitteilung sehr niedrig. Im Grunde wird *allen* Beratung angeboten, deren Sorgen oder Obsessionen vom Üblichen abweichen – ohne daß deutlich würde, was dieses »Übliche« eigentlich ist. Dies verlangt auf der Seite des Verstehens ein hohes Maß an Selektivität – muß doch von jedem einzelnen, der die Mitteilung aufnimmt, geprüft werden, über was er/sie Beratung wünscht, ob das eigene Involviertsein in diese Themen vom Üblichen abweicht und ob es für oder gegen sie/ihn spricht, in diesem Punkt der Beratung zu bedürfen.

Ist diese Entscheidung getroffen (und damit Anschlußfähigkeit für weitere Kommunikation hergestellt) und fällt die Entscheidung insofern positiv aus, als sich z. B. ein Student entscheidet, die Beratungsstelle aufzusuchen, dann kehrt sich die Situation um. Nun kann von Seiten der Klientel nahezu Beliebiges thematisiert werden, die Berater/innen – so Aufgabenstellung und Selbstbeschreibung dieses Systems – müssen damit umgehen. Selbst ungebührliches Verhalten, Sprachlosigkeit oder akut psychotisches Agieren sind in einer Beratungseinrichtung nicht ohne Chance auf Verstehen. Werden die Möglichkeiten der Einrichtung überschritten (weil die entsprechenden Informationen oder Kompetenzen fehlen), wird auch nicht abgewiesen, sondern überwiesen.

Dies verlangt eine Vielzahl von Entscheidungen (Selektionen), diesmal auf seiten von Beratung. Es muß entschieden werden, ob das Anliegen in den alltäglichen Arbeitsduktus der Einrichtung paßt oder ob eine Krisenintervention erforderlich ist. Es muß entschieden werden, wo der angemessene Ansatzpunkt des weiteren Umgangs liegt – auf der thematisch-inhaltlichen Seite (z. B. bei den thematisierten Schwierigkeiten der Lernmethodik) oder im Bereich der (immer auch) zum Ausdruck gebrachten Emotionen (z. B. Niedergeschlagenheit oder Lustlosigkeit bei der Arbeit). Schließlich ist auch zu entscheiden, ob das, was gefordert ist, im Bereich der Arbeitsmöglichkeiten der Beratungsstelle bzw. der gerade angesprochenen Person liegt (wenn z. B. körperliche Beschwerden, etwa migräneartige Kopfschmerzen angesprochen worden sind) oder ob eine Überweisung (in diesem Falle an einen Arzt) vorgenommen werden muß.

Dieses Merkmal extrem unterschiedlicher Selektivität scheint für Beratung kennzeichnend zu sein. Es wiederholt sich bei jedem Einzelgespräch in der beschriebenen Struktur. Und es wiederholt sich bei den Gruppenangeboten – auch hier ist, nachdem die Ankündigung dieses Arbeitsangebotes erfolgt ist, zunächst eine große Zahl von Entscheidungen von den (möglichen) Teilnehmer/innen zu treffen, damit eine Gruppe (und später, wenn die Gruppe sich konstituiert hat, eine einzelne Sitzung) zustandekommt. Hat die Arbeit begonnen, dann kehrt sich die Situation um: Die Gruppenlei-

---

verläuft: Den Indikationen für die Behandlung der Patienten entspricht auf der Seite der Therapeuten die Spezialisierung, den unterschiedlichen Regularien der Kostenerstattung im Gesundheitswesen entspricht die Arbeitskapazität der Anbieter von Therapie, so daß eine sukzessive Einschränkung möglicher Therapienehmer durch das Zugangsverfahren selbst erfolgt.

tung hat nun die Aufgabe, aus allen Mitteilungen der Teilnehmer/innen (welcher Art diese Mitteilungen auch sein mögen) unter Nutzung aller sonst aktuell vorhandenen Daten (die sich, indem sie genutzt werden, in Informationen verwandeln) den Kommunikationsprozeß der Gruppe so zu gestalten, daß die einzelnen hinsichtlich ihrer Probleme davon profitieren. Notwendigkeit und Risiko von Selektionen liegen nun bei der Beraterin.

◆ Die für Beratung so zentrale Offenheit ihres Kommunikationsangebots entsteht also nicht durch niedrige Selektivität. Ausgrenzungsarm (hinsichtlich von Themen und gemeinten Gesprächspartnern) sind ausschließlich das Beratungs*angebot* an mögliche Klientel und das *Verstehen* der Mitteilungen der Klient/inn/en in einem Beratungsprozeß. Damit beides stattfinden kann, müssen dazwischen eine Fülle von Selektionen getroffen werden – sowohl hinsichtlich der gemeinten Gesprächspartner (dies vor allem beim Verstehen des Beratungsangebots) als auch hinsichtlich der Themen der Kommunikation. Diese erforderlichen Selektionen sind polar verteilt: vor/zu Beginn der Beratung auf Klientelseite, im laufenden Beratungsprozeß auf seiten der Berater/innen.

Diese beratungsspezifische Kommunikationsform findet sich auch auf der Ebene der Selbstbeobachtung bzw. der Selbstbeschreibung (für die Fachöffentlichkeit) von Beratung. So unterliegen Mitteilungen im Rahmen interner Selbstbeobachtung (Supervision/Fallbesprechung) kaum Selektionskriterien, nahezu alles, was in der Arbeit an Ereignissen, Erlebnissen und Einfällen vorkommt, kann Thema einer Supervision oder Fallbesprechung werden; was bedeutet, die Mitarbeiter/innen müssen jeweils für sich zahlreiche Auswahlkriterien (Informationspflicht gegenüber den Kollegen, eigenes Prestige und Konkurrenz, Kompetenzen der anderen) berücksichtigen, bevor sie sich zu Wort melden. Ist dies geschehen, gilt wieder die Umkehrung: nichts kann zurückgewiesen werden, vielmehr sind nun kommunikativ solche Entscheidungen zu treffen, die das Thema behandelbar machen.

Auch für die Kommunikation mit dem sozialen Umfeld einer Beratungseinrichtung trifft das beschriebene Merkmal zu: Informationsveranstaltungen etwa, die eine Beratungsstelle durchführt (in der Studentenberatung z. B. die Erstinformation von Schülern bezüglich der Studienmöglichkeiten), sind beratungsspezifisch angelegt, obwohl sich solche Veranstaltungen vom äußeren Erscheinungsbild her kaum von Vorträgen (oder anderen Formen des Frontalunterrichts) unterscheiden. Die Informationen, die von seiten der Beratungsstelle mitgeteilt werden, sind nach dem Kriterium eines vermuteten Orientierungsbedarfs der Zuhörerschaft ausgewählt und zusammengestellt. Dem vorausgegangen ist eine Beobachtung anderer Kommunikationen im Feld darauf hin, welche Daten als Information über diesen Orientierungsbedarf dienen können. Die Selektion (Information aus Daten) und damit das Risiko der Kommunikation liegt vollständig auf der Seite von Beratung. Wenn niemand kommt (um die Mitteilung der Informationen, die so entstanden sind, zu hören), dann ist nicht nur die aktuelle Kommunikation mißlungen, sondern auch der vorangegangene Beobachtungsprozeß hat sich als Fehl-Selektion erwiesen. Umgekehrt gilt *jede* Mitteilung, die in einer solchen Veranstaltung von seiten der Zuhörerschaft gemacht wird (auch Fragen zu Themen, die gar nicht angesprochen worden sind; Rückmeldungen darüber, welche Orientierungshilfe statt der angebotenen benötigt wird), als Verstehen (des Orientierungsangebots »Informationsveranstaltung«) – die Selektivität ist hier also sehr niedrig.

Aus dieser beratungsspezifischen Art der Kommunikation fällt nur der Umgang mit der Verwaltung/dem Träger/der Politik heraus. Und zwar nicht nur hinsichtlich der im engeren Sinne bürokratischen Belange (Haushalt, Beschaffung, vorgeschriebene Dienstwege, Informationspflichten ...), sondern auch bei Beschreibungen des eigenen Tuns, wie sie in Jahresberichten, Statistiken, angeforderten Stellungnahmen oder bei der Beantragung von Sondermitteln produziert werden. Solche Beschreibungen sind von (verwaltungskonform) strukturierter Selektivität. Kategorien werden gebildet, in denen sich die kommunikativen Aktivitäten quantitativ ausweisen lassen, Fallgruppen werden geschaffen, Erklärungen produziert, Fallgeschichten werden so verschlüsselt, daß Personen nicht mehr erkennbar sind. Die Fülle der Einzelereignisse des Systems Beratung wird so in Information verwandelt, daß die Risiken des Kommunikativen daraus verschwinden. Beratung ist in diesem Diskurs dann auch etwas, das immer nur für jeweils andere in Frage kommt und dessen Themen und Probleme sich zudem genau angeben lassen.[66] Anschlußfähig sind solche Mitteilungen nur dann, wenn die darin enthaltenen Informationen als empirische Daten verstanden werden. Insofern ist es eigentlich nicht erstaunlich, daß an solche Selbstbeschreibungen (z. B. in Jahres- oder Rechenschaftsberichten) überhaupt nur in zwei Formen angeschlossen wird. Entweder sind es wissenschaftliche Diskurse auf der Suche nach Empirie, die darauf zurückgreifen, oder aber Expertisen, die Beratungsbedarf erheben, belegen oder bestreiten wollen.[67]

Betrachtet man psychosoziale Beratung – wie skizziert – als funktional differenziertes System, dann sind es die angesprochenen Besonderheiten, die weiterführen. Daß es sich bei Beratung um Kommunikation pur handelt, entspricht ihrer Aufgabe und Funktion. Der systemtheoretisch herstellbare Zusammenhang zwischen Kommunikation und Handlung (daß Kommunikationsereignisse in Handlungen verwandelt werden müssen, um sichtbar zu sein) macht jedoch darüber hinaus auch nachvollziehbar, warum Beratungsstellen es so schwer haben zu zeigen, was sie *tun*, denn ihr Tun besteht ja nur im Bereitstellen von Möglichkeiten zur Kommunikation (Aufbereiten von Informationen, Ankündigungen von Veranstaltungen, Herstellen von Situationen) sowie aus Interaktionen mit Klienten, die (zum Schutz der Klienten) vor der Beobachtung von außen geschützt werden.

---

66. Dieser Aufwand ist zum Schutz der eigenen Arbeit vor Irritationen von Verwaltungsseite nicht überflüssig, denn: »Die Organisation macht aus Fällen Leitsätze, aus Verständigungen Musterordnungen und aus Musterordnungen eine Kritik aller abweichenden Regelungsversuche.« (Luhmann, 1992, S. 95)
67. Da es sich bei Jahres- oder Rechenschaftsberichten um Selbstbeschreibungen handelt, die nachweisen sollen, daß Beratungsaktivitäten überhaupt in eine verwaltungskonforme Beschreibungsart transponierbar sind, ist dieser Effekt durchaus funktional.

So richtig sichtbar ist von diesem Tun eigentlich nur das, was eine Beratungsstelle an Informationsblättern und Broschüren herausgibt; alles andere, das z. T. sehr aufwendige Herstellen und Bereithalten eines Settings, das persönliche Kommunikation ermöglicht, wirkt auf Außenstehende eher wie eine privilegierte, Gemütlichkeit ausstrahlende Arbeitsplatzausstattung. Diese Außenwirkung ist bei einer Beratungsstelle innerhalb der Universität besonders markant, ist die Universität doch eine Organisation, die auch ansonsten – außer Ritualen und Texten – wenig Sichtbares produziert und zudem (im Vergleich zu anderen Organisationen) mit einer besonders kärglichen Möbel- und Ambiente-Ausstattung auskommen muß.

Die zweite Besonderheit des sozialen Systems Beratung, die extrem auseinanderliegenden Grade von Selektivität, läßt sich leicht mit der im fachlichen Diskurs immer wieder vorkommenden »Offenheit« von Beratung in Verbindung bringen. Diese Offenheit ist nun jedoch nicht mehr mit Vagheit verbunden, sondern läßt sich unter dem Stichwort »Selektivität« beschreiben. Ein offenes Beratungsangebot nimmt wenige Ausgrenzungen vor, die Selektivität ist niedrig. Insofern bestätigt die systemtheoretische Sicht die bisherigen Beschreibungen. Darüber hinaus wird jedoch deutlich, daß diese Offenheit zur Funktionstüchtigkeit des Systems »Beratung« beiträgt. Es wird nachvollziehbar, wie Beratungseinrichtungen es schaffen, trotz eines Angebots an (fast) alle, nicht von allen in Anspruch genommen zu werden (was Arbeitsunfähigkeit bedeuten würde). Damit an eine Mitteilung von so niedriger Selektivität Kommunikation anschließen kann, müssen Entscheidungen von der Art »ich bin gemeint«/»ich bin nicht gemeint« getroffen werden. Eine offene, entscheidungsarme Mitteilung verlangt enges, selektives Verstehen. Die Selbstprüfung (»Weicht das, was mich beschäftigt und belastet, in ausreichendem Maße und auf die richtige Art vom Üblichen ab?«) wird – ohne daß eine Beratungseinrichtung selbst Ausgrenzungen vornehmen muß – ausreichend oft negativ entschieden, um der Beratungsstelle intern zu ermöglichen, den Anliegen, die an sie herangetragen werden, Raum zu geben.[68]

Faßt man diese Merkmale zusammen, dann läßt sich angeben, wie sich Beratung als System konstituiert, oder anders gesagt, wie sich Beratung als eigenständige Kommunikationsform aus seiner sozialen Umwelt ausgrenzt: Wer die niedrige Selektivität der Mitteilungen einer Beratungseinrichtung an ihre Umwelt als Einladung versteht, Orientierungsprobleme des eigenen Ich zum Gegenstand von Kommunikation zu machen, und entsprechende Entscheidungen trifft (= Selektionen vornimmt), tritt in Beratungskommunikation ein und nimmt damit am System Beratung teil. Jeder andere Umgang mit den Mitteilungen einer Beratungseinrichtung bleibt für diese Umwelt.

---

68. Auch in dieser Hinsicht kann Kommunikation natürlich mißlingen: Wird Beratung von zu vielen in Anspruch genommen, verwandelt sie sich in ein Informationsbüro, wird sie von zu wenigen frequentiert, entsteht eine Einrichtung für die umfassende Betreuung einzelner. Beides müßte für eine Beratungseinrichtung Anlaß sein, die Selektivität ihrer Angebote zu verändern. Betrachtet man psychosoziale Beratung aus dieser Perspektive, dann ist eindeutig, daß in bezug auf Beratungsbedarf zumindest nicht ausschließlich mit der Aus- und Überlastung von Beratungseinrichtungen argumentiert werden kann. – Handelt es sich dabei doch auch um Kommunikationseffekte.

Damit ist auch deutlich, daß von den drei oben genannten Kommunikationsebenen einer Beratungsstelle nur *eine wirklich in das System Beratung fällt*: das Beratungsangebot und die daran anschließenden Kommunikationsprozesse. Sowohl die Kommunikation mit der Verwaltung/dem Träger als auch die Kommunikation mit dem Feld ist Kommunikation mit der sozialen Umwelt von Beratung.

Allerdings bedeutet das nicht, daß es sich bei diesen Kommunikationsebenen um beliebige Kommunikation handelt, die man aufrechterhalten kann, aber auch abbrechen lassen könnte. Beide Kommunikationsebenen stellen für das System Beratung notwendige soziale Umweltkontakte dar, die ausgebaut und ritualisiert sind. Luhmann nennt solche Formen des Austauschs mit der Umwelt »strukturelle Kopplungen«[69]. Die beiden strukturellen Kopplungen, die in der bisherigen Beschreibung eine Rolle spielten, sind – das läßt sich am Grad der Selektivität ablesen – unterschiedlicher Art. Beim Umgang mit der Verwaltung/dem Träger ist Beratung hinsichtlich ihrer materiellen Ressourcen abhängig, dem entspricht das Bemühen, Störungen zu vermeiden. Dem Leitsatz folgend, »Organisationen verkehren am liebsten mit Organisationen« (Luhmann, 1992b, S. 74), produzieren Beratungseinrichtungen der Verwaltung gegenüber organisationskonforme Oberflächen. Beratungsspezifische Kommunikation ist hier deshalb nicht zu finden.[70]

Anders die Kopplung mit dem sozialen Feld: Hier ist Beratung insofern abhängig, als sie nur dann Klientel hat, wenn sie im Feld mit ihrem Angebot verstanden wird. Beobachtung der Kommunikation im Feld und Anpassung der eigenen Mitteilung an das soziale Feld finden deshalb als fortlaufender Adaptionsprozeß statt – mit der für Beratung typisch hohen Selektivität des Verstehens. Die zu Beginn meiner Überlegungen formulierte Notwendigkeit fortlaufender Anpassung und Erweiterung von Beratungskonzeptionen an sich verändernden Bedarf wird durch diese abtastende Kommunikation mit dem Feld eingelöst. Insgesamt läßt sich festhalten, daß es die mit unterschiedlichen Graden von Selektivität hergestellten Strukturen des sozialen Systems Beratung sind, durch die eine Beratungsstelle die unter 1.2. festgehaltenen unterschiedlichen (z. T. sich widersprechenden) Anforderungen an Beratung in anschlußfähige Operationen verwandelt.

---

69. »Schon auf der Ebene des einfachen Lebens von Einzellsystemen kann autopoietische Schließung nicht entstehen, ohne daß sich das Umweltverhältnis in strukturelle Kopplung umformt, die bestimmte Abhängigkeiten steigern und andere wirksam ausschließen bzw. auf die Möglichkeit der Destruktion reduzieren. Dieser genetische und strukturelle Zusammenhang von operativer Schließung und struktureller Kopplung setzt sich auf allen vom Leben abhängigen Ebenen der Bildung autopoietischer Systeme fort.« (Luhmann, 1997, S. 779)

70. Damit ist nicht behauptet, daß diese Unterscheidung in den Mitteilungen von Beratungseinrichtungen an »ihre« Verwaltung immer ein- und durchgehalten wird. Im Gegenteil: Da die Verwaltung einer Hochschule zugleich Teil des sozialen Feldes ist, auf das sich die Studentenberatung (beratungsspezifisch) bezieht, neigen Beratungsstellen in ihrem Arbeitsalltag dazu, auch in Richtung Hochschulleitung Mitteilungen von beratungsspezifisch niedriger Selektivität zu machen, bzw. anders herum: Mitteilungen der Verwaltung beratungsspezifisch zu »deuten«. Wo dies unterläuft, werden sie jedoch nicht verstanden; die Kommunikation scheitert.

Wenn in den bisherigen Überlegungen von der Umwelt eines Beratungssystems die Rede war, ging es immer um *soziale Umwelt*. Für Beratungssysteme gibt es jedoch eine relevante Umwelt, die nicht sozialer Natur ist: die Psyche der Personen, die eine Beratungsstelle aufsuchen. Vom sozialen System Beratung aus gesehen, ist auch die *psychische Dimension*, in die hinein psychosoziale Beratung wirken will, *Umwelt*: ein Terrain hoher Komplexität, auf dem die eigenen Reduktionsverfahren nicht greifen. Bevor genauer betrachtet wird, wie das soziale System Beratung operiert, um auf das psychische System per Kommunikation einzuwirken, muß die Differenz zwischen beiden Systemformen deutlicher werden:

2.1.1.2 Das individuelle psychische System

Das Prozessieren von Ideen, Gefühlen, Gedanken und Willensakten (all dies sind in der Terminologie Luhmanns »Vorstellungen«) macht – systemtheoretisch – das Bewußtsein aus und beschreibt den Operationsmodus des *psychischen* Systems. Psychische Systeme sind »Systeme, die Bewußtsein durch Bewußtsein reproduzieren und dabei auf sich selbst gestellt sind, also weder Bewußtsein von außen erhalten noch Bewußtsein nach außen abgeben.« (Luhmann, 1984, S. 355). Psychische Systeme funktionieren unabhängig von sozialen Systemen, sie sind weder deren Produkt noch deren Spiegel. In der nüchternen, fast beliebig erscheinenden Reihung von Bewußtseinsvorgängen, durch die Luhmann das psychische System beschreibt, ist die (hoch besetzte) Psyche der psychosozialen Professionen kaum wiederzuerkennen. Es fehlt die Hochschätzung von Emotionen, und es fehlt die für alle sozialpädagogischen Tätigkeiten wichtige Unterscheidung zwischen Vorstellungen mit sicherem Realitätsbezug und Phantasmen. Hinsichtlich ihrer Art zu funktionieren, sind – das wird damit hervorgehoben – all diese Vorstellungen gleich, sie entstehen eine aus der anderen, und die Einheit dieses Prozesses macht das psychische System aus.

Dieses Konzept des Psychischen ist in einer Hinsicht gerade durch seine Gleichordnung von Bewußtseinsinhalten für die Beschreibung von Beratungsprozessen interessant; kommen doch all die Dimensionen des Psychischen hier auf einer Ebene vor, mit denen Beratung zu tun hat und um deren Verknüpfung es in Beratungstätigkeiten geht[71]: Wahrnehmungen, Kognitionen, Phantasien, Gefühle und Stimmungen. Auf Beratung bezogen läßt sich konkretisieren: Eine Vorstellung in diesem Sinne ist alles, was eine Person, die Beratung aufsucht, im Zusammenhang mit ihrem »Anliegen« beschäftigt; und diese Vorstellungen können/dürfen dann auch unzensiert und relativ ungeordnet nebeneinander beobachtet und beschrieben werden. Wie aus Wahrnehmungen, Informationen, Gefühlsreaktionen und Selbstbeobachtungen (neue) Orientierungen entstehen – ein für Beratung zentraler Vorgang – erscheint bei einem

---

71. Es könnte so scheinen, als seien damit latente/unbewußte psychische Inhalte geleugnet. – Doch in dem hier benutzten begrifflichen Instrumentarium ist Bewußtsein nicht dem Unbewußten, sondern der Kommunikation gegenübergestellt. Die Frage nach dem Latenten ist daher kein ontologisches Problem (= Gibt es ein Unbewußtes?), sondern ein methodisches. S. dazu weiter unten.

solchen Konzept von Psyche nicht mehr als die aufwendige Verknüpfung von Verschiedenem, sondern ergibt sich als Operation aus Operationen derselben Art innerhalb desselben Mediums, des Bewußtseins. Damit verliert Beratung den Charakter der (auf unklare Weise) ganz anderen Art von Kommunikation. Beratungsgespräche sind, so ließe sich ableiten, Kommunikationen, die – stärker als andere Systeme – dem Prozessieren von Vorstellungen eines individuellen Bewußtseins angepaßt sind und (auf der Basis des dadurch möglichen Thematisierens von Psychischem) in das Prozessieren von Vorstellungen im Bewußtsein eingreifen. Wie das geschieht, wird weiter unten zu klären sein.

Da Gegenstand psychosozialer Beratung individuelle Orientierungsprobleme sind, ist für unsere Überlegungen besonders die Operationsform des psychischen Systems an der Grenze zur umgebenden Umwelt interessant. Wie orientiert sich ein psychisches System in seiner sozialen Umwelt?[72]

Vom psychischen System aus gesehen, sind alle sozialen Systeme, alle Formen von Kommunikation, Umwelt. Sie unterliegen nicht den Reproduktionsbedingungen des Bewußtseins, sondern folgen eigenen Bedingungen. Vielfalt, Unüberschaubarkeit, Unberechenbarkeit – in der Terminologie Luhmanns »Kontingenzen« – kennzeichnen daher die soziale Umwelt, in bezug auf die psychische Systeme sich orientieren müssen. Und psychische System tun dies, indem sie *Erwartungen* herausbilden. »Bezogen auf psychische Systeme verstehen wir unter Erwartung eine Orientierungsform, mit der das System die Kontingenz seiner Umwelt in Beziehung auf sich selbst abtastet und als eigene Ungewißheit in den Prozeß autopoietischer Reproduktion übernimmt.« (Luhmann, 1984, S. 362). Und indem Erwartungen produziert werden, erhält die unstrukturierte Fülle von Wahrnehmungen, Anforderungen und Interaktionssignalen eine – einfach zu füllende – Struktur: Erwartungen können sich bestätigen oder als unzutreffend erweisen. Je weniger durch Vorerfahrungen vertraut eine soziale Umwelt für das psychische System ist, desto unspezifischer und prekärer das *Enttäuschungsrisiko*. Doch auch in einer sozialen Umwelt, in der man sich auskennt – und die meisten Alltags(um)welten haben für erwachsene Individuen diesen Charakter – ist das Enttäuschungsrisiko für die (in diesem Fall routinierten) Erwartungen nicht aufgehoben. Es ist nicht einmal bedeutend niedriger; vielmehr haben Enttäuschungen von »sicheren« und erprobten Erwartungen eine höhere Signifikanz, sie haben im Sinnhorizont des Bewußtseins Bedeutung.

Um es an einem alltäglichen Beispiel zu verdeutlichen, sei auf die soziale Verbindlichkeit von Grußritualen zurückgegriffen: In einer neuen Umgebung, wenn z. B. ein Studienanfänger »seinen« Studienalltag beginnt, produziert er aus seinen bisherigen Erfahrungen (dem Umgang mit Peers in Schule und Jugendkultur) vielleicht die Erwartung, mit einem kurzen Nicken oder einem Spruch als »Neuer« wahrgenommen zu

---

72. Die Operationsform an den Grenzen zur Umwelt ist in ihrer Struktur dieselbe für alle Sorten von Umwelt. Obwohl soziale Systemumwelt von herausgehobener Bedeutung für psychische Systeme ist, gibt es auch andere (biologische, technische) Umwelt. Da für den Kontext psychosozialer Beratung ausschließlich die Differenz psychisches/soziales System relevant ist, wird hier nur auf soziale Umwelt eingegangen.

werden. Bleibt dies aus (d.h. wird diese Erwartung enttäuscht), dann entsteht eine kurze Irritation (= das Bewußtsein registriert »Unsicherheit«), aber bereits im nächsten Schritt wird diese Enttäuschung benutzt, um eine Erwartungskorrektur vorzunehmen: »Hier geht es anders zu«. In der vertrauten Alltagskultur, der heimatlichen Disko etwa, hätte dieselbe Enttäuschungserfahrung – dort auf gesicherte routinierte Erwartungspraxis (= Erfahrung) treffend – eine andere Auswirkung: sie hätte *Bedeutung*[73] und würde entsprechend verarbeitet, nämlich in die Richtung von »ich bin in dieser Ingroup unerwünscht«.

Erwartungen, die das psychische System produziert, um der sozialen Umwelt zu begegnen, können – das läßt sich bereits aus dem angeführten Beispiel ablesen – unterschiedlich eng mit der Vorstellung des Bewußtseins von sich selbst verknüpft sein. In der psychologischen Terminologie ausgedrückt, ist dieser Sachverhalt selbstverständlicher: eine Person kann in unterschiedlichem Maße mit dem identifiziert sein, was sie von ihrer Umwelt erwartet bzw. was sie erwarten zu können glaubt. Bei hoher Identifikation wird die Erwartung emotional besetzt; im Extremfall so sehr, daß sie mit der eigenen Selbstachtung verbunden wird bzw. – von der sozialen Seite gesehen – mit der Wertschätzung durch andere. Die Enttäuschung einer so hoch besetzten Erwartung wirkt dann zumindest situativ wie eine Vernichtung des Selbstwertes.

Erwartungen, auf deren Erfüllung man (durch Identifiziertsein) eine besondere Berechtigung zu haben glaubt, heißen in der Terminologie Luhmanns Ansprüche:

> »Erwartungen lassen sich zu Ansprüchen verdichten. Das geschieht durch Verstärkung der Selbstbindung und des Betroffenseins, die man in die Differenz Erfüllung/Enttäuschung hineingibt und damit aufs Spiel setzt.«
> (Luhmann, 1984, S. 363 f.).

Ansprüche bedürfen für das Bewußtsein der inneren Legitimation. D.h. um Ansprüche entwickeln zu können, unternimmt das psychische System eine besondere Verknüpfung von Vorstellungen (= Verdichtung): Vorstellungen über die aktuelle Situation werden verknüpft mit Vorstellungen über den eigenen Ort in dieser Situation; diese zusammengenommen ergeben eine Erwartung bezüglich des eigenen Involviertseins in das soziale System; diese Erwartung wiederum wird abgesichert durch Vorstellungen von vergangenen Kommunikationen, die insgesamt so etwas wie ein Versprechen für die aktuelle Kommunikation abgeben. Auch hierfür ein Beispiel aus dem Universitätsalltag: Stellen wir uns eine morgendliche Begegnung im Fahrstuhl eines Universitätsgebäudes vor. Dabei handelt es sich um eine soziale Situation, die – so man

---

73. Vermutlich hat eine solche Mitteilung (des Nicht-Grüßens) auch Bedeutung im Sinnhorizont des *sozialen* Interaktionssystems, in dem sie erfolgt. Psychisches *und* soziales System operieren mit Sinn (besonders an ihren Grenzen), d.h. in beiden gibt es Bedeutung (=Unterschiede, die einen (inhaltlichen) Unterschied machen). Für das soziale System bezieht sich dieser Unterschied auf die möglichen Anschlußkommunikationen, für das psychische System dagegen auf die Anschluß*vorstellungen*. An dieser Stelle interessiert nur die Seite des psychischen Systems.

die/den anderen nicht persönlich kennt – nicht durch irgendeine Verbindlichkeit des Begrüßungsrituals gekennzeichnet ist. In einer solchen Situation macht es »wenig aus«, wenn ich von einer Person nicht gegrüßt werde, von der ich das erwartet habe (z. B. weil sie mir auch in den letzten Tagen im Fahrstuhl begegnet ist). Es gibt zwar eine Erwartung (die enttäuscht wird), jedoch keine Ansprüche. Ganz anders, sobald ich mich meinem engeren Arbeitsbereich genähert habe, also Personen begegne, die Kollegenstatus haben. Hier bestehen Ansprüche, was praktisch bedeutet: Wer nicht grüßt, muß besondere Gründe/Motive haben. Erwidert hier jemand meinen Gruß nicht, dann hat das ganz andere Auswirkungen als in der Fahrstuhlsituation: Emotionen steigen auf (Ärger oder Scham, je nach Beziehungskonstellation); Fragen stellen sich ein (Was ist passiert? Habe ich ihm/ihr gestern etwas getan?) – Das Bewußtsein bemüht sich, dem Ereignis im Kontext der übrigen Vorstellungen von diesem Teil der Welt Sinn zu geben.

Ansprüche, die nicht erfüllt werden, stürzen, so könnte man sagen, das psychische System in größere Turbulenzen als nicht erfüllte Erwartungen. Und Turbulenzen dieser Art sind im internen Funktionsablauf des Bewußtseins der Einsatzort für Gefühle[74]. Da dieser Zusammenhang ein gerade für Beratung zentraler ist, bedarf er genauerer Betrachtung. Welcher Art sind dieses Turbulenzen? Warum bringen sie das psychische System in Schwierigkeiten? Und auf welche Weise regulieren Gefühle diese Situation?

Gerade weil Ansprüche sich als Verdichtung von Vorstellungen unterschiedlicher Herkunft und Qualität (Wahrnehmungen, Erinnerungen, Wünsche, Selbstwahrnehmungen mit Identifikationswert) einstellen, bedeutet ihre Enttäuschung, daß nicht mehr problemlos nach dem Schema »trifft zu/trifft nicht zu« verfahren werden kann. Die inneren Legitimationen für Ansprüche haben in der äußeren Welt keine Entsprechung gefunden. Die zu Ansprüchen verdichteten Vorstellungen fallen in ihre Elemente auseinander, gleichzeitig und ohne binäre Struktur. So bleibt unentscheidbar, an welche Vorstellung anschließend das psychische System weiteroperieren kann. Da das Bewußtsein sich im Aneinanderschließen von Vorstellungen (re-)produziert (= Autopoiesis), ist eine solche Irritation für das psychische System hochbrisant. (Alltagssprachliche Umschreibungen dieses Zustandes heißen z. B. »Ich war wie vor den Kopf geschlagen«.) Gefühle stellen in solchen Situationen die Operationsfähigkeit des Bewußtseins dadurch wieder her, daß sie eine neue binäre Struktur etablieren. Im oben angeführten Beispiel (des nicht Gegrüßtwerdens durch einen Kollegen) führt das aufsteigende Gefühl die Ebene der Zurechnung der Anspruchsenttäuschung ein: er oder ich. Steigt Ärger auf, dann hat mein Bewußtsein gefühlsmäßig entschieden: Er hat zu verantworten, daß mein Anspruch enttäuscht wurde. Empfinde ich Scham, dann »fühle« ich mich selbst für das Mißlingen verantwortlich.

Dieses Reaktionsmuster des Bewußtseins gilt nicht nur für die Enttäuschung von positiven Ansprüchen. Es tritt auch dann in Aktion, wenn uns Gutes widerfährt, das

---

74. Die im folgenden mit Blick auf Beratung ausformulierte systemtheoretische Sicht der Gefühle habe ich an anderer Stelle deutlicher ausgearbeitet. S. Großmaß, 1999.

wir nicht erwartet hatten (= für das keine Ansprüche entwickelt worden waren). Die in solchen Situationen entstehende Irritation – alltagssprachlich: »Verlegenheit« – wird durch das Gefühl »Freude« (= die Welt macht mir ein Geschenk!) aufgelöst – ein Gefühl, das sowohl die ursprüngliche Erwartung (= hier habe ich keine Ansprüche) bestätigt, als auch dem überraschend positiven Ereignis Legitimität verschafft.

In welcher Situation jemand Freude empfindet (oder das Gefühl der Verlegenheit zu Peinlichkeit steigert), hängt von der Situationsbewertung, vom eigenen Selbstbild und vom individuell entwickelten Repertoire an Verdichtungsformen ab. Insofern sind je nach Geschlecht, kultureller und (im alltagssprachlichen Sinne:) sozialer Herkunft verschiedene Gefühle und Gefühlsnuancen in vergleichbaren Situationen möglich. Daß gravierende Irritationen der Operationsmöglichkeiten des Bewußtseins Gefühle mobilisieren, gilt jedoch für jedes psychische System.

Gefühle bewirken, daß das psychische System auch in Situationen brisanter Irritation weiter operieren kann. Luhmann vergleicht sie deshalb in ihrer Wirkung mit dem Immunsystem der körperlichen Ebene:

> »Auf ihre Funktion hin gesehen, lassen sich Gefühle mit Immunsystemen verglei-chen; sie scheinen geradezu die Immunfunktion des psychischen Systems zu über-nehmen. Sie sichern angesichts von auftretenden Problemen den Weitervollzug der Autopoiesis ... mit ungewöhnlichen Mitteln, und sie verwenden dazu vereinfachte Diskriminierverfahren, die Entscheidungen ohne Rücksicht auf Konsequenzen er-lauben.« (Luhmann, 1984, S. 371).

Gefühle etablieren, so läßt sich schließen, nicht nur eine neue binäre Entscheidungs-struktur, sie setzten auch Impulse frei, durch Handlungen der gefühlsmäßigen Ent-scheidung sozial Nachdruck zu verschaffen. So kann etwa in dem grußlosen Treffen mit dem Kollegen, der aufsteigende Ärger »sich Luft machen«, indem ich den Kolle-gen wegen seiner Unhöflichkeit beschimpfe – ohne zu berücksichtigen, daß sich dar-aus gravierendere Schwierigkeiten des Umgangs ergeben können. Eine solche impul-sive Aktion hat für das Bewußtsein die (positive) Auswirkung, daß es nun markante soziale Ereignisse gibt, an denen neue Erwartungen – nun wieder sicherer – ausgebil-det werden können.

Auch in der systemtheoretischen Sicht lassen sich natürlich vielfältigere Gefühle plausibilisieren als die hier angeführten Beispiele Ärger, Scham und Freude. Wut und Glück etwa lassen sich als intensivere Formen von Ärger und Freude beschreiben. Angst verwandelt sich verdichtendes Risikobewußtsein in den Handlungsimpuls »weg hier!« und setzt damit eine dem Bewußtsein bis dahin nicht präsente Entschei-dungsmöglichkeit in Kraft. Traurigkeit und Trauer beziehen sich auf (unerwartete) Verluste, deren Vorkommen im »Lauf der Dinge« man mit Aufkommen dieses Ge-fühls dennoch akzeptiert. Neid reagiert auf die Erfahrung ungerechten »Besserab-schneidens« anderer und anerkennt zugleich, daß es bei dem Gewinn, um den ich jemanden beneide, weder für ihn noch für mich Ansprüche gibt... .[75]

---

75. Will man die Effekte eines Gefühls auf das Bewußtsein (im Zustand einer Operationsstö-rung) begrifflich fassen, dann ließe sich formulieren: Gefühle sind Vorstellungen (= Ereig-

Und es gibt andere Quellen für Gefühle als die Enttäuschung von Ansprüchen. So nennt Luhmann etwa »externe Gefährdungen, Diskreditierung einer Selbstdarstellung, aber auch ein für das Bewußtsein selbst überraschendes Sich-engagieren auf neuen Wegen, etwa der Liebe.« (Luhmann, 1984, S. 370 f.) Für den Kontext von Beratung allerdings sind Gefühle vor allem hinsichtlich der beschriebenen Orientierungsprobleme von Bedeutung.

Alle Gefühle, gleich welchen Ursprungs sie sind, haben für das psychische System dieselbe Funktion: sie wenden eine Gefährdung der Autopoiesis des Bewußtseins ab. Für alle Gefühle trifft auch zu, was in den Beispielen vielleicht schon deutlich wird: Gefühle werden nicht nur psychisch, sondern auch körperlich erlebt. »Gefühle kommen auf und ergreifen Körper und Bewußtsein.« (Luhmann, 1984, S. 370). Und gerade dadurch schaffen sie die Dringlichkeit, mit der die mit dem Gefühl verknüpfte Neustrukturierung des Bewußtseins durchgesetzt werden kann. Das psychische System ist im Prozessieren von Gefühlen nicht nur mit wichtigen eigenen Operationen beschäftigt, sondern kommt (in bezug auf dasselbe Ereignis) auch mit der (Umwelt der) eigenen Körperlichkeit in Berührung. Die Intensität des Erlebens von Gefühlen (im Kontrast z. B. zu Gedanken) hat hierin ihren Grund. Und es ist diese, mit dem körperlichen Wahrnehmen verknüpfte Intensität, durch die »Entscheidungen ohne Rücksicht auf Konsequenzen« möglich werden.

Die Rolle, die Gefühle in dieser Konzeption für die Psyche spielen, ist für den Kontext von Beratung von hilfreicher Klarheit. Lassen sich doch auf dieser Grundlage sowohl die Aufgabe als auch das wichtigste Ziel von Beratung problemlos formulieren: Beratung hat die Aufgabe, dem psychischen System bei Orientierungsproblemen an der Grenze zur sozialen Umwelt unterstützend zur Verfügung zu stehen. Welche soziale Umwelt für eine Beratungsstelle besonders in den Blick kommen soll, regelt der Arbeitsauftrag der Einrichtung. Für die Studentenberatung geht es vor allem um Orientierungsprobleme hinsichtlich der Organisation Universität und des sozialen Raumes Hochschule. Ziel der Beratungsarbeit ist es, die Immunfunktion der Gefühle zu stärken und flüssige Erwartungs- und Anspruchsproduktion zu ermöglichen. Die erste Sequenz der Fallbeschreibung »Christa« (1.1.2) läßt sich hier zur Veranschaulichung heranziehen: Im allerersten Beratungsgespräch mit Christa wird nichts anderes erreicht, als Christas Gefühle und Ansprüche situativ wieder in Relation zu bringen, sowohl zueinander als auch zu der sozialen Umwelt »Abschlußarbeit«.

> ◆ Auch die Bedingungen des Einsatzes von Beratung lassen sich systemtheoretisch genauer fassen als in der bisherigen Beschreibung: Es kann angegeben werden, wie sich psychische Systeme in ihrer sozialen Umwelt orientieren (nämlich durch die Herausbildung von Erwartungen) und wie sie auf Erwartungsenttäuschungen reagieren (nämlich mit der Herausbildung neuer, korrigierter Erwartungen oder,

nisses des Bewußtseins), die an auseinanderstrebende (und deshalb nicht mehr anschlußfähige) Operationen des Bewußtseins paradox anschließen, indem sie das Auseinanderfallen der Bewußtseinsoperationen als Einheit setzen. Diese systemtheoretisch plausible Erklärung ist allerdings nicht mehr durch Ausführungen Luhmanns gedeckt.

> wenn eine hohe Identifizierung mit der Erwartung gegeben ist, mit Gefühlen).
> Daraus wiederum läßt sich ableiten, unter welchen Bedingungen für das psychi-
> sche System Orientierungsprobleme hinsichtlich seiner Umwelt entstehen kön-
> nen, die eine Reorganisation mit Hilfe von psychosozialer Kommunikation ange-
> raten sein lassen. Dies kann dann der Fall sein, wenn die Operationsform des
> Bewußtseins so irritiert ist, daß auch das emotionale Immunsystem mit Bordmit-
> teln nicht mehr in der Lage ist, die Autopoiesis des Bewußtseins sicherzustellen.

Wenn man an einzelne Situationen denkt, könnte es sich um Situationen so grundsätzlicher Überforderung handeln, daß das Bewußtsein mit Gefühlen überflutet wird und
keine sozial akzeptablen Entscheidungen mehr möglich sind. Alltagssprachlich ausgedrückt, sind Situationen gemeint, in denen jemand so »außer sich« ist, daß er/sie sich
nicht mehr zu »beruhigen« weiß. Sucht man hierfür nach Beispielen aus dem Universitätsalltag, dann stößt man auf Black-out-Erlebnisse in Prüfungssituationen oder auf
Selbstbeschreibungen von Studierenden, die – ihren inneren Leistungsverpflichtungen
nicht nachkommend, dann plötzlich und für sie selbst unerwartet – von Scham- und
Lähmungsgefühlen überflutet, die Universität nicht mehr betreten können. Auch die
Situation, in der Christa in dem oben beschriebenen Beratungsfall die ZSB aufsuchte,
kann als Beispiel hierfür gelten. Denkt man nicht situativ, sondern an längerfristige,
also eher strukturelle Irritationen, dann könnte es um Konstellationen gehen, in denen
nicht nur einzelne, sondern mehrere Individuen/Personen/Bewußtsein(e) in der Produktion von Erwartungen so gestört sind (alltagssprachlich: »die Welt nicht mehr verstehen«), daß sie an wichtigen sozialen Systemen nicht mehr teilnehmen können. Dies
erleben Studienanfänger nicht selten in den Anfangswochen des Wintersemesters,
wenn sie die Hochschule als übervoll, hektisch und desorganisiert erfahren, was so gar
nicht ihren Erwartungen und Ansprüchen an Wissenschaft entspricht. Die Diskrepanz
zwischen Erwartungen und Wahrnehmungen ist dann so groß, daß die einzelnen nicht
entscheiden können, wo die Dysfunktionalität liegt, bei ihnen selbst oder in der sozialen Realität.

Gravierende Irritationen dieser Art könnte man – die Begrifflichkeit des psychologischen Diskurses aufgreifend – »Krisen des psychischen Systems« nennen. Damit
wäre ein Begriff von »Krise« gewonnen, der weder entwicklungsorientierte Persön-
lichkeitskonzepte voraussetzt (s. die oben formulierte Kritik am psychologischen Kri-
senbegriff) noch Krankheitsdiagnosen impliziert und darüber hinaus klar auf den Umgang des individuellen Bewußtseins mit seiner sozialen Umwelt bezogen ist. Krisen
des psychischen Systems in diesem Sinne können dann Interventionspunkte für psychosoziale Beratung sein. Hieran schließt sich die Frage an, wie denn genau eine
solche Intervention in das psychische System vorzustellen ist, die ja nur sozial, d.h.
per Kommunikation erfolgen kann. Für die Antwort auf diese Frage lassen sich aus
dem bisher Erarbeiteten erste Hinweise entnehmen:

Wenn ein Individuum Orientierungsprobleme in einem sozialen Feld erlebt, ist bereits das Faktum hilfreich, daß es in diesem Feld ein Beratungsangebot gibt, das in

seinen Mitteilungen an das Feld eben diese Orientierungsprobleme als kommunikable Themen markiert. *Daß* nämlich psychische Systeme in den Kommunikationserfahrungen dieses Feldes Irritationen erleben *können*, die das Operieren des Bewußtseins gefährden, wird durch die Existenz eines solchen Angebotes dem sozialen Feld und nicht dem Individuum zugerechnet. Das Bewußtsein kann sich daher *einer* Irritation entledigen (der Frage nämlich, wer hier nicht richtig funktioniert, die Kommunikation des Feldes oder das eigene Verarbeitungssystem) und nun darauf umstellen, daß kommunikativ Informationen eingeholt werden können, die neue, funktionstüchtigere Erwartungsproduktion ermöglichen. Auch hier läßt sich zur Veranschaulichung auf die Beschreibung im ersten Kapitel zurückgreifen: Der Studieninteressent, mit dessen Beratung der unter 1.1 beschriebene Arbeitstag begonnen hat, hatte diese »Normalisierungserfahrung« bereits gemacht. In dem beschriebenen Beratungsgespräch ging es darum, Informationen über die Hochschule einzuholen (zwecks angemessener Erwartungsproduktion für den Studienbeginn) sowie um die Exploration der Vorstellungen, die sich in seinem Kopf mit dem bevorstehenden Studienbeginn verknüpften. Und die Teilnehmerinnen der Therapiegruppe sind in der beschriebenen Sitzung gerade dabei, sich diese Normalisierung (bezogen auf ihre persönliche Bildungsbiographie) zu erarbeiten.

Mit welchen kommunikativen Möglichkeiten ein solches explorierendes Gespräch arbeitet, ist bereits angesprochen geworden: Beratung versucht, in der Kommunikation dem Prozessieren der Vorstellungen des Bewußtseins zu folgen. Dies ist z. B. in der Anfangssequenz des Beratungsfalles »Christa« gut nachzuvollziehen. Christa befindet sich, als sie die ZSB* aufsucht, offenkundig in einer Situation, in der sie von Gefühlen überflutet wird. Das Beratungsgespräch nimmt diese (aus sprachlicher Mitteilung und Körperausdruck sich für die Beraterin ergebende) Wahrnehmung zum Ausgangspunkt, folgt den in Christas Gefühlschaos vorhandenen einzelnen Vorstellungen, soweit sie diese mitteilen kann. Den dabei aufsteigenden Gefühlen Raum zu verschaffen, ist die eine Funktion des Gesprächs, wobei Beratung davon profitiert, daß Gefühle nicht nur das Bewußtsein, sondern auch den Körper erfassen und damit auch sozial (= für das Bewußtsein anderer Personen) wahrnehmbar werden. Die zweite Funktion des Gesprächs besteht darin, die einzelnen Vorstellungen und Gefühle so mit Christas Prüfungssituation in Verbindung zu bringen (= Realitätsbezug herzustellen), daß die Erwartungen und Ansprüche, die in Christas Bewußtseins entstehen, wieder Chancen auf Bestätigung haben.

Betrachtet man den Verlauf dieser ersten Gesprächssequenz darauf hin, von welchem Punkt an Christas Bewußtseinsoperationen wieder flüssiger ablaufen, dann kann man den Punkt, an dem Christa die Mitteilung »das *ist* nicht mehr hinzukriegen« versteht, als Wende markieren. Das Scheitern und die in Verbindung damit erlebte Beschämung sind anerkannt; Gefühle (Scham und Verzweiflung) werden ausgedrückt und agiert, und die Enttäuschung, um deren Verkraften es geht, wird thematisierbar.

Kommunikationsprozesse wie diese kommen in der Beratungsarbeit vor und lassen sich durch Fallbeschreibungen wie der oben wiedergegebenen darstellen. Systemtheoretisch betrachtet, besteht mehr Erklärungsbedarf als im fachlichen Diskurs über Beratung. Wie können solche Effekte von Kommunikation auf Bewußtsein im Rahmen einer Theorie plausibel gemacht werden, die Psyche und Kommunikation für unabhängig voneinander operierende Systeme hält?

2.1.2 Beratung als Systemintervention

Beratungshandeln als soziale Intervention in psychische Dispositionen zu erklären und zu beschreiben, ist für die Systemtheorie (im Gegensatz zu psychologischen Theorien, für die sich dieses Prozedere aus der jeweiligen Theorie von Psyche sozusagen »ergibt«) kein untergeordneter Punkt, sondern Gegenstand eigenständiger Überlegungen. Ist damit doch das theoretische Problem angesprochen, wie die gezielte Beeinflussung eines autopoietischen Systems durch ein anderes zu denken ist, wo doch Systeme füreinander Umwelt sind, also in der Verarbeitung dessen, was von außen kommt, weder zu steuern noch wirklich zu berechnen sind.[76]

2.1.2.1 Einwirken von Kommunikation auf Bewußtsein

Die Möglichkeiten, durch Beratung auf psychische Systeme Einfluß zu nehmen, basieren auf der Art und Weise, in der psychische und soziale Systeme füreinander Umwelt sind: Psychische und soziale Systeme sind wechselseitig füreinander *notwendige Umwelt*, notwendig insofern als die Komplexität des jeweils anderen Systems in den Aufbau und die Reproduktion der eigenen Strukturen einbezogen wird. Konkreter gefaßt: Kommunikation ist darauf angewiesen, daß psychische Systeme ihre Vorstellungen in Form von Mitteilungen einbringen. Kommunikation setzt nicht nur – auch in ihren abstraktesten Formen – Personen voraus, die kommunizieren;

> »Kommunikation ist *total* (in *jeder* Operation) auf Bewußtsein angewiesen – allein schon deshalb, weil nur das Bewußtsein, nicht aber Kommunikation selbst, sinnlich wahrnehmen kann und weder mündliche noch schriftliche Kommunikation ohne Wahrnehmungsleistungen funktionieren könnte.«
> (Luhmann, 1997, S. 103). –
> »Das Bewußtsein kontrolliert gewissermaßen den Zugang der Außenwelt zur Kommunikation.«
> (Luhmann, 1997, S. 114).

---

76. Diese Frage stellt sich in dieser grundsätzlichen Form natürlich nicht nur für Beratung, sondern gilt in ähnlicher Weise auch für Erziehung oder Psychotherapie. Die Differenzen dieser drei »Eingriffe« in individuelles Bewußtsein liegen in der Unterschiedlichkeit der herausgebildeten sozialen Systeme, nicht in den Grundbedingungen psychosozialer Kommunikation.

Umgekehrt betrachtet, hat Kommunikation für das psychische System einen ähnlichen Stellenwert: Bewußtseinsprozesse sind, um sich als Systeme aus ihrer Umwelt auszugrenzen, darauf angewiesen, Themen und Fokussierungen durch Kommunikation zu erhalten; sie operieren nicht u.a., sondern wesentlich an der Grenzen zu ihrer Umwelt (= Orientierung in Welt). Und darüber hinaus erhält Kommunikation auf Grund einer Besonderheit des psychischen System für dieses besondere Bedeutung: Psychische Systeme existieren als »individuell verstreute Bewußtseinssysteme« (Luhmann, 1997, S. 107) – jedes für sich. Und Kommunikation ist die *einzige* Möglichkeit, sich der Existenz anderer psychischer Systeme zu versichern und sich mit Vorstellungen anderer Personen in Beziehung zu setzen.[77]

Wechselseitige Angewiesenheit in so hohem Maße, bei gleichzeitig selbstreferentieller Operationsform ist nur realisierbar, wenn Systemkopplungen gegeben sind, die zu wichtigen Strukturen der beteiligten Systeme passen. Luhmann nennt solche Verknüpfungen *strukturelle Kopplungen*. Strukturelle Kopplungen bestehen darin, daß *analoge Verhältnisse* (was einen so umgibt, gleichzeitig und als Kontinuum), in wiederholbarer Weise in *digitale Verhältnisse* umgeformt werden, »die nach dem entweder/oder-Schema behandelt werden können« (Luhmann, 1997, S. 779).

Zur Verdeutlichung: Aus dem Dauerkontinuum von Geräuschen und Tönen, das uns umgibt, nimmt ein Bewußtsein nur bestimmte Wahrnehmungen als relevante (Irritationen des eigenen Vorstellungsflusses) auf. Sprachliche Äußerungen anderer Personen nehmen hierbei eine zentrale Stelle ein. Spricht jemand zu mir, dann stellt sich *immer* die Frage »reagier ich/reagier ich nicht?« – mit so viel Nachdruck, daß jemand, der nie oder nicht angemessen reagiert, für krank gehalten wird.[78] Hierin kommt eine strukturelle Kopplung zwischen Bewußtsein und Kommunikation zum Ausdruck, die Kopplung durch *Sprache*. Sprache kommt in beiden Systemen an zentraler Position vor und ist insofern von struktureller Bedeutung, als auch die Ausdifferenzierung beider Systemarten über Sprache erfolgt. »so sind ... Bewußtseinssysteme und Kommunikationssysteme vorweg aufeinander abgestimmt, um dann unbemerkt koordiniert funktionieren zu können.« (Luhmann, 1997, S. 106).

Eine zweite strukturelle Kopplung zwischen Bewußtsein und Kommunikation ergibt sich (unter Nutzung der Strukturen, die Sprache liefert) daraus, daß beide Systemarten mit Sinn[79] operieren: Bewußtsein wie Kommunikation entwickeln (über sche-

---

77. Telepathie und magische Denkhandlungen werden damit aus dem Bereich des gesellschaftlich Relevanten ausgeschlossen. Bedeutender vielleicht: Die Möglichkeiten des Computers werden damit als spezielle Formen der Kommunikation behandelt, wiewohl Luhmann nicht ausschließen will, daß »Computer eine ganz eigenständige strukturelle Kopplung zwischen einer für sie konstruierbaren Realität und Bewußtseins- bzw. Kommunikationssystemen herstellen können.« (Luhmann, 1997, S. 117 f.)

78. Nicht-Reaktion auf Angesprochenwerden gehört sowohl in den Symptomkatalog autistischer Störungen, als auch zum Erscheinungsbild der Katatonie, als auch zu den Symptomen von mcd*-Störungen.

79. Sinn – daran sei hier erinnert – hat im systemtheoretischen Kontext nicht die Bedeutung einer inhaltlich festgelegten, mit Bedeutsamkeit aufgeladenen Semantik (obwohl solche Formen auch als »Sinn« beschrieben werden können). »Sinn« ist zunächst einmal formal

matische Sinnkombinationen) ein *Gedächtnis*, »das fast alle eigenen Operationen vergessen, aber einiges in schematischer Form doch behalten und wiederverwenden kann.« (Luhmann, 1997, S. 111).

Diese beiden strukturellen Kopplungen – Sprache und Gedächtnis – vorausgesetzt, läßt sich nun beschreiben, *wie* Bewußtsein und Kommunikation die Komplexität des jeweils anderen Systems in ihre Autopoiesis einbeziehen. Es erfolgt dadurch, daß beide Systeme an ihren Grenzen mit Erwartungen operieren (s.o.) *und* die Grenzen des jeweils anderen Systems beobachtend einbeziehen können. Konkret: Das psychische System hat ein Bewußtsein davon, was Kommunikation ist, wo sie endet und wo eigene Vorstellungen beginnen (wenn sich z. B. Assoziationen einstellen).

> »So fallen die Grenzen sozialer Systeme in das Bewußtsein psychischer Systeme. Das Bewußtsein unterläuft und trägt damit die Möglichkeit, Sozialsystemgrenzen zu ziehen, und dies gerade deshalb, weil sie nicht zugleich Grenzen des Bewußtseins sind.« (Luhmann, 1984, S. 295).

Und umgekehrt: Kommunikation kann benennen und verhandelbar machen, wie und wo Vorstellungen des Bewußtseins kommunikativ werden, indem z. B. Wahrnehmungen als solche benannt oder auf Mimisch-Gestisches rekurriert und damit Intendiertes oder Unwillkürliches erschlossen wird. Diese Operationen, durch die psychisches und soziales System sich wechselseitig aufeinander beziehen, nennt Luhmann »Interpenetration«[80].

Versucht man sich genauer vorzustellen, wie diese Operationen vor sich gehen, dann gelingt dies am ehesten, wenn man einfache Episoden des Denkens und Kommunizierens zum Ausgangspunkt nimmt.

Greifen wir als Beispiel eine Gesprächssituation zwischen zwei Personen heraus. Dabei haben wir es mit drei Systemen zu tun: mit zwei psychischen Systemen, sozial als die beiden Gesprächspartner/innen präsent, und einem sozialen System, die Kommunikation zwischen den beiden. Nehmen wir an, die eine Person (mit Bewußtsein B) sei beratend, die andere (mit Bewußtsein A) sei ratsuchend an dem Gespräch beteiligt. Gesprächsthema sind Entscheidungs- und Orientierungsprobleme von A hinsichtlich der anstehenden Aufnahme eines Studiums. Systemtheoretisch handelt es sich hierbei um ein Interaktionssystem, an dem zwei Personen und über deren Mitteilungen zwei individuelle psychische Systeme beteiligt sind.[81] In einer solchen Gesprächssituation hat jedes beteiligte Bewußtsein eine Fülle aktivierbarer Vorstellungen von dem Ge-

---

gemeint: »Sinn besagt, daß an allem, was aktuell bezeichnet wird, Verweisungen auf andere Möglichkeiten mitgemeint und miterfaßt sind.« (Luhmann, 1997, S. 48)

80. Dieser in Anlehnung an Parsons entwickelte Begriff ist nicht nur unangenehm (durch die metaphorische Nutzung militaristischer und sexistischer sprachlicher Bilder), sondern bietet auch über die angegebene Definition hinaus keine produktiven Anschlußmöglichkeiten. Auf seine Verwendung wird deshalb im weiteren verzichtet.

81. Davon, daß dieses Interaktionssystem eine Operationsform des autopoietischen sozialen Systems »Beratung« ist, wird hier um der Deutlichkeit der Explikation willen abgesehen.

sprächsgegenstand präsent, die den Beteiligten, vermischt mit Wahrnehmungen von der aktuellen Situation, Impulsen und Anmutungen verschiedenster Art »durch den Kopf gehen«:

◆ A hat Vorstellungen über sich, seine Fähigkeiten und das, was aus ihm werden soll, genauso »im Kopf« wie Vermutungen darüber, was ihn in einzelnen Studienfächern erwartet (wie vage diese Vermutungen auch sein mögen). Sicher ist ihm auch irgendwie präsent, was Eltern, Lehrer und Berufsberater schon alles ge»raten« haben. Und am meisten beschäftigen ihn möglicherweise die Assoziationen, die ihm zu B in den Sinn kommen – vielleicht erinnert die Beraterin ihn an eine Lehrerin, weckt dadurch Sympathien oder Abwehr (je nach dem), vielleicht beschäftigt ihn, was die andere wohl von ihm hält...

◆ Eine ähnliche Fülle herrscht bei B: Das Repertoire an Informationen zu den Studienmöglichkeiten ist präsent. Die Eindrücke, die andere »Ratsuchende« dieses Jahrgangs hinterlassen haben, bieten sich zum Vergleich mit der Wahrnehmung vom aktuellen Gegenüber. Möglicherweise wird das Aufnehmen der aktuellen Situation auch von Resten der Situation, aus der sie kommt, durchkreuzt. Zugleich macht das Wissen um die Schwierigkeiten, die mit dem Thematisieren persönlicher Probleme in einer quasi-öffentlichen Situation verbunden sind, sie aufmerksam für Verlegenheitsgesten und Körperanspannungen der Person A.

All diese Vorstellungen sind möglicher Inhalt von Mitteilungen (= Ansatzpunkte für den Einstieg in Kommunikation). Es muß also ausgewählt werden. B entscheidet sich vielleicht, mit einem aufmunterndem »Na, um was geht es denn?« das Gespräch zu eröffnen. Und damit ist A kommunikativ am Zug; er muß auswählen, ob und mit welcher seiner Vorstellungen er in das Gespräch einsteigt. Da A eigens gekommen ist, um etwas zu erfahren, ist die Entscheidung, an dem Gespräch teilzunehmen, eigentlich schon gefallen. So geht es eher um: »womit beginnen?«, und hierbei berücksichtigt das Bewußtsein:

◆ die eigenen Intentionen (A möchte nicht über seine Abiturnoten reden müssen und in erster Linie Anregungen erhalten),
◆ aber auch die zu Erwartungen (s.o.) verdichteten Annahmen über die aktuelle Kommunikation (z. B., daß B die Uni wirklich kennt, keine Eigeninteressen hat und sich Zeit nehmen wird).
◆ Dies schließt auch die Überlegung ein, was das Thema (= Sachdimension von Kommunikation) für die immer auch beteiligten »anderen« bedeuten kann – die Berater, die anderen auf dem Flur, seine Freunde zu Hause (= Sozialdimension).
◆ Und es wird ein Bezug hergestellt (= Zeitdimension) zu vorher Besprochenem (was der Lehrer gesagt hat) und zu möglichen bzw. erwarteten Anschlußkommunikationen (wie das Besprochene etwa in der Auseinandersetzung mit den Eltern über den Studienort verwendet werden kann).

Deutlich ist, daß viele dieser Aspekte nicht als ausgearbeitete Gedanken erwogen werden, sondern *vieles intuitiv geschieht*, und Assoziationen sowie Atmosphärisches eine Rolle spielen. Um dies alles geht es jedenfalls, wenn Luhmann davon spricht, daß die Grenzen von Kommunikation in das Bewußtsein fallen bzw. daß das psychische System Kommunikation mitbedenken kann.

In dem Moment, in dem die Entscheidung getroffen und eine Mitteilung gemacht worden ist (vermutlich von der Art »Ich wollte mich mal erkundigen, welche Möglichkeiten ich so habe.«), ist die Grenze des Bewußtseins überschritten, alles was nun geschieht, ist Kommunikation, die allerdings weiter von den Bewußtseinsprozessen zweier psychischer Systeme begleitet wird. Daß die einzelnen Elemente eines solchen Gesprächs wirklich unabhängig von Rückgriffen auf Bewußtsein aneinander anschließen und einer eigenen Operationslogik folgen, läßt sich veranschaulichen, wenn man die soeben beschriebenen Vorgänge im Bewußtsein der beiden Gesprächspartner/innen mit dem Gespräch verknüpft, das unter 1.1 als Beginn eines Beratungstages beschrieben wurde: Beide Prozesse könnten zusammengehören; und doch ist der Kommunikationsablauf verständlich und beschreibbar, ohne zu den Bewußtseinsprozessen Zugang zu haben. Dies bedeutet nicht, daß Kommunikation sich nicht auf Bewußtsein beziehen könnte, es kann dieses seinerseits in den eigenen Sinnhorizont einbeziehen. So kann über das, was »gemeint« war (= die Intentionen einer der beteiligten Personen), gesprochen werden (etwa in der Form »Du möchtest Genaueres über Deine individuellen Studienmöglichkeiten erfahren?«), wenn das Verstehen nicht auf Anhieb gelingt, oder wenn weitere Äußerungen des Gesprächspartners ermutigt werden sollen. Kommunikation kann auch Befindlichkeiten und Nichtausgesprochenes thematisieren, sie operiert der Komplexität des Psychischen gegenüber mit der Unterscheidung bewußt/unbewußt, so daß Psychisches (Affekte, Latenzen, nicht mitgeteilte Emotionen) angesprochen werden kann. So sind etwa Bemerkungen darüber möglich, daß »es nicht leicht ist, mit jemandem, den man nicht kennt, so detailliert Persönliches zu besprechen«. Oder B kann Vermutungen äußern, wie sehr A das Problem »etwas ausmacht«. Nicht nur Bewußtseinsprozesse, auch ein Gespräch kann die Zeitdimension einbeziehen (indem z. B. darauf verwiesen wird, daß nach dieser Beratung auch noch ein Gespräch mit Studenten des Faches möglich ist), und auch die Sozialdimension läßt sich kommunikativ aktivieren (= das Wissen über andere psychische Systeme, über Kultur/en). Gerade dieser letzte Aspekt, das Thematisieren der Funktionsweise psychischer Systeme, hat für Beratung einen hohen Stellenwert, liegt hierin doch ein Zugang zu den in Krisen blockierten Operationsformen des Bewußtseins.

Für Kommunikation liegt das Risiko der einbezogenen Komplexität des psychischen Systems im Gesprächsabbruch, im Versiegen von Anschlußfähigkeit. Und dies ist für Beratungsgespräche von besonderer Bedeutung, kann A doch jederzeit – einigermaßen folgenlos – Unergiebigkeit konstatieren und gehen. Kommunikation begegnet diesem Risiko (wie das psychische System) mit der Produktion von Erwartungen, allerdings mit sozialen, nicht psychischen Erwartungen. Im Falle einer Gesprächssituation handelt es sich um Verhaltenserwartungen an den Gesprächspartner, um wahrscheinliche Reaktionen und um das Sicherstellen wahrscheinlicher Anschlußrichtungen für einzelne Mitteilungen. Diese werden kommunikativ erzeugt: durch Augenkontakt, gestisches Zugewandtsein, Eröffnung von interessanten Anschluß- möglichkeiten und durch das Angebot von Selbstbestätigungsmöglichkeiten. Das psy- chische System wird so zur Person, die Mitteilungen werden zu Handlungen, die ein- zelnen zugerechnet werden können und auf die man sich beziehen kann.

2.1.2.2 Effekte psychosozialer Kommunikation

Die bisher erläuterten Formen, in denen sich Kommunikation auf Bewußtsein bezie- hen kann – soziale Erwartungen, Einbeziehen der Grenzen des psychischen Systems (an der Grenze zur Kommunikation und zum Körper) und alles jeweils hinsichtlich von Sach-, Sozial- und Zeitdimension – ergeben bereits eine Reihe von Ansatzpunkten dafür, wie psychosoziale Kommunikation auf Bewußtsein einwirken kann:

So läßt sich über die Angemessenheit der psychischen Erwartungsproduktion kom- munizieren; den Selektionsentscheidungen des Bewußtseins können andere Informa- tion entgegengestellt oder hinzugefügt werden; und parallel zu diesen Mitteilungen kann gestisch, mimisch, in der Stimmführung oder auch explizit die Ebene der Gefüh- le angesprochen werden. Weiterhin läßt sich über die Funktion von Gefühlen für die Arbeitsfähigkeit (= Gesundheit) der eigenen Psyche in Austausch treten; und der Rückgriff auf die Semantik des psychotherapeutischen Diskurses eröffnet differen- zierte Beschreibungsmöglichkeiten für psychisches und körperliches Empfinden, für Orientierungsprobleme und für die Not des nicht mehr Weiter(operieren)könnens. Da sprachliche (Selbst-)Beschreibungen auch zu den Operationsformen des Bewußtseins gehören, stellen kommunikativ erarbeitete Neubeschreibungen (von Problemen und Lösungsmöglichkeiten genauso wie von Selbstbildern und Anspruchslegitimationen) Veränderungsmöglichkeiten der Vorstellungen des Bewußtseins dar.

Durch die Methoden der Psychotherapien erweitert sich das Spektrum noch ein- mal: Vom In-Szene-setzen der Vorstellungen des Bewußtseins (in Rollenspiel, Simu- lation und Psychodrama), über die Aktivierung von Gefühlen via Körpersensation (in Entspannung, Bioenergetik und Atemtherapie, neuerdings auch NLP) bis zur Ausar- beitung der Kommunikationsunterscheidung bewußt/unbewußt durch die Psychoana- lyse reichen die Möglichkeiten, durch Differenzierung und Ausbau der beschriebenen Interventionsmöglichkeiten psychische Prozesse durch Kommunikation zu beeinflus- sen.

All diese Formen stützender, selbstexplorierender Kommunikation haben eines ge- meinsam: Die Kommunikation thematisiert Strukturen und Ereignisse des Bewußt- seins; dabei weist psychosoziale Kommunikation den beteiligten Personen polare Rol- len zu: sie folgt/nähert sich dem Bewußtseinsprozeß *eines* psychischen System (in unserem Beispiel A), während das *andere* beteiligte Bewußtsein (in unserem Beispiel B) mit seinem Vorstellungshorizont als Explikations- und Differenzierungsraum fun- giert – indem es die zu Mitteilungen gewordenen Vorstellungen von A (im Verstehen) probehalber zu Vorstellungen des eigenen Bewußtseins macht und die sich daran an- schließenden Vorstellungen des eigenen Operierens A kommunikativ zur Verfügung stellt. Dies läßt sich dahingehend *intensivieren*, daß der/die eine Gesprächspartner/in für eine begrenzte Kommunikationssequenz den Erlebnis- bzw. Welthorizont des/der anderen ganz zu teilen versucht, um dann aus dessen Sicht – sozusagen parteilich – Belastung Reduzierendes, Horizont Erweiterndes (als Mitteilung) anzubieten. Daraus können im weiteren Verlauf der Beratung in Koproduktion zweier psychischer Systeme – also kommunikativ! – Veränderungen der Sicht, der Befindlichkeit und der Möglichkeit von Erwartungsproduktion entstehen.

Der hohe Stellenwert, den das Ausdrücken von Emotionen in einem Beratungsgespräch hat, hat hier seinen Grund: Entlastung setzt dann Gefühle frei, wenn sie die Belastung auf ein »Normalmaß« reduziert: die Bordmittel – Gefühle – greifen dann wieder. Und durch kommunikativ aktivierte Gefühle wiederum ergeben sich für das Bewußtsein neue Anschlußmöglichkeiten, die ein Fließen von Vorstellungen (wieder) ermöglichen.

Psychosoziale Kommunikation greift damit auf ein Merkmal zurück – Verstehen – das in der Theorie Luhmanns typisch ist für Intimität (in Freundschaft oder Liebe), dort allerdings als wechselseitige Erwartung psychischer Systeme aneinander gemeint, die sich möglichst fraglos erfüllen soll.[82] Luhmann definiert diese (emphatische Form von) Verstehen wie folgt:

»Im Prinzip ist im Begriff des Verstehens zweierlei postuliert:
1. Die Einbeziehung der *Umwelt* und des *Umweltverhältnisses* eines beobachteten Systems in die Beobachtung, so daß man miterfahren kann, von woher der Beobachtete erlebt und woraufhin er handelt;
2. die Einbeziehung von *Information* und *Informationsverarbeitung*, d.h. der Kontingenzen und Vergleichsschemata, in bezug auf die im beobachteten System Nachrichten als Selektionen erlebt und behandelt werden; und mit all dem
3. die Einbeziehung der *Selbstdarstellungsnotwendigkeiten* und der intern dafür benutzten Erleichterungen in das, was den Gegenstand des Verstehens ausmacht.« (Luhmann, 1982, S. 212 f.)

Wendet man diese Merkmale von »Verstehen« auf psychosoziale Kommunikation an, dann ist zunächst einmal zu klären, was dieses »Einbeziehen« für psychosoziale Kom-

---

82. Dies impliziert einen bedeutenden Unterschied: Liebende erwarten Verstehen, ohne sich erklären zu müssen. Die Kommunikation der Liebenden dient der Bestätigung (und oft eben auch der Enttäuschung) dieser Erwartung, sie soll nicht »Verstehen« herstellen. Psychosoziale Kommunikation dagegen produziert Verstehen methodisch und legitimerweise durch Kommunikation. Daß sie damit – bei ausreichender Kontinuität der professionellen Beziehung – einen Feldvorteil jedem Liebenden gegenüber hat (der genauso verstehen muß, ohne fragen zu dürfen), wird oft nicht gesehen und führt zu den klassischen Folgeproblemen von Psychotherapie in Paarbeziehungen: Die Ansprüche an Verstehen in Intimbeziehungen werden gesteigert, ohne daß die erforderlichen Mittel zur Verfügung stehen. Paartherapie allerdings weiß auch hier »Rat«, indem sie Liebespaaren, die unter diesen Schwierigkeiten leiden, die Methode des »Zwiegesprächs« (s. Moeller, 1988) zur Verfügung stellt.

munikation konkret bedeutet. Berater/innen kennen ihre Klientel in der Regel nicht persönlich. Sie haben (durch sozialwissenschaftliche Studien und die Kommunikation mit dem Feld) in der Regel Wissen über die Lebensbedingungen der Ratsuchenden, die genauen Lebensumstände der Individuen jedoch kennen sie nicht. Da es bei »Verstehen« um die *Umwelt* und *Umweltverhältnisse* eines individuellen *psychischen* Systems geht (die Grenzen also vom Bewußtsein bestimmt werden), lassen sich – auch bei detailliertem Hintergrundwissen – die relevanten Umwelten nicht erschließen. Sie müssen erfragt, und d.h. die »Einbeziehung« muß kommunikativ erzeugt werden. Solides Wissen über die im Feld entstehenden Orientierungsprobleme und Beratungserfahrung erleichtern diese Kommunikation zwar (= machen sie schneller und zielsicherer), ersetzen können sie sie jedoch nicht.

Zur Verdeutlichung sei auf den unter 1.1.2 beschriebenen Beratungsfall »Christa« zurückgegriffen: Schon nach Christas erstem Satz (»Ich brauche Hilfe bei meiner Examensarbeit«) kann eine Studentenberaterin auf Grund der Situation und Christas sichtbar schlechter Verfassung leicht erschließen, um welche Probleme es bei Christa geht. »Verstanden« hat sie sie damit noch nicht. Dazu müssen nicht nur weitere Informationen über Christas aktuelle Situation und ihre Schwierigkeiten im einzelnen eingeholt werden (Um was für eine Examensarbeit geht es genau? Wieviel Zeit bleibt noch? Welche Arbeitsschwierigkeiten hat Christa?); Beratung im Sinne von Wiederherstellung ihrer Handlungsfähigkeit kann erst ansetzen, nachdem auch Christas *Erleben* hinsichtlich ihrer *sozialen Umwelten* (Druck, vor Freunden und Familie nicht zu versagen) und hinsichtlich der *Umwelt ihrer eigenen Körperlichkeit* (sie fühlt sich erschöpft, kann sich das aber nicht zubilligen, da sie nichts geleistet hat) nachvollziehbar geworden ist. Auf diesem Hintergrund wird erst »verständlich«, warum Christa manche Daten, die für ihre Situation von großer Relevanz sind (z. B. daß zwei Wochen maximal 120 Arbeitsstunden bedeuten und daß die Produktion einer Examensarbeit ein Vielfaches davon benötigt), nicht mehr als *Informationen verarbeiten* kann. Diese Information ist einfach zu bedrohlich für Christas *Selbstbild*, schließt ihr Bewußtsein doch sofort die Einsicht an, daß die Examensarbeit gescheitert ist. Erst das »Verstehen« dieses Zusammenhanges macht es möglich, die Not, in der sich Christa befindet, als psychisches Faktum anzuerkennen, in bezug auf das Verzweiflung und Außersichsein angemessene Reaktionen sind. Indem diesen Gefühlen Raum gegeben wird, entsteht auch die Möglichkeit, gemeinsam nach Auswegen aus dieser Notlage zu suchen.

Verallgemeinert man diese Möglichkeiten psychosozialer Kommunikation, dann lassen sich drei Ebenen benennen, auf denen Beratung (verstehend) auf die Strukturen des psychischen Systems eingeht:

◆ Sie teilt die *Perspektive* dessen, der Beratung in Anspruch nimmt, und versucht, die für das Bewußtsein aktuell relevanten Umwelten in ihrer Relation zueinander so nachzuvollziehen, daß die individuell bedeutsame Differenz von *Erleben* und *Handeln* geteilt werden kann. So läßt sich verstehen, wo und wie sich das Individuum dem Handeln anderer ausgesetzt fühlt (= Erleben) und wo und wie es sich selbst als handelnd erlebt (= das, was geschieht, sich selbst zurechnet). Erlebte Abhängigkeit und Ohnmacht können verstanden und kommunikativ verhandelt werden. Dasselbe gilt für Verantwortung/Stolz und Schuld/Scham – und zwar nicht als moralisch-kulturelles Thema, sondern als ein die Person unmittelbar betreffendes Empfinden.

◆ Die individuelle Art der Informationsverarbeitung einzubeziehen, bedeutet, daß nachvollzogen wird, wie das Bewußtsein Kommunikation erlebt und verarbeitet, was als Information aufgenommen wird, und in bezug auf welche Erwartungen einzelne Kommunikationsereignisse eine Bestätigung bzw. eine Enttäuschung bedeuten. Verständlich wird auch, wie *intensiv die Gefühlsbeteiligung* war, kann sie doch in Beziehung gesetzt werden zum Grad der Identifikation mit einer konkreten Erwartung. Macht die erste Ebene – Einnehmen der Perspektive des psychischen Systems – dessen Sicht auf die Welt verstehbar, so macht die zweite Ebene das Maß verständlich, in dem das Bewußtsein (bezüglich bestimmter Ereignisse) in Welt involviert ist.

◆ Das Einbeziehen der Selbstdarstellungsnotwendigkeit des psychischen Systems in die Kommunikation bedeutet, daß berücksichtigt wird, welche innere Legitimation (zur Entwicklung von Ansprüchen) das Bewußtsein benötigt und produziert, um auf seine Art an sozialen Systemen teilnehmen zu können; oder anders gesagt, mit welcher *sozialen Identität* das Bewußtsein operiert. Ermöglicht die erste Ebene zu verstehen, was ein Mensch tut und erlebt; und macht die zweite Ebene verständlich, was dieses Erleben und Handeln ihm ausmacht; so macht diese dritte Ebene zugänglich, wie das alles mit seiner Kontinuität als soziales Wesen verknüpft ist.

Gelingt eine solche stützende und selbstexplorierende Kommunikation, dann – soviel ist deutlich geworden – ist der Zugang zu den Strukturen des psychischen Systems gelungen, die für die Orientierung des Bewußtsein in der sozialen Welt grundlegend sind und in psychischen Krisen irritiert werden. Die Kommunikation thematisiert nicht nur Probleme und Irritationen des psychischen Systems, sie tut es auf eine Art, die das individuelle Bewußtsein erreicht, die die Person in ihrem Empfinden und Wahrnehmen berührt.

Dabei ist hervorzuheben, daß dieser Prozeß des Verstehens mit dem sowohl alltagssprachlich als auch in der psychologischen Praxis verwendeten Begriff »Einfühlung« eher schlecht umschrieben ist, geht es doch nicht um eine diffuse Gleichgestimmtheit zweier psychischer Systeme, deren Herstellungsbedingungen unerklärbar bleiben (als solche ist Verstehen eher Bestandteil der Liebessemantik). »Verstehen« im hier explizierten Sinne ist Produkt von Kommunikation, wird also sukzessive redend hergestellt – durch Mitteilung von Wahrnehmungen und Assoziationen, durch Fragen und Antworten, durch Äußern von Vermutungen und deren Bestätigung, Zurückweisung oder Modifikation. Dabei nutzt Kommunikation die systemeigenen Möglichkeiten, die Grenzen des psychischen Systems einzubeziehen: Sie bedient sich des kulturellen Sinnhorizontes; operiert mit der Differenz bewußt/unbewußt, um sich Psychisches zu erschließen; sie nutzt Gestisch-Mimisches, um Latentes zu verdeutlichen; und bezieht das Wissen um die Operationsformen des Bewußtseins (Sozialdimension: auch andere psychische Systeme funktionieren auf diese Art) in den Klärungsprozeß ein. Handelt es sich um professionelle (also ausgebildete) Beratung, dann kann auf ein ganzes Set von Verfeinerungen dieser Möglichkeiten von Kommunikation sowie auf die psychotherapeutische Semantik der Gefühle (und ihrer Störungen) zurückgegriffen werden. Ein solches Verstehen enthält, wenn es gelingt, mehrere für das Bewußtsein produktive Angebote:

◆ Verstanden zu werden, impliziert den Nachweis der grundsätzlichen sozialen Akzeptierbarkeit der eigenen Lage. Die eigene psychische Befindlichkeit *ist* kommunikativ einholbar, sonst wäre sie nicht verstanden worden. In psychischen Krisen, die in Frage stellen, ob die eigenen Erwartungen überhaupt noch mit Wahrscheinlichkeiten operieren, ob die eigenen Ansprüche überhaupt noch sozial legitimierbar sind, hat eine solche Erfahrung bereits einen wichtigen Stellenwert.

◆ Verstehen gelingt nur in Kommunikationssituationen, in denen sich die beteiligten psychischen Systeme wechselseitig (via Kommunikation) »berühren« lassen. Diese Metapher umschreibt die erhöhte Bereitschaft, die Gefühlsbedeutungen von Bewußtseinsereignissen wahrzunehmen und dem Ausdruck zu verleihen. Durch die polare Aufgabenverteilung in Beratungskommunikation kommt dies der Selbstbeobachtung und der Gefühlsproduktion des Ratsuchenden zugute. Mit dem Effekt der Stärkung des Immunsystems der Gefühle sowie einer Erhöhung der Selbstreflexivität des Bewußtseins (vor allem hinsichtlich seiner Gefühle).

◆ Für Erlebnisse, Gefühle, Dispositionen, die verstanden worden sind, eröffnen sich neue Spielräume der Interpretation: Sie können als gemeinsame Erfahrungen mehrerer (vieler, aller?) individueller Bewußtsein(e) markiert bzw. zu solchen erklärt werden. Sie können in andere (z. B. wissenschaftliche) Erklärungszusammenhänge gestellt werden. Und man kann sie mit Vorerfahrungen des Bewußtseins so verknüpfen, daß Gefühle freigesetzt werden. Auch dies stärkt und stabilisiert die Immunfunktion der Gefühle.

◆ Sozial normalisierte (weil verstandene) Befindlichkeiten des psychischen Systems eröffnen auf der Basis eines erweiterten Selbstverständnisses auch andere, erweiterte Perspektiven für individuelles Handeln. Beratung hat darüber hinaus die Möglichkeit, feldspezifische Informationen (die das Beratungssystem zu diesem Zwecke produziert/zusammengetragen hat) einzubringen und dem psychischen System neue Anschlußmöglichkeiten sichtbar zu machen (durch Mitteilung) oder diese eigens herzustellen (durch Überweisung). Eine Flexibilisierung der Selbstdarstellungsmöglichkeiten des psychischen Systems ist so erreichbar.

All dies sind *mögliche* Effekte psychosozial hergestellten Verstehens. Aber wie sicher sind diese Auswirkungen auf das psychische System?

Solange eine Person die Beratung nicht abbricht oder (bezogen auf ein einzelnes Gespräch) das Thema wechselt, ist es wahrscheinlich, daß das beteiligte Bewußtsein hinsichtlich seiner Schwierigkeiten und Entscheidungsprobleme Nutzen daraus zieht – für die Vorstellungen über die soziale Akzeptierbarkeit seines Erlebens, für sein situatives Empfinden und für seine aktuelle Operationsfähigkeit. Das psychische System kann auch insofern profitieren, als die »kulturelle Ortskenntnis« verbessert und für einzelne bedrückende Erfahrungen die Zurechnung (durch Reflexion) wieder mehr in die Richtung sozialer Systeme verschoben wird. Wahrgenommen und ausgedrückt wird dieser Nutzen häufig als ein Gefühl von Erleichterung. Was allerdings langfristig mit dieser Beratungserfahrung geschieht, wie die kommunikativ erweiterten Interpretationsspielräume und die veränderten Perspektiven für weiteres Handeln in die anschließenden Operationen des Bewußtseins eingehen, das unterliegt den Selektionsprozessen dieses individuellen Bewußtseins und ist durch Kommunikation – auch durch Beratungskommunikation – nicht mehr zu bestimmen. Vielleicht war die Kommunikationserfahrung so beeindruckend, waren die Impulse so bedeutsam, daß die Verfassung des psychischen Systems wirksam verändert ist und neue Erwartungen produziert werden, die aus der Krise herausführen. Dies ist manchmal nach einem Beratungsgespräch der Fall, wenn das Anliegen ein diffuses Gefühl von Nicht-Klarkommen war und sich in dem Gespräch emotionaler Kontakt zu dem eigentlichen Konflikt ergeben hat. Vielleicht erweist sich aber auch die »Störung« als grundlegender, und das psychische System kehrt zum eingespielten Operieren zurück, sobald es wieder sich selbst überlassen ist. Vielleicht hat aber auch die Beratungskommunikation Möglichkeiten der Neuinterpretation von Umwelt freigesetzt, die zu weiteren Kommunikationen führen und allmählich zu einem veränderten Sinnhorizont beitragen. Diese, hier nur angedeuteten unterschiedlichen Verarbeitungsmöglichkeiten, die dem psychischen System zur Verfügung stehen, gehören – aus der Sicht des sozialen Systems Beratung – zu den Unberechenbarkeiten des psychischen Systems. Insofern ist die Wirksamkeit von Beratung offen.

Neben den psychischen Auswirkungen erfolgreicher Beratung gibt es auch Effekte sozialer bzw. kultureller Art. So können zum einen auf längere Sicht die Selbstreflexionsansprüche der Personen gesteigert werden, die an den Kommunikationsprozessen des Feldes teilnehmen. Zum anderen beeinflußt und verändert Beratung die kulturellen Möglichkeiten für die Beschreibung von psychischen Befindlichkeiten, Gefühlen und inneren Konflikten. Gelungene Beratungsprozesse erweitern das Themenrepertoire und erleichtern es, psychisches Erleben mit Bezugnahme auf die Anforderungen, Rituale und Konflikte des sozialen Feldes hin zu beschreiben und zu artikulieren. In dieser zweiten Auswirkung kann eine interessante kulturelle Funktion von Beratung liegen, wenn dieser, z. Z. eher unsystematisch sich ergebende Effekt als explizite Aufgabe verstanden und ausgeübt wird. Beratung wäre dann an der Ausarbeitung einer Semantik der Gefühle und des Erlebens beteiligt, die soziale Erfahrung zum Ausgangspunkt nimmt und soziale Orientierung anstrebt.

2.1.3 Resümee

An dieser Stelle der Untersuchung – die Analyse der Funktionsweise von Beratung kann als abgeschlossen gelten – lohnt sich eine erste Bilanz dessen, was die systemtheoretische Perspektive leistet. Zunächst einmal ist festzuhalten, daß mit den Mitteln dieser Theorie eine konsistente Beschreibung für die Funktionsweise von Beratung als Institution wie für die beratungsspezifischen Formen von Kommunikation möglich ist – kein triviales Ergebnis, angesichts der Tatsache, daß der fachliche Diskurs über Beratung diese beiden Aspekte nicht im Zusammenhang reflektiert. Ein Ergebnis zudem, das auch inhaltliche Konsequenzen hat:

Erst eine Analyse, die die Institution *und* das Kommunikationsangebot »Beratung« in einem Theoriekontext untersucht, kann z. B. klären, durch welche strukturellen Bedingungen Beratung ihre Funktion hinsichtlich der gesellschaftlichen Konflikte erfüllen kann, denen sie sich verdankt. Aus der Perspektive Luhmannscher Systemtheorie läßt sich eine Antwort formulieren, die gegenüber der im ersten Teil gefundenen Beschreibung (= Beratung löst widersprüchliche Anforderungen, indem sie sie in situativ und räumlich/zeitlich unterschiedene Handlungskontexte übersetzt) einen Präzisierungsgewinn bedeutet:

Beratung als soziales System löst das Problem der sozial unberechenbaren (und deshalb politisch störenden) Ausdrucksformen von Orientierungsproblemen, die im Feld entstehen, indem sie die eigene Arbeit zwischen zwei ganz verschiedenartige strukturelle Kopplungen plaziert: Mit dem sozialen Feld, auf das sich eine Beratungseinrichtung bezieht (= erste strukturelle Kopplung), pflegt Beratung eine verstehende und problemorientierte Kommunikation. Das Feld wird zur Klärung des gegebenen oder zu erwartenden Beratungsbedarfs (durch Beobachtung und Intervention) auf vorhandene bzw. entstehende Probleme hin abgetastet. Die systeminterne Kommunikation bietet dann einzelnen und Gruppen Unterstützung bei auftretenden psychischen Krisen.

Diese Unterstützung kann präventiver Art sein oder auch akute Irritationen betreffen. Die in dieser Kommunikation anfallenden Arbeitserfahrungen wiederum nutzt die Beratungsstelle in der Kommunikation mit dem Träger (= zweite strukturelle Kopplung), um die Probleme des Feldes in quantitativ erfaßbare, auf Ursachen zurückzuführende und letztendlich bearbeitbare Störungen zu verwandeln. Beratung kann so verfahren, ohne sich selbst den Charakter eines an den wirklichen Problemen vorbeigehenden (möglicherweise zynischen Schein-) Manövers zu geben, weil die Transformation (Problemverstehen → Beratungsangebot → Orientierungshilfe) im Beratungsprozeß wirklich geleistet wird. – Sie wird nicht für das ganze Feld geleistet, sondern nur für einen relativ kleinen Ausschnitt (= diejenigen, die das Beratungsangebot auf sich beziehen). Dies jedoch ist – vom System Beratung aus gesehen – kein Mangel, sondern »Offenheit« und als extrem differierende Selektivität Spezifikum dieser Form von Kommunikation.

Über diese Klarstellung des gesellschaftlichen Auftrags von Beratung hinaus bietet die systemtheoretische Perspektive in einigen Einzelpunkten präzisere Beschreibungen als der psychologisch-pädagogische Diskurs. Sie kamen in der soeben gelieferten Explikation alle vor, seien jedoch um der Deutlichkeit willen noch einmal kurz benannt:

- Als *Spezifikum von Beratung* läßt sich systemtheoretisch die stark differierende Selektivität dieser Kommunikation benennen. Durch extrem unterschiedliche Selektivität (aufeinanderfolgender Operationen) grenzt sich ein Beratungssystem aus der Umwelt aus. Beratungsspezifische Kommunikation in diesem Sinne findet nicht nur intern statt, sondern auch in bezug auf das Feld, dem eine Beratungseinrichtung zugeordnet ist und dessen Orientierungsbedarf abtastend, Beratungseinrichtungen ihr Angebot entwickeln. Die einzige Kommunikationsebene, auf der diese Operationsform nicht greift, ist die mit der Verwaltung bzw. die mit dem Träger der Einrichtung.

- Das *systemtheoretische Konzept* von Psyche ermöglicht eine Auffassung von *psychischen Krisen* (als Interventionspunkten für Beratung), die nicht entwicklungspsychologischen Modellen verhaftet bleibt, nicht mit Krankheit operieren muß und es zugleich ermöglicht, das zentrale Thema von Beratung anzugeben, sowie deren Aufgabe zu bestimmen: Beratung beschäftigt sich mit solchen Orientierungsproblemen individueller psychischer Systeme hinsichtlich ihrer Umwelt, die ein Weiteroperieren des Systems in Frage stellen (= Krise). Dabei kommt dem Ausschnitt der sozialen Umwelt, auf den sich eine Beratungseinrichtung per Arbeitsauftrag bezieht, eine besondere Bedeutung zu. Die Aufgabe von Beratung besteht darin, in Kommunikation mit einzelnen oder Gruppen solche Orientierungsprobleme lösen zu helfen, bei individuellen psychischen Systemen die Immunfunktion der Gefühle zu stärken und dem Bewußtsein (wieder) eine flüssige Erwartungsproduktion zu ermöglichen. In Erfüllung dieser Aufgabe werden Beschreibungen von psychischen Befindlichkeiten produziert, die in die umgebende Kultur hineinwirken und sich als Beitrag zu einer Semantik der Gefühle verstehen lassen (s. hierzu weiter unten).

- Beratung läßt sich schließlich, faßt man die herausgearbeiteten Merkmale zusammen, als ein autopoietisches System beschreiben, das Kommunikation über psychische Orientierungsprobleme anbietet und *kommunikative Interventionen in Bewußtseinsprozesse* praktiziert. Dies ist möglich durch das Thematisieren psychischer Strukturen, das Einbeziehen der Grenzen des psychischen Systems in die Kommunikation, durch Rekurs auf die Umwelt des Körpers, durch das Bereitstellen von Beschreibungen für psychisches Befinden und psychische Operationsprobleme sowie durch das Aktivieren von Gefühlen. Diese kommunikativen Möglichkeiten sind (durch Nutzung des Methodenrepertoirs der Psychotherapie) intensivierbar zu Verstehen.

Wichtige Fragen, die in der Diskussion um psychosoziale Beratung offen oder diffus bleiben, lassen sich auf dieser Grundlage klären. So kann in der Begrifflichkeit Luhmanns angegeben werden, *was in einem Beratungsprozeß geschieht* (s. 2.1.2.2), warum *Gefühle* in dieser Kommunikationsform eine so große Rolle spielen (s. 2.1.1.2) und an welcher Stelle *psychotherapeutische Verfahren* innerhalb von Beratung ihren Ort haben, ohne daß sich Beratung dadurch in Psychotherapie verwandelt (s. 2.1.2.2). Insofern ist die systemtheoretische Sicht ausgesprochen produktiv. Daß eine so beratungsfremde Theorie wie die Systemtheorie Luhmanns so ergiebig in ihrer Anwendung auf Beratung ist, ist auf den ersten Blick erstaunlich. Bei genauerem Hinsehen ist es jedoch gerade der vollzogene Perspektivenwechsel, dem sich diese Einsichten verdanken: Die Systemtheorie nimmt nicht wie der Fachdiskurs die Besonderheiten von Beratungskommunikation zum Ausgangspunkt, sondern behandelt Beratung als eine Form der Kommunikation neben anderen. Die systemtheoretische Analyse folgt auf der Basis dieser Prämisse den Strukturen sozialer Systeme; und gerade dadurch läßt sich das Spezifikum von Beratung dann beschreiben. Ähnliches läßt sich für den wichtigsten Typ von Beratungsoperationen – die Beeinflussung psychischer Dispositionen durch Kommunikation – konstatieren: Die Systemtheorie ist hier produktiv, weil der Übergang vom Psychischen zum Sozialen für sie auch *theoretisch* ein Problem darstellt.

Trotz dieser Produktivität bleiben in bezug auf zwei Fragestellungen, die sich im ersten Teil dieser Arbeit ergeben haben, Leerstellen bestehen. So ergaben sich aus der systemtheoretischen Beschreibung auf dem bisher erarbeiteten Stand zunächst einmal keine Anstöße, um z. B. einen Fokus für konkrete Beratungsinhalte zu entwickeln oder die Herausbildung eines Arbeitsschwerpunktes zu antizipieren – dazu bietet diese Theorie zu wenige Möglichkeiten, die Systemumwelt in zu beschreibende und zu gewichtende Umwelten zu transformieren. Die unter 1.1.3 beschriebene Entwicklung des Arbeitsschwerpunktes »Beratung von Frauen« etwa läßt sich in systemtheoretischen Begriffen zwar mühelos erfassen (= Der Arbeitsschwerpunkt ist die systemspezifische Antwort einer Beratungsinstitution auf Orientierungsprobleme, die in der abtastenden Kommunikation mit der Umwelt sichtbar geworden sind). Eine solche Beschreibung bleibt jedoch eine reine Übersetzung des bereits Gesagten in Abstraktion und führt nicht zu neuen Einsichten. Um eine Formulierung Luhmanns wieder aufzugreifen: Die systemtheoretische Fassung »bestätigt« in diesem Punkt zwar »die Milieukenntnisse der sozial erfahrenen Teilnehmer«, sie »überbietet« sie aber nicht (s. Luhmann, 1997, S. 37)[83]. Und auch in einem zweiten Punkt kann das erreichte Ergebnis nicht zufriedenstellen: In allen bisherigen Überlegungen wurde die Existenz institutionalisierter Beratungsangebote vorausgesetzt. Wie Beratungseinrichtungen entstehen, wie es im Gesellschaftsprozeß überhaupt zu so etwas wie Beratungsbedarf kommt und wie daraus ein autopoietisches System mit den beschriebenen Merkmalen

---

83. »Milieu« ist in Luhmanns Theorie keine Kategorie, sondern wird eher umgangssprachlich im Sinne von »soziale Umgebung« verwendet. Milieukenntnisse sind dann zu verstehen als: sich auskennen in den Kommunikationen der Umgebung und deren Anschlußmöglichkeiten.

wird – dies alles wurde bisher nicht thematisiert. Ob sich auch für diese Fragen Erklärungsansätze aus der Systemtheorie entnehmen lassen, soll Gegenstand der nun folgenden Überlegungen sein, die sich mit dem Evolutionsaspekt zunehmender Differenzierung in der Theorie Luhmanns auseinandersetzen.

2.2 Psychosoziale Beratung als Effekt funktionaler Differenzierung

Psychosoziale Beratung ist (wie unter 1.2 aufgezeigt) in den ersten Jahrzehnten dieses Jahrhunderts entstanden und schwerpunktmäßig in den 60er und 70er Jahren ausgebaut worden. Zeitlich fällt dieser Prozeß damit in eine historische Phase, die auch für die im Zentrum der Theorie Luhmanns stehende Ausdifferenzierung von Funktionssystemen von Bedeutung ist. Es lohnt sich zu prüfen, ob die beiden Entwicklungen (Entstehung psychosozialer Beratung und funktionale Differenzierung) in einem Zusammenhang gesehen werden können – oder anders gesagt, ob die Entstehungsgeschichte von Beratung auch als Teilaspekt der Ausdifferenzierung von Gesellschaft angemessen eingeordnet werden kann.

Diese Fragestellung läßt sich unter Nutzung der bereits erarbeiteten Bestimmungen in eine konkretere übersetzen, nämlich in die Frage, ob auch von sozialer Seite so etwas wie Beratungsbedarf festgestellt werden kann bzw. ob und ab wann das Funktionieren von (einzelnen oder zahlreichen) Kommunikationssystemen ein eigenes – sekundäres – System Beratung erforderlich macht. Der bereits erarbeitete Beratungsbegriff läßt Vermutungen darüber zu, wie eine solche Situation entsteht:

Beratung war als soziale Intervention bei Orientierungskrisen des psychischen Systems bestimmt worden, wobei solche Orientierungskrisen im Mittelpunkt stehen, die das psychische System hinsichtlich seiner *sozialen Umwelt(en)* erlebt. Die Herausbildung eines eigenen sozialen Systemtyps »Beratung« setzt, so ist zu vermuten, voraus, daß solche Krisen nicht nur einzeln, als gelegentliche Nebeneffekte individueller Belastung entstehen, sondern – generell oder kontextbezogen – in einem Maße/oder einer Form auftreten, die *Kommunikationssysteme* irritieren oder gefährden. Denn nur dann, wenn Kommunikation in sehr grundsätzlicher Weise irritiert ist, sind Reaktionen von seiten sozialer Systeme zu erwarten, die wiederum zu Systembildung führen. Die Funktion, die man den Beratungseinrichtungen öffentlich zuschreibt und die ihnen, vor allem in der Phase ihrer Etablierung, auch explizit in Form von Aufgaben zugewiesen wird – Prophylaxe und Abbau von *sozialen* Funktionsstörungen (in den Universitäten z. B.: lange Studiendauer und drop-out-Quote) – verweisen darauf, daß es Krisen mit solchen Auswirkungen faktisch gibt bzw. daß sie zumindest als Ursache solcher sozialen Funktionsstörungen gelten.

Um diesen Zusammenhang genauer zu fassen, sind die Abhängigkeiten der beiden Systemtypen voneinander noch einmal zu thematisieren, diesmal nicht unter dem Gesichtspunkt ihrer Funktionsweise, sondern unter Betrachtung ihrer Entwicklungsgeschichte/n. In drei Schritten wird im folgenden versucht, die Entstehung psychosozialer Beratung systemtheoretisch zu plausibilisieren: Zunächst wird gefragt, welchen Einfluß die funktionale Differenzierung sozialer Systeme auf das psychische System hat. In einem zweiten Schritt geht es um die psychischen Krisen, die sich für die Entstehungsphasen psychosozialer Beratung ausmachen lassen. Und in einem dritten Schritt schließlich wird der Versuch gemacht, die Transformation – psychische Krisen ➜ Irritation sozialer Systeme ➜ Herausbildung eines sekundären Systems »Beratung« – exemplarisch an der Entstehung der Studentenberatung zu verdeutlichen.

2.2.1 Psychische Systeme in struktureller Kopplung mit sozialen Systemen

In der bisher erfolgten Explikation des Psychischen ist bereits deutlich geworden, daß psychische Systeme (= Bewußtsein) über strukturelle Kopplungen (= Sprache und Gedächtnis) mit sozialen Systemen (= Kommunikation) verknüpft sind. Will man verstehen, wie sich diese Kopplung in einem Entwicklungsprozeß auswirkt, der durch funktionale Ausdifferenzierung des Sozialen bestimmt ist, dann ist nicht mehr (wie im vorangegangenen Teil) die formale, sondern die inhaltliche Seite dieser Verknüpfung interessant. Betrachten wir diesen Zusammenhang zunächst einmal aus der Perspektive des psychischen Systems:

2.2.1.1 Irritierbarkeit des psychischen Systems durch Soziales

Das psychische System konstituiert sich, hieran sei noch einmal erinnert, durch das Aneinanderanschließen von Vorstellungen des Bewußtseins. Betrachtet man die inhaltliche Seite dieser Bewußtseinsoperationen, dann lassen sich *Wahrnehmungen* als wichtiger Anteil dieser Vorstellungen ausmachen. Wahrnehmungen erreichen das Bewußtsein über die Umwelt des eigenen Körpers, und es handelt sich dabei um Vorstellungen »von« etwas, das sich außerhalb des Bewußtseins befindet. Wahrnehmungen sind, so könnte man auch sagen, Vorstellungen, die das Bewußtsein nicht sich, sondern einer seiner Umwelten zurechnet.

Bezogen auf die soziale Umwelt des psychischen Systems geht es dann um Wahrnehmungen von Kommunikationsprozessen, die als Vorstellungen im Bewußtsein präsent sind und u.a. in die Produktion von Erwartungen eingehen. In diesen Vorstellungen rekurriert das Bewußtsein auf soziale Umwelt und ist insofern von Kommunikation abhängig. Auch die Inhalte fiktionaler und phantastischer Vorstellungen sind nicht völlig unabhängig von sozialen Systemen, handelt es sich dabei doch um Vorstellungen, die Sequenzen, Motive und Gegenentwürfe aus Wahrnehmungen, Erfahrungen und Erlebnissen verarbeiten. Die Art und Weise, wie diese Inhalte im Bewußtsein präsent sind, ihre Verknüpfung und ihr Prozessieren als Ereignisse des Bewußtseins – all dies ist, daran sei erinnert, psychischer Natur und folgt nicht der Autopoiesis von Kommunikation; Vorstellungen sind keine Abbildungen von sozialen Prozessen im Sinne einer Fotokopie, sondern Eigenproduktionen der Psyche; und doch sind wichtige Inhalte des Bewußtseins auf Soziales bezogen, und die Art dieses Bezuges erhält über die Produktion von Erwartungen und deren Bestätigung bzw. Enttäuschung Realität. Dies gilt in der beschriebenen Form zunächst einmal für die Ereignisabfolge eines einzelnen Bewußtseins, und zwar bezogen auf eine aktuelle Situation bzw. auf Erinnerungen an vergangene Wahrnehmungen desselben psychischen Systems. Von Sozialisations- und Bildungsprozessen wurde bei dieser Beschreibung noch abgesehen.

Nimmt man die durch Sozialisation und Bildung hergestellten Anbindungen des psychischen Systems an Kommunikation hinzu, dann ergeben sich zusätzliche Verknüpfungen von Bewußtseinsinhalten und sozialen Systemen – Verknüpfungen, die mehrere (je nach Generalisierung viele, alle) psychische Systeme an *dieselben* Kommunikations*inhalte* binden. Die Vorstellungen, die im Bewußtsein aufeinander folgen, enthalten dadurch auch Bezüge zu sozial etablierten *Themen*; sie treffen Selektionen an und mit einem sozial gegebenen Themenvorrat – in Luhmanns Diktion *Kultur* genannt (Luhmann, 1984, S. 224).[84] Themen aus dem kulturellen Themenreservoir sind für das Bewußtsein häufig im Hintergrund präsent, wenn es mit aktuellen Wahrnehmungen beschäftigt ist. Sie sind wesentlicher Bestandteil des latent immer vorhandenen Sinnhorizonts des Bewußtseins, auf den bezogen etwa die Verdichtung von Erfahrungen zu Erwartungen erfolgt. Kultur in diesem Sinne sind nicht nur die Themenbestände des Bildungsbürgertums, sondern auch die eher banalen Themen der informellen Gespräche im Alltag: Sport, Politik, Klatsch. Kultur umfaßt auch die (durch die Massenmedien in Bewegung gehaltenen) Themen von »gesellschaftlicher Relevanz«, die in den Wissenschaften immer wieder für neue Akzentsetzungen sorgen.

Einige Formen von Kultur sind von herausgehobener Bedeutung und werden in sozialen Systemen »eigens für Kommunikationszwecke aufbewahrt« (Luhmann, 1984, S. 224) – Luhmann nennt die so tradierten Kulturbereiche *Semantik*. So ließe sich beispielsweise die gesamte Tradition psychotherapeutischer Theorien und Texte – in der akademischen Alltagssprache »Diskurs« genannt – auch als Semantik bezeichnen, auf die dann z. B. das Bewußtsein eines Beraters rekurriert, wenn in einer Gesprächssituation die Beschreibung der gerade stattfindenden Kommunikation erforderlich ist. An einem solchen Beispiel wird sofort deutlich, daß der Rekurs des Bewußtseins nicht in Form einer Abbildung oder Wiedergabe von Kultur/Semantik durch Vorstellungen erfolgt. Es kann immer nur auf die Teilaspekte der entsprechenden Semantik zurückgegriffen werden, die dem individuellen Bewußtsein zur Verfü-

---

84. Diese Definition von »Kultur« (= Themenvorrat) ergibt sich aus der Funktion von Kultur in laufenden Kommunikationen (sozusagen aus der Mikroperspektive). Wird der Gesellschaftsprozeß insgesamt in den Blick genommen (= Makroperspektive), dann steht eine andere Funktion von Kultur im Zentrum. Kultur fungiert für die Gesellschaft als Gedächtnis (Luhmann, 1997, S. 587), und dieses Gedächtnis entsteht im Zusammenwirken aller Kommunikationsmedien: »Im Zusammenwirken aller Kommunikationsmedien – der Sprache, der Verbreitungsmedien und der symbolisch generalisierten Medien – kondensiert das, was man mit einem Gesamtausdruck Kultur nennen könnte. Kondensierung soll dabei heißen, daß der jeweils benutzte Sinn durch Wiederbenutzung in verschiedenen Situationen einerseits derselbe bleibt (denn sonst läge keine Wiederbenutzung vor), sich aber andererseits konfirmiert und dabei mit Bedeutungen anreichert, die nicht mehr auf eine Formel gebracht werden können.« (Luhmann, 1997, S. 409)

gung stehen (d.h. die er/sie irgendwann einmal nachhaltig gelernt hat); und dieser Rückgriff erfolgt auch nicht durch eine gezielte Vergegenwärtigung gewußter Semantik, sondern assoziativ, hervorgerufen durch das Erleben der gerade stattfindenden Kommunikation und die eher atmosphärisch wahrgenommenen Eigenarten des Gegenübers. Assoziation, Verdichtung von prozessierenden Vorstellungen auf dem Hintergrund latenter Sinnbezüge – darin besteht die Operationsform des psychischen Systems, in der auch Kommunikationserfahrungen (= Soziales) verarbeitet werden.

◆ Kulturell-historisch vermittelte Inhalte kommen, so läßt sich zusammenfassen, in Vorstellungen des Bewußtseins vor und können bei der Herausbildung von Erwartungen eine wichtige Rolle spielen. Man kann sogar weitergehen und folgern, daß die Orientierung des Bewußtseins an Kultur eine wichtige Voraussetzung dafür ist, Erwartungen zu produzieren, deren Bestätigung nicht gänzlich unwahrscheinlich ist, ist Kultur doch kommunikativ erprobt und liegt hier doch ein auch für andere psychische Systeme gegebener Bezugspunkt.

Nimmt man diesen letzten Aspekt ernst, dann ist nachvollziehbar, warum psychische Systeme besonders dann leicht irritierbar sind, wenn Lebensabschnitte beendet und/oder die relevanten sozialen Umwelten gewechselt werden. Die Funktionstüchtigkeit der sozialen Identität einer Person hängt genauso vom Vertrautsein mit den jeweils etablierten kulturellen Bezügen ab wie die Sicherheit der Erwartungsproduktion, bzw. die Routine, mit der Erwartungen und Ansprüche sich einstellen. Wer darüber Bescheid weiß, ob man in einer bestimmten sozialen Umgebung über Theater spricht oder über Hochschulpolitik, ob Tennis »in« ist oder Basketball, der kann sich leichter in Kommunikation einklinken. Sichere Erwartungsproduktion und Sicherheit in bezug auf den eigenen Status als Person erfordern so etwas wie *kulturelle Ortskenntnis*.

Die genannten Abhängigkeiten des psychischen Systems von seiner Kommunikationsumwelt bekommen dadurch etwas Zwingendes, daß das psychische System zwar jede einzelne Kopplung mit einem sozialen System auch unterlassen kann, nicht aber das Einklinken in Kommunikation überhaupt, denn nur über Kommunikation kann es sich Zugang zu relevanten kulturellen Beschreibungsformen von Bewußtsein verschaffen, und nur durch Kommunikation kann es sich der Existenz anderer psychischer Systeme versichern, die direkt zu beobachten unmöglich ist. Soziale Umwelt ist wie die Umwelt der eigenen Körperlichkeit für jedes psychische System notwendige Umwelt.

Fragt man sich, woher solche doch recht komplexen Verbindungen zwischen psychischen und sozialen Systemen ihre Funktionstüchtigkeit beziehen, so ist man auf ein historisches Faktum, die *Koevolution von sozialen und psychischen Systemen* verwiesen – ein Prozeß, in dem sich beide Systeme als autopoietische entwickeln und in dem sich zugleich die für das Funktionieren beider Systemtypen wichtigen strukturellen Kopplungen herausbilden. Die Effekte dieser Koevolution auf das psychische System gilt es nun genauer zu betrachten.

2.2.1.2 Die Irritation des psychischen Systems durch funktionale Differenzierung

Der Prozeß der funktionalen Ausdifferenzierung von Gesellschaft, der seit dem 18. Jahrhundert die europäischen Gesellschaften prägt und zunehmend bestimmt[85], hat nicht nur Soziales und Psychisches zu unabhängig voneinander funktionierenden Systemen gemacht, sondern – in Konsequenz dieser Entwicklung – auch die Relation zwischen beiden so verändert, daß Differenzierungszuwachs in dem einen Systemtyp Auswirkungen auf den anderen hat. Dies Verbundensein in einem Entwicklungsprozeß hat zum einen eine Erhöhung der Funktionstüchtigkeit des wechselseitigen Rückgriffs zur Folge; zugleich ist die damit gegebene Entwicklungsabhängigkeit zweier verschiedener Systemtypen voneinander jedoch auch eine Quelle neuer Probleme. Hier soll nur auf die wichtigsten, sich aus der Koevolution ergebenden Veränderungen eingegangen werden, die das Individuum betreffen:

◆ Die wichtigste Konsequenz der Ausdifferenzierung sozialer Funktionssysteme besteht darin, daß das psychische System als autopoietisches überhaupt entsteht[86].

---

85. In der Sicht Luhmanns ist die Ausdifferenzierung der gesellschaftlichen Funktionssysteme Wirtschaft, Wissenschaft, Politik/Recht, um die wichtigsten zu nennen, mit ihren Auswirkungen auf alle Lebensbereiche das Charakteristikum der Moderne. Insofern befinden wir uns mit den hier angestellten Überlegungen historisch wie hinsichtlich der angeführten Phänomene im Bereich der gesellschaftlich-historischen Fragen, die in der aktuellen sozialwissenschaftlichen Diskussion als Modernisierungseffekte bzw. Modernisierungsprobleme thematisiert werden. Dies gilt nicht nur für die Soziologie (s. U. Beck, 1986) oder die Debatte über die psychosoziale Versorgung (s. Keupp, 1987), sondern auch für die Pädagogik (s. Baacke, 1997, S. 15–24)

86. Dies bedeutet nicht, daß Menschen vorher kein Bewußtsein gehabt hätten und Bewußtseinsoperationen (wie Denken) nicht hätten thematisiert werden können. Es bedeutet, daß die Selbstunterscheidung psychischer Operationen von kommunikativen bis dahin nicht vollständig vollzogen war und beide Operationsweisen in erster Linie als medial (innen/außen) verschieden aufgefaßt wurden. Der Veränderungsprozeß, der für das Bewußtsein seit dem 18. Jahrhundert stattgefunden hat und im ersten Drittel dieses Jahrhunderts als abgeschlossen gelten kann, ist natürlich nicht unmittelbar dokumentiert. Sucht man nach Veranschaulichung, dann läßt sich auf die europäische Romanliteratur verweisen, die die Systembildung des Bewußtseins nicht nur abbildet, sondern mitgestaltet hat. Hier nur einige Hinweise zur Verdeutlichung dieses Zusammenhangs, der bei Luhmann begrifflich angelegt, aber nicht expliziert ist: Nicht zufällig etabliert sich der (aus Epos und Schelmenroman entstandene) moderne Roman als relevante literarische Gattung mit Erfindung und allgemeiner Nutzung des Buchdrucks. Zunächst in der Erzählweise an äußeren Handlungsabläufen orientiert, wenden sich Romanhandlungen ab dem 18. Jahrhundert zunehmend inneren Vorgängen in den Personen zu. Für die Herausbildung des psychischen Systems sind nicht in erster Linie die beschriebenen Inhalte inneren Erlebens interessant, sondern die Erzähl*form*. Vom auktorialen Erzähler (der die innere wie die äußere Welt gleichermaßen objektiv überschaut) erweitert sich das Spektrum über personale Erzählperspektiven (Ich-Erzählung/personale Erzählung, in der die wechselnde Perspektive unterschiedlicher Personen eingenommen wird) zur Darstellungsform des »stream of consciousness«. Erst die zuletzt genannte Form folgt der Operationsweise eines autopoietischen psychischen Systems. Zur Markierung der historischen Einschnitte, hier einige Ti-

Für das Individuum geht das mit der Erfahrung einher, *nicht mehr einem sozialen Gefüge anzugehören*, sondern an verschiedenen (und zunehmend differenzierteren) sozialen Systemen teilzunehmen. Dies verlangt einen ständigen Wechsel der Bezugsebenen für Sinnfindung von Kommunikationsabläufen.

»Allein schon die Sinngebung bestimmter Kommunikationen, allein schon die Tatsache, daß es sich (z. B., R.G.) um eine Zahlung handelt oder daß man eine Entscheidung in staatlichen Ämtern beeinflussen möchte oder daß die Frage aufgeworfen wird, was in einem bestimmten Fall Recht und was Unrecht ist, ordnet die Kommunikation einem bestimmten Funktionssystem ein. Individuen müssen sich an all diesen Kommunikationen beteiligen können und wechseln entsprechend ihre Kopplung mit Funktionssystemen von Moment zu Moment.«
(Luhmann, 1997, S. 625).

Kommunikation und Bewußtseinsabläufe können unter diesen Bedingungen nicht mehr als Kontinuum erlebt werden. Das Ich wird sozial ortlos und entwickelt sich zum psychischen System im definierten Sinne. Daraus ergeben sich Probleme für die Selbstbeschreibung psychischer Systeme. Die Aussage »Ich bin die Tochter von X aus Y.« ergibt keine Beschreibung mehr, die einen Unterschied (zu anderen) macht, da X und Y für die meisten Kommunikationsvorgänge nur noch Namen darstellen, aus denen sich über Status, Kompetenzen und Ansprüche nichts mehr ableiten läßt. Auf eine Selbstbeschreibung, durch die einzelne als von anderen verschieden sichtbar werden, kann jedoch nicht verzichtet werden, ist eine solche *soziale Identität* doch Voraussetzung für das Sich-Einklinken des psychischen Systems in Kommunikation. So werden Situationen typisch,

»in denen man erklären muß, wer man ist; in denen man Testsignale aussenden muß, um zu sehen, wie weit andere in der Lage sind, richtig einzuschätzen, mit wem sie es zu tun haben. Deshalb braucht man ›Bildung‹ oder Signale, die auf Vermögen hinweisen, über das man verfügt.«
(Luhmann, 1997, S. 627)

◆ Für die zwischen Personen stattfindende Kommunikation hat die Lösung des psychischen Systems aus sozialen Abläufen zur Folge, daß Differenzen, die an Personen sichtbar sind (Geschlecht, äußere Statusmerkmale, Anzeichen ethnischer Her-

---

tel, die sich fast als Stufenfolge der Systembildung lesen lassen: Laurence Stern macht im »Tristram Shandy« (1760–67) den ersten Versuch, einen »sonderbaren« Charakter durch Abbildung seiner Imaginationen darzustellen. Goethes Entwicklungsroman »Wilhelm Meister« (1795–96) beschreibt Entwicklung/Bildung als Erfahrungsprozeß, in dem sich Kommunikation und Selbstreflexion des Bewußtseins abwechseln. Die romantischen Romane (K. Ph. Moritz' »Anton Reiser«,1785–94; Novalis' »Heinrich von Ofterdingen«, 1802) gestalten Passagen konsequent personalen Erzählens zur Darstellung von Subjektivität. Und als entfaltetes autopoietisches System erscheint das Bewußtsein dann in Joyce' »Ulysses« (1922) und Virginia Woolfs »Mrs. Dalloway« (1925).

kunft[87], Zeichen für Wohlstand bzw. Armut), stärker in die Strukturierung von Kommunikation einbezogen werden und dadurch eine neue Bedeutung bekommen. – Sie werden körpernäher konstruiert: das sozio-kulturelle Geschlecht wird eng mit Biologie verknüpft[88]; der soziale Status wird habitualisiert. Lösungen für die entstandenen psychischen Selbstbeschreibungsprobleme liegen (solche neuen, körpernahen Differenzierungen als Sinnhorizont nutzend) in der Herausarbeitung und Betonung individueller Differenzen: Die Person X hat die Eigenarten, Fähigkeiten und kommunikativen Vorgeschichten x,y,z, die ihr als Individuum zugerechnet werden und aus denen sich Ansprüche legitimieren lassen. Solche individuellen Selbstbeschreibungen werden nicht nur innerpsychisch verhandelt, sondern auch sozial mitgeteilt, kommunikativ erprobt, von anderen aufgegriffen und zu einem kulturellen Repertoire entwickelt. Die schöne Literatur übernimmt hierbei (vor allem im 18. Jahrhundert) ebenso eine wichtige Rolle wie die Pädagogik (vorwiegend im 19. Jahrhundert) und Journale bzw. andere Medien (mit Beginn des 20. Jahrhunderts). So entstehen komplizierte (und sich weiterentwickelnde) Semantiken für die Beschreibung von Individualität, auf die das Bewußtsein in Selbstbeobachtungen (= innerpsychische Selbstwahrnehmung) und Selbstbeschreibungen (= Aufbereitung für Kommunikationszwecke) zurückgreifen muß, sollen diese verstehbar sein und Bestätigung erfahren.

◆ Eine Komplizierung für die soziale Orientierung des psychischen Systems ergibt sich aus der zunehmenden Systemvielfalt. Die Produktion von Erwartungen in bezug auf die soziale Umwelt muß sich auf wechselnde Kulturen einlassen. Je ausdifferenzierter die sozialen Systeme sind, desto höher die erforderliche Flexibilität auf seiten des Bewußtseins, auf Systemgrenzen zu reagieren und sich auf verschiedene Systemarten (Nachbarschaftskommunikation; Straßenverkehr; Kaufs- und Verkaufsrituale; Prozedere von Behörden; Freundschafts-, Liebes- und Arbeitsbeziehungen; Politik; je nach Beruf: Wissenschaft, Religion, Recht...) umzustellen. Für zahlreiche Systemarten existieren zudem inzwischen zugehörige Semantiken, die zu kennen den Umgang erleichtert.
Aus diesem Differenzierungsprozeß ergeben sich neue Anforderungen an Psyche: Flexibilität in bezug auf Kulturen/Semantiken sowie in Voraussetzung und Folge solcher Umstellungen die Notwendigkeit, Kontinuität *selbst* sicherzustellen, was Selbstbeobachtung und Selbstreflexion erforderlich macht. – Die im ersten Teil (für die Zeit seit Beginn der 60er Jahre) konstatierte Psychologisierung der Alltagskultur hat hier ihren Ursprung.

◆ Gesellschaftliche Funktionssysteme operieren autopoietisch, unabhängig von psychischen Systemen und anderen Umwelten. Sie sind jedoch symbiotisch an die

---

87. Nicht zufällig entstehen mit den ersten Differenzierungsprozessen des 18. Jahrhunderts auch die ersten anthropologischen Rasse-Konstrukte.
88. Diese Veränderung ist durch die feministische Forschung ausgiebig untersucht und gut dokumentiert. S. z. B. Christina von Braun 1985.

Körperlichkeit von Menschen gebunden. Kommunikation setzt direkt oder vermittelt die *physische* Anwesenheit von Personen voraus; und diese Abhängigkeit findet sich in den gesellschaftlichen Funktionssystemen in der Form wieder, daß in jeweils systemspezifischer Weise auf menschliche Körperlichkeit rekurriert wird (Politik muß auf Gewalt zurückgreifen können, Wirtschaft muß Bedürfnisse voraussetzen, Liebe ist durch Sexualität mit dem Körper verknüpft, und Wissenschaft bedarf für ihre Weltbeschreibung der sinnlichen Wahrnehmung. S. Luhmann, 1984, S. 341; 1997, S. 378 f.).

Diese Bindung an Körperlichkeit hat Konsequenzen für den hier thematisierten Zusammenhang. Sie hat zur Folge, daß in die Selbstbeschreibung *aller* auf Körperlichkeit rekurrierender Systeme Körperbilder eingehen, die generalisierbare Körperfunktionen betreffen, genauso gut aber morphologische Differenzen benutzen können. Dies gilt für soziale wie psychische Systeme. Beide Systemarten produzieren Beschreibungen für Körperlichkeit, auf die dann Kommunikation wie Bewußtseinsprozesse rekurrieren. So entstehen Körpersemantiken (individuelle, medizinische, juristische, ästhetische, sexuelle), in denen Bilder von den Bedürfnissen, Empfindlichkeiten, Lustmöglichkeiten und den Wahrnehmungsfähigkeiten des menschlichen Körpers entworfen werden. Die Funktionalität solcher Bilder liegt vor allem in ihrer Flexibilität. Daß sie trotz Flexibilität differenziert ausgearbeitet werden und normierend wirken können, ist inzwischen für die Geschlechterbilder ausführlich aufgearbeitet worden (s. hierzu im Vergleich: Schmerl, 1984; Großmaß & Schmerl, 1986).

◆ Die Tatsache, daß alle wichtigen sozialen Funktionssysteme sich (symbiotisch) auf die Körperlichkeit von Menschen beziehen und auch alle psychischen Systeme in ihren Selbstbeschreibungen auf die körperliche Einheit des Individuums Bezug nehmen, daß es also ein gleichermaßen Verwiesensein all dieser Systeme auf den menschlichen Körper gibt, dieses Faktum hat zur Folge, daß körperlich festzumachende Differenzen zwischen Personen *kulturell* eine große Bedeutung bekommen – dabei geht es dann vor allem um die Geschlechterdifferenzen (die, wenn essentialistisch gefaßt, zu Sexismen werden), bei zunehmender Globalisierung von Gesellschaft jedoch auch um ethnische Differenzen (die, wenn körperbezogen thematisiert, zu Rassismen werden). Die Möglichkeit, Personen nach körperlich sichtbaren Merkmalen zu differenzieren, bedeutet für die Kommunikationssysteme einen Funktionalitätsgewinn (im Sinne von: man weiß wieder jederzeit, mit wem man es zu tun hat, und ist dennoch nicht an Stratifikation gebunden, sondern flexibel)[89]; für das individuelle psychische System wird die Angelegenheit dadurch jedoch nicht unbedingt leichter. Denn Körpermerkmale als solche sind in der Regel weder

---

89. In dem Funktionalitätsgewinn, den die Differenzierung nach körperlichen Merkmalen für soziale Systeme bedeutet, liegt der Grund für die Langlebigkeit ideologischer Konstrukte über Menschsein. Damit eröffnet sich eine neue Dimension für die Auseinandersetzung mit »alltäglichem Rassismus« und »alltäglichem Sexismus«, auf die hier jedoch nur verwiesen werden kann.

eindeutig noch aus sich selbst heraus mit Bedeutung aufgeladen; die auf die verschiedenen Systeme hin entwickelten Körpersemantiken sind daher weder »wahr«, noch stimmen sie überein; sie müssen nicht einmal miteinander kompatibel sein. So reflektiert z. B. das sexualisierte Frauenbild der Produktwerbung die Abhängigkeit des Wirtschaftssystems von den Bedürfnissen der (männlichen) Käufer. Die Apparaturen der Naturwissenschaft erzeugen die menschliche Wahrnehmungsfähigkeit als objektbezogene; und das Rechtssystem produziert zum einen »natürliche Rechtspersonen«, die eindeutig männlich oder weiblich sind, und zum anderen Nationalität als Personenmerkmal, das sich dann mit Körpermerkmalen aufladen läßt. Solche Körperbilder betreffen das psychische System doppelt: sie beeinflussen die Selbstbeobachtung/Selbstbeschreibung und die Erwartungen und Ansprüche, mit denen sich das psychische System hinsichtlich der Umwelt »eigener Körper« orientiert.[90] Und widersprüchliche oder auseinanderfallende Körperbilder bringen das psychische System in Schwierigkeiten; denn im Gegensatz zu den sozialen Systemen ist das psychische System darauf angewiesen, die eigene Körperlichkeit als einigermaßen konsistent beschreibbare Einheit zu behandeln.

◆ Durch zunehmende Ausdifferenzierung der sozialen Systeme verändert sich für das Individuum die soziale Umwelt hinsichtlich der Relation von persönlichen und unpersönlichen Beziehungen. Je mehr Kommunikation in funktional differenzierten Systemen erfolgt, desto mehr wird Kommunikation von unpersönlichen Beziehungen (= ohne persönliche Kenntnis des Gegenübers) getragen (s. Luhmann, 1982, S. 13 f.). Um z. B. ein Buch in der Bibliothek auszuleihen, ist es genau so wenig nötig, die Person an der Ausleihtheke zur Kenntnis zu nehmen, wie die Teilnahme an einer Klausur voraussetzt, daß der Lehrende einen kennt. Die Folge ist: Es gibt nur noch einige wenige Beziehungen, die persönlicher Natur sind und in denen Intimität möglich ist (Eltern-Kind-Beziehungen, intime Freundschaften, Liebesbeziehungen). In diesen wenigen Beziehungen entsteht dann ein hohes Bedürfnis nach Intensität, was wiederum dazu führt, daß Mißerfolge und Scheitern von persönlichen Beziehungen zunehmend wahrscheinlich werden und zugleich mit hohen psychischen Kosten verbunden sind. Die im Kontext von Beratung immer wieder angesprochene Anonymität der Lebenswelten, konkret für den Hochschulbereich die Isolation der einzelnen innerhalb der Großinstitution, läßt sich auf diese Zunahme unpersönlicher Beziehungen auf Kosten der persönlichen beziehen.

---

90. Zur Plausibilisierung dieser These sei auf die Diskussion um das Schaffen künstlicher Bedürfnisse durch die Werbung verwiesen; bzw. auf die Durchsetzung politischer Herrschaftsansprüche per Folter (einschließlich der Wirkung entsprechender Darstellung in den Medien). Hinweise auf den Zusammenhang zwischen Sexualitätssemantik und individueller Produktion von Befriedigungsansprüchen ergeben sich aus Situationen, in denen Pornographie als »Drehbuch im Kopf« fungiert (s. Ashley & Ashley, 1986, S. 14–22).

◆ In den hier beschriebenen Veränderungen ist auf einer sehr allgemeinen Ebene viel von dem wiederzufinden, was im fachlichen Diskurs über Beratung unter dem Stichwort »Modernisierungsprozesse« angesprochen worden ist (s.o. 1.2). Bereits auf dieser allgemeinen Ebene ist deutlich, daß dem psychischen System aus diesen Prozessen Schwierigkeiten erwachsen können, die nicht nur einzelne, sondern *alle* betreffen. Die Orientierung hinsichtlich des eigenen Körpers und hinsichtlich der sozialen Welt (durch Vervielfältigung der sozialen Systeme mit entsprechenden Kulturen und Semantiken) wird insgesamt komplizierter. Dies ist deshalb prekär, weil sich das psychische System dem nicht einfach verweigern oder entziehen kann – zumindest nicht generell. Denn der eigene Körper und soziale Systeme sind notwendige Umwelt für das psychische System, ohne die es den Zugang zur »Welt« genau so verliert wie die Wahrnehmung seiner selbst.

Führt man sich die Anforderungen vor Augen, die sich hieraus für das psychische System ergeben, dann ist unmittelbar plausibel, daß das individuelle Bewußtsein, das als personales der Achtung, des Wahrgenommenseins und der (positiven) Bestätigung der eigenen Selbstbeschreibung bedarf[91] und das zugleich in wichtigen Bereichen (Legitimieren von Ansprüchen, eigene Körperlichkeit und Herstellen von Intimität) mit der fortschreitenden Differenzierung sozialer Systeme verbunden ist, durch einige Effekte dieser Ausdifferenzierung in Krisensituationen geraten kann.

Luhmann selbst deutet diese Auswirkung sozialer Differenzierung mehrfach an – wenn er etwa bei der Explikation von Gefühlen darauf verweist, daß »die moderne Gesellschaft mehr, als man gemeinhin denkt, durch Emotionalität gefährdet ist.« (Luhmann, 1984, S. 365); oder wenn er bei der Analyse der Liebessemantik zu dem Ergebnis kommt, daß sowohl die Intimbeziehung als auch die daran beteiligten Individuen überfordert sind mit der Verwandlung des Ideals (von leidenschaftlicher Passion) in paradoxe Realität (s. Luhmann, 1982, S. 200–215). Um welche *Arten von Krisen* es in dem skizzierten Prozeß konkret geht, ist Gegenstand der nun folgenden Überlegungen.

2.2.2 Psychische Krisen im Vorfeld der Entstehung von Beratung

Zur Verdeutlichung der Entstehung psychischer Krisen im Vorfeld von psychosozialer Beratung greife ich auf die unter 1.2 zusammengetragene Entstehungsgeschichte von Beratung zurück – diese nun unter dem Gesichtspunkt funktionaler Differenzierungsprozesse interpretierend. Wenn es zutrifft, daß psychische Krisen durch Differenzierungsschübe sozialer Systeme entstehen, dann – so die Überlegung – müssen sich die *Themen*, um die herum solche Krisen sozial wahrnehmbar werden, als Differenzierungseffekte beschreiben lassen. Und wenn es zutrifft, daß sich in den beiden Phasen der Etablierung von Beratung die (psychischen) Auswirkungen fortschreitender funk-

---

91. S. hierzu Luhmann, 1984, S. 318 f.

tionaler Differenzierung Geltung verschaffen, dann muß dies auch an veränderten Problemen und Themen ablesbar sein.

2.2.2.1 Psychische Krisen in der ersten Entwicklungsphase von Beratung

Welche Themen waren es, um die herum Beratung in den 20er Jahren entstanden ist und in denen sich die Schwierigkeiten, um die es ging, kulturell abbilden? Die ersten psychosozialen Beratungsstellen der Weimarer Republik beschäftigten sich mit Problemen aus den Bereichen: Familie und Erziehung, Sexualität und Reproduktion, Beruf und Karriere, Geschlecht und soziale Identität. Drei Aspekte sind auffällig, betrachtet man diese Themen mit dem (inzwischen) systemtheoretisch ausgerichteten Blick:

◆ Alle Themen betreffen wichtige Lebensbereiche und zugleich biographische Entscheidungspunkte, die für *alle* Individuen gegeben sind. Es ist zudem unmittelbar einleuchtend, daß mögliche Lebensentscheidungen in diesen Bereichen sich radikal verändern, wenn Individuen »sozial ortlos« werden und das individuelle Bewußtsein zum autopoietischen psychischen System wird. Denn – besteht in stratifikatorisch gegliederten Gesellschaften eine begrenzte Wahlmöglichkeit innerhalb einer vorgegebenen Struktur (so hatte z. B. eine Bauerntochter in einigen Regionen Europas die Wahl, einen Hoferben zu heiraten, als »Tante« im Haushalt des Bruders zu leben, oder aber in ein Kloster einzutreten), so müssen in funktional differenzierten Gesellschaften in derselben Lebenssituation nacheinander eine Reihe von Entscheidungen nach individuenbezogenen Kriterien getroffen werden (nach Einschätzung der persönlichen Neigungen und der individuellen Begabung sind Bildungs- und Ausbildungsentscheidungen zu treffen, die ggf. aus dem bäuerlichen Milieu herausführen). Die entsprechenden Lebensentscheidungen sind nicht mehr von Beginn an zu überschauen, sondern ergeben sich als Karrieren durch Entscheidungen mit Folgen, an die weitere Entscheidungen anschließen.

◆ Alle Lebensbereiche, die in der obigen Aufzählung vorkommen, sind solche, in denen man nicht nicht-entscheiden kann, ohne aus dem sozialen Leben herauszufallen, betreffen sie doch wichtige Kopplungspunkte zwischen psychischen und sozialen Systemen: Familie/Erziehung sichert für die einzelnen die Grundsozialisation ab, die es individuellen psychischen Systemen ermöglicht, als Personen an Interaktionssystemen und Kultur(en) teilzunehmen. Sexualität/Reproduktion verbindet individuelle Generativität mit der Reproduktion der für alle sozialen Systeme notwendigen (Menschen-) Umwelt. Beruf/Karriere bindet das individuelle psychische System in das soziale System Wirtschaft ein. Und Geschlecht/soziale Identität schließlich betrifft die Basis der Erwartungsproduktionen des psychischen Systems in bezug auf seine soziale Umwelt. Damit ist deutlich: Ist der Orientierungsprozeß des psychischen Systems hinsichtlich dieser Lebensbereiche irritiert, dann ist für das psychische System die Möglichkeit irritiert/gefährdet, an sozialen Systemen teilzunehmen.

126

◆ Die oben vorgenommene Anordnung der Themen, um die herum psychosoziale Beratung in der Weimarer Republik entstand, macht es leicht, die in dieser Zeit stattfindenden Veränderungen der Kultur zu erkennen. Bei den Begriffspaaren handelt es sich jeweils um Zuordnungen, die noch bis Ende des 19. Jahrhunderts eine Einheit darstellten, die zu trennen kaum vorstellbar war. Familie und Erziehung gehörten für die Alltagskultur genau so selbstverständlich zusammen wie Sexualität und Reproduktion, Beruf und Karriere waren nicht trennbar, und die Geschlechtszugehörigkeit war fester Bestandteil der sozialen Identität. Genau dies beginnt sich um die Jahrhundertwende zu ändern. Und verschärft durch die Notwendigkeit der Reorganisation nach der Katastrophe des Ersten Weltkriegs ist die Weimarer Republik in diesen Lebensbereichen die Zeit des Umbruchs. Nun ist Sexualität auch für Frauen von Reproduktion getrennt vorstellbar (durch die Möglichkeit von Empfängnisverhütung und Schwangerschaftsabbruch[92]). Durch die stattfindende Erweiterung des Zugangs, den Frauen zum Berufsmarkt haben, werden Alternativen zur Familienrolle denkbar (ein Ergebnis der Ersten Frauenbewegung und des kriegsbedingten Einsatzes von Frauen in »Männerberufen«); die Gleichsetzung von Beruf und männlichem Geschlecht beginnt sich aufzulösen. Und die parallel verlaufende Umstrukturierung der (Nachkriegs-) Wirtschaft macht Karrieren (nicht nur im Beruf im Sinne von Erfolg/Mißerfolg, sondern auch) jenseits von Beruf und Stand möglich (durch technische Erfindungen in der Maschinenindustrie; durch Arbeitslosigkeit, die Massen betrifft und doch individuelles Schicksal ist; durch den schwarzen Markt und Spekulationen an der Börse).

Dieser »Differenzierungszuwachs« hat Auswirkungen für Individuen beiderlei Geschlechts, wenn auch in unterschiedlichem Maße und mit verschiedenen Schwerpunkten; und er bringt für Frauen insgesamt mehr Brüche mit sich als für Männer. Er bedeutet neue Entscheidungsmöglichkeiten und -notwendigkeiten in großem Ausmaß, verknüpft mit ethischen, politischen und religiösen Konflikten. Dabei ist das psychische System von zwei Seiten Irritationen ausgesetzt. Die Entscheidungsanforderungen steigen, und gleichzeitig verlieren kulturell gesicherte Orientierungshilfen an Wirksamkeit oder werden ungültig. So ist nachvollziehbar, daß psychische Krisen in sozial bedeutendem und beunruhigendem Ausmaß entstehen.

Versucht man konkreter zu fassen, welche *Art* psychischer Krisen bei den beschriebenen Formen der Überforderung naheliegen, dann lassen sich genau die Krisenerscheinungen plausibel machen, die in der beschriebenen historischen Phase wahrzunehmen sind bzw. erst entstehen:

Eine Reaktionsmöglichkeit auf die beschriebenen Irritationen besteht für das Be-

---

92. In beiden Punkten waren die praktischen Möglichkeiten in den 20er Jahren sehr viel geringer als heute. Dennoch hat das Vorhandensein benennbarer Techniken (bei der Verhütung: relativ zuverlässige Kondome und Berechnungsverfahren für »unfruchtbare Tage«, beim Schwangerschaftsabbruch: das Wissen um die illegalen und riskanten, aber zur Not vorhandenen Praktiken) Auswirkungen auf den Diskurs: Das, was bisher nur als Einheit gedacht werden konnte, wird als Getrenntes vorstellbar.

wußtsein darin, sich von der sozialen Umwelt abzuwenden, partiell, indem man sich z. B. Formen der Naturmystik hingibt, wie zahlreiche in den zwanziger Jahren entstandene Strömungen (Nudisten, Wandervogel) belegen; oder aber gänzlich durch Rückzug aus allen Anforderungen – die *moderne Form der Depression* entsteht.[93] Dies läßt sich auf der Grundlage der beschriebenen Eigentümlichkeiten des psychischen Systems damit erklären, daß keine *psychische Legitimation* mehr dafür herzustellen ist, einen Teil der Erwartungen, die das Bewußtsein produziert, in Ansprüche zu verwandeln. Die Folge ist, daß es keine Berührungspunkte mit Sozialität mehr gibt, die aus der gleichmäßigen Abfolge von Erwartungen und Enttäuschung/Bestätigung herausgehoben sind, die Identifizierung ermöglichen und Engagement auslösen. Es tritt dann eine gleichmütige Desinteressiertheit allen Kommunikationen gegenüber ein. Sucht man nach Beispielen für solche Krisen, dann ist etwa an die oft spürbare Depressivität von Langzeitarbeitslosen zu denken, die insbesondere bei Personen auftritt, deren soziale Identität mit der Erwerbsarbeit verknüpft ist. Sie entsteht dadurch, daß alle Ansprüche ihre innere Legitimation verloren haben – angesichts des Verlustes der sozialen Identität. Ähnliche Zustände stellen sich heute manchmal bei Studenten ein, wenn sie nach längerem Leugnen des Risikos dann plötzlich mit dem möglichen Scheitern einer Prüfung konfrontiert sind.

Ein anderer Typ psychischer Krise betrifft die *soziale Legitimation* von Ansprüchen. Sie tritt dann ein, wenn die kulturell etablierten Begründungsmuster nicht mehr greifen, weil die soziale Differenzierung fortgeschritten ist. In einem solchen Fall ist das Bewußtsein anachronistisch geworden und bezieht sich bei seiner Orientierung in der sozialen Umwelt auf kulturelle Muster, die sozial nicht mehr anschlußfähig sind. Die Folge: Es entwickelt Ansprüche, die sozial nicht legitimiert werden können. Emotional hoch besetzte Enttäuschungen treten ein, mit möglicherweise hohem Konfliktpotential.

Diesem Krisentypus sind z. B. *männliche Gewaltausbrüche in der Familie* zuzuordnen, soweit sie sich darauf berufen, daß ihnen die Unterordnung verweigert wurde, auf die sie (in ihrer überholten männlichen Sicht) Anspruch zu haben glauben. Bei Frauen gibt es zwar keine Gewaltreaktionen in dieser Form, sehr wohl aber nach innen gewendete psychische Krisen diesen Typs, z. B. wenn nach erfolgtem, wohlüberlegtem Schwangerschaftsabbruch *plötzlich Schuldgefühle lähmend und erdrückend werden.* Und es gibt auch hochschultypische Formen solcher Krisen, in der Art der Verweigerung z. B., mit der manche Jungakademiker auf die durch gesetzliche Neureglung hervorgerufene Stellenverknappung an den Universitäten (Ende der 70er Jahre) reagiert haben. Die durch glanzvolle Leistungen »verdiente« Hochschulkarriere war nicht mehr zu realisieren, der schnellebige akademische Diskurs paßte sich schnell an die neue Lage an, und die gestern noch angemessenen Ansprüche waren in kurzer Zeit nicht mehr nachvollziehbar. Die individuelle Reaktion einzelner Betroffener: Suchtkarriere, Rückzug ins Private – eine paradoxe Leugnung der Identifikation mit Wissenschaft.

---

93. Zu den sozialhistorischen Hintergründen dieser Entwicklung s. Radkau, 1998.

2.2.2.2 Psychische Krisen in der zweiten Entwicklungsphase von Beratung

Die beschriebenen Formen psychischer Krisen (überfordertes Abwenden von Kommunikation, Verlust der inneren oder äußeren Legitimation von Ansprüchen) lassen sich – wie in den angeführten Beispielen z.T. bereits deutlich wurde – auch für die Umbruchphase der 60er/70er Jahre (= der zweiten Phase, in der psychosoziale Beratung ausgebaut wird) ausmachen. Allerdings aufs Ganze gesehen, mit einer quantitativen Verschiebung: es geht mehr und häufiger um inneren als um äußeren Legitimationsverlust. Das hat seine Ursache in veränderten Differenzierungseffekten. Für das psychische System entstehen nicht mehr »nur« Irritationen hinsichtlich zentraler, aber ausgegrenzter Lebensbereiche, vielmehr steht verstärkt die Orientierungsmöglichkeit des psychischen Systems generell in Frage.

Für die psychosoziale Beratung hat dies zwei Effekte: Zum einen haben sich die Themen, um die es in der Beratung geht (Schwangerschaftsabbruch, Beziehungskonflikte, psychosomatische Belastungen, Erziehungsschwierigkeiten, Gesundheitsprobleme, Studienentscheidungen, Gewalterfahrungen von Frauen...) ausdifferenziert (auch hinsichtlich der Zielgruppe). Zum anderen gilt für alle Themen, daß sie nun (entweder nur oder auch) in ihrer psychischen Dimension Gegenstand von Beratung werden. Der Begriff, der diese Veränderungen kulturell reflektiert (und seit Beginn der 70er Jahre immer mehr Diskurse bestimmt), heißt »Identität« – und zwar Identität als etwas, das hoch besetzt ist und nach dem das psychische System auf der Suche ist[94].

Sieht man die beiden Phasen der Herausbildung psychosozialer Beratung in einem Kontinuum[95], dann läßt sich erschließen, welcher Modernisierungsschub zwischenzeitlich stattgefunden hat: Differenzierungseffekte, die in den 20er Jahren (nur) kulturell, d.h. als Themen auszumachen waren (Auflösung der Einheit von Sexualität und Reproduktion, von Geschlecht und sozialer Identität, von Familie und Erziehung, von Herkunft und Zugehörigkeit), werden mit Beginn der 60er Jahre zunehmend praktizierte Lebensrealität (Zugang der Mädchen zu Bildung und Ausbildung, hormonelle Empfängnisverhütung, schonende Abtreibungstechniken, öffentliche Erziehungsverantwortung, Migrationsbewegungen in und nach Europa). Damit ist nicht behauptet, daß die auf diese Lebensbereiche bezogenen Egalitätsforderung (feministischer und sozialistischer Herkunft) erfüllt wären – sondern nur, daß die damit verbundenen Konflikte (nicht mehr vorwiegend auf der Ebene des kulturell Möglichen ausgetragen werden, sondern) nun die Bedingungen und Voraussetzungen der lebenspraktischen

---

94. Identität ist nicht nur – bis zum Einbruch der Postmoderne – ein Leitthema der Kulturtheorie (»weibliche Identität«, »kulturelle Identität«, »ethnische Identität«); sie war auch ein zentraler Begriff zur Begründung von Politik in den kulturfeministisch geprägten Debatten der Frauenbewegung; sie taucht auch – die Persiflage ist immer am prägnantesten – in den sozialen Veranstaltungen der »Männerbewegung« als Thema auf: »meine Identität als Mann«.

95. Das ist unter historischen Gesichtspunkten sicher nicht unproblematisch, liegen doch Faschismus und zweiter Weltkrieg zwischen diesen beiden Phasen; für das Beschreiben von Modernisierungsprozessen im psychosozialen Bereich scheint mir diese Verkürzung jedoch vertretbar.

Realisierung betreffen.[96] Für das psychische System bedeutet dies, daß es aus den Ambivalenzen und Mehrdeutigkeiten (zwischen kulturellen Ordnungsmustern, psychischen und sozialen Erwartungen/Ansprüchen), die ihm vorher Schwierigkeiten machten, *herausfällt* und in einem neuen Sinne sozial »ortlos« wird: Nicht nur widersprüchliche Ansprüche entfallen, sondern mit ihnen jegliche sozial verbindliche Orientierungshilfe. Selbstreflexion und Selbstbeobachtung (= die psychische Dimension) nehmen dadurch für das psychische System an Bedeutung zu.

Diese durch Differenzierungszuwachs erreichte neue Qualität von sozialer Ortlosigkeit läßt sich systemtheoretisch präzisieren: das psychische System ist in den besprochenen Lebensbereichen zum autopoietischen geworden. Entscheidungen (welche Ausbildung?, Abtreibung ja oder nein?, Familiengründung oder Single-Existenz?, heterosexuelle Orientierung oder homoerotische?, Integration oder Separation?) sind vom Bewußtsein mit Rekurs auf sich selbst zutreffen, und auch die Entscheidungsfolgen hat das Bewußtsein sich selbst zuzurechnen. Die damit verbundenen Orientierungskrisen hinsichtlich der sozialen Umwelt lassen sich an verschiedenen Alltagssituationen verdeutlichen. Herausgegriffen werden im folgenden die beiden – auch gesamtgesellschaftlich zentralen – Bereiche, die für die Universität und die akademische Ausbildung von besonderer Bedeutung sind: Sexualität und (Aus-)Bildung.

◆ Die als »sexuelle Revolution« überschriebene Verselbständigung von Sexualität[97] entläßt Sexualität aus der komplementären Geschlechtsrollenfixierung. Sie löst darüber hinaus nicht nur die Bindung sexuell-körperlicher Begegnung an kulturell gegebene Intimitätsmodelle auf, sie stellt in Frage, ob Sex überhaupt mit Intimität zu tun hat, und irritiert so auch (das Funktionssystem) »Liebe«. Für das individuelle Bewußtsein hat dies den Effekt, nun auch hier auf sich selbst gestellt entscheiden zu müssen, welche Bedeutung es Sexualität allgemein und in einer konkreten Situation geben soll. Dabei wird die Entscheidung in doppelter Hinsicht belastet: Zum einen handelt es sich um einen emotional sehr empfindlichen Bereich, weil das Bewußtsein gleichzeitig eine intensive Abhängigkeit von zwei verschiedenen Umwelten *fühlt*. Sexualität involviert das psychische System intensiv in körperliche Empfindungen und vermittelt dadurch die Erfahrung großer emotionaler Abhängigkeit vom eigenen Körper. Zum anderen muß die Entscheidung (ob z. B. eine bestimmte Kommunikationssituation als erotisiert verstanden bzw. durch eigene Handlungen aktiv erotisiert werden soll) getroffen werden, ohne daß halbwegs verläßliche Erwartungen hinsichtlich der sozialen Resonanz produziert werden kön-

---

96. Auch die hier angesprochenen Veränderungen sind in sich noch einmal als mit zeitlicher Verschiebung beginnende Prozesse zu denken: Sozialistische Egalitätsforderungen werden früher erhoben (und entsprechend früher kulturell wirksam) als feministische. Und zur Gleichstellung von Migranten gibt es zwar inzwischen auch Alternativen zur noch bis in die 70er Jahre selbstverständlichen Assimilationsforderung (s. die Diskussion um das Modell der »multikulturellen Gesellschaft«); als (im Sinne Luhmanns) kulturell ausgearbeitet können sie jedoch nicht gelten.

97. Hier als Interaktionsform, nicht als symbiotisches Symbol gemeint.

nen. – Das individuelle psychische System trägt das gesamte Risiko und ist zudem mit der sexuell-erotischen Resonanz seiner Person stark identifiziert. Daß aus einer solchen Konstellation heraus psychische Probleme entstehen, die selbst wiederum Kommunikation irritieren und gefährden, ist nachvollziehbar. Denn zum einen können psychische Systeme in einer solchen Situation kultureller Verunsicherung Erwartungen bezogen auf ihre soziale Umwelt produzieren, in denen Sexualität als völlig entgrenzte vorkommt – ausufernde Dauerthematisierung von Sex oder andere Formen sexueller Übergriffe wären mögliche Resultate. Zum anderen kann aber auch die Fülle der erforderlichen Risikoabwägungen zu Überlastungsreaktionen führen, die, nach innen gewendet, sexuelle Funktionsstörungen und Lustlosigkeit produzieren. Da die kulturell und psychisch erprobten Geschlechterstereotype nicht in demselben Tempo und in der selben Weise ins Wanken geraten – sie erleben im Gegenteil, da sie Sicherheit bieten, in vielen Bereichen zunächst eine Verstärkung – haben diese Probleme eine ausgesprochen deutliche Geschlechterkonnotation: Männer befinden sich in der Regel auf der aktiven Seite des Problems, Frauen auf der passiven.

◆ Ein anderes Beispiel von ähnlicher Prägnanz sind die Effekte der ersten Phase der Bildungsreform (nachdem der Sputnik-Schock die Debatte um die »Bildungskatastrophe« ausgelöst hatte). Die politische Entscheidung, die »Bildungsreserve« zu nutzen, führte dazu, bewußt Kinder »bildungsferner Schichten« für höhere Schulbildung und Universitätsstudium zu werben. Von Mädchen war in diesen Diskussionen weniger die Rede, doch faktisch nutzte in allen Schichten die weibliche »Bildungsreserve« die Chancen der Öffnung des (sekundären und tertiären) Bildungssystems. Damit wurde die Bindung von Ausbildungswegen an soziale Herkunft und Geschlecht gelöst – mit dem Effekt, daß Bildungsgänge nun individuenbezogen (nach Begabung und Neigung) konstruiert werden können/müssen – unabhängig vom vertrauten Milieu (d.h. für Mädchen und Arbeiterkinder unter Verlust von Sicherheit in der Risikoabschätzung) und auch unabhängig von der Realisierungswahrscheinlichkeit des damit individuell verknüpften Wunsches nach Aufstieg. Die »Chancen« wurden damit nicht »gleich«, wohl aber die Individualisierung des Selektionsrisikos. Mit dem Effekt: Welche Entscheidung auch immer getroffen wird, sie wird mit Rekurs auf das Individuelle getroffen (und sozial wie psychisch entsprechend legitimiert). Und auch die sich aus dieser Entscheidung ergebenden Folgen hat der/die einzelne sich selbst zuzurechnen. – Wer im Gymnasium scheitert, hat eine falsche Schulform gewählt; wer sein Studium nicht mehr überblickt, hat sich nicht richtig informiert. Die Zurechnung von Bildungsverläufen wird individualisiert (womit sich Entscheidungs- und Legitimationsdruck für die einzelnen erhöhen) und gleichzeitig werden die Beziehungen, in denen Bildung und Ausbildung stattfinden, zunehmend von persönlicher Nähe unabhängig. – Wenn die Lehrerausbildung standardisiert ist und Selektion und Leistungsdruck für angeglichene Niveaus sorgen, dann ist es vom Erziehungssystem aus gesehen immer unbedeutender, wer unterrichtet. Die Austauschbarkeit der Beziehungen ist angelegt und wird praktiziert. Leistungsstörungen, Prüfungsängste, Motivationsverlust und psychosomatische Beschwerden passen spiegelbildlich zu dieser Konstellation. Wenn »Störungen« dieser Art nicht nur vereinzelt auftreten, sondern Dauerbegleiter der zum Erziehungssystem gehörenden Organisationen und Interaktionen werden, dann verlieren die etablierten Selektionsmechanismen des Erziehungssystems ihre Treffsicherheit. Wer die Schule vorzeitig verläßt, ist nicht mehr mit Sicherheit als »Schulversager« einzustufen, wer die Schullaufbahn bis zu Ende durchhält, ist nicht unbedingt »begabt«. Das System »Erziehung« wird zur Selbstreflexion in Form von Schul- und Studienreform angeregt.

Die beiden angeführten Beispiele für die Stufe der Ausdifferenzierung sozialer Systeme, die mit den 60er Jahren beginnt und heute als weitgehend abgeschlossen gelten kann, haben in ihren Auswirkungen auf das psychische System eines gemeinsam: Die Entscheidungsdichte steigt, die Anforderungen an das psychische System nehmen zu, und immer mehr Prozesse sind dem psychischen System zuzurechnen. Obwohl die einzelnen faktisch (vermutlich) nicht mehr tun als vorher, wird – im Vergleich zu vorher – mehr gehandelt als erlebt.

So wird auch verständlich, warum »Identität« (in der Tradition eine Kategorie philosophischer Reflexion) als psychische nun zu einem zentralen kulturellen Thema wird. »Identität« ist der kulturelle Ausdruck der wachsenden Notwendigkeit des psychischen Systems, sich situativ und biographisch durch Rekurs auf sich selbst zu bestimmen. In dem Versuch, in Erfahrung zu bringen, was dieses Selbst denn nun sei, steckt – als nicht zu erfüllendes Desiderat – der Wunsch, auf diesem Wege Entscheidungs- und Legitimationshilfen zu gewinnen; dem Muster folgend: »ich bin eine, die immer gut mit anderen Menschen umgehen konnte, also wähle ich eine pädagogische Studienrichtung«. Wird das Bewußtsein auf diese Art fündig bei der Suche nach inhaltlichen Vorstellungen von persönlicher Identität, dann erreicht es zwar vorübergehend Entlastung, hat das Problem der Zurechnung von Entscheidungsfolgen möglicherweise jedoch nur verschoben. Stellt sich später heraus, daß die Wahl einer pädagogischen Studienrichtung keine zufriedenstellende Ausbildung beinhaltet, dann hat sich für das Bewußtsein die eigene Selbsterkenntnis als unzureichend erwiesen. Die hier unterstellte Studentin wendet sich dann vielleicht mit dem Anliegen an die Studentenberatung, ihre »wirklichen« Interessen zu erkunden.

Durch die wachsende Notwendigkeit, Entscheidungen mit Rekurs auf sich selbst zu treffen, wird auch eine zweite Beobachtung nachvollziehbar, nämlich die, daß die psychische Dimension (oben als Psychologisierung der Alltagskultur beschrieben) immer mehr Bedeutung erhält. Wenn das psychische System mehr Entscheidungen, mehr Enttäuschungen/Bestätigungen von Erwartungen/Ansprüchen sich selbst zuzurechnen hat, dann *steigt der Reflexionsbedarf*; und Gegenstand der Reflexion werden – da für die soziale Identität von Bedeutung – zunehmend die eigenen Operationen an der Grenze zu sozialen Systemen.

◆ Die psychische Dimension nimmt also insgesamt an Bedeutung zu, in der Reflexion des Bewußtseins wie als Gegenstand von Kommunikation. In diesem Prozeß ist eine Überforderung des psychischen Systems angelegt, die nicht mehr durch bestimmte Zumutungen herbeigeführt wird, sondern durch die *Quantität der Zumutungen.* Weigert sich das Bewußtsein, sich diesen Zumutungen mit Selbstreflexion zu stellen, dann entstehen unmittelbar soziale »Störungen« (in den gewählten Beispielen in Form sexueller Übergriffe bzw. Schulflucht). Kommt das Bewußtsein den Entscheidungsanforderungen und dem Reflexionszuwachs nach, dann riskiert es Selbstirritation und Überforderung. Diese Überforderung begünstigt das Auftreten einer neuen Form von psychischer Krise, die es inzwischen relativ häufig gibt. Sie äußert sich nicht situativ, wenn bestimmte Anforderungen kulminieren (durch Gefühlsüberflutung oder Verwirrung), sondern als Symptom von Dauerüberlastung durch – ungewollte – Verweigerung des Funktionierens. Es entwickeln sich psychisch bedingte *Funktionsstörungen* und psychosomatische Reaktionen.

In solchen »Störungen« steckt eine Form der Krise, die sich systemtheoretisch als reflexionsbedingte innere Vorwegnahme eines möglichen Legitimationsverlustes (für die eigenen Ansprüche) beschreiben läßt, wobei das Bewußtsein der Überforderung zu entgehen sucht, indem Ausfälle auf die körperliche Umwelt bzw. auf die natürliche Umwelt sozialer Systeme verschoben werden: Der eigene Körper »funktioniert« nicht (z. B. bei Sexual- oder Konzentrationsstörungen), oder Bereiche der natürlichen Umwelt werden zu Bedrohungen, die die Teilnahme an sozialen Systemen verhindern (phobische Störungen). Aus »ich scheue das Entscheidungsrisiko« wird »ich kann nicht«.

2.2.2.3 Resümee

In den vorangehenden Überlegungen habe ich versucht, die Themen, die psychosoziale Beratung in ihrer Entstehung begleiten, als kulturelle Verarbeitungen psychischer Krisen zu interpretieren – psychischer Krisen, die durch die fortschreitende funktionale Differenzierung von Gesellschaft ausgelöst werden und (nicht nur einzelne, sondern) zahlreiche psychische Systeme betreffen (können). Diese Interpretation hat sich in zweifacher Hinsicht als ergiebig erwiesen:

Zum einen läßt sich eine bereits mehrfach als *Psychologisierung* benannte Differenz zwischen der ersten und zweiten Phase der Etablierung von Beratung – die Beratungsinitiativen der Weimarer Republik setzten auf Information und Aufklärung über bis dahin tabuisierte Problembereiche; die psychosoziale Beratung der 60er und 70er Jahre dagegen akzentuiert die psychische Dimension – auf diesem Wege fundieren. In dieser Veränderung kommt zum Ausdruck, daß nicht mehr (nur) einzelne Bereiche der Selbstpositionierung von Personen problematisch sind, sondern daß das *Ausmaß an Positionierungszumutungen* insgesamt zum Problem geworden ist.

Eng mit diesem Ergebnis verknüpft ist eine zweite nun mögliche Präzisierung. Probleme des psychischen Systems (in der Terminologie des Fachdiskurses: psychische Störungen) unterliegen nicht nur in ihren Themen (= Semantik) historischen Veränderungen. Auch die Form, in der solche Störungen sich Geltung verschaffen, verändert sich mit den sozialen Umweltbedingungen. Führen die Belastungen in den 20er/30er Jahren zu familiärer Gewalt und selbstdestruktivem Verhalten sowie zur Entstehung der Depression, so bringen die Belastungen der 60er/70er Jahre (nach außen gewendet) soziale Devianz und (nach innen gerichtet) Funktionsstörungen und psychosomatische Reaktionen hervor.

In der Konkretion der behandelten Beispiele ist bereits eine Verknüpfung von psychischem System und sozialen Systemen deutlich geworden, die bisher noch nicht explizit einbezogen wurde, für die weiteren Überlegungen jedoch von Bedeutung ist: Irritationen des psychischen Systems wirken in zwei verschiedenen Formen auf soziale Systeme zurück. Nimmt das psychische System die Zumutungen nicht an, die sich aus dem Differenzierungszuwachs sozialer Systeme ergeben, und operiert beim sich Einklinken in Kommunikation weiter nach (nun überholten) Legitimationsmöglichkeiten für Ansprüche, dann entstehen unmittelbar (soziale) Störungen in und an Kommunikationssystemen. Läßt sich das Bewußtsein auf die veränderten Anforderungen und den erhöhten Reflexionsbedarf ein, dann steigt das Risiko der Überforderung und die Wahrscheinlichkeit der Produktion psychischer Störungen, die wiederum unangemessene Selbstpositionierung in Kommunikation bzw. Rückzug aus Kommunikation zur Folge haben können.

Für die nun zu klärende Frage, wie aus psychischen Störungen soziale Systembildung hervorgehen kann – und nur so ist die Entstehung von Beratungseinrichtungen aus Problemen des psychischen Systems systemtheoretisch zu fassen – ergeben sich daraus Anhaltspunkte: Psychische Irritation verschafft sich sozial Geltung, indem sie in Kommunikation eingeht/übersetzt wird und/oder diese stört. Und bei diesem Prozeß ist davon auszugehen, daß sowohl die Probleme, die sich aus der Verweigerung gegenüber veränderten Kommunikationsanforderungen ergeben, wirksam werden, als auch die Probleme, die aus der Annahme dieser Zumutungen entstehen. Und schließlich ist auch davon auszugehen, daß der Prozeß der Transformation psychischer Störungen in soziale Systembildung selbst durch Kommunikation erfolgt.

Wie dies genau vor sich geht, läßt sich nicht mehr auf allgemeiner Ebene klären, sondern kann nur an einzelnen Etablierungsprozessen von Beratung untersucht werden. Denn die beschriebenen Veränderungen in den Anforderungen an das psychische System sind zwar gesamtgesellschaftlicher Art und betreffen – vermutlich mit jeweils regionaler Ausprägung – alle Industriegesellschaften. Sie treffen jedoch unterschiedliche Bevölkerungsgruppen verschieden radikal und mit zeitlichen Verschiebungen. Beratungseinrichtungen, die im Zusammenhang mit solchen Umbrüchen entstehen, entwickeln sich daher auch nicht gleichmäßig und zeitgleich, sondern dezentral und zeitlich auseinander gezogen. Die hier zugrundegelegten Entwicklungsphasen von Beratung (ca. 1920–1932; 1965–1980) bilden diese Prozeßform ab. Daß psychische Differenzierungsfolgen in dieser Weise zeitlich und regional verschoben wirksam werden, hat zur Konsequenz, daß der nun anstehende Untersuchungsschritt nur für einzelne Felder von Beratung gesondert durchgeführt werden kann. Wie psychische Krisen zur Herausbildung eines Systems »Beratung« führen, wird daher wiederum exemplarisch am Entstehungsprozeß der Studentenberatung untersucht.

2.2.3 Die soziale Transformation psychischer Krisen

Die in der bisherigen Analyse angeführten Themen und Beispiele deuten bereits darauf hin, daß die akademische Jugend bezogen auf die Effekte sozialer Differenzierung im Zentrum der Konfliktfelder steht; z.T. ist sie treibende Kraft. Die Gründe dafür sind naheliegend: Zum einen ist das Studium traditioneller Weise ein Aufschub für Familien- und Berufsverantwortung, eine zweite und andere Art von Latenzzeit, die in der öffentlichen Diskussion »verlängerte Adoleszenz« genannt wird.[98] Das machte die Studenten anfälliger für die Turbulenzen der »sexuellen Revolution« als ihre Altersgenossen. Und es ist dieselbe Situation, die die Studierenden in größerem Maße als andere Gruppierungen aufwendigen Berufsfindungsprozessen ausliefert.

Denn das relativ lange Studium ist keine Ausbildung in einer einmal eingeschlagenen Laufbahn, sondern (mit zunehmender Tendenz) eine Zeit der Selbstüberprüfung (ob die eingeschlagene Richtung stimmt) und der eigenständigen Konkretisierung des Berufsziels. – Ob aus dem Germanistikstudenten ein Journalist/Werbetexter werden soll oder gleich der freiberufliche Volkshochschulmitarbeiter, ob das Jurastudium einer erfolgreichen Studentin in das Richteramt oder die diplomatische Laufbahn führt; – dies muß während des Studiums kontinuierlich als Entscheidung offengehalten und als Option ausgearbeitet werden.

Wachsende Zumutungen dieser Art richten sich zum anderen an eine nicht mehr homogene Studentenschaft. Ist es doch die Bildungsreform der 60er Jahre, die Student/inn/en in größerer Zahl und aus Bevölkerungsschichten, die bis dahin nicht an der Universität vertreten waren, an die Hochschulen brachte. Insofern repräsentiert die Studentenschaft diesen die Bildung betreffenden Differenzierungseffekt und ist den damit verbundenen Konflikten (Unsicherheit, Angst, Konkurrenz) ausgesetzt. Die wenigen studentenspezifischen Beratungs- und Therapieerfahrungen aus der Zeit vor Beginn der studentischen Emanzipationskämpfe bestätigen eine steigende psychische Belastung für diesen Zeitraum. Eugen Mahler, Mitarbeiter des Sigmund-Freud-Instituts Frankfurt, berichtet aus seiner Arbeit mit Studierenden,

»daß vom Ende der 50er Jahre bis in die Mitte der 60er Jahre eine äußerlich wenig lärmende Symptomatik mit Lern- und Arbeitsschwierigkeiten, Ich- und Orientierungsstörungen bis hin zu einer großen Anzahl von narzißtischen oder depressiven Charakterneurosen relativ immer häufiger wurden.«
(Mahler, 1971, S. 10).

---

98.   S. Fußnote 48.

Die bereits zitierten Gießener Erfahrungen (Moeller & Scheer, 1974) gehen in eine ähnliche Richtung.

Von der Seite der psychischen Systeme aus gesehen, gibt es also bereits vor Beginn der Studentenbewegung einen deutlichen Beratungsbedarf bezogen auf Entscheidungsprobleme, Identitätssuche, Funktionsstörungen und körperliche Störungen – Belastungen, die in einem Umfang auftreten, der Auswirkungen auf Kommunikation haben muß. Wie aus solchen Irritationen des psychischen Systems Beratungseinrichtungen werden, ist für den Hochschulbereich gut nachzuvollziehen. Handelt es sich bei den Universitäten doch um relativ geschlossene soziale Milieus[99], die auch als Massenuniversitäten noch eine Größenordnung haben, in der soziale Krisen interaktionell ausgetragen werden können. Das Umschlagen psychischer Belastungen in soziale Krisen und die sozialen Antworten darauf sind also gut sichtbar zu machen. Zunächst jedoch zu den Systemmerkmalen der Universität, an denen die Irritierbarkeit der (am Funktionieren der Universität beteiligten) sozialen Systeme abzulesen ist:

2.2.3.1 Irritierbarkeit des »Soziotops« Universität

Bei Universitäten handelt es sich nicht um eigenständige Funktionssysteme, sondern um eine besondere Form der Organisation, in der zwei Funktionssysteme – Wissenschaft und Erziehung – zu gemeinsamem Funktionieren gebracht werden sollen. Eine solche Aufgabe bringt Besonderheiten mit sich, die Luhmann mit dem Begriff »*organisiertes Soziotop*« (Luhmann, 1992, S. 94) faßt.

Systembedingungen, wie man sie an den Universitäten vorfindet, bedeuten, daß zwei Funktionssysteme kooperieren, ohne auf andere feste Kopplungen zurückgreifen zu können als die Organisation Universität einerseits und die an Kommunikation teilnehmenden Personen andererseits, wobei die Einheit von Forschung und Lehre durch die Hochschullehrer repräsentiert wird und die Einheit von Ausbildung und Wissenschaftserwerb durch die Studenten. Die Balance zwischen dem Funktionssystem »Wissenschaft« und dem Funktionssystem »Erziehung« wird also außer durch Bürokratie (deren Einfluß erst durch die Studienreform der 70er Jahre bedeutend geworden ist) durch Interaktionssysteme sichergestellt. Dies macht die Universität besonders anfällig dafür, kulturelle und psychische Irritationen via Interaktion auch in soziale Funktionsstörungen umzusetzen.

Schon die Grundstruktur der Universitäten läßt also erwarten, daß die beschriebenen Irritationen des psychischen Systems in den Universitäten und bei den Studierenden besondere Ausprägungen haben. Hinzukommen die unmittelbaren Effekte zunehmender funktionaler Differenzierung auf die Hochschulen. Am einfachsten zu benennen ist eine Auswirkung quantitativer Art, die aus der Öffnung des Bildungswesens

---

99. Der Begriff »Milieu« wird hier ganz ohne Emphase (und ohne eine weitere soziologische Theorie einführen zu wollen) im umgangssprachlichen Sinne von »Umgebung« verwendet. »Soziales Milieu« bedeutet dann im Kontext der Systemtheorie: ein bestimmtes, örtlich gebundenes Set an Anschlußmöglichkeiten für Kommunikation.

resultiert: Innerhalb des kurzen Zeitraums von etwa 10 Jahren erhöht sich der Anteil eines Jahrgangs, der ein Studium anstrebt, um mehr als zehn Prozent[100].

Und dieser Zuwachs an Studierenden hatte strukturelle Folgen und veränderte das Klima an den Universitäten. Eine höhere Anzahl von Studierenden bedeutet per se nämlich weder eine proportionale Zunahme von Studienabschlüssen, noch einen entsprechend höheren Absolventenbedarf in den klassischen Berufsfeldern (s. Luhmann, 1992b, S. 80 f.). Beides hat faktisch nicht im selben Maß zugenommen wie die Studentenzahlen. Aus dieser Diskrepanz entstehen neue Formen der Selektion hinsichtlich der Verwertungschancen für die akademische Qualifikation. Die Universität hatte vor der Bildungsexpansion viele ausgeschlossen, aber alle, die ihr angehörten, hatten eine Verwertungschance für ihre Ausbildung; die moderne Universität läßt viel mehr Studierende zu; die Verwertungschancen nehmen jedoch nicht im selben Umfang zu, und so haben in der Studentenschaft weniger eine Chance. Für die Studierenden bedeutet dies – über die generelle Zunahme von Entscheidungszumutungen hinaus – einen erhöhten Entscheidungsdruck hinsichtlich der richtigen Studiengangsentscheidung und deutlich spürbaren Selektionsdruck[101] im Verlauf der akademischen Ausbildung. Leistungsdruck und Bluff-Verhalten wurden zwischen 1966 und 1980 in den hochschulinternen Auseinandersetzungen konsequenterweise Schlagworte, die in jeder Ausführung zur Studiensituation vorkamen (s. hierzu Wolf Wagner, 1977).

Das individuelle psychische System unterliegt also in den modernen Hochschulen höheren Anforderungen als in der klassischen Universität. Und gleichzeitig haben sich die psychosozialen Reproduktionsmöglichkeiten völlig verändert. Die wichtigsten Veränderungen in diesem Bereich resultieren aus der veränderten Population der Hochschulen, denn nicht nur die Zahl der Studierenden ist größer, sondern auch die Zusammensetzung der Studentenschaft nach Geschlecht und sozialer Herkunft ist eine andere geworden:

Bis in die 50er Jahre dieses Jahrhunderts war die Universität weniger eine Organisation im engeren Sinne als eine Korporation, der man angehörte.[102] Und diese Kor-

---

100. Zu Beginn der 60er Jahre studierten je nach Zählung 5–8 % eines Jahrgangs. Anfang der 70er Jahre waren es 17 %. Heute studieren ca. 30 % eines Jahrgangs. Um deutlich zu machen, was diese Zahlenrelationen für eine einzelne Universität bedeuten, sei auf ein Beispiel verwiesen: »Als ich nach Tübingen kam, 1947, gab es an der Eberhardina dreitausend Studenten (in sechs Fakultäten), zweihundert Professoren und noch einmal zweihundert Bedienstete. Heute (1977, R.G.) arbeiten an dieser Universität achtzehntausend Studenten (in siebzehn Fachbereichen), zweitausend Wissenschaftler und fünftausend Männer und Frauen, die in Kliniken, in Instituten und einer Verwaltung Dienst tun, die anno 1877, zur Zeit des großen Jubiläums-Festes, Rektor und Kanzler eingeschlossen, aus ganzen neun Personen bestand.« (Jens, 1981, S. 349)

101. »Es gibt heute viel mehr Studenten als früher, und wenn die Zahl der Studienabschlüsse nicht entsprechend angestiegen ist, dann folgt daraus, daß ein Selektionsprozeß stattfindet – sei es, daß viel mehr Studenten als früher abbrechen, sei es, daß viele Studenten gar nicht mit dem Ziel des Abschlusses studieren. Solche Selektion wäre Selbstselektion, wäre ein biographisch selbstverantworteter Vorgang...« (Luhmann, 1992b, S. 81).

102. »Die Universität Tübingen war eine Genossenschaft, die vom Meister bis zum Lehrling, und vom Rektor bis zum Pedell zunftmäßig und familiär gegliedert war, eine Sozietät, die

poration war männlich.[103] Bis Anfang der 60er Jahre hatte sich daran nicht viel geändert; die Universitäten blieben Männerinstitutionen, an denen (seit 1919 sogar in Preußen) einzelne Frauen teilnehmen konnten – unter der Voraussetzung, daß sie wie ihre männlichen Mitstudenten funktionierten. Auch in bezug auf die Klassenherkunft ihrer Mitglieder (Oberschicht und Bildungsbürgertum) war die akademische Community relativ homogen. Mit dieser homogenen Sozialstruktur verknüpft, läßt sich die Aufgabenstellung der Universität – von heute aus gesehen, klar und überschaubar – benennen: An Universitäten wurde Wissenschaft produziert sowie der Nachwuchs für die Universitäten und die klassischen akademischen Berufe (Mediziner, Juristen, Theologen, Philologen) ausgebildet.

Diese Struktur der wissenschaftlichen Hochschulen hatte – wie durch feministische Forschung inzwischen hinreichend nachgewiesen[104] – Auswirkungen auf die Themenwahl und die Diskursstruktur in den Wissenschaften. Sie hatte noch viel deutlichere Auswirkungen auf die kulturelle und psychosoziale Infrastruktur der Universität: Junge Männer von sozial ähnlicher Herkunft waren unter ihresgleichen (= homogene Bezugskultur) und wurden in (ihnen vom Typ her vertrauten) geschlechtshomogenen Beziehungen in die Formen des akademischen Arbeitens eingeführt. In der Bezeichnung »Doktorvater« – für den der Komplementärbegriff nicht wie heute konstruiert »Doktormutter«, sondern »Alma Mater« lautet – ist der Typ dieser Beziehung noch präsent. Darüber hinaus gab es ein ausgearbeitetes System religiöser, politischer, sportlicher und berufsständischer Organisationen, Burschenschaften und Verbindungen, die – männerbündlerisch aufgebaut – die Aufgabe hatten, spezielle akademische Männlichkeitsrituale zu pflegen, den einzelnen Beziehungen zur Berufswelt zu verschaffen, Neulinge in die Gepflogenheiten des akademischen Lebens einzuführen und ihre Mitglieder bei Schwierigkeiten und Identitätskrisen zu unterstützen[105].

Die Öffnung der Universitäten in den 60er Jahren hat diese Einrichtungen nicht zum Verschwinden gebracht, wohl aber – zumindest für eine Weile – diskreditiert und, was in diesem Zusammenhang wichtiger ist, ihnen die Bedeutung einer Infrastruktur für die Universität genommen. Dies bedeutet einen radikalen Einschnitt insofern, als die Studenten – nun beiderlei Geschlechts und breiteren Bevölkerungsschichten entstammend – sich als individuelle psychische Systeme unverbunden der Organisation Universität gegenüber sahen. Es entstanden Studentengemeinden, politische Hochschulgruppen, der Hochschulsport und das Mensa-Essen. Doch obwohl diese Einrichtungen den alten Organisationsformen nachgebaut sind, sind sie in einem wichtigen Punkt sehr davon verschieden. Man nimmt an ihnen zu einem begrenzten Zweck teil

---

in der Form des studium generale alles feilbot an standardisiertem Wissen, was nicht gegen die Regel verstieß und von kirchlichen und weltlichen Autoritäten approbiert worden war. So hat diese Gemeinschaft die Jahrhunderte überdauert.« – So beschreibt Walter Jens die Organisationsform der alten Tübinger Universität. (Jens, 1981, S. 54)

103. Dieser Aspekt kommt übrigens in den doch zahlreichen Überlegungen Luhmanns zur Entwicklung von Universitäten erstaunlicherweise oder bezeichnenderweise nicht vor.

104. Nur auf zwei Titel sei hier verwiesen: Fox-Keller, 1986; Scheich, 1996.

105. Zur Veranschaulichung ist die institutionalisierte (und deshalb besser zu beschreibende) angelsächsische Variante geeignet: das College (s. Burke, 1990).

(wie an Seminaren, denen man auch nicht mehr zugehörig ist), aber man gehört ihnen nicht an; und eher zufällig – also nur höchst unsicher – gibt es dort psychosoziale Integrationshilfen.

> ◆ Faßt man die Ergebnisse dieses historischen Exkurses zusammen, dann ist sehr deutlich, daß die Universität vor Beginn der Studienreformphase einiges an psychosozialem Konfliktpotential barg: Die Hochschulen als Bildungseinrichtungen expandierten (= die Balance zwischen Wissenschaft und Erziehung war gestört); die Zumutungen an das psychische System nahmen im akademischen Milieu besonders deutlich zu; und zur selben Zeit und in demselben Prozeß verliert die Universität ihre psychosoziale Infrastruktur. Da die nun an den Hochschulen Lernenden unterschiedlichen sozialen Schichten entstammen und zweierlei Geschlechts sind, geht auch die durch Homogenität sichergestellte Leichtigkeit des sich Zurechtfindens verloren. Nun treffen auch in der Studentenschaft verschiedene Kulturen, Bezugssemantiken und Zukunftsperspektiven aufeinander; die einzelnen psychischen Systeme verfügen bei ihrem Versuch, sich im sozialen Milieu Universität zurechtzufinden, über unterschiedliche Orientierungsrahmen.

Wie werden aus solchen Konfliktpotentialen Irritationen für soziale Systeme, die diese zu Veränderungen/Innovationen zwingen? Zwei Bedingungen müssen, folgt man dem historischen Verlauf, zusammentreffen, damit eine Systeminnovation wie psychosoziale Beratung zustande kommt:

◆ Die durch soziale Ortlosigkeit produzierten psychischen Krisen erreichen eine Form, die mit den in den tangierten sozialen Systemen gegebenen kommunikativen Möglichkeiten (für relevante Irritation) nicht in systemangemessene Kommunikation verwandelt werden kann. Dies kann durch die Quantität der Krisen zustande kommen, wenn eine große Anzahl individueller psychischer Systeme davon betroffen ist (im Extremfall alle). Dies ist aber auch dann gegeben, wenn die Krisen von einer Art sind, die nicht Kommunikation stört, sondern den Ausstieg aus Kommunikation produziert oder wahrscheinlich macht. Beides trifft auf die bereits beschriebenen Formen psychischer Krisen zu.

◆ Die sozialen Systeme, die von solchen psychischen Krisenphänomenen tangiert werden, verfügen nicht über die kommunikativen Ressourcen, um den entstehenden Krisen zu begegnen. Die Kommunikation der involvierten sozialen Systeme ist selbst irritiert/gestört. – Auch dies trifft für die beschriebene Umbruchphase der Universität zu: Die Infrastruktur der Universität löst sich auf; die eingespielten Verknüpfungen von Wissenschaft und Erziehung werden brüchig.

Beide Formen der Irritation finden in der zweiten Hälfte der 60er Jahren Ausdruck in den Studentenunruhen, die neben allgemeinpolitischen Themen (Kontinuitäten zwischen Nationalsozialismus und BRD*-Gegenwart, Notstandsgesetze, Verstrickung der BRD* in das »reaktionäre« Regime im Iran, Vietnamkrieg[106]) hochschulinterne Probleme auf den Tisch brachten: Irrationalität der Prüfungsrituale, fehlende Praxisnähe der Lehre, undemokratischer Führungsstil, Mangel an gesellschaftlicher Verantwortung von Wissenschaft – so die wichtigsten Themen der Auseinandersetzung.[107]

Als die Krise der Universität (ab dem SS 1967) zum Ausbruch kommt, äußert sie sich in ihrer öffentlich sichtbaren Form nicht durch Kommunikationsabbruch oder -verlust, sondern durch das Gegenteil: Sichtbar ist eine unerwartete Fülle von Kommunikation – Kommunikation, die weder den Formen der alten Korporation folgt, noch institutionelle Wege geht, sondern, bestehende Sozialformen aufgreifend, interaktionell bzw. in Gruppenprozessen erfolgt: Abteilungsversammlungen, spontane Vollversammlungen, selbstorganisierte wissenschaftliche Diskussionen und Arbeitskreise im Dauerbetrieb, intensive nächtliche Debattierveranstaltungen informeller Art bestimmen den Alltag der Universitäten für ca. ein Jahr. Weniger offensichtlich, aber letztendlich ähnlich wirksam, findet auch Kommunikationsabbruch statt: Die eingespielten Formen der Lehre (Vorlesung, Seminare, Übungen) verlieren in vielen Fachbereichen ihre Anschlußfähigkeit. Die professoralen Gremien tagen zwar weiter (wenn auch gelegentlich außerhalb ihrer angestammten Räume), ihre Ergebnisse waren jedoch oft schon überholt, bevor sie wirksam werden konnten (s. hierzu am Beispiel der Abteilung VIII der Ruhr-Universität Bochum, Kozicki, 1993, S. 53 f.). Wie ist dieser Vorgang systemtheoretisch zu erklären?

2.2.3.2 Vom Protest zur Systembildung

Sucht man in den Arbeiten Luhmanns nach einer Antwort auf diese Frage, dann stößt man auf eher allgemeine Hinweise: Protestbewegungen werden als Versuche definiert, »die Gesellschaft gegen die Gesellschaft zu mobilisieren« (Luhmann, 1997, S. 847); für den auf die Hochschule gerichteten Teil der Studentenbewegung ließe sich einschränkend formulieren, sie versuche die Universität gegen die Universität zu mobilisieren. Und die Kommunikationsformen, in denen dieses Mobilisieren abläuft, beschreibt Luhmann als »Oszillieren zwischen Innen und Außen« (S. 853). Protestbewe-

---

106. Diese Schlagworte skizzieren nur die allgemein-politischen Themen der studentischen Debatten. Auf der Realebene der politischen Auseinandersetzungen um 1968 ist der Rahmen, in den auch die studentischen Proteste gehören, größer. Oskar Negt sei hier als Zeitzeuge zitiert:»In Paris sammeln sich im Mai 1968 eine Million Arbeiter, und der Sturz des de Gaulleschen Präsidialsystems ist in greifbare Nähe gerückt.... In der Tschechoslowakei entwickelt sich ... eine der letzten möglichen, aber bereits überfälligen Reformen des Sozialismus... Der Vietnamkrieg treibt dem Höhepunkt entgegen. Antikriegskampagnen und Bürgerrechtsbewegungen der Vereinigten Staaten verschmelzen mit jener Rebellion von Studenten und Jugendlichen, die in Berkeley ihren Ausgang nimmt.« (Negt, 1995, S. 12 f.)

107. Das Krisenpotential, das die Hochschulen selbst boten, ist für die französische Revolte besser untersucht als für die Auseinandersetzungen an deutschen Universitäten. s. Gilcher-Holthey, 1995, S. 148 f.

gungen formulieren Themen, die aktuell und sozial relevant sind und Irritationen zum Ausdruck bringen; und sie formulieren sie als Protest. Protestbewegungen übernehmen also die Aufgabe, Kommunikationsstörungen in Kommunikation zu verwandeln. Und sie tun es (darin der Bedeutung von Gefühlen für das psychische System ähnlich) mit ungewöhnlichen Mitteln. »Protestbewegungen leben von der Spannung von Thema und Protest – und gehen an ihr zugrunde. Erfolg und Erfolglosigkeit sind gleichermaßen fatal. Die erfolgreiche Umsetzung des Themas erfolgt außerhalb der Bewegung und kann ihr bestenfalls als »historisches Verdienst« angerechnet werden« (S. 858). Erfolg heißt, daß die Themen des Protestes in »kleinem Format« (S. 863) von den Funktionssystemen absorbiert werden, eine Transformation, in der aus Protest »symbolisches Management von Gefahr und Abhilfe« wird und die die Funktionssysteme zur Herausbildung neuer Strukturen anregt: »als Resultat der Bewegung gibt es nun eigene Ämter in den Verwaltungen« (S. 863).

Diese – von Luhmann für den grün-alternativen Protest produzierte – Ablaufstruktur läßt sich auch als Bild für den Prozeß verwenden, in dem aus Irritationen sozialer Systeme durch psychische Krisen psychosoziale Beratung entsteht. Wie ein solcher Prozeß genau vor sich geht, welche Systemkrisen Protest in Gang setzen und über welche Transformation dann daraus Systemveränderungen werden, ist damit allerdings nicht geklärt. Die für die Entstehung der Studentenberatung relevante Schrittfolge soll deshalb im Folgenden mit den bisher erarbeiteten systemtheoretischen Konzepten rekonstruiert werden:

Beide Systemarten, das psychische wie das soziale System, reagieren in Krisensituationen als autopoietische Systeme mit Aktivitäten zum Systemerhalt – jeweils in ihrem spezifischen Medium: das soziale System durch Kommunikation, das psychische System durch Bewußtseinsoperationen. Lax formuliert, könnte man sagen: Das Bewußtsein kommt ins Grübeln[108], soziale Systeme kommen ins Reden. Psychische Krisen werden auf diesem Wege zunächst einmal Gegenstand von Kommunikation, wobei die Thematisierung nicht überall auf dieselbe Art erfolgt, sondern systemspezifisch stattfindet. Im persönlichen Austausch unter Freunden/Freundinnen werden vielleicht individuelle Überlastungserlebnisse oder Entscheidungskonflikte besprochen. In informellen Gesprächen unter Studierenden dagegen, die sich ausschließlich aus dem Studienalltag kennen, werden psychische Krisen in der Regel nicht als eigene zum Thema, sondern eher in der Form, daß z. B. über die Gefühlsreaktionen anderer (z. Zt. nicht anwesender) Personen gesprochen wird, die durch ungewöhnliche Heftigkeit aufgefallen sind. Daran kann sich dann – auch dies in eher allgemeiner Form – ein Austausch über psychische Belastungen bzw. über Eingriffsmöglichkeiten anschließen. Durch Transformationsprozesse solcher Art werden psychische Belastungen und Irritationen zu Themen, die in breiteren Kommunikationszusammenhängen und verknüpft mit anderen Inhalten als Verstärkung/Motivation Handlungsdruck erzeugen bzw. erzeugen sollen.

In den formellen Kommunikationssituationen, die das Erscheinungsbild der 68er

---

108. Möglicherweise mit dem Ergebnis, sich Hilfe zu holen.

Universitätskrise bestimmt haben – Seminare, Fachschaftsversammlungen, politische Diskussionsveranstaltungen – tauchen psychische Belastungen und Krisen daher zunächst auch nicht als eigenständige Tagesordnungspunkte auf, sondern verknüpft mit und eingeordnet in die wissenschaftlichen oder hochschulpolitischen Kommunikationsthemen und -anlässe: In Diskussionen um die Abschaffung von Zwischenprüfungen, Klausuren und Pflichtfächern wird auch von Leistungsdruck gesprochen; in Debatten über Fachidiotentum geht es auch um Fragen der »gesellschaftlichen Verwertung« wissenschaftlicher Qualifikationen (s. Kozicki, 1993, S. 53) – Streitpunkte, die als Probleme eines in (Aus-)Bildungsfragen verantwortlich gewordenen Bewußtseins gelesen werden können.

Dabei fällt auf, daß die wahrgenommenen Probleme als Kritik am vorgefundenen Wissenschaftsverständnis und den vorhandenen Strukturen der Universität formuliert werden und die Zielrichtung darin gesehen wird, gesellschaftliche und kommunikative, also insgesamt soziale Lösungsformen zu erarbeiten. So werden für den selbstorganisierten Wissenschaftsbetrieb (»*emanzipierende Gruppenarbeit*«) vor allem Aufgaben formuliert, die für das psychische System eine (neue) soziale Einbindung anstreben: Es geht um »*Bewußtwerden innerer und Bekämpfung äußerer Autorität*«; herausgearbeitet werden soll der »*Zusammenhang von individuell erfahrenen Problemen und ihren gesellschaftlichen Ursachen*« (Kozicki, 1993, S. 58). Ziel ist es, die Probleme des psychischen Systems durch Veränderung des (sozialen) Systems Wissenschaft und des (sozialen) Systems Erziehung (in der konkreten Form der universitären Lehre) zu lösen. Die Kategorie, die diese Ansprüche zusammenbindet, heißt »*gesellschaftliche Praxis*«[109]. Ziel dieser Auseinandersetzung ist es also nicht, Organisationsstrukturen und (darin) neue Systeme zu schaffen, sondern die bestehenden Kommunikationsformen so zu verändern/zu erweitern, daß psychische Irritationen darin Resonanz finden.

Für die unmittelbare Praxis der sich engagierenden Studenten und Studentinnen hat sich – folgt man internen Beschreibungen – dieser Anspruch eingelöst: In den Arbeitsgruppen und Streikveranstaltungen, in den selbstorganisierten Seminaren und Diskussionsrunden verbanden sich alle drei Ebenen (Wissenschaft, Lehre und individuelle Bewußtseinsprozesse) in derselben Situation. Es wurden alternative Arbeitsformen (Lehre) ge- und erfunden; es wurde »*kritische*« Wissenschaft produziert; und das isolierte psychische System (das »*unglückliche Bewußtsein*«) wurde kommunikativ eingebunden. »*Politisierung des Privaten*«, bzw. dann wenig später mit Beginn der Frau-

---

109. Für diese Form der Verknüpfung konnten die Studenten auf kulturelle Formen und Semantiken zurückgreifen. Die »Kritische Theorie« bot dafür theoretische Modelle; und auch die sozialistischen Kulturproduktionen aus der Zeit der Weimarer Republik bieten Verarbeitungsformen für psychische Krisenerfahrungen, die dieser Struktur folgen. Der Aufbau des Films »Kuhle Wampe« (Slatan Dudow 1931) etwa ist ein ausdrucksvolles Beispiel für eine solche Verarbeitung (hier mit den Mitteln filmischer Konstruktion): Gezeigt wird der Suizid eines jungen Arbeitslosen, der sich aus dem Fenster stürzt, nachdem er zuvor mit allen gestischen Zeichen von Niedergeschlagenheit auf dem Rückweg von einem (erneuten) Mißerfolg zu sehen war. Durch Filmschnitte, Natursymbolik und den Weg der Schwester als Gegenmodell wird dieses Bild mit dem lebensfrohen Aufbruch der Arbeiterjugend (zur Veränderung dieser Welt) verbunden.

enbewegung »*das Private ist politisch*«; so lauteten die Schlagworte, die in diesem Prozeß den Ort des Psychischen akzentuierten. Oskar Negt soll hier noch einmal als Zeitzeuge zu Wort kommen:

> »Hoffnungen auf eine komplette Demokratisierung der Hochschulen und der wissenschaftlichen Arbeitsprozesse zu richten und hier, an Ort und Stelle konkreter Erfahrungen, der Idee der direkten Demokratie Gestalt zu geben – das mußte denjenigen, die sich im Universitätsgelände und den Gebäuden wie in der Alltagswelt bewegten, besonders dringlich und naheliegend erscheinen. Es war ihr eigenes Milieu, ein durch aktives Verhalten bewirkter Geländegewinn, und man kann sich heute gar nicht mehr vorstellen, in welchem Maße die kahlen und zum Teil unwirtlichen Räume mit Leben erfüllt wurden und dadurch ihre gewohnte fremde Gegenständlichkeit verloren«
> (Negt, 1995, S. 180 f.).

In einer solchen Atmosphäre verschieben sich dann auch die Grenzen zwischen Persönlichem und Öffentlichem. Themen, die unter anderen Bedingungen zu riskant für die soziale Identität der Personen sind – das Eingeständnis psychischer Probleme kann die eigene Anspruchslegitimation diskreditieren – und deshalb nicht in öffentlichen Selbstbeschreibungen des psychischen Systems vorkommen, lassen sich nun ins Gespräch bringen.

> »Das Stimmengewirr, Rituale der Wortmeldung, durch die immer neue Wendungen in der politischen Diskussion angekündigt oder verworfen werden, das alles ist Ausdruck einer die Menschen plötzlich erfassenden Stimmung, daß über alles geredet werden kann, ohne sich schämen zu müssen. Es ist zwar noch nicht die Zeit, in der offen über sexuelle Probleme geredet wird, weil noch der politische Bezugsrahmen genannt werden muß, der das legitimiert (etwa ein Zitat von Wilhelm Reich, eine Passage Adornos oder ein Hinweis von Herbert Marcuse), aber viele Tabus sind gebrochen, die das Schweigen als selbstverständlich unterstellten und das Reden als Verletzung von Intimitäten.«
> (Negt, 1995, S.183)[110]

Es ist davon auszugehen, daß das Erleben und Erfahren solcher kommunikativen Prozesse den daran beteiligten psychischen Systemen unmittelbar Entlastung bietet, ist doch eine Situation entstanden, in der das Bewußtsein Bestätigung eigener Beschreibungen erfährt und gleichzeitig per Kommunikation die Risiken und Entscheidungen, die das psychische System in Schwierigkeiten bringen, (wieder) stärker dem Bereich des Sozialen zugerechnet werden. Hierin liegen – neben den inhaltlichen Anliegen – Motive für Weitermachen. Gleichzeitig geht von solchen Prozessen auch etwas Be-

---

110. Ingrid Gilcher-Holthey beschreibt eine ähnliche Atmosphäre für die Zeit der Besetzung des Odéons in Paris. s. Gilcher-Holthey 1995, S. 436 ff.

drohliches aus, ist doch im Prozessieren der Einzelereignisse nicht mehr absehbar, worauf das Ganze hinausläuft. Die Herausbildung von Erwartungen wird dadurch sowohl für das psychische System wie für die sozialen Systeme unsicher; und insgesamt wächst für Kommunikationsereignisse hoher Qualität im laufenden Prozeß das Risiko, daß die Anschlußfähigkeit kollabiert. »Solche öffentlichen Kommunikationsfeste...«, so Negt mit Bezug auf die Rote-Punkt-Aktionen, »dauern nicht lange«. (Negt, 1995, S. 187). Systemtheoretisch gesprochen, läßt sich hinzufügen: Sollen sie dauern, dann müssen Systemstrukturen herausgebildet werden, die den Kommunikationsereignissen Formen, Grenzen und Routinen geben – womit sie aufhören, das zu sein, was ihnen Festcharakter gab: Aus Versammlungen mit offenem Ende werden Teach-Ins; aus informellen Diskussionsrunden entwickeln sich Ideen und Initiativgruppen für Seminarprojekte; aus dem Wunsch, bisher Unbeteiligte einzubeziehen, entstehen Mentor- und Tutorenfunktionen; und Debatten zur Verbesserung der Studiensituation münden in der Bildung von Ausschüssen und Kommissionen.

So entwickeln sich Routinen und durch diese Strukturen für Kommunikation. Eine solche Veränderung hat nicht nur Ernüchterung/Entlastung der Kommunikation von hohen Anforderungen an Qualität zur Folge; Strukturbildung impliziert auch Ausdifferenzierung; und so sind die Probleme des psychischen Systems in der Folge nicht mehr mitlaufendes Thema aller Diskussionen, sondern sie werden nun auf verschiedenen Kommunikationsebenen gesondert zum Thema gemacht. Dabei verändert sich das, wovon die Rede ist. Es wird in jeweils systemspezifische Behandlungsmöglichkeiten übersetzt: aus »gesellschaftlicher Praxis« wird Berufspraxis, aus dem »entfremdeten Subjekt« wird das orientierungsbedürftige Individuum und aus der Ablehnung einer Ausbildung zum »Fachidioten« werden Konzepte interdisziplinärer Wissenschaft einerseits und Forderungen nach Hochschuldidaktik andererseits. Dieser Adaptionsprozeß ist jedoch nicht einseitig. Auch die daran beteiligten Systeme (Universitätsgremien, Studentengemeinden, Diskussionsgruppen, Abteilungsgruppen, Vollversammlungen) erbringen in ihren Ritualen, ihren Sprachgewohnheiten und sozialen Routinen Anpassungsleistungen. Am Ende dieses Prozesses sind die durch psychische Irritationen ausgelösten Irritationen sozialer Systeme (wieder) ausgelotet. Die psychischen Krisen sind in systemangemessene Kommunikation verwandelt. Auf diesem Wege entstehen fachspezifische und institutionsspezifische Übersetzungen für die nun öffentlich gewordenen Probleme des psychischen Systems; aber es entstehen auch neue Kommunikationsformen, die sich direkt mit den Bewußtseinsprozessen der einzelnen beschäftigten, wie die Selbsthilfegruppen oder – in Frauenzusammenhängen – die aus den Weiberräten entstandenen Frauengesprächsgruppen.[111] Im sozialwissenschaftlichen Terrain entwickelt sich eine Theoriedebatte über die »Entfremdung des Subjekts«. In einzelnen Studentengemeinden entstehen Projektgruppen, die die eigenen Erfahrungen für psychosoziale Konfliktfelder außerhalb der Hochschule produktiv machen wollen (s. z. B. das »Projekt Brehlohstraße« in Bochum, Kozicki, 1993,

---

111. Die »Frauengesprächsgruppen« haben im Kontext der Frauenbewegung einen wichtigen Stellenwert – unmittelbar für die politische Arbeit der Anfangszeit und mittelbar für die Entstehung der Frauenberatungs- und Therapiezentren. (S. hierzu Großmaß, 1986)

S. 91–101). An Universitäten, die über psychotherapeutische Ambulanzen verfügen, beginnt eine Auseinandersetzung über Entmündigung in der Therapie. Und die Studentenparlamente und -ausschüsse beginnen den Kampf für die Verbesserung der psychosozialen Versorgung der Studentenschaft. Adressat der Forderungen nach verbesserten Wohnmöglichkeiten (ohne Kontrolle des Intimlebens), Kinderbetreuung und psychosozialen Beratungsangeboten sind z.T. die Hochschulleitungen, z.T. die Studentenwerke.

Auf all diesen, hier nur angerissenen Kommunkationsebenen werden Analysen, Einordnungsversuche und Ursachenbeschreibungen für die zu behebenden Probleme formuliert, wissenschaftliche Untersuchungen und Theorien werden zitiert, Zahlen und Trends eingebracht, um den Forderungen Nachdruck zu verleihen. Und in diesem Prozeß entsteht dann so etwas wie eine Semantik der psychischen Krise, konkretisiert für die Lebenssituation der Studierenden an der modernen Massenuniversität: Anonymität des Studiums, Isolation, Leistungsangst, fehlender Praxisbezug, Orientierungsverlust, drop-out – das sind die Stichworte, mit denen Beratungsbedarf im weiteren beschrieben wird.

Für die Universität Heidelberg ist der mit der Universitätskrise der 60er Jahre begonnene Etablierungsprozeß der Studentenberatung in einer Form dokumentiert, die die einzelnen Schritte von der Wahl einer »Kommission des Studentenparlaments für das studentische Beratungswesen an der Universität Heidelberg« (3.6.70) über die Einrichtung einer studentischen »Planungsgruppe für die Gründung einer PBS*« bis zum Beginn der Arbeit mit einem aus diesen Diskussionen hervorgegangenen Konzept (s. Spazier & Bopp, 1975, S. 25–42) nachvollziehbar macht. In der Beschreibung der Funktion der am Ende dieses Prozesses stehenden Beratungsstelle wird der hier rekonstruierte inhaltlich-politische Kontext dann zum Teil der Selbstbeschreibung von Beratung:

»Die früheren integrierten Formen eines individualistischen studentischen Lebens und Wohnens unter dem Schutz eines gesellschaftlich anerkannten gehobenen sozialen Status sind dahin. Heute herrschen Vermassung und soziale Bindungslosigkeit sowohl im Studien- wie auch im Wohnbereich. Die Situation ist gekennzeichnet von Konformitätsdruck, Wettbewerbsstreß, Orientierungsverlust. Subjektive Bedürfnisse und Studieninhalte können nicht mehr in Beziehung gebracht werden. Die Berufsperspektive ist verdunkelt. In Selbsthilfe-Initiativen haben sich Studenten zu Wohngruppen, Arbeitsgruppen, verschiedentlich auch Problembearbeitungsgruppen zusammengeschlossen und so eine entscheidende Aufgabe der praktischen Hochschulpsychotherapie signiert. Diese hatte die Intention, das soziale Vakuum zu strukturieren und solidaritätsfördernde zwischenmenschliche Beziehungen herzustellen, aufzunehmen. Hochschulpsychotherapie, so hoffte man, würde teilweise die krankmachende Vereinzelung und soziale Abschließung des zum bildungspolitischen Objekt gestutzten Studenten aufheben. Daß damit auch die Studieneffizienz erhöht würde, war Nebensache.«
(Spazier & Bopp, 1975, S. 28 f.)

Dieser von Spazier & Bopp als Abschluß einer Entwicklung beschriebene Stand ist (wie oben unter 1.2.2 beschrieben) *Ausgangspunkt* der Institutionalisierung von psychosozialer Beratung an den Hochschulen. Zwischen 1971 und 1972 haben die Themen der örtlichen Beratungsinitiativen dann auch die überregionale Ebene erreicht und auf diesem Wege eine weitere Transformation erfahren: Beratungsbedarf wird deutlicher auf das Bildungssystem bezogen, und Information wird als wichtiges Desiderat formuliert. Laut Kultusministerkonferenzbeschluß zu »Beratung in Schule und Hochschule« von 1973 bezieht sich die Beratung von Studierenden auf die »Vielzahl der Bildungsmöglichkeiten, die Differenzierung der Ausbildungsgänge, das größere Bedürfnis nach psychologischer Hilfe und einen erhöhten allgemeinen Informationsbedarf« (Rinkens, 1997, S. 12). – Psychosoziale Beratung für Studierende hat sich damit als soziales System etabliert.

> ◆ Psychische Krisen können also – faßt man die hier beschriebenen Prozesse zusammen – als Effekt ihrer kommunikativen Verarbeitung neue soziale Systeme hervorbringen. Dabei handelt es sich jedoch nicht um einen Vorgang, der explizit unter dieser Überschrift läuft und sich als zielgerichtete Kommunikation über Krisen, Behandlungsmöglichkeiten und entsprechende Beschlußfassung beobachten ließe. Es handelt sich vielmehr um einen nicht zielgerichteten Prozeß, der konflikthaft verläuft und in dem verschiedene Systeme ineinandergreifen. In diesem Prozeß werden psychische Krisen aus Störungen in system-angemessene Kommunikation verwandelt; und die dafür erforderliche Herausbildung von neuen Strukturen regt die Funktionssysteme bzw. diesen zugehörige Organisationen zur Produktion eigenständiger Systeme an, die der Störungsbearbeitung dienen. Beratungseinrichtungen sind solche Systeme.

Ihre »Bewährung« ist nicht mehr an den ursprünglich (dysfunktional) zum Ausdruck gebrachten psychischen Krisen zu messen, sondern liegt in ihrer Funktionstüchtigkeit als System. Psychosoziale Beratungseinrichtungen sind weiter oben (s. 2.1) bereits unter dem Gesichtspunkt ihres Funktionierens als System beschrieben worden. Vergleicht man die dort herausgearbeiteten Strukturen des sozialen Systems Beratung (Konstituierung eines Innenraumes für die Bearbeitung psychischer Probleme mittels je unterschiedlicher Kommunikation mit dem Feld, der Klientel und dem Träger/der Verwaltung) mit den soeben benannten Themen und Konflikten, aus denen die Studentenberatung hervorgegangen ist, dann wird deutlich in welchem Ausmaß sich die Kommunikationsformen und -inhalte durch den skizzierten Transformationsprozeß verändern. Nachzuvollziehen ist auf diesem Hintergrund auch, daß dieser Prozeß sowohl in der Selbstbeschreibung einzelner Beratungseinrichtungen, als auch in der fachlichen Diskussion über Beratungskonzepte (= Reflexionstheorien, s. Luhmann, 1997, S. 969 f.), als auch in den politischen Auseinandersetzungen über Aufgaben und Ausrichtung vorhandener oder einzurichtender Beratungsstellen nicht vorkommt. Die Entstehung des Systems Beratung ist selbst ein Transformationsprodukt, das *seine eigene Vorgeschichte unsichtbar macht*. – Systemtheoretisch betrachtet, ist dieser

Sachverhalt fast banal: Jedes System, auch das System Beratung, besteht in der Entfaltung einer Paradoxie (der Paradoxie des Wiedereintritts von Unterscheidungen in sich selbst) und unterliegt der »Notwendigkeit, die Paradoxie zu invisibilisieren« (Luhmann, 1997, S. 187), was einschließt, den eigenen Anfang unsichtbar zu machen – und erst auf einer Ebene der Beobachtung zweiter Ordnung (= theoretische Analyse von Beratung) ist dieser Vorgang formulierbar[112].

2.3 Resümee

Am Ende des – doch sehr aufwendigen – Versuchs, den Gesamtbereich »psychosoziale Beratung« systemtheoretisch zu beschreiben, bleibt zu fragen, was diese Perspektive für das Begreifen des Phänomens Beratung einbringt.

Als wichtigstes Ergebnis ist festzuhalten, daß die systemtheoretische Beschreibung konsistent gelingt: Die Entstehung psychischer Probleme und Krisen (= psychischer Beratungsbedarf) aus den gesellschaftlichen Veränderungen, die in den beiden Entstehungsphasen psychosozialer Beratung wirksam werden, kann systemtheoretisch beschrieben werden. Gleiches gilt für den Prozeß, in dem aus solchen Krisen soziale Irritationen entstehen (= sozialer Beratungsbedarf), die dann zur Herausbildung eines Kommunikationssystems »Beratung« führen. Und die Funktionsweise des so entstandenen Systems ist in den Kategorien Luhmanns genauso zu erfassen wie die spezifische Art personaler Kommunikation, in der dem psychischen System (in Krisen) durch Beratung Unterstützung geboten wird. – All diese Ebenen, die eine Theorie von Beratung verknüpfen können muß, sind im Rahmen der Theorie Luhmanns mit einem einheitlichen begrifflich-theoretischen Instrumentarium zu fassen. Dieses Ergebnis ist alles andere als trivial, liegt ein äquivalenter theoretischer Zugang doch bisher nicht vor.[113]

---

112. In der Theorie Luhmanns bedeutet »Beobachtung erster Ordnung« das, was im Vollzug von Systemoperationen an Beobachtung erfolgt (und zur Systemsteuerung in diese Operationen eingeht). In Abgrenzung dazu ist mit »Beobachtung zweiter Ordnung« die Beobachtung der Einheit dieses Prozesses (Operation+Beobachtung) in einer eigenständigen Operation gemeint. Prominente Beispiele für Beobachtung zweiter Ordnung sind wissenschaftliche und journalistische Beschreibungen (s. Luhmann, 1992, S.45).

113. Zum methodischen Weg, auf dem dieses Ergebnis erzielt wurde, hier einige Hinweise: Eine in sich konsistente Beschreibung von Beratung war nicht mit einer schlichten Anwendung des theoretisch-begrifflichen Apparates auf bereits vorhandene Beschreibungen zu erreichen. Vielmehr waren zwei methodische Schritte dazu erforderlich, die aus der Systemtheorie selbst nicht unmittelbar abgeleitet werden können:
1. Die Beschreibung geht von den Kategorien aus (und nicht umgekehrt, wie es auch möglich wäre, von den Phänomenen) und füllt diese mit Milieukenntnis auf – Milieukenntnis, wie sie im ersten Teil dieser Arbeit zur Verfügung gestellt wurde. So entsteht eine neue »Konstruktion« des Phänomens Beratung. Dieses Vorgehen ist methodisch nicht zwingend, es lassen sich allerdings in Luhmanns eigenen Arbeiten sehr wohl Modelle dafür finden. In »Liebe als Passion« (1982) z. B., verfährt Luhmann auf diese Weise, mit dem Unterschied, daß historische Semantiken benutzt werden, um das Phänomen zu konstruieren.
2. Im Unterschied zu Luhmanns zirkulärem Verfahren der Entfaltung von Systemtheorie

Was auf diese Weise zustande kommt, ist – neben der Möglichkeit, das Phänomen »psychosoziale Beratung« als ganzes in den Blick zu bekommen – ein Präzisierungsgewinn der Beschreibung von Beratung sowie eine weitgehende Klärung der Fragen, die sich aus den Beschreibungen des ersten Teils (Innensicht von Beratung aus der Perspektive der dort Tätigen; historische Außensicht der Entstehung von Beratung) ergeben hatten. Gehen wir die wichtigsten Punkte auf dem nun erarbeiteten Stand noch einmal durch:

Die *Vielfältigkeit der Tätigkeiten* innerhalb einer Beratungseinrichtung läßt sich nun als die Selbstorganisation eines autopoietischen sozialen Systems beschreiben, das sein Kommunikationsangebot durch die räumliche Gestaltung der Beratungsstelle und durch Bereitstellen von Information(smaterialien) sichtbar macht (= als Handlung »ausflaggt«). Beratungskommunikation, die in dem so geschaffenen Rahmen stattfindet, hat wiederum vielfältige Formen und ist nicht mit einem dyadischen Beratungsgespräch identisch. Beratungskommunikation läßt sich als Operieren auf drei Systemebenen beschreiben:

◆ Beratung als autopoietisches System kommuniziert mit (dem durch den Arbeitsauftrag der Einrichtung relevant gemachten Ausschnitt) der sozialen Umwelt; dies geschieht durch schriftliche Mitteilungen, Ankündigungen und Informationsveranstaltungen, in denen das Kommunikationsangebot »Beratung« für die soziale Umwelt sichtbar gemacht und diese Umwelt zugleich auf mögliche Beratungsthemen hin abgetastet wird.

◆ Beratung ist über die Finanzierung/den Arbeitsauftrag (strukturell) an ein politisches System gekoppelt, in dessen Verwaltung(skommunikation) die Einrichtung eingebunden ist. Mitteilungen über Orientierungsprobleme und Krisen des psychischen Systems werden in diesem Diskurs quantifiziert und formalisiert und geben dem System »Beratung« dadurch eine verwaltungskonforme Oberfläche – eine wichtige Leistung von Beratungseinrichtungen, werden doch so Störungen in organisationskompatible Kommunikation verwandelt.

◆ Beratung kommuniziert (in dem durch die beiden ersten Ebenen hergestellten Innenraum) mit den Personen, die die Einrichtung in Anspruch nehmen, über deren persönliche Befindlichkeit und Problemlage so, daß deren Teilnahme an sozialen Systemen (wieder) hergestellt bzw. stabilisiert wird. Hierbei wird auch ein kulturel-

---

wurde bei der vorgenommenen Konstruktion die Differenz von Form und Inhalt für den systematischen und den historischen Teil unterschiedlich genutzt: Bei der Beschreibung der *Funktionsseite* bestehender Beratungssysteme (2.1) – hier ging es im Kern darum zu erklären, wie soziale Systeme auf psychische Krisen einwirken können – wurde mit der *formalen* Seite der systemtheoretischen Kategorien operiert (System/Umwelt; Bewußtsein/Kommunikation; Erwartungen/Ansprüche...). Bei der Rekonstruktion der historischen Genese von Beratung – hier ging es im Kern darum zu erklären, wie psychische Krisen soziale Systembildung verursachen können – wurde die *inhaltliche* Seite derselben kategorialen Unterscheidungen genutzt (Systemoperationen des Bewußtseins sind Wahrnehmungen, Erinnerungen usw. von...; wichtige Umwelt von psychischen und sozialen Systemen sind menschliche Körper ...).

ler Beitrag geleistet, indem sich Beratung an der Ausarbeitung einer (nicht patholo-
gisierenden und nicht romantisierenden) Semantik der Gefühle beteiligt.

Alle drei Ebenen konstituieren das System Beratung, wobei kennzeichnend ist – und
diese Einsicht ist neu – daß die verschiedenen kommunikativen Operationen durch
extrem unterschiedliche Grade von Selektivität funktionstüchtig gehalten werden. Auf
der dritten Kommunikationsebene, der direkten Kommunikation mit ihrer Klientel,
liegt lebensweltlich gesehen – oder in der Diktion Luhmanns: für die Beobachtung
erster Ordnung – die systemspezifische Leistung institutionalisierter Beratung. Daß
Mitarbeiter/innen von Beratungseinrichtungen über diese Kommunikation mit ihrer
Arbeit identifiziert sind, ist daher nachvollziehbar und plausibel, wenn es der Professionalisierung von Beratung auch nicht in jeder Hinsicht dienlich ist. Daß auch der
Fachdiskurs über Beratung diese Identifikation mitmacht, indem er Beratung als face-
to-face Kommunikation faßt (und dadurch vermeidet, sich mit den Konsequenzen der
Kopplung zum politischen System auseinanderzusetzen), weist ihn als Reflexions-
theorie des Systems[114] aus.

◆ Bei solchen Reflexionstheorien nicht stehenzubleiben, sondern alle drei Kommunikationsebenen von Beratung in die Überlegungen einzubeziehen, scheint jedoch
  für eine angemessene Beschreibung von Beratung wichtig zu sein, da erst in einem
  solchen Theoriekontext zwei zentrale Konzepte – die für Beratung typische
  »Offenheit« des Angebots und die Ausrichtung auf »psychische Krisen«- genauer
  zu fassen sind. Die Offenheit des Beratungsangebot, dies läßt sich aus der systemtheoretischen Sicht nun formulieren, basiert bei jeder beratungsspezifischen
  Kommunikation auf den extrem auseinanderliegenden Graden von Selektivität.
  Dies gilt sowohl für die (Bedarf abtastende) Kommunikation mit der sozialen
  Umwelt (= potentielle Klientel) als auch für die Kommunikation mit Personen, die
  Beratung in Anspruch nehmen (= faktische Klientel). Die so hergestellte Offenheit
  des Angebotes stellt sowohl sicher, daß Beratung in Anspruch genommen werden
  kann, als auch, daß sie nicht von allen in Anspruch genommen wird.

114. Als »Reflexionstheorien« bezeichnet Luhmann »Selbstbeschreibungen« von Funktionssystemen, die »Theorieform annehmen« (Luhmann, 1997, S. 964) – Selbstbeschreibungen, in denen die den Systemen zugrundeliegende, verdeckte Paradoxie nicht sichtbar
gemacht, aber in Reflexion umgesetzt wird (S. 366). Nun ist Beratung kein gesellschaftliches Funktionssystem, eher ein sekundäres System zur Störungsverarbeitung, doch scheinen wichtige Merkmale von Reflexionstheorien auf den pädagogisch-psychologischen
Beratungsdiskurs zuzutreffen: »Reflexionstheorien sind mehr als Erfahrungssammlungen.
Sie schließen auch Zukunftsperspektiven ein, fordern Autonomie, erläutern Problemlö-
sungskapazitäten und individualisieren ihr System. Vor allem sind Reflexionstheorien
durch ein Verhältnis der Loyalität und der Affirmation an ihren Gegenstand gebunden...
Diese Loyalität ergibt sich wie von selbst schon aus der Einschränkung des Vergleichsra-
dius auf die im System selbst brauchbaren Abstraktionen. Aber sie ist oft auch eine Selbst-
sinngebung von Reflexionseliten, die mit den Grundoperationen des Systems nicht mehr
befaßt sind ...« (Luhmann, 1997, S. 965)

In systemtheoretischen Kategorien ist auch das zweite zentrale Konzept, das Konzept der »psychischen Krise« so zu beschreiben, daß es nicht mit den im ersten Teil angeführten Problemen belastet ist: Als »psychische Krisen« lassen sich solche Zustände des psychischen Systems bezeichnen, in denen das Bewußtsein die eigene Autopoiesis nicht mehr sicherstellen kann – auch nicht mit dem Einsatz von Gefühlen. Es kommt zu Ausfällen bzw. Zusammenbrüchen individueller Bewußtsein(e), die ihren Ausdruck finden in Zuständen von Verwirrung/Verwirrtheit, im depressiven Rückzug aus dem sozialen Leben, im Unterbrechen von Kommunikation (z. B. durch Gewalt) und in der Entwicklung von psychisch bedingten Funktionsstörungen und von psychosomatischen Symptomen. Solche Krisen sind systemtheoretisch als Orientierungskrisen des psychischen Systems hinsichtlich seiner sozialen Umwelt zu erklären; und sie werden vom Bewußtsein selbst als Verlust innerer oder äußerer Legitimation für Ansprüche erlebt.

Die hier noch einmal aufgeführten Formen der psychischen Krise, sind solche, die heute (als bereits aufgetretene) beschrieben werden können. Das systemtheoretische Konzept von psychischer Krise legt jedoch nicht darauf fest, sondern bleibt offen für andere (noch entstehende) Krisenformen, die sich aus Orientierungsproblemen des psychischen Systems hinsichtlich seiner sozialen Umwelt(en) ergeben (können). Das Merkmal »Offenheit des Beratungsangebotes« taucht also auf dieser Ebene noch einmal auf.

Mit den hier noch einmal aufgegriffenen Merkmalen von psychosozialer Beratung läßt sich unter Nutzung der Systemtheorie ein Beratungskonzept formulieren, das auf die in der sozialen Umwelt einer Beratungseinrichtung vorhandenen Störungen bezogen bleibt und (da an Prozessen orientiert) zugleich dynamisch ist. Die weiterlaufende Differenzierung der sozialen Funktionssysteme und die zunehmende Selbstreflexion des psychischen Systems (an der wiederum Beratung beteiligt ist) können neuen Orientierungsbedarf produzieren. Beratung kann solche Veränderungen durch abtastende Kommunikation mit der sozialen Umwelt beobachten und systemspezifisch – mit Beratungsangeboten nämlich – darauf reagieren.

Trotz dieser weitreichenden Ergebnisse bleibt die Leistungsfähigkeit der systemtheoretischen Perspektive begrenzt. Beratungsinhalte, möglicher bzw. sich ankündigender Beratungsbedarf, sind mit systemtheoretischen Mitteln zwar zu erwarten, nicht aber zu generieren. Oder anders gesagt: Systemtheorie kann zwar jede kommunikative oder psychische Operation als solche beschreiben und Wahrscheinlichkeiten des Anschließens weiterer Operationen angeben, sie bleibt jedoch den Themen und Inhalten dieser Operationen gegenüber neutral/gleichgültig.

So kommen aus der Perspektive der Systemtheorie Luhmanns weder die Interessen und Bedürfnissen der Individuen in den Blick, durch die die einzelnen in die Systementwicklungen und -probleme so eingebunden sind, daß radikales Aussteigen und Neubeginnen dem Weitermachen gegenüber unterlegen bleibt (systemtheoretisch formuliert: die die Unwahrscheinlichkeiten von Kommunikation in Wahrscheinlichkeiten verwandeln). Noch läßt sich die für Beratung interessante Frage, warum psychische Systeme offenkundig in unterschiedlichem Maße und zu verschiedenen Themen Beratungsbedarf entwickeln, systemtheoretisch klären. Unbefriedigend bleibt auch, daß Politik (»in dem einfachen, konventionellen Sinne von: Kampf um knappe Ressourcen, Mobilisierung von Macht und Verfolgung von Taktiken zur Durchsetzung bestimmter Interessen«, Connell, 1995, S. 28), die ja z. B. in der Vorgeschichte von Beratung eine wichtige Rolle spielte) zwar als Kommunikation benannt werden kann, in ihrer Verknüpfung mit den Bedürfnissen der handelnden Personen aber faktisch außen vor bleibt. Bei all diesen Punkten handelt es sich möglicherweise um notwendige Ausblendungen (= Invisibilisierung) einer Theorie, die nach dem Wie des Funktionierens fragt und die das Aufhören von Operationen (des jeweils untersuchten Systems) und die Vielschichtigkeit latenter Prozesse nur als Grenzphänomene benennen kann.

Es liegt daher – bei dem hier gewählten Untersuchungsansatz – nahe, nicht bei der Perspektive einer einzigen Theorie stehenzubleiben, sondern einen zweiten theoriegeleiteten Blick auf psychosoziale Beratung zu werfen.

Eine solche zweite theoretische Sicht auf Beratung soll im folgenden mit Hilfe der Theorie Bourdieus hergestellt werden. Dies bietet sich deshalb an, weil gerade die systemtheoretisch nicht zu erfassenden Themen – Bedürfnisse, Interessen, Differenzen zwischen Personen, nicht kommunizierte Orientierungsmöglichkeiten ... – im Zentrum der Theorie Bourdieus stehen. Die seit Mitte der 80er Jahre von Bourdieu akzentuierte relationale Fassung seiner Theorie macht es zudem leicht, an die systemtheoretische Beschreibung anzuschließen, da sie, in der Terminologie Luhmanns gesprochen, keine stratifikatorische Sicht von Gesellschaft mehr voraussetzt.

Teil 3:
Orientierung im Feld – Zugang über die Theorie Bourdieus

Wenn im hier erörterten Zusammenhang – der Analyse von psychosozialer Beratung – die Theorie Bourdieus neben die von Luhmann gestellt wird, dann geht es nicht um einen Theorievergleich oder um die Kritik einer Theorie durch die andere.[115] Die beiden Theorien werden vielmehr dazu benutzt, um – ihrem jeweiligen Schwerpunkt entsprechend – unterschiedliche Aspekte des untersuchten Praxisfeldes »psychosoziale Beratung« sichtbar zu machen.

Die im vorausgegangenen Teil durch die systemtheoretische Sicht von Beratung erarbeiteten Ergebnisse werden daher in den nun folgenden Überlegungen auch nicht als aus der Sicht Bourdieus zu kritisierende behandelt, sondern als erarbeiteter Stand vorausgesetzt und immer wieder zum Bezugspunkt der Explikation gemacht. Im Wechsel von Luhmann zu Bourdieu geschieht theoretisch allerdings mehr, als daß eine andere Seite des Untersuchungsgegenstandes thematisiert würde. Es kommt – jede Theorie konstruiert ihren Gegenstand – eine andere Gliederung des Sozialen in den Blick, innerhalb derer Beratung situiert werden muß, um die mit der Theorie gewählte Perspektive produktiv zu machen. Der theoretische Rahmen Bourdieus soll deshalb zunächst – in Abgrenzung zu Luhmanns Konzept[116] – kurz beschrieben werden:

---

115. Damit ist nicht behauptet, daß ein solcher Theorievergleich uninteressant wäre. Welche Perspektiven sich dadurch eröffnen, zeigt z. B. die entsprechende Passage aus dem Interview Wacquants mit Bourdieu (s. Bourdieu & Wacquant, 1996, S. 132–135), in der Feld und System, sowie Geschichte von Kämpfen und Evolution konfrontiert werden.

116. Diese Beschreibungsform wird um der Nachvollziehbarkeit willen gewählt. Damit ist nicht unterstellt, die beiden Konzepte seien auf der Theorieebene nicht kompatibel. Zur Verdeutlichung möglicher Verknüpfungen seien hier einige Anschlußstellen genannt, an denen sich die Theorie Bourdieus an die Systemtheorie andocken ließe. (Solche Anschlußstellen sind häufig dort vorhanden, wo Luhmann Metaphern benutzt, die dann aber nicht begrifflich eingelöst werden):
• Daß z. B. die Erwartungsproduktion des psychischen Systems besser gelingt, wenn auf Kultur(en) rekurriert wird, läßt sich auch in den »Feldbezug« des Habitus bei Bourdieu übersetzen.
• Deutlicher noch ist eine entsprechende Anschlußmöglichkeit bei dem von Luhmann verwendeten Begriff »Verdichten« (von Erwartungen des psychischen Systems zu Ansprüchen). Hier tut sich systemtheoretisch ein richtiges Theorieloch auf (Wie wird verdichtet? Welche Routinen gehen ein? Warum verdichten psychische Systeme unterschiedlich?), das sich gut mit Dispositionen im Sinne Bourdieus füllen läßt.
• Über »soziale Identität«, über die sich das psychische System in Kommunikation einklinkt und zur Person wird, vermerkt Luhmann, daß es erforderlich ist, Testsignale (Bildung oder Hinweise auf Vermögen) auszusenden, um zu prüfen, ob die eigene Person

3.1 Feld, Habitus, Kapital – Bourdieus gesellschaftstheoretische Perspektive

Um den Übergang von der einen theoretischen Perspektive zur anderen zu erleichtern, ist es hilfreich, sich den zentralen Fokus der jeweiligen Sicht vor Augen zu führen. Eine entsprechende Gegenüberstellung ist bei den hier herangezogenen Theorien relativ leicht möglich, sind diese doch – allen inhaltlichen Unterschieden zum Trotz – ähnlich gebaut. Die Architektur beider Theorien basiert auf zentralen Kategorien, in denen die jeweilige Sicht von Gesellschaft kondensiert ist. Beide Autoren nehmen zudem eine (von außen betrachtet ähnliche) Gliederung des Gesellschaftlichen in relativ autonome Bereiche vor – Wirtschaft, Politik, Wissenschaft, Kunst, Erziehung... – Bereiche, deren Logik zwar denselben (jeweils durch Kategorien repräsentierten) Strukturen folgt, diese jedoch unterschiedlich ausfüllt. Gemeinsam ist beiden Theorien auch, daß sich die so konstituierten gesellschaftlichen Bereiche nicht als Teile eines Ganzen beschreiben lassen, die Beschreibungen der einzelnen Felder bzw. Systeme sich also nicht zu einem Bild von Gesamtgesellschaft addieren lassen.

Die Differenz zwischen den beiden Konzeptionen wird deutlich, wenn man die jeweils zentralen Begriffe vergleicht, mit deren Hilfe diese Bereiche erfaßt und zugleich als gegeneinander durchlässig beschrieben werden: Wo Luhmann mit »System«, »Funktion« und »Differenzierung« operiert, geht es bei Bourdieu um »Feld«, »Habitus« und »Kapital«. Luhmann, das transportieren bereits seine Kategorien, beschäftigt sich mit der Funktionsweise gesellschaftlicher Prozesse, mit der eher formalen Seite der Operationen von Systemen; Bourdieu interessiert sich, auch das spiegelt sich in seiner Begrifflichkeit, mehr für die Energien und Interessen, die soziale Prozesse in Gang halten und antreiben (= Feld) sowie für die Verteilung von Ressourcen (= Kapital) und die Weise, in sich die sozialen Strukturen den Personen einschreiben (= Habitus); sein Fokus liegt bei den Bewegungen der Akteure im Feld.

Auf eine vereinfachte Fragestellung zugespitzt, läßt sich polarisieren: Luhmann fragt sich, wie es kommt, daß das soziale Leben (weiter-)funktioniert, obwohl zunehmende Differenzierung gerade dies immer unwahrscheinlicher werden läßt. Und Bourdieu fragt sich, wie es kommt, daß die Akteure bei dieser Veranstaltung mitspielen, mit welchen Repertoires dies gelingt und welche Chancen die einzelnen dabei haben. Diesen unterschiedlichen Fragerichtungen entsprechend, werden die zu untersuchenden sozialen Bereiche unterschiedlich konstituiert. In welcher Hinsicht bietet nun die Sicht Bourdieus für das Phänomen »psychosoziale Beratung« weitergehende Klarheit als der in den beiden ersten Teilen erarbeitete Stand?

angemessen wahrgenommen wird – eine Anschlußmöglichkeit sowohl für den Stellenwert von Kapitalien im Feld als auch für den Habitus.
• Die Metapher des Soziotops schließlich, die Luhmann für die Universität verwendet, macht deutlich, daß auch die sozialen Funktionssysteme nicht nur auf Umwelt verweisen, sondern auch Orte – Umgebungen, Milieus – produzieren, an denen sich Anschlußmöglichkeiten für spezifischen Kommunikationssets zentrieren. Solche systemnahen Umgebungen bieten Anknüpfungspunkte für das Bourdieusche Konzept des Feldes.

Von der systemtheoretischen Beschreibung von Beratung ausgehend, läßt sich formulieren, an welchem Punkt die Theorie Bourdieus Aufklärung bringen soll: Innerhalb der Theorie Luhmanns konnte psychosoziale Beratung als autopoietisches System eingeordnet werden, das auf mehreren (mindestens drei) kommunikativen Ebenen operiert – als systemische Antwort auf Systemprobleme psychischer und sozialer Art. Bei den Systemproblemen, aus denen Beratung entsteht, handelt es sich um soziale Zumutungen an das psychische System, die dessen Teilnahme an sozialen Systemen gefährden. Der historische Prozeß zunehmender funktionaler Differenzierung sorgt für ein Ansteigen solcher Zumutungen und produziert dadurch so etwas wie Beratungsbedarf. Für die Studentenberatung (= die psychosoziale Beratung an der Universität) sind Wissenschaft und Erziehung die Funktionssysteme, die im engeren Sinne als problemverursachend gelten können. – Soweit ist eine präzise Beschreibung in systemtheoretischen Kategorien möglich.

In bezug auf die Stellen, an denen das System »Beratung« in seine Umwelt(en) eingebunden ist, liefert der systemtheoretische Ansatz allerdings nur unbefriedigende Beschreibungen, da sie nur entweder allgemein über strukturelle Kopplungen und Selektivitätsgrade benannt oder durch die Einzelanalyse von Kommunikationsereignissen im Detail erfaßt werden können. Auf diese Weise ist es nicht möglich, die – folgt man der Arbeitserfahrung von Beratungseinrichtungen – für *verschiedene Klientelgruppen* (etwa für Männer und Frauen) offenkundig unterschiedlichen psychischen Irritationen und Krisenerfahrungen inhaltlich zu fassen und zu beschreiben. Es lassen sich zwar quantitative Trends angeben; Elemente einer *Semantik* psychischer Krisen bietet die systemtheoretische Beschreibung jedoch nicht.

Genauso wenig kann innerhalb der Systemtheorie die Umwelt, auf die bezogen eine Beratungseinrichtung operiert, in ihrer Binnenstruktur thematisiert werden. Und die Einbindung von Beratungseinrichtungen in die institutionellen Hierarchien der jeweiligen Träger ist nur dadurch sichtbar, daß und wie Kommunikation stattfindet; die Aspekte der Macht sowie die Konflikte und Kämpfe, aus denen Beratung hervorgeht und die durch Beratung stillgestellt werden, bleiben in einer solchen Beschreibung verdeckt. Der soziale Raum, dem eine Beratungsstelle angehört und auf den sie sich zugleich mit ihrem Angebot bezieht (für die Studentenberatung = die Universität), konnte in den Kategorien Luhmanns nur bildlich als »Soziotop« gekennzeichnet werden; die Implikationen dieser Metapher jedoch sind in systemtheoretischen Kategorien nicht angemessen zu beschreiben.

Mit der soziologischen Theorie Bourdieus können nun genau diese – für Beratung wichtigen – Leerstellen beschrieben werden, denn die Konzeption Bourdieus organisiert die Analyse sozialer Prozesse um *soziale Felder* herum – man könnte auch sagen, Bourdieu erforscht Soziotope. Bei dieser Analyse bedient er sich eines doppelten Zugangs: Es werden die Bedingungen und Regeln der *Prozesse*, die in einem Feld ablaufen, untersucht und die Hintergründe, Interessen und Erfahrungen der sich im Feld bewegenden *Akteure*. Als Akteure faßt Bourdieu sowohl Individuen als auch Institutionen, die im Feld agieren (Bourdieu, 1998b, S. 21). Die zentralen Kategorien für die Beschreibung sozialer Prozesse, Kapital und Habitus, sind auf beiden Ebenen einsetzbar und stellen insofern die Verknüpfung dar: Kapital und Habitus können der Kennzeichnung eines Feldes wie der Beschreibung von Akteuren dienen; und ein bestimmtes Feld ist sowohl ein strukturierter Raum, der einer bestimmten Logik folgt und in dem es um die Bewegung und (Um-)Verteilung von Kapital geht, als auch das Ziel, auf das hin sich die Akteure mit einem angemessenen Habitus und dem entsprechenden Kapital ausstatten. Um das in dieser Theorie entwickelte begriffliche Instrumentarium nicht mit den bisher eher alltagssprachlich verwendeten Bezeichnungen gleichzusetzen, seien die wichtigsten Kategorien vorweg eingeführt:

3.1.1 Soziale Felder als strukturierter sozialer Raum

Die für die Verortung psychosozialer Beratung wichtigste Kategorie ist die des Feldes. Mit dem Begriff »Feld« wird in der Theorie Bourdieus ein bestimmter Ausschnitt des sozialen Raumes[117] bezeichnet, wobei der Ausschnitt so gewählt wird, daß Beziehungen und Relationen in den Blick kommen, die derselben Logik unterliegen – es geht um eine jeweils konkret zu beschreibende Konfiguration von Beziehungen. Felder im Sinne dieses Konzeptes sind z. B.:

◆ das Feld der Politik, in dem um die Entscheidungen und Ressourcen des Staates gekämpft wird
◆ die industrielle Produktion, der Handel und die Börse (= das ökonomische Feld)
◆ alle Formen, in denen die Produktion von Kunst gesellschaftlich wahrgenommen und strukturiert wird: Ausstellungen, Theater, Literatur, Opern und Konzerte, Akademien, Kritiken ... (= das künstlerische Feld)
◆ Presse, Fernsehen und neue Informationsmedien (= das journalistische Feld)
◆ Universitäten, Akademien, Kongresse, Forschungsinstitute (= das universitäre Feld).

Die konkrete Form, in der diese (und andere) Felder jeweils strukturiert sind, ist sehr unterschiedlich – genau darin liegt ja die Spezifik der Felder – die wichtigsten Merk-

---

117. Die Kategorie des »sozialen Raumes« bedürfte im theoretischen Gesamtkonzept Bourdieus einer eigenständigen Untersuchung. Meinem Eindruck nach hat sich die Bedeutung dieser Kategorie seit den Arbeiten der 80er Jahre verschoben. In »Die feinen Unterschiede« (Bourdieu, 1982) bezeichnet der »soziale Raum« eine Vorstellung von Gesamtgesellschaft, die durch benennbare soziale Klassen strukturiert ist. Im Gegensatz dazu scheint der »soziale Raum« in den Arbeiten der 90er Jahre eher als Grenzkategorie zu fungieren, die auf allgemeiner Ebene das benennt, was erst bei der Analyse der Felder eine beschreibbare Form erhält. Da es im folgenden nicht um eine Rekonstruktion der Theorie Bourdieus geht, sondern Fragen untersucht werden, die auf der Konkretionsebene der Felder formuliert und beantwortet werden können, müssen diese konzeptionellen Einzelheiten hier jedoch nicht verfolgt werden. In welcher Richtung eine Auseinandersetzung mit dem Konzept des sozialen Raumes konstruktiv weitergeführt werden kann, hat Hans-Peter Müller ausführlich diskutiert (s. H-P. Müller, 1992).

male, die allen Feldern gemeinsam sind, lassen sich jedoch abstrakt benennen bzw. mit Metaphern umschreiben: Die Konfigurationen von Beziehungen, die ein Feld ausmachen, sind in der Vorstellung Bourdieus durch komplizierte Verbindungen von nah und fern (= Wahrnehmung und Einfluß) sowie oben und unten (= Herrschaft und Dominanz) gekennzeichnet, die durch die Beschreibung von Hierarchien nur unzureichend wiedergegeben werden, da diese Überschaubarkeit und Eindimensionalität unterstellen. Die *räumlichen* Assoziationen dagegen, die sich bei dem Wort »Feld« einstellen, sind dem Verständnis der Sache eher dienlich: Auch in einem sozialen Feld lassen sich von einem eingenommenen Punkt aus Nahbereiche besser überblicken als entferntere Regionen, auch in einem sozialen Feld gibt es markante Positionen, die Einfluß auf die Umgebung ermöglichen, und es lassen sich jeweils vor Ort taktische Möglichkeiten der Dominanz (durch Verknüpfung mit anderen markanten Positionen) entfalten. Die Relationen eines sozialen Feldes sind spannungsreich, es ist Macht im Spiel (durch Verfügen über Ressourcen/Kapital); und die Akteure des Feldes versuchen durch Besetzen von Positionen und Nutzen der in ihnen steckenden Möglichkeiten individuelle Interessen und Gruppeninteressen zu verwirklichen: »Ein Feld ist ein strukturierter sozialer Raum, ein Kräftefeld – es gibt Dominierende und Dominierte, es gibt gleichbleibende, dauerhafte Beziehungen der Ungleichheit, die sich im Inneren dieses Raumes betätigen – ein Raum, der auch ein Feld für Kämpfe ist, in denen es darum geht, das Kräftefeld zu transformieren bzw. zu erhalten.« (Bourdieu & Wacquant, 1996, S. 46[118]).

Bourdieu hat die in der Kategorie »Feld« kondensierte Sicht auf Gesellschaft nicht in Form einer Gesellschaftstheorie entworfen, sondern umgekehrt aus der (theoretisch reflektierten) empirischen Untersuchung soziologischer Einzelfragen aufgebaut. Und so entsteht die Vorstellung von verschiedenen sozialen Feldern auch eher induktiv: Jeder konkrete soziale Ort – eine Familie im westlichen Südfrankreich genauso wie die Beratungsstelle einer Universität – läßt sich daraufhin befragen, welcher Konfiguration von Beziehungen er angehört und welcher Logik diese unterliegen. Und auf dem Wege solcher Untersuchungen kommen unterschiedliche Felder in den Blick und werden als solche beschreibbar: Ökonomie, Kunst, Wissenschaft[119], staatliche Büro-

---

118. Übers. R.G.; Original: »Un champ est un espace social structuré, un champ de forces – il y a des dominants et des dominés, il y a des rapports constants, permanents, d'inégalité qui s'exercent à l' intérieur de cet espace – qui est aussi un champ de luttes pour transformer ou conserver ce champ de forces.«

119. Das hier mit »Wissenschaft« überschriebene soziale Feld (= das Feld, in dem Wissen produziert und akademisch ausgebildet wird) bezeichnet Bourdieu je nach Untersuchungsakzent unterschiedlich. In »Homo academicus« (1988) benutzt er die Bezeichnung »akademisches Feld« immer dann, wenn die Bedeutung hervorgehoben werden soll, die Akademisches auch außerhalb der Universität hat. Direkt auf den universitären Kosmos bezogen, verwendet Bourdieu die Bezeichnung »universitäres Feld«. Und in neueren Arbeiten (Bourdieu, 1997b), in denen er sich auf die interne Perspektive der Erkenntnisproduktion einläßt und deren soziale Voraussetzungen thematisiert, spricht Bourdieu von »Skolé« oder »vue scolastique«. Ich werde im weiteren Bourdieus terminologischer Praxis folgen und die Bezeichnungen je nach Argumentationsfokus wählen.

kratie, schulische Bildung, Medien[120].... Diese verschiedenen gesellschaftlichen Felder sind relativ autonom, gehören »aber zugleich in ihrer Grundlage und aktuellen Funktionsweise zum selben *Universum*« (Bourdieu, 1988, S. 275)[121]. Durch diese Konzeption gelingt es Bourdieu, die Dynamik eines einzelnen Feldes als einer eigentümlichen Logik folgend zu beschreiben und zugleich den Zusammenhang zu anderen Feldern zu thematisieren.

Bei einem solchen Zugang lassen sich Korrespondenzen von Entwicklungen verschiedener Felder plausibel machen, ohne daß strukturelle Hierarchien zwischen den Feldern behauptet werden müssen. Es gibt keine vorempirisch notwendigen (und deshalb vorhersagbaren) Auswirkungen der Ereignisse eines Feldes auf ein anderes[122]. Die Effekte korrespondierender Entwicklungen können sich vielmehr – abhängig von Konjunkturen und Kampfergebnissen – verstärken, kompensieren, aber auch relativ unberührt lassen. Historisch-empirische Analysen sind daher erforderlich, um Entwicklungen zu verstehen und Konflikte beurteilen zu können.

Will man eine bildliche Orientierung für die spannungsreiche Qualität der inneren *Struktur sozialer Felder*, auf die sich die einzelnen Untersuchungen Bourdieus beziehen, dann bietet sich die Metapher des Magnetfeldes an (s. Bourdieu & Wacquant, 1996, S. 37). Wie bei den elektro-magnetischen Kraftfeldern ist auch im sozialen Feld die Kraft selbst nicht sichtbar, sichtbar sind jedoch ihre Effekte. Man kann diese Kraft wie bei einem Magnetfeld mit (in diesem Fall) soziologischen Mitteln aufzeigen (statistische Daten übernehmen die Funktion der Eisenfeilspäne); und wenn man sich in einem Feld bewegt, ist diese Kraft auch zu spüren. Zur Verdeutlichung sei an einen Geschäftstag an der Börse erinnert, dessen Geschäftigkeit auf dem Hintergrund der sozialen Alltagswahrnehmung nur hektisch wirkt, in Kontrastierung zur Atmosphäre anderer Felder, eines wissenschaftlichen Kongresses z. B., jedoch ein spezifisches

---

120. Im Original »champ journalistique«, s. Bourdieu, 1996, S. 44 f.
121. Voraussetzung für die Konzeption autonomer Felder innerhalb eines einheitlichen sozialen Raumes ist Bourdieus Theorie des Staates, auf die hier nur verwiesen werden kann: »la genèse de l'État est inséparable d'un processus d' unification des différents champs sociaux, économique, culturel (ou scolaire), politique, etc., qui va de pair avec la constitution progressive du monopole étatique de la violence physique et *symbolique* légitime.« (Bourdieu, 1994, S. 55)
Übersetzung (R.G.): Die Genese des Staates ist untrennbar mit einem Vereinigungsprozeß der verschiedenen sozialen Felder – ökonomisches, kulturelles (bzw. schulisches), politisches Feld etc. – verbunden, die mit der fortschreitenden Konstituierung des staatlichen Monopols auf legitime physische und *symbolische* Gewalt einhergeht. (Diese Übersetzung weicht in einigen Formulierungen bewußt von der deutschen Ausgabe (Bourdieu, 1998 a) ab, da die Formulierungen dort (S. 50) die Relationen nicht eindeutig wiedergeben.
122. Hierin liegt eine wichtige Differenz zur Theorie Luhmanns, die auch für die Nutzung der Theorie als Beschreibungsfolie Auswirkungen hat. Ging es in der Nutzung der Theorie Luhmanns darum, die Implikationen zentraler Begriffe für einen bestimmten Phänomenbereich zu entfalten, so bedeutet die Nutzung der Perspektive Bourdieus: Begriffe, die aus der Untersuchung empirisch gegebener Sozialverhältnisse in Frankreich gewonnen wurden, werden auf den hier thematisierten Phänomenbereich transponiert und gleichzeitig auf deutsche Sozialverhältnisse bezogen.

Kraftfeld zum Ausdruck bringt: Es erfaßt die Sache eben nicht, wenn die Alltagswahrnehmung (bei Bourdieu: »doxa«) meint, in dem einen Feld seien hektische Menschen versammelt, während das andere von eher behäbigen Zeitgenossen bevölkert ist. Es ist vielmehr die Logik der an der Börse getätigten Termingeschäfte, die Dynamik der Spekulation, die die Banker auf die ihnen eigentümliche Weise agieren läßt (und Menschen mit passendem Naturell anzieht); und auf der anderen Seite sind es die Weitschweifigkeit intellektueller Brillanz und das Wettbewerbsprinzip argumentierender Spezialisierung, die die Atmosphäre eines Kongresses bestimmen. Bourdieu nutzt solche Effekte der Feldkräfte, um die Grenzen eines Feldes zu bestimmen und dadurch ein Feld in der sozialen Realität überhaupt auszumachen:

> »Es mag gefährlich nach einer Tautologie klingen, aber ich kann nur sagen, daß man ein Feld als einen Raum verstehen kann, in dem ein Feldeffekt wirksam ist, so daß sich das, was einem Objekt widerfährt, das durch diesen Raum hindurchgeht, nicht vollständig durch seine intrinsischen Eigenschaften erklären läßt. Die Grenzen des Feldes liegen dort, wo die Feldeffekte aufhören. Folglich muß man in jedem einzelnen Fall und mit wechselnden Mitteln versuchen, den Punkt zu messen, an dem diese statistisch faßbaren Effekte nachlassen oder ganz aufhören.« (Bourdieu & Wacquant, 1996, S. 131).

Setzt man den Akzent der Beschreibung mehr auf die *Seite der Akteure*, dann stehen zur Verdeutlichung der Implikationen des Feld-Begriffes zwei Metaphern zur Wahl: das Bild des Spielfeldes und das des Kampf- oder Schlachtfeldes. In ruhigen Phasen der Auseinandersetzung, wenn die Struktur der Positionen und die Regeln des Interagierens nicht in Frage stehen, ähneln soziale Felder einem Spielfeld, auf dem nach etablierten Regeln und tradierten Konditionen mit individuellen bzw. Gruppen-Einsätzen (frz. »enjeu«) um Vorteil und Gewinn gekämpft wird (s. Bourdieu & Wacquant, 1996, S. 40). Dabei wird nach anerkannten Regeln verfahren, gleichzeitig geht es den Akteuren jedoch darum, Positionen im Spiel zu erreichen, die für ihr eigenes Fortkommen günstig(er) sind, bzw. die Relationen der Positionen (zugunsten des eigenen Einflusses auf das Spiel) zu verschieben. Die Metapher des Spiels trägt jedoch nur begrenzt.

> »Der Hauptunterschied zwischen einem Feld und einem Spiel ... besteht darin, daß das Feld ein Spiel ist, in dem die Spielregeln selbst ins Spiel gebracht werden...« (Bourdieu, 1998b, S. 25).

»Spiel«felder sind daher immer auch Kampffelder. Und unter bestimmten Voraussetzungen (Konjunktur für die Verschiebung der Positionen, Eindringen neuer Gruppen ins Feld oder Dominiertwerden eines Feldes durch ein anderes[123]) wird der Kampf um

---

123. So sieht Bourdieu z. B. in aktuellen Analysen das journalistische Feld durch das ökonomische dominiert. (s. Bourdieu, 1996, S. 62)

Positionen und Regeln wichtiger als die Gewinnchancen im laufenden Spiel, und dann verwandeln sich die Spielfelder in Schlachtfelder[124].

Fragt man nach den *Interessen der Akteure*, sich an diesen Spielen und Kämpfen zu beteiligen, dann ist deutlich: Das, worum es den Akteuren bei den Bewegungen im Feld geht, ist ihr ökonomisches, soziales und gesellschaftliches Ein-, Aus- und Fortkommen. Antrieb ist das unmittelbare Interesse aller, ihre eigenen Angelegenheiten gut (bzw. möglichst besser) zu regeln. In dieses Spiel/diesen Kampf bringen die Akteure daher auch alles ein, was sie aufbringen/aktivieren können: ökonomische Mittel, Qualifikationen, soziale Beziehungen, Bildung und Kenntnisse, die im jeweiligen Feld greifen. Damit ist die zweite wichtige Kategorie der Theorie Bourdieus – das Kapital – bereits angesprochen:

3.1.2 Kapital – Einsatz und Gewinn der Auseinandersetzungen im Feld

Bourdieu nennt alle materiellen und ideellen Ressourcen, die den einzelnen Akteuren in ihren Auseinandersetzungen im Feld (je unterschiedlich) zur Verfügung stehen, Kapital[125]. Wie die beiden anderen zentralen Kategorien (Feld, Habitus) ist auch der Begriff Kapital in der Theorie Bourdieus keine absolute Größe, sondern relational zu verstehen:

>»Ein Kapital oder eine Kapitalsorte ist das, was in einem bestimmten Feld zugleich als Waffe und als umkämpftes Objekt wirksam ist, das, was es seinem Besitzer erlaubt, Macht oder Einfluß auszuüben, also in einem bestimmten Feld zu *existieren* und nicht bloß eine ›quantitée négligeable‹ zu sein.«
>(Bourdieu & Wacquant, 1996, S. 128).

Die wichtigsten Kapitalsorten zeichnen sich dadurch aus, daß sie in allen gesellschaftlichen Feldern von Bedeutung sind – wenn sie auch nicht überall dieselbe Bedeutung haben, die Hierarchie der Kapitalsorten vielmehr feldspezifisch variiert: Geld und materieller Besitz bilden das *ökonomische Kapital*. Bildung sowie die Fähigkeit, die »richtigen« Wert- und Geschmacksurteile zu treffen, stellen das *kulturelle Kapital* dar.

---

124. Das Bild der Arena, mit dem sich ausgegrenzte Orte bezeichnen lassen, an denen Auseinandersetzungen eines Feldes ausgetragen werden – Universitäten z. B. für das akademische Feld oder eben die Börse für das ökonomische Feld – enthält diese doppelte Bedeutung: Austragungsort für sportliche Wettbewerbe und Kampfstätte zu sein.

125. Konzeptionen ressourcenorientierter Beratung – darauf sei hier verwiesen – könnten einiges an Konkretion gewinnen, wenn Präzisierungen im Sinne Bourdieus vorgenommen würden. Legt man diesen Konzepten die Kapitalformen Bourdieus mit den angebbaren Möglichkeiten der Kapitalkonvertierung zugrunde, dann verwandelt sich der relativ freundliche Imperativ der Ressourcennutzung und -erweiterung in eine klarere und härtere Auftragsformulierung: Beratung wäre dann als symbolische Praxis zu bezeichnen, die die Konvertierung von Kapital bei den Ratsuchenden effektiver gestalten soll – *ohne* Hinzufügung ökonomischen Kapitals.

Mit dem zunehmenden Gewicht der symbolischen Macht/Gewalt des Staates bekommt ein Teil des kulturellen Kapitals, das *symbolische Kapital* (= die Befähigung, gesellschaftlich relevante Bedeutungen wahrzunehmen, zu beeinflussen und sich in Beziehung dazu zu setzen) einen eigenen Stellenwert. Alle Formen symbolischer Dominanz beruhen auf einer strukturellen Ungleichverteilung der Macht, Anerkennung für sich zu requirieren, Anerkennung zu geben oder zu verweigern. Und eine weitere Kapitalart spielt in allen Feldern eine Rolle: Nützliche Beziehungen zu haben und aktivieren zu können, bedeutet, über *soziales Kapital* zu verfügen.

Diese Kapitalsorten können jeweils weiter spezifiziert werden – die Aufteilung ist nicht als eine starre, alle Ressourcen erfassende konstruiert; und – dies ist für das Funktionieren gesellschaftlicher Prozesse insgesamt von Bedeutung – sie sind ineinander konvertierbar. Wer Geld hat, kann Lehrer anstellen; wer über die richtigen Beziehungen verfügt, kann Geld auftreiben, wenn die eigenen Mittel knapp sind; wer selbst über formale Bildung verfügt, kann die schulische Situation seiner Kinder günstig gestalten; wer gelernt hat, Definitionsmacht auszuüben, vermag auch eigene Prüfungssituationen zu entschärfen; und wem Kunstsinn und finanzielle Mittel zur rechten Zeit den Kauf eines Gemäldes ermöglichen, kann damit für beide Kapitalarten Gewinne erwirtschaften.... . Je leichter und je breiter eine Kapitalsorte konvertiert werden kann, desto größer ist die gesellschaftliche Macht, die mit ihrem Besitz verbunden ist.

Nicht nur in den einzelnen Kämpfen eines Feldes, nicht nur bezogen auf die verschiedenen Felder, sondern auch hinsichtlich der gesellschaftlichen Möglichkeiten insgesamt ist Kapital unterschiedlich verteilt. Es sind vor allem zwei gesellschaftliche Institutionen, die (neben der unterschiedlichen »fortune« der einzelnen im Spiel) dafür sorgen, daß diese Ungleichverteilung nicht situativ, sondern strukturell ist und sich (in flexibler Form) reproduziert: die Institution des Erbes und die Konzentration von Kapital im Staat.

Die Institution des Erbes ist eng an die generative Reproduktion gebunden: Kinder wachsen in Familienzusammenhängen auf, werden in Familien versorgt und auf »ihre« zukünftige Position hin ausgebildet und mit Kapital ausgestattet. Ökonomisches, kulturelles und soziales Kapital wird auf diesem Wege sowohl von einer Generation an die nächste weitergegeben als auch immer wieder in die aktuell konvertierbare Form gebracht. Zwei Arten von Ungleichheit werden dadurch, aufs Ganze gesehen verlängert: die Kapitalausstattung von Sprößlingen verschiedener Familien (= Reproduktion der Ungleichheit, die durch den sozialen Status der Herkunftsfamilie bestimmt ist) und die in erster Linie geschlechtsspezifischen Unterschiede in der Kapitalausstattung von Kindern derselben Familie (= Reproduktion der männlichen Dominanz).[126]

---

126. Die Institution des Erbes, die hier nur bezogen auf die (ungleiche) Ausstattung mit Kapital in den Blick kommt, hat in der Konzeption Bourdieus weitreichende Implikationen: Sie schließt neben dem materiellen Erbe (Kapital) Vermächtnisse, Erwartungen und Aufträge ein, die darauf abzielen, die gesellschaftliche Position der Familien (repräsentiert durch die Position des Vaters) zu perpetuieren. (s. hierzu: Bourdieu et al., 1997, S. 651–658)

Die Regulationsmacht des Staates[127] ist die zweite Institution, die für Flexibilisierung *und* Aufrechterhaltung ungleicher Verteilung sorgt: Durch Maßnahmen wie die Festlegung von Besteuerungssätzen, die Regulierung der Zugangsbedingungen zu Bildung und Ausbildung, durch Zuwanderungsgesetze und das Erbrecht wird einerseits die Reproduktion von Ungleichheit flexibilisiert. So ist z. B. die Angleichung der Bildungschancen für Mädchen genauso durch staatliche Eingriffe beschleunigt worden, wie die weitgehende Gleichstellung von Frauen im Erbrecht. Andererseits aber wird durch diese staatliche Macht ein neues Kampffeld eröffnet, das Feld der Macht[128], in dem auf diese Regulierungsprozesse Einfluß genommen werden kann – wiederum mit ungleichen Startplätzen und -chancen für die Besitzer verschiedener Kapitalarten.[129]

Über die richtige Form und Zusammensetzung von Kapital zu verfügen, ist jedoch nicht die einzige Voraussetzung für eine erfolgreiche Präsenz im Feld. Erforderlich sind auch sehr personenbezogene Kompetenzen, und Fähigkeiten, durch die das zur Verfügung stehende Kapital ins Spiel gebracht wird, sowie habituelle Ausdrucksformen, die dem Agieren der einzelnen feldspezifische Wirksamkeit verleihen.

An den persönlichen Voraussetzungen, die Studierende heute für ein erfolgreiches Studium mitbringen müssen[130], läßt sich der Zusammenhang zwischen Kapitalausstattung und sozialen Repertoires gut anschaulich machen: Studieren setzt zum einen

127. Das Verhältnis des Staates zum Kapital ist kein neutrales, sondern: »Der Staat ist das Ergebnis eines Prozesses der Konzentration verschiedener Kapitalsorten, Kapital der physischen Gewalt bzw. der Mittel zur Ausübung dieser Gewalt (Armee, Polizei), ökonomisches Kapital (über die Steuererhebung, R.G.), kulturelles oder, besser, informationelles Kapital, symbolisches Kapital, eine Konzentration, die an sich schon den Staat zum Besitzer einer Art Metakapital macht, das ihm Macht über die anderen Kapitalsorten und ihre Besitzer verleiht. Die Konzentration der verschiedenen Kapitalsorten (die Hand in Hand geht mit der Konstruktion der entsprechenden Felder) führt nämlich zur *Entstehung* eines spezifischen staatlichen Kapitals im eigentlichen Sinne, das es dem Staat erlaubt, Macht über die verschiedenen Felder und über die verschiedenen besonderen Kapitalsorten auszuüben, vor allem über ihre jeweiligen Wechselkurse...« Bourdieu, 1998a, S. 100 f.)

128. »Folglich geht die Konstruktion des Staates Hand in Hand mit der Konstruktion des *Felds der Macht*, verstanden als der Spielraum, in dem die Kapitalbesitzer (der verschiedenen Sorten) *vor allem* um die Macht über den Staat kämpfen, das heißt über das staatliche Kapital, das Macht über die verschiedenen Kapitalsorten und ihre (vor allem über das Bildungssystem vermittelte) Reproduktion verleiht.« (Bourdieu, 1998a, S. 101)

129. Wie schnell und effektiv das Feld der Macht seine Wirksamkeit entfaltet, läßt sich besonders gut in Bereichen beobachten, in denen staatliche Eingriffe entweder überhaupt noch nicht oder seit längerer Zeit nicht mehr stattgefunden haben. Wenn dann Gesetze vorbereitet werden, die neue Regelungen vorsehen, dann entwickeln sich rege Aktivitäten in bestehenden Verbänden, neue Zusammenschlüsse entstehen, Bewertungskämpfe finden statt, und in Fachöffentlichkeit und Presse wird um die Definitionsmacht gekämpft. Ein Beispiel für einen solchen Prozeß sind die Auseinandersetzungen um das soeben verabschiedete Psychotherapeutengesetz.

130. Hier kann auf vielfältiges Material ex negativo zurückgegriffen werden, da in den Studienreformdiskussionen immer wieder Mängel und Einschränkungen von Studierfähigkeit formuliert werden. S. Daxner, 1996; HRK, 1994; Gemeinsame Kommission für Studienreform im Land Nordrhein-Westfalen, 1996.

ökonomisches Kapital voraus, denn nur wer nicht ständig mit der Existenzsicherung beschäftigt ist, kann sich auf ein Studium mit erfolgversprechender Intensität einlassen und es in angemessener Zeit abschließen. Das Studium an einer Universität ist (Sonderbestimmungen, die als Umwege wahrgenommen werden, einmal ausgenommen) nur möglich mit dem höchsten formalen Schulabschluß, dem Abitur – möglichst an einem akademisch orientierten Gymnasium erworben (=kulturelles Kapital). Gute Leistungen im Studium setzen jedoch mehr voraus als eine formal gute Bildung. Sie sind dann möglich, wenn eine bereits elaborierte Sprache für abstrakte Sachverhalte zur Verfügung steht (=kulturelles Kapital) und wenn die soziale und institutionelle Bedeutung universitärer Rituale schnell erfaßt werden kann (=symbolisches Kapital). Chancen auf Förderung innerhalb der akademischen Ausbildung erhält derjenige leichter, der auf Erfahrungen im Umgang mit Wissenschaftlern/Akademikern zurückgreifen kann (= soziales Kapital). Über diese Formen von Kapital zu verfügen, wird – das Abitur einmal ausgenommen – den Studierenden in der Universität natürlich nicht explizit abgefordert. Es ist vielmehr die diesen Kapitalformen zugehörige habituelle Seite, die im Studium wirksam wird: Das Studium an die erste Stelle setzen, sich mit seiner Arbeitskraft ganz einlassen; leicht folgen und sich schnell in die Debatte einklinken können; begreifen »um was es an der Uni geht«; und sich nicht scheuen, den direkten Kontakt zu Hochschullehrern zu suchen – das sind die Kompetenzen, denen sich Studienerfolg verdankt. Zu dieser habituellen Seite des Studierens, die am äußeren Verhalten sichtbar ist und wird, muß eine innere Disposition hinzutreten, häufig ist sie unmittelbar damit verbunden: die Bereitschaft bzw. Lust, wirklich ins Studium zu investieren – Zeit, Geld, Ausdauer, Spaß, Identifikation... (= investissement) – sowie ein Gespür dafür, daß sich das lohnt und daß man selbst dabei zu gewinnen hat (= illusio).

In dieser Beschreibung wird die enge Verknüpfung deutlich, die zwischen dem Kapital (im Sinne von Ressourcen, über die man verfügt) und den Auswirkungen des Umgangs mit diesem Kapital entsteht. Diese Auswirkungen können nicht mehr abgetrennt von der Person gedacht werden. Solche Formen des »inkorporierten Kapitals« – persönliche *Denk- und Wahrnehmungsschemata;* »investissement«[131]; »illusio« (im Sinne eines Bezugs zu dem Spiel, das läuft)[132] – verweisen auf die dritte zentrale Kategorie der Theorie Bourdieus, auf den *Habitus.*

---

131. Der Begriff, den Bourdieu verwendet, bedeutet nicht nur wie das parallele deutsche Wort eine Investition von Zeit, Energie und persönlichen Mitteln, sondern auch – ganz im Sinne der Psychoanalyse – die affektive Besetzung einer Situation oder Aufgabe. Er wird wegen dieses breiteren Bedeutungsspektrums im weiteren nicht übersetzt, sondern im französischen Original beibehalten.
132. Bei »illusio« wird im folgenden verfahren wie bei »investissement«. Da das Bedeutungsspektrum nicht durch einen entsprechenden deutschen Begriff wiedergegeben werden kann, wird das lateinische »illusio« beibehalten.

3.1.3 Habitus als sozial strukturierte Subjektivität

Mit der Kategorie »Habitus« ist der Teil der theoretischen Konzeption Bourdieus umschrieben, den dieser in den letzten Jahren am stärksten ausgearbeitet und differenziert hat. Gegenüber früheren Untersuchungen, in denen Bourdieu mit einem engeren Habitus-Begriff[133] auskam, umfaßt »Habitus« in aktuellen Arbeiten (s. Bourdieu & Wacquant, 1996; Bourdieu, 1997b, 1998a) das Gesamtspektrum inkorporierter Sozialisationserfahrungen, die in der Hexis von Personen, in ihrem Verhaltensrepertoire und in ihren kognitiven wie emotionalen Dispositionen Ausdruck finden. Oder, bezogen auf die Anforderungen eines Feldes formuliert: Der *Habitus* umfaßt all die Dispositionen, durch die sich eine handelnde Person in einer konkreten Situation mit den Möglichkeiten eines Feldes in Beziehung setzen kann: Wahrnehmungskategorien und Wertesystem, Vorlieben und Praxissinn, Spielsinn (= illusio) und Orientierungsmuster für Hierarchien und soziale Beziehungen – dies alles gehört genauso zum Habitus, wie die Fähigkeit und Bereitschaft, sich für bestimmte Dinge zu engagieren und für andere nicht bzw. in bestimmte Bereiche zu investieren und in andere nicht (= investissement). All diese Fähigkeiten und Repertoires der agierenden Subjekte betätigen sich feldspezifisch, reagieren auf das Kräftefeld, die Spannungen, das Spiel eines sozialen Raumes. Und je nachdem, welche Vorlieben, Wahrnehmungsmuster, Reaktionsweisen usw. habituell zur Verfügung stehen, gelingt die Präsenz bzw. das Mitmischen in einem Feld besonders gut – oder eben weniger gut bzw. gar nicht.

Ein feldspezifisch entwickelter Habitus wirkt angemessen und leicht – man hat die Bewegungen und Spielzüge wie ein guter Tänzer »im Blut« – während ein feldfremder Habitus linkisch und defizitär wirkt. Leichtigkeit im habituellen Verhalten der Akteure eines Feld entsteht immer dann, wenn die soziale Welt, in der der Habitus erworben wurde, dieselbe ist, in der er betätigt wird. Sie ist gerade in den etablierten sozialen Feldern (bei Künstlern, Wissenschaftlern, Juristen, Klerikern und Geschäftsleuten) häufig anzutreffen:

> »In diesem Fall sind die Akteure dahin geleitet worden, in einer Welt zu leben, die nicht völlig von der verschieden ist, die ihren primären Habitus geformt hat; das Zusammenstimmen von Position und den Dispositionen dessen, der sie besetzt, entsteht ohne Mühe, zwischen Erbteil und Erben, zwischen Stelle und Stelleninhaber.« (Bourdieu, 1997b, S. 186 f.)[134]

---

133. Habitus = körperlich verankerte Denk- Wahrnehmungs- und Bewertungsschemata (das dazugehörige Verhaltensrepertoire eingeschlossen). In dieser Bedeutung hat sich der Begriff seit »Die feinen Unterschiede« (1982) auch in der deutschen Diskussion durchgesetzt.

134. Übersetzung R.G.: Im Original lautet die zitierte Passage: »en ce cas, les agents étant amenés à vivre dans un monde qui n'est pas radicalement différent de celui qui a façonné leur habitus primaire, l'accord se fait sans peine entre la position et les dispositions de celui qui l'occupe, entre l'héritage et l'héritier, entre le poste et son détenteur.«

Eine solche Übereinstimmung zwischen den Anforderungen eines Feldes und den Dispositionen der Akteure ist in allen sozialen Feldern zu finden; sie ist jedoch nicht generell für alle Akteure gegeben; und – obwohl sie selbstverständlich wirkt – hat sie nichts Selbstverständliches. Denn auf allen sozialen Feldern finden Bewegungen statt, die Brüche im Zusammenspiel von Anforderungen und Dispositionen produzieren und die immer auch Akteure in das Feld führen, deren Sozialisation nicht feldadäquat ist.[135] Seit dem 19. Jahrhundert steht die Figur des Parvenus für die Beschreibung der habituellen Seite dieser Nichtübereinstimmung. Für viele einzelne Felder lassen sich Beispiele für Aufsteiger und deren habituelle Unangepaßtheit finden. So kann z. B. ein in den 80er Jahren häufig an den Universitäten anzutreffendes Phänomen – die Theoriefeindlichkeit von Studenten – als eine durch Aufsteiger produzierte Störung im akademischen Feld aufgefaßt werden: Die Bildungsreform hatte eine große Anzahl von Studierenden in das universitäre Feld gebracht, deren primärer Habitus und deren Erwartungen an Ausbildung nicht akademisch geprägt waren und die zugleich nicht mehr (wie ihre Vorgänger) das Bewußtsein hatten, sich persönlich Zugang zu einer privilegierten Sphäre erkämpft zu haben, der sie dann auch gerecht werden wollten. Die »Theoriefeindlichkeit« und »Anwendungsfixiertheit« dieser Studenten wurde innerhalb der Hochschule als Defizit wahrgenommen; sie läßt sich jedoch auch als feldfremde und deshalb inadäquate Form von »investissement« verstehen.

Ein brüchig wirkender Habitus und feldunangemessenes Verhalten sind allerdings nicht ausschließlich Probleme von »Aufsteigern«. Auch für »passende« Besetzungen der Positionen in einem Feld können kulturelle oder soziale Veränderungen zu Diskrepanzen führen. Umbrüche oder Krisen verändern die Strukturen eines Feldes und damit die Anforderungen an die Akteure, und so kann selbst ein Habitus, der auf dieses Feld hin sozialisiert wurde, in bestimmter Hinsicht inadäquat und unpassend werden. Die Umbrüche an den Universitäten, die um 1968 sichtbar und mit der Hochschulreform der 70er Jahre formal abgeschlossen wurden, haben in vielen Bereichen der Hochschule Habitus anachronistisch werden lassen, die bis dahin fast Inbegriff akademischen Lebens waren. Ulrich Beck hat in seinem Portrait der Hochschulsekretärin Rita Theresia Ries einen solchen überholten Habitus beschrieben:

»Professor Max Müller bekam einen Ruf nach München und wollte ›ä badisches Mädle mitnehme‹. Sie brachte alles mit. Ihr Altbaden, ihre Gelehrigkeit, ihre buchhalterischen Fertigkeiten und die Kraft des Clans. Damals war die Universität keine Bildungsfabrik. Der Professor hatte nicht viel mehr als zwanzig Schüler und fühlte sich für deren Zukunft verantwortlich. Und das Fräulein Ries auch. ... 1968, als an den Privilegien der Ordinarienuniversität gesägt wurde, widerstand sie persönlich diversen Frechheiten – und sah gleichzeitig nicht ohne Genugtuung, daß die Zeit vorbei war, wo die Professoren benachbarter Lehrstühle ihre Assistenten in

---

135. Die »Bewegung« der Felder entspricht historisch und in ihren Folgen für die Akteure dem Prozeß der funktionalen Differenzierung bei Luhmann. Beide Theorien beziehen sich auf dieselbe gesellschaftliche Entwicklung. Zur Genese der Felder bei Bourdieu s. Bourdieu, 1998a, S. 96–125).

die Wäscherei schickten und den Hund ausführen. Das Klima der Anonymität und Konturlosigkeit, das danach entstand, gelangte nicht zum Lehrstuhl 1. Was nicht zuletzt an ihm liegt, dem Fräulein Ries. In seinem Zimmer gibt es drei Regeln: ›Es wird nicht über Autos geredet, nicht über Computer und nicht über Weibersleut.‹ Philosophiert darf jederzeit werden, auch wenn es ablenkt.«
(Beck, Vossenkuhl & Ziegler, 1995, S. 186).

Was bei einer Positionsinhaberin[136] den liebenswürdigen Charme der »guten alten Zeit« hat, kann bei Personen, die sich um eine Position im Feld bemühen, zum Ausschluß führen. Daß z. B. der Verlust einer Position jenseits der fünfzig auch bei Managern und Vertriebsspezialisten häufig das Ende der Berufslaufbahn bedeutet, hat viel mit auffällig werdenden habituellen Diskrepanzen in einem sich schnell verändernden Feld zu tun. Ein einmal erworbener Habitus integriert zwar Veränderungen und adaptiert feldspezifische Repertoires, bleibt sich aber in seinem Grundtonus treu:

»es gibt eine Trägheit (oder Hysteresis) der Habitus, die eine spontane Tendenz haben (in die Biologie[137] eingeschrieben), die Strukturen fortdauern zu lassen, die ihren Produktionsbedingungen entsprechen.«
(Bourdieu, 1997b, S. 190).[138]

Wie der Prozeß von Anpassung/Erweiterung eines Habitus vor sich geht, läßt sich gut an den im ersten Teil diskutierten Prozessen des Erwerbs von Beratungskompetenz (s. 1.1.1) deutlich machen: Die Anforderungen der Beratungssituationen lassen die einzelnen Mitarbeiter/innen der Einrichtung (unterschiedliche) Verhaltensunsicherheiten und habituelle Brüche erleben, vor allem bezogen auf flexibles Kommunikationsverhalten und feldspezifische Informationsnachfrage; dies weckt Weiterbildungsbedarf, und zwar spezifischen Weiterbildungsbedarf, je nach Geschlecht[139], sozialer Herkunft[140] und den Vorerfahrungen der einzelnen und immer bezogen auf den (im eigenen Studium entwickelten) akademischem Habitus. So ist es für manche Mit-

---

136. Da es sich bei Hochschulsekretärinnen zwar gelegentlich um machtvolle Personen handelt, nicht jedoch um machtvolle Positionen, ist davon auszugehen, daß dem habituellen Anachronismus der Frau Ries eine dazu passende und diesen nutzende Amtsführung des Lehrstuhls entspricht.

137. Dieser Begriff ist mißverständlich, da er auch biologistisch gelesen werden kann. Ich halte eine Lesart für sachangemessen, die »Biologie« mit »Physis« gleichsetzt.

138. Übersetzung R.G.. Im Original lautet die zitierte Passage: »il y a une inertie (ou une hysteresis) des habitus qui ont une tendance spontanée (inscrite dans la biologie) à perpétuer des structures correspondant à leurs conditions de production.«

139. Die Geschlechtsspezifik bezieht sich in erster Linie auf die kommunikativen Kompetenzen im Umgang mit Gefühlen und auf die graduell unterschiedliche Abgrenzungsfähigkeit der Personen; s. hierzu Großmaß, 1991.

140. »Soziale Herkunft« im Sinne Bourdieus verweist auf die Position der Akteure im sozialen Raum, soweit sie durch die Kapitalausstattung der Herkunftsfamilie bestimmt ist. Leitkriterium für die Bestimmung der sozialen Herkunft ist bei Bourdieu in der Regel die berufliche Verortung beider Eltern bzw. des Vaters, ergänzt durch ererbte Kapitalien.

arbeiter von Beratungsstellen vor allem schwer auszuhalten, daß sie nicht alle Fragen selbst beantworten können und daß ihre Aufgabe häufig nicht in Wissen, sondern in Recherchieren-Helfen besteht. Andere haben mehr Schwierigkeiten damit, die emotionale Verfassung ihres Gegenübers schnell wahrzunehmen und angemessen zu thematisieren. In Kooperation mit den Kolleg/inn/en und durch »training-on-the-job« werden einzelne Fertigkeiten ausgebildet, Kenntnisse angesammelt und Kommunikationsformen für Beratungsgespräche entwickelt. Aus den dabei gemachten Erfahrungen entsteht Weiterbildungsbedarf hinsichtlich der psychischen Dimension von Beratung. In den entsprechenden Zusatzausbildungen wird dann ein bestimmter Ausschnitt der Kommunikationskompetenz ausgebaut und zugleich in die Kognitionsschemata des psychotherapeutischen Feldes »hinein sozialisiert«. Im Arbeitsalltag der Beratungsstelle müssen die einzelnen Berater/innen dies alles zu einem kongruenten, wie selbstverständlich zur Verfügung stehenden Verhaltensrepertoire entwickeln und auf diese Weise ihren persönlichen Beratungsstil bzw. Habitus finden.

Ein Habitus stellt, so ließe sich zusammenfassen, die jeweils individuelle Möglichkeit dar, in sozialen Situationen zu agieren; allerdings nicht in einer Weise, die eine einzelne Praxis oder ein einzelnes Verhalten vorhersagbar machte. Welche sprachliche Form etwa eine Beraterin findet, um einem Klienten gegenüber Aufmunterung und Unterstützungsbereitschaft auszudrücken, hängt von zahlreichen situativen Bedingungen ab, die zwar in der Reflexion herausgearbeitet werden können, handelnd jedoch den Beteiligten nicht einmal bewußt sein müssen. Bei dem habituell festgelegten Repertoire geht es um *Schemata*, die in ihrem Zusammenspiel Individualität und Flexibilität ermöglichen.

»Der Habitus – man darf nicht vergessen, daß es sich um ein System von Dispositionen handelt, das heißt von Virtualitäten, Potentialitäten – wird erst *im Verhältnis* zu einer bestimmten Situation manifest.(...) Man muß sich ihn wie eine gespannte Feder vorstellen, die nur auf den Anstoß wartet, und der gleiche Habitus kann je nach Stimulus und Feldstruktur ganz unterschiedliche, ja, gegensätzliche Praktiken hervorbringen.«
(Bourdieu & Wacquant, 1996, S. 168).

Die verschiedenen Habitus – obwohl individuell (durch inkorporierte Erfahrung) erworben, sind allerdings nicht gänzlich individuell. Als »sozialisierte Subjektivität« (Bourdieu & Wacquant, 1996, S. 159) wird der Habitus vielmehr innerhalb der gegebenen Machtverhältnisse gesellschaftlich – und das heißt je nach sozialer (in Migrationsgesellschaften ist hinzuzufügen: ethnischer) Herkunft sowie nach Geschlecht[141]

---

141. Mit der expliziten Einführung von »Geschlecht« und »ethnischer Zugehörigkeit« (im Sinne von: für die Position im sozialen Raum relevante, herkunftsbedingte Abweichung von der die Gesellschaft dominierenden Kultur) als Kategorien der sozialen Analyse (Bourdieu, 1997a, S. 169; 1997b, S. 86) geht Bourdieu insofern über frühere Positionen hinaus, als Geschlecht wie ethnische Zugehörigkeit als Differenzen (die einen Unterschied machen) bei ihm zwar in Beispielen und Einzelkonkretisierungen immer eine Rolle gespielt

unterschiedlich – erzeugt. In den Formen des Habitus einer Gesellschaft finden sich via Sozialisation (= familiale Erziehung, Schulausbildung, herkunftsspezifische kulturelle Erfahrung, Erfahrungen mit symbolischer Dominanz) die strukturellen Unterschiede und Unterscheidungen der Gesellschaft wieder. In dieser Verknüpfung der doppelten Sozialstruktur (Distribution der materiellen Ressourcen und Distribution der mentalen und körperlichen Schemata) liegt für Bourdieu das Geheimnis der Stabilität der Ordnung des sozialen Raumes.[142] Denn: Da mit der unterschiedlichen Kapital- und Habitusausstattung auch verschiedene Laufbahnen für die einzelnen verbunden sind, sind die Akteure mit ihren Dispositionen letztendlich ausreichend in die gesellschaftlichen Strukturen eingepaßt, um ohne direkte Eingriffe in das Verhalten der einzelnen bzw. ohne bewußte Entscheidungen für ein bestimmtes Einzelverhalten sowohl sicherzustellen, daß in den sozialen Feldern jeweils feldangemessen und positionsangemessen agiert wird (einschließlich des Kampfes um den Erhalt bzw. das Erlangen von Positionen) als auch daß die Verteilung von Kapital sowie die Besetzung von Positionen sich im großen und ganzen jeweils reproduziert.

---

haben, jedoch nicht systematisch als Kategorien eingeführt waren.

Bourdieu hat wohl zunächst die Auffassung vertreten, daß der Bezug auf die verschiedenen Kapitalarten, der im Habitus angelegt ist, die auf Geschlecht und ethnischer Zugehörigkeit basierenden Differenzen enthält. »Herkunft« schlösse dann neben den sozio-ökonomischen Differenzen auch die ethnischen und sexuellen Differenzen ein. Erfahrungsgemäß wird eine solch komplizierte Aufladung einer abstrakten Kategorie jedoch im Diskurs nicht fortlaufend mitgedacht, weshalb eine explizite Benennung vorzuziehen ist (zum Hintergrund dieser Argumentation s. Flax,, 1990). In der inzwischen auch bei Bourdieu expliziten Reflexion der Kategorie »Geschlecht« wird die Geschlechterdifferenz als Herrschaftsverhältnis (»domination masculine«) aufgefaßt (s. Bourdieu, 1997a), das wesentlich auf symbolischer Macht/Gewalt beruht.

Daß die Zugehörigkeit zum weiblichen Geschlecht meist auch eine Ausstattung mit unbedeutenderem Kapital einschließt, ist mit dieser Auffassung kompatibel, wird allerdings von Bourdieu selbst selten explizit hervorgehoben. Zur Entwicklung der Bedeutung von »Geschlecht« in der Konzeption Bourdieus s. Hasenjürgen, 1996, S. 35 f.; Peter, 1998. Die Habitus- und Kapitaldifferenzen, die in der französischen Gesellschaft mit der Migrantenposition verbunden sind, bilden einen Untersuchungsschwerpunkt in der qualitativen Studien von 1993 »La misère du monde« (s. Bourdieu et al., 1997). Diese Differenzen werden zwar in der »doxa« als ethnische bezeichnet; sie werden jedoch zugleich (in Form von Rassismus und Fremdenfeindlichkeit) zur Herstellung *symbolischer Dominanz genutzt* (hier liegt die Parallele zur Geschlechterdifferenz); sozial wirksam werden sie jedoch – so die Ergebnisse der Studie – als *Ausgrenzung* und von den Betreffenden erlebt werden sie als *widersprüchliches Erbe*.

142. »Den beiden grundlegenden Dimensionen dieses Raumes... entsprechen zwei verschiedene Komplexe von Mechanismen, deren *Kombination* den Reproduktionsmodus bestimmt und die dafür sorgen, daß Kapital sich zu Kapital gesellt und daß die soziale Struktur dazu neigt, sich zu erhalten (nicht ohne mehr oder weniger wichtigen Verformungen zu unterliegen.« (Bourdieu, 1994, S. 39, Übers. R.G.) – im Original:

»Aux deux dimensions fondamentales de cet espace ... correspondent deux ensembles de mécanismes de reproduction différents dont la combinaison définit le *mode de reproduction* et qui font que le capital va au capital et que la structure sociale tend à se perpétuer (non sans subir des déformations plus ou moins importantes.«

3.2 Psychosoziale Beratung in der Perspektive Bourdieus

Fragt man nach der Rolle, die psychosoziale Beratung in einem solchen gesellschaftlichen Szenario einnehmen kann, dann ist zunächst einmal festzuhalten, daß sich Bourdieu selbst nicht mit der Analyse von Beratung beschäftigt hat. Die bereits erarbeiteten Merkmale von Beratung lassen sich jedoch einigermaßen problemlos in den kategorialen Rahmen seines Konzeptes übersetzen, woraus sich dann eine Umschreibung für Beratung ergibt, mit der sich einige der bisher offen gebliebenen Fragen beantworten lassen: Zunächst einmal ist die irritierende *Vielfalt unterschiedlicher Formen von Beratung*, die (s. Einleitung) Ausgangspunkt meiner Überlegungen war, aus der theoretischen Perspektive Bourdieus relativ leicht zu entmystifizieren. Die Differenz zwischen ihnen ergibt sich aus der Differenz der sozialen Felder, aus deren Dynamik sie jeweils hervorgehen. Verkaufsberatung, Ausbildungsberatung und Unternehmensberatung sind Produkte der Dynamik des ökonomischen Feldes und in ihrem Arbeitsauftrag auch auf dieses Feld bezogen.

Demgegenüber ist der *Gesamtbereich der psychosozialen Beratung* Produkt der Dynamik des *politischen Feldes* und in der Aufgabenstellung unterschiedlichen Aspekten des öffentlich wahrgenommenen und staatlich geregelten sozialen Austausches zugeordnet.[143] Psychosoziale Beratungsstellen bleiben daher, auch wenn sie sich erfolgreich etabliert haben, in ihrer Absicherung und in ihrem Ausbaugrad von der Dynamik des politischen Feldes abhängig.

Die Differenzen zwischen den verschiedenen psychosozialen Beratungsangeboten wiederum ergeben sich aus der Gliederung des politischen Feldes – deutlich ablesbar an der jeweiligen Trägerschaft – Kommune, Bundesland, Landschaftsverbände... Es sind folglich auch weniger die Problemsorten oder die Zielgruppen, aus denen sich strukturelle Unterschiede zwischen verschiedenen psychosozialen Beratungsstellen ergeben, als vielmehr die unterschiedlichen Ausschnitte des sozialen Raumes, auf den die einzelnen Beratungsstellen bezogen sind. Die Zielgruppen- und Themendifferenzen werden dadurch nicht unbedeutend, sie sind jedoch insofern sekundär, als sie sich aus dem politisch definierten »Beratungsbedarf« des sozialen Raumes ableiten. Daß psychosoziale Beratungseinrichtungen Produkte politischer Kämpfe sind und dauerhaft in die politischen Auseinandersetzungen um öffentliche Ressourcen einbezogen bleiben, ist auf diesem Hintergrund unmittelbar plausibel.[144]

---

143. Erst seit der »Abdankung des Staates« aus vielen Bereichen der Regelung öffentlicher Aufgaben wird das Ausmaß deutlich, in dem staatliche (Zwangs-)Institutionen wie Polizei, Gesundheitsversorgung, Erziehungswesen, Bildungssystem, Sozialarbeit, kulturelle Einrichtungen ... die gesellschaftlichen Lebensräume gestalten und auf diesem Wege Gesellschaft als gegliederten sozialen Raum überhaupt erst produzieren. S. Bourdieu, 1997b, S. 207–215.

144. In größeren historischen Zusammenhängen gedacht, ist dieser Tatbestand durchaus nicht ungewöhnlich. Diese Abhängigkeit gilt vergleichbar für die medizinische Versorgung, die Sozialversicherung und das Bildungswesen – auch diese gesellschaftlich bedeutenderen sozialen Errungenschaften können, wie die politischen Auseinandersetzungen der letzten fünf Jahre zeigen, reprivatisiert werden.

Sieht man sich die Beratungslandschaft im psychosozialen Bereich genauer an, dann lassen sich innerhalb des Gesamtspektrums *vier Typen von Einrichtungen* unterscheiden:

◆ Es gibt Beratungseinrichtungen, die mit ihrem Arbeitsauftrag *auf ein bestimmtes soziales Feld* (im oben definierten Sinne) bezogen sind und diesem Feld zugleich angehören. Hierzu gehören Angebote wie die Schulberatung, die Berufsberatung oder die Studentenberatung. Diese Beratungsstellen haben es in ihrer Arbeit vor allem mit Effekten dieses einen sozialen Feldes zu tun.

◆ Daneben gibt es Beratungsstellen, die mit ihrem Angebot auf Themen (Erziehung, Reproduktion, Gesundheit, Geschlechterrollen, Lebensformen) bezogen sind, in denen sich die *Auswirkungen mehrerer Felder* überschneiden und die in bezug auf diese (meist gesellschaftlich kontroversen) Themen einem politisch definierten Beratungsbedarf nachgehen. Hierzu gehören die meisten Erziehungsberatungsstellen, die Drogenberatungen sowie die Einrichtungen von Pro Familia*. Konflikte, Überlastungen und Krisen, die sich aus dem (situations- oder positionsspezifischen) Zusammentreffen der Auswirkungen mehrerer Felder ergeben[145], sind der Arbeitsschwerpunkt dieser Beratungseinrichtungen.

◆ Ein dritter Typ psychosozialer Beratungsstellen (Stadtteilberatung, Beratungsangebote der Sozialdienste oder, um ein aktuelles Beispiel aufzugreifen, die Beratungsexperimente der Fan-Projekte) konzentriert sich nicht auf die Effekte eines oder mehrerer Felder, sondern hat es mit dem zu tun, was Bourdieu »*Ortseffekte*« nennt (s. Bourdieu et al., 1997, S. 159–167). Gemeint ist damit die Häufung von Problemen, die sich an bestimmten, geographisch festzumachenden Orten (etwa den banlieus der großen Städte) deshalb einstellt, weil sich an diesen Orten Gruppen von Akteuren (zusammen-) finden, deren Niederlagen im Kampf um die verschiedenen Kapitalien nicht nur ihnen Probleme machen, sondern sie selbst zum sozialen Problem machen. Solche Orte entstehen auf Grund der kapitalbedingt unterschiedlichen Aneignungsmöglichkeiten auch des physischen Raumes.

◆ Ein vierter Typ psychosozialer Beratung schließlich (die Beratungsangebote der Frauenprojekte oder die gerade beginnende Arbeit im Bereich interkultureller Beratung) sind unmittelbare *Produkte von Verschiebungskämpfen im Feld der Macht* (und damit vielleicht den Anfängen psychosozialer Beratung in den 20er Jahren am nächsten). Sie thematisieren Probleme rechtlicher und sozialer Ausgrenzung bestimmter Personengruppen sowie die Auswirkungen symbolischer Dominanz (Sexismus und Rassismus), und sie sind, da die Verschiebungskämpfe, deren

---

145. So führen häufig Probleme im Bereich der Erwerbsarbeit bei den Eltern und die Überforderung der Kinder durch die Schule zu Erziehungsproblemen; Arbeitslosigkeit und Suchtverhalten produzieren, wenn mit Armut gekoppelt, familiale Gewalt; Behinderung + Armut haben häufig Schulprobleme zur Folge ...

Ausdruck und Teil sie sind, noch nicht entschieden sind, meist finanziell und rechtlich schlecht abgesichert.

Gemeinsam ist diesen vier Typen psychosozialer Beratung trotz aller Unterschiedlich-
keit im Detail die Art und Weise, in der sie ihre Aufgaben angehen. Gleich sind die
Kommunikationsformen, die sie entwickeln, kurz: in alle vier Typen findet sich die
Operationsweise des beschriebenen autopoietischen Systems »Beratung«.

Die Differenzen zwischen den unterschiedlichen Formen psychosozialer Beratung
sind auf der Ebene der Alltagswahrnehmung von Beratung weniger relevant (der in
Teil 1 beschriebene Ablauf eines Beratungstages hätte – mit anderen thematischen
Akzenten – auch aus einer Erziehungsberatungsstelle stammen können) als für die
Ebene der *Problemsemantik* und -analyse: Beratung, die sich auf ein einzelnes soziales Feld bezieht, kann die Inhalte ihrer Arbeit weitgehend als Feld-Habitus-Konflikte
beschreiben; Beratungsstellen wie die Erziehungsberatung dagegen, müssen das ein-
gebrachte Problem auf die Effekte mehrerer Felder hin untersuchen und Entlastungs-
möglichkeiten ausfindigmachen. Beratungsstellen, die sich mit Formen der symbolischen Dominanz auseinandersetzen, müssen diese Auseinandersetzung auf verschiedene Felder beziehen und Selbstreflexions- bzw. Selbstermächtigungsperspektiven für
die Arbeit mit ihrer Klientel entwickeln. Die Ortseffekte schließlich, an denen z. B.
eine Stadtteilberatungsstelle oder ein Sozialdienst (in kirchlicher Trägerschaft) arbeitet, lassen sich nur dann wirklich auf soziale Konflikte beziehen, wenn das individuelle Erleben sowohl auf die jeweils relevanten Felderfahrungen als auch auf die »Wech-
selbeziehung zwischen den Strukturen des Sozialraums und jenen des physischen
Raumes« (Bourdieu et al., 1997, S. 159) hin erschlossen wird.[146]

Auch die historische Dimension, die *Entstehung von psychosozialer Beratung*, wie
sie seit den zwanziger Jahren dieses Jahrhunderts stattgefunden hat, läßt sich in den
Kategorien Bourdieus fassen: Die Etablierung von Beratungsangeboten ist eine politisch erkämpfte Antwort auf ziemlich breit auftretende Irritationen in dem Zusammenspiel zwischen den Strukturen der gesellschaftlichen Felder und den Kapital- und Ha-
bitusausstattungen der sich im sozialen Raum bewegenden Akteure.[147] Veränderungen
in der Relation von Laufbahnen und Positionen verschärfen die Auseinandersetzungen
in den verschiedenen Feldern und/oder stellen die Spielregeln in Frage. Für eine relevante Anzahl von Akteuren ergeben sich hieraus Orientierungsprobleme[148] – system-

---

146. Als Beispiel für eine solche verstehende Analyse kann das Gesamtprojekt gelten, das in
»Das Elend der Welt« (Bourdieu et al., 1997) dokumentiert ist.

147. Diese Beschreibung liegt nur scheinbar berührungslos neben der systemtheoretischen Rekonstruktion; sie läßt sich durchaus dazu in Beziehung setzen: Zum einen sind es historisch dieselben Entwicklungen (s. 2.2), die zu einem Anwachsen von Entscheidungszumutungen an das psychische System *und* zu Feld-Habitus-Diskrepanzen führen. Zum anderen
läßt sich ein Zusammenhang herstellen zwischen Habitus-Unsicherheiten und psychischen Krisen (s. dazu weiter unten).

148. Mit dieser Bezeichnung wird der in Frankreich übliche Begriff für Beratung übernommen.
Beratung wird frz. als »orientation« bezeichnet. und durch das damit gegebene Bedeutungsspektrum werden eine Reihe von Problemen, die uns in Teil 1 beschäftigt haben, von

theoretisch gesprochen: die Erwartungsproduktion des psychischen Systems und der beteiligten sozialen Systeme sind nicht mehr kompatibel –; und das »Spiel« der Felder bzw. der soziale Austausch in den Lebensbereichen der Personen wird durch »desorientiertes« Verhalten (s. Bourdieu & Wacquant, 1996, S. 164) so weit gestört, daß einzelne Akteure bzw. Gruppen von Akteuren auf Abhilfe sinnen.

Füllt man die Kategorien Bourdieus in der skizzierten Form mit den erarbeiteten Beschreibungen von Beratung, dann werden bereits auf dieser relativ abstrakten Ebene Implikationen für die Beantwortung von Fragen deutlich, für die in der bisherigen Analyse Erklärungsbedarf bestehen blieb: Auf Abhilfe sinnen – so ist anzunehmen – diejenigen Akteure in einem Feld, die daran interessiert sind, daß das Spiel (ggf. mit modifizierten Konditionen) weiterläuft. Beratung ist also ein Ergebnis reformerischer Bemühungen. Die institutionelle Lösungsform durch Errichtung einer Beratungsstelle ist in Phasen relativen öffentlichen Wohlstands möglich, bzw. in Situationen, in denen ökonomische Stabilisierung erwartet und erwünscht wird. Sie wird vermutlich von denjenigen favorisiert, die sich von einer solchen Einrichtung eine unmittelbare Verbesserung ihrer eigenen Position (im Falle der Studentenberatung waren dies die Studentenvertretungen sowie einzelne Hochschullehrer und Mitarbeiter der Studentenwerke), oder die Eröffnung/Erweiterung eines für sie günstigen Spielraumes erhoffen (Studentenwerke, Hochschulgemeinden, studentische Projektgruppen; und in der zweiten Phase die zuständigen Ministerien).

Gelingt die Etablierung einer Beratungsstelle, dann ruft dies all die Positionen auf den Plan, die durch diese Einrichtung Einflußverlust erwarten/befürchten (im Falle der Studentenberatung waren dies vor allem die Hochschulverwaltungen). Beratungsstellen sind also nicht nur selbst Kampffelder, sondern auch Kampf-/Spieleinsätze (»enjeu«) in den Kämpfen anderer. Die in den bisherigen Überlegungen zwar aus der Entstehungsgeschichte von Beratung historisch beschreibbare (s.1.2.2), nicht aber strukturell erklärbare Form, in der die durch Beratung stillgestellten sozialen Konflikte als Konflikte über Beratung weiter wirksam sind (s.1.2.3), ist in diesem Rahmen unmittelbar verständlich: Die Einrichtung einer Beratungsstelle bedeutet eine Verschiebung der Positionen im Feld, die selbst wieder Verschiebungskämpfe hervorruft. Da eine Beratungseinrichtung selbst wenig ins Spiel zu bringen hat (s. dazu weiter unten), ist sie weniger Akteur als »enjeu« dieser Auseinandersetzungen. Die Tatsache, daß es in der Geschichte von Beratung einen nicht enden wollenden Definitionskampf darum gibt, wer die Aufgaben einer Beratungseinrichtung festlegen kann, wie Beratung zu verstehen ist und ob Beratung überhaupt etwas bewirkt, ist Teil dieser Konflikte.

---

vornherein vermieden. Beratung bedeutet das Vermitteln von Orientierung – damit ist die Perspektive des Ratsuchenden maßgeblich, und zwar die Perspektive, die an der Stelle eingenommen wird, an der er oder sie sich gerade befindet. Orientierung ermöglichen heißt, Klarheit über die Situation herzustellen, in der der oder die Betreffende sich befindet – sprachlich am ehesten mit dem häufig metaphorisch verwendeten »einnorden« zu fassen. Orientierung geben, schließt auch ein, ein Ziel ins Auge zu fassen, über das Verständigung möglich und sinnvoll ist.

Nicht nur die Institution »Beratungsstelle« läßt sich in den Kategorien Bourdieus fassen, sondern auch die inhaltliche Arbeit einer Beratungseinrichtung:

◆ Soweit es um Orientierungshilfe für einzelne Akteure geht, wäre Beratung inhaltlich als Analyse der individuellen Situation im Feld bzw. in verschiedenen Feldern sowie als Arbeit am Habitus zu beschreiben (Kapital ist, mit Ausnahme vielleicht von der kulturellen Kapitalform »Information« und geringfügiger Verschiebung beim symbolischen Kapital durch Beratung nicht zu beschaffen). Ansatzpunkt dieser Veränderungsarbeit via Kommunikation sind die psychischen Anteile des Habitus: Denk- und Wahrnehmungsschemata, Bewertungen, »illusio« sowie die emotionale Seite des »investissements«. Hier ist die Perspektive Bourdieus dadurch produktiv, daß die auf diese Weise zum Thema werdenden Erlebnisse und Erfahrungen der Subjekte direkt auf die Feldbedingungen bezogen werden können. So lassen sich die Wahrnehmungs- und Denkschemata, die (als Selbstthematisierungen des psychischen Systems) Gegenstand von Beratungsprozessen sind (s. z. B. die im Fall »Christa« verhandelten Vorstellungen über die Herstellung einer Examensarbeit) direkt auf ihre »Feldtauglichkeit« hin reflektieren; und es stehen nicht mehr richtig/falsch, funktionstüchtig/gestört zur Diskussion, sondern graduelle Abstufungen von Angemessenheit bzw. Unangemessenheit, was Veränderungsprozesse leichter und weniger kränkend macht. Ähnliche Konkretisierungen sind für im engeren Sinne psychische Probleme möglich: Durch eine feldspezifische Fassung von »illusio« und »investissement« wird es möglich, klassische Beschwerden, mit denen es eine Beratungsstelle zu tun hat, auf das jeweilige soziale Feld bezogen zu verstehen und zu bearbeiten, in dem es zu Konflikten gekommen ist. Für die Studentenberatung z. B. ließen sich die häufig eingebrachten Motivationsprobleme als Verlust der akademischen »illusio« auffassen; und dann wäre darüber zu verhandeln, wodurch der Bezug zu dem, »was im eigenen Fach läuft«, verloren gegangen ist, und an welcher Art »investissement« (Kenntnisse, finanzielle Mittel, Arbeitsmittel, Anstrengung...) es mangelt. Zugleich müßte es – bei konkreter Beschreibung der Anforderung eines sozialen Feldes in Relation zur Habitus-Ausstattung der Akteure – möglich sein, die spezifischen Feldkonflikte unterschiedlicher Personengruppen zu identifizieren und dieses Wissen in die Beratungsarbeit einzubeziehen.

◆ Soweit eine Beratungsstelle Orientierungswissen produziert und bereitstellt, ließe sich ihre Tätigkeit (im Sinne der bereits herausgearbeiteten Aufgabe: Erweiterung von Ortskenntnis) als Explizitmachen von Spielregeln und Umgangsformen des Feldes beschreiben; und dies bietet Ansatzpunkte, die von der Beratungsstelle bereitgestellten Inhalte (über die Informationsansprüche der Institution und die Defizitformulierungen der Klientel hinaus) zu strukturieren und zu akzentuieren. Unter Berücksichtigung der je nach Herkunft unterschiedlichen Habitus lassen sich hieraus spezifische Informations- und Beratungsangebote für bestimmte Gruppen von Akteuren entwickeln. Das Abtasten von Beratungsbedarf im Feld wäre dadurch nicht weniger offen, jedoch leichter und effektiver zu evaluieren. Die auf diesem Wege zu gewinnenden beratungsspezifischen Feldkenntnisse sind ausbaufähig und lassen sich zu einer Semantik (ganz im Sinne Luhmanns) der Befindlichkeit von Akteuren im Feld weiterentwickeln.

◆ Vergleicht man diese Skizze von psychosozialer Beratung mit der systemtheoretischen Beschreibung, dann ist deutlich, daß der Ertrag jeweils auf einer unterschiedlichen Ebene liegt. Klärt die systemtheoretische Beschreibung das Wie von Beratungskommunikation und ist dadurch vor allem für die professionelle Verständigung über Funktion, Methodologie und Settings von Beratung relevant, so ermöglicht die Beschreibung in den Kategorien Bourdieus eine Analyse der Problemfelder und die Verbalisierung von (ansonsten agierten) gesellschaftlichen Konflikten – und dies in einer Weise, die die Zurechnung der Probleme (wieder) stärker vom Psychischen zum Sozialen verschiebt. Der Ertrag einer dadurch möglichen Semantik von Beratungsthemen und -erfahrungen liegt näher an der unmittelbaren Alltagsarbeit von Beratungseinrichtungen und läßt sich für Problembeschreibungen nutzen, die auf den jeweiligen Ausschnitt des sozialen Raumes (im Sinne Bourdieus) verweisen, dem die Beratungseinrichtung zugeordnet ist.

Will man über diese Skizze eines den Feldbezug von Beratung berücksichtigenden Konzeptes hinausgehen, dann erfordert dies innerhalb des theoretischen Rahmens Bourdieus die genauere Beschreibung zentraler Aspekte der jeweils relevanten Felder, und zwar aus einer doppelten Perspektive[149]:

◆ Zum einen ist eine Beratungseinrichtung immer Teil (mindestens) eines sozialen Feldes. Bei einigen Beratungseinrichtungen (Schulberatung, Berufsberatung, Studentenberatung) ist das Feld, dem sie angehören, identisch mit dem Feld, auf das sie sich mit ihrem Angebot beziehen. In diesem Falle ist eine genauere Analyse besonders naheliegend, da die Untersuchung der eigenen institutionellen Verortung und die Untersuchung der Konditionen, unter denen Beratungsthemen entstehen, in

---

149. Hinter dieser doppelten Sicht steht bei Bourdieu eigenen Untersuchungen ein ausgearbeitetes Konzept zur Konstruktion von Erkenntnissen der sozialen Welt: Als erstes geht es seiner Untersuchung darum, »die objektiven Strukturen (den Raum der *Positionen*) zu konstruieren, jene Distribution der sozial wirksamen Ressourcen ... als zweites bezieht« die Analyse »dann die unmittelbare Erfahrung der Akteure wieder ein, um so die Wahrnehmungs- und Bewertungskategorien (*Dispositionen*) explizit zu machen, die ihr Handeln und ihre Vorstellungen (die von ihnen *bezogenen Positionen*) von innen heraus strukturieren.« (Bourdieu & Wacquant, 1996, S. 29). Im historisch-politischen Sinne erkenntnisträchtig sind diese beiden Perspektiven in der Sicht Bourdieus immer dann, wenn ihre Verknüpfung die Position berücksichtigt, die das untersuchte Feld in bezug auf das Feld der Macht einnimmt (s. Bourdieu & Wacquant 1996, S. 136). Zum methodologischen Rahmen dieses Konzeptes s. auch Bourdieu, 1997 b, S. 225.

einem Zusammenhang erfolgen können. Aber auch alle anderen Beratungsstellen besetzen immer eine Position in mindestens einem sozialen Feld[150], sie üben Einfluß aus und unterliegen Einfluß. Dieses Ort-im-Feld-Sein hat eine objektive Seite, die durch die materielle Ausstattung, die vorhandenen Positionen und die Relation zu den Positionen der Macht bestimmt ist. Es hat auch eine subjektive Seite, die darin besteht, wie die einzelnen Akteure dieser Einrichtung den durch die objektive Position gegebenen Spielraum nutzen bzw. aufgrund ihrer eigenen habituellen Möglichkeiten nutzen können. Diese beiden Seiten im Zusammenhang zu betrachten, ist besonders bei einem Praxisfeld wie Beratung nützlich, in dem (weil es relativ jung ist) die Professionsgrenzen und -kompetenzen noch nicht sicher etabliert sind.[151]

◆ Zum anderen stellt das inhaltliche Angebot einer Beratungsstelle als Arbeit am Habitus und Explizitmachen von Spielregeln eine *Intervention in Konflikte des Feldes* dar. Diese Intervention setzt bei den Akteuren an und bezieht sich auf An-

---

150. Zur Verdeutlichung: Manche Beratungseinrichtungen besetzen Positionen in mehreren Feldern; z. B. autonome Frauenprojekte, die durch öffentliche Mittel gefördert werden (politisches Feld durch ihre Anträge auf Förderung; medizinisches Feld durch ihr Eingreifen in Psychiatrisierungsprozesse); dasselbe gilt auch für Lebensberatungstellen in kirchlicher Trägerschaft (politisches Feld und kirchliches Feld). In mehreren Felder Positionen zu besetzen, bedeutet allerdings nicht unbedingt, in mehreren Feldern über Macht zu verfügen. Meist bedeutet es in erster Linie, in mehreren Feldern Einfluß zu unterliegen.

151. Auf den theoretischen Hintergrund dieser These kann hier nur verwiesen werden.
»Die Dialektik zwischen den Dispositionen und den Positionen enthüllt sich nie so klar wie im Falle von Positionen, die in einer Zone der Ungewißheit des sozialen Raumes angesiedelt sind, wie dies bei Professionen der Fall ist, die sowohl hinsichtlich der Zugangsbedingungen als auch hinsichtlich der Bedingungen ihrer Ausübung noch wenig definiert sind (Erzieher, Animateure im kulturellen Bereich, Berater etc.). Aus der Tatsache, daß diese schlecht abgegrenzten und eher unsicheren Stellungen, die zugleich ›offen‹ und, wie manchmal gesagt wird, ›voller Zukunft‹ sind, ihren Inhabern Spielraum dafür lassen, sie zu definieren, indem sie die inkorporierten Erfordernisse hineintragen, die für ihren eigenen Habitus konstitutiv sind, aus dieser Tatsache ergibt sich, daß die Zukunft dieser Stellen sehr davon abhängt, was die Inhaber daraus machen, oder zumindest davon, was die Stelleninhaber tun, die es in den internen Kämpfen um die ›Profession‹ und in den Konfrontationen mit den benachbarten und konkurrierenden Professionen schaffen, die Definition der Profession durchzusetzen, die für das, was sie selbst sind, am günstigsten ist.« (Bourdieu, 1997b, S.187) –
Übersetzung R.G., die Passage lautet im Original: »La dialectique entre les dispositions et les positions ne se dévoile jamais aussi bien que dans le cas des positions situées en des zones d'incertitude de l'espace social, comme les professions encore mal définies, tant pour les conditions d'accès que pour les conditions d'exercice (éducateur, animateur culturel, conseiller en communication, etc.). Du fait que ces postes mal délimités et mal garantis, mais ›ouverts‹ et, comme on dit parfois, ›pleins d'avenir‹, laissent à leurs occupants la possibilité de les définir en y apportant la nécessité incorporée qui est constitutive de leur habitus, leur devenir dépendra beaucoup de ce qu'en feront leurs occupants, ou du moins ceux d'entre eux qui, dans les luttes internes à la 'profession' et dans les confrontations avec les professions voisines et concurrentes, parviendront à imposer la définition de la profession la plus favorable à ce qu'ils sont.«

forderungen des Feldes und Habitus-Diskrepanzen, durch die die Personen in Schwierigkeiten kommen. Eine genauere Beschreibung der feldangemessenen Habitus-Struktur erlaubt es vermutlich, die Punkte zu benennen, an denen solche Schwierigkeiten angelegt sind, insbesondere für Personen, deren Sozialisation nicht oder nur teilweise auf dieses Feld ausgerichtet war.

Mit diesem Plädoyer für eine Analyse des Feldbezugs einer Beratungsstelle ist eine Regionalisierung der Perspektive verknüpft. Der Feldbezug von Beratungseinrichtungen kann immer nur für ein bestimmtes Feld/einen bestimmten Raum und die jeweils zugehörige Form von Beratung beschrieben werden. Der auch in den bisherigen Überlegungen immer wieder hergestellte Bezug auf die Universität und die Studentenberatung bekommt dadurch einen anderen Stellenwert. Im folgenden wird nicht mehr von allgemein geltenden Merkmalen und Bedingungen von Beratung die Rede sein, die dann in den Erläuterungen und Beispielen auf diese konkrete Variante von psychosozialer Beratung bezogen werden. Der Ansatz Bourdieus läßt sich – von den grundlegenden Kategorien abgesehen – jeweils nur bezogen auf die Spezifik *eines* Feldes bzw. *eines* Raumes formulieren. Dies soll im folgenden *exemplarisch* für das universitäre Feld und die Studentenberatung durchgeführt werden. Die so gewonnenen Ergebnisse lassen sich – so die Konsequenz – dann im einzelnen auch nicht auf andere Bereiche psychosozialer Beratung übertragen, hierfür wären vielmehr eigenständige Analysen der jeweils relevanten Felder erforderlich.

3.3 Das universitäre Feld und die Position der Studentenberatung

Die bisherige Untersuchung der Relation zwischen einer Studentenberatungsstelle und dem diese umgebenden sozialen Raum Hochschule hatte die Kommunikationsprozesse in das Zentrum der Überlegungen gestellt, wobei »Kommunikation« in der relativ weiten Auffassung der Theorie Luhmanns verstanden wurde. Kommunikation als Medium von Beratungsaktivitäten konnte so erfaßt werden, ohne auf die personale Kommunikation des Gesprächs eingeschränkt zu bleiben. Beratungsanlässe und -inhalte (psychische Krise, Stellenwert von Gefühlen, Abtasten von Orientierungsbedarf) ließen sich mit diesem Ansatz erklären, nicht aber die konkrete Form, in der diese Beratungsaktivitäten inhaltlich mit der Dynamik des Feldes verknüpft sind, in der dieser Orientierungsbedarf entsteht und in die hinein die Beratungsintervention wirkt.

Geht man die Frage nach der Position der Studentenberatung im universitären Feld von der Konzeption Bourdieus aus an, dann wird eine Ebene zentral (Interessen, »illusio« und »investissement«), die nicht nur in der bisherigen Analyse eher verdeckt geblieben ist, sondern im universitären Feld selbst in einer Form verdeckt bleibt, die Bourdieu für einen Feldeffekt hält[152]: Das universitäre Feld beschreibt sich als sach-

---

152. Insofern wäre die oben konstatierte Begrenztheit der analytischen Möglichkeiten Luh-

und erkenntnisorientiert; und die wissenschaftliche Arbeit wird als frei von Partikularinteressen verstanden – das »Universelle« ist das Spezifikum wissenschaftlicher Erkenntnis. Diese »Interesselosigkeit« basiert, folgt man Bourdieu, auf zwei Formen von Verdrängung (frz. «refoulement«); sie »vergißt« die historischen Bedingungen für die Entstehung eines autonomen Feldes »Wissenschaft« (»Das erkenntnistheoretische Unbewußte, das ist die Geschichte des Feldes.«[153]); und sie leugnet die immer wieder herzustellenden ökonomischen und politischen Voraussetzungen wissenschaftlicher Kommunikation (s. Bourdieu, 1997b, S. 80 f.). Auf Grund dieser Verdrängung, die der Logik des wissenschaftlichen Feldes entspringt, ist die Kenntnis der je eigenen Position im Feld nichts Selbstverständliches, sondern bedarf der historisierenden Rekonstruktion. Eine solche Rekonstruktion soll im folgenden so weit hergestellt werden, daß sich die Position der Studentenberatung bestimmen läßt:

3.3.1 Die Universität als soziales Feld

Eine Universität, dieses Luhmannsche »Soziotop«, ist in den Kategorien Bourdieus ein abgrenzbarer Bereich des akademischen Feldes, man könnte sagen, eine räumlich festgelegte Arena, in der soziale Akteure unter den spezifischen Bedingungen akademischer Konkurrenz ihren Interessen nachgehen. Übersetzen wir zunächst die Merkmale eines sozialen Feldes auf die konkreten Bedingungen einer Hochschule:

Forschung (= Erarbeitung von Wissen) und Lehre (= Ausbildung des wissenschaftlichen Nachwuchses, sowie die Ausbildung für akademische Berufe außerhalb der Wissenschaft) sind die zentralen Aufgaben von Universitäten. Das Spiel, um das es im universitären Feld geht, ist ein historisches Produkt kultureller Ausdifferenzierung innerhalb der europäischen Gesellschaften und setzt hinsichtlich der habituellen Anforderungen diesen Prozeß voraus.[154] Es ist ein intellektuelles Spiel, in dem immer auch die Spielregeln Gegenstand der Auseinandersetzung sind und das den Zweck hat, außerhalb der den Dingen zugehörigen Praktiken Erkenntnisse zu produzieren, Erkenntnisse, die an andere Erkenntnisse, nicht an Praktiken anschließen.[155]

Eine direkte Vermarktung der Ergebnisse findet von der Universität aus nicht statt[156], die Konvertierung des im universitären Feld erworbenen symbolischen Kapitals in ökonomisches nimmt daher kompliziertere Wege, für die (in Frankreich wie in

---

manns eine Begrenztheit, die dem »scholastischen Blick« generell eigen ist.

153. »L'inconscient épistémique, c'est l'histoire du champ.« (Bourdieu, 1997b, S. 120)

154. Der gesamte Zivilisationsprozeß, wie ihn Norbert Elias (Elias, 1939) beschreibt, ist hier mitzudenken. Da Universitäten inzwischen in internationale Kommunikationen eingebunden sind und Gaststudierende unterschiedlichster ethnischer Herkunft aufnehmen, ist dieser eurozentrische Aspekt des universitären Feldes durchaus von Bedeutung.

155. Dies ist der systematische Ort, an dem die systemtheoretische Beschreibung von Wissenschaft auf das Konzept Bourdieus bezogen werden kann.

156. Neuere Entwicklungen, die zur Gründung von »An«-Instituten und Transfer-Gesellschaften geführt haben, können hier außer Acht bleiben, da sie die Logik des Feldes zwar beeinflussen, nicht aber begründen.

der Bundesrepublik) der Staat sowohl das ökonomische Grundkapital bereitstellt als auch die wichtigsten Regeln festlegt und deren Umsetzung kontrolliert. Diese unmittelbare Abhängigkeit von staatlichen Maßnahmen und Steuermitteln hat einen doppelten Effekt: Sie gewährleistet die relative Unabhängigkeit des universitären Feldes (vom ökonomischen und religiösen Feld), und sie produziert eine spezifische Einbindung des universitären Feldes in das Feld der Macht (s. Bourdieu, 1998b, S. 48 f.).

Auf zwei Ebenen kann auf die Finanzverteilung Einfluß genommen werden: Die Ebene der allgemeinen Politik eröffnet Einfluß auf die *Quantität* der für Wissenschaft bereitgestellten öffentlichen Mittel. Hier geht es um das gesellschaftliche Gewicht des akademischen Feldes in Konkurrenz zu anderen Feldern; und wirksam eingreifen in diese Kämpfe können vor allem Akademiker der weltlich legitimierten Autorität (s. dazu weiter unten). Einflußnahme auf die *Verteilung* der zur Verfügung stehenden Mittel ist die zweite Ebene der Macht, mit der Universitäten und Universitätsangehörige umgehen. – Hier geht es um interne Kämpfe wie: mehr Forschungsmittel zu lasten von Lehre; mehr Geld für bestimmte Hochschulen zu lasten von anderen Hochschulen; besondere Aufbaumittel für bestimmte Fachrichtungen versus Gleichverteilung; Zusatzfonds für bestimmte Studienreformprojekte aus zuvor abgeschöpften Mitteln ... .

Für die feldinternen Kämpfe hat die skizzierte Art der Finanzierung von Wissenschaft weitreichende Bedeutung: Der Zugang zu finanziellen Mitteln (sowohl während des Studiums als auch für die Forschungspraxis) wird zu einem wichtigen »enjeu« (= Spieleinsatz und Gewinn). Man muß sich Zugang zu Mitteln verschaffen, um wissenschaftlich arbeiten bzw. sich ausbilden zu können; und erfolgreiche wissenschaftliche Arbeit wiederum ist der wichtigste Einsatz beim Kampf um die Forschungs- und Ausbildungsetats.

Die grundlegende feldspezifische Variante der Auseinandersetzung um finanzielle Mittel ist die Konkurrenz um die im Feld zu besetzenden bezahlten Stellen, die es ihren Inhabern ermöglichen, wissenschaftlichen Tätigkeiten nachzugehen, ohne mit der eigenen Existenzsicherung beschäftigt zu sein. In der Form, in der diese Konkurrenz ausgetragen wird, liegt (neben dem Zentralismus des französischen Bildungssystems) die wichtigste Differenz zwischen französischen und deutschen Hochschulen: In Frankreich ist die Form der Konkurrenz durch den »concours« bestimmt (s. Schwibs, 1988, S. 437 ff.); sie ist dadurch explizit, für alle sichtbar und auch hinsichtlich der Ausgrenzung der »Verlierer« vergleichsweise eindeutig. Demgegenüber entscheidet sich an deutschen Universitäten Erfolg oder Mißerfolg der akademischen Laufbahn an der Zielstrebigkeit des individuellen Weiterkommens, am Auftun von Fördermöglichkeiten und am Erwerb von Titeln. Verlieren und Gewinnen findet daher weniger sichtbar statt und kann besser und länger verdeckt werden.

In ihrer Basis unterscheiden sich diese beiden Varianten der Auswahl jedoch nicht: die Zugangsberechtigung für eine wissenschaftliche Position wird durch wissenschaftliche Leistung bzw. wissenschaftliches Renommee erworben. Brillanz in der wissenschaftlichen Diskussion, das Wahrgenommenwerden als »kluger Kopf« innerhalb der jeweils relevanten Gruppe, sowie Forschungserfolge – auf diesen drei Ebenen wird das für diese Konkurrenz wichtige (im Kern: symbolische) Kapital erworben. Da die Ausbildung von Studenten zur Tätigkeit eines Wissenschaftlers gehört und zugleich der Auswahl und Förderung des eigenen Nachwuchses dient – dies an deutschen Universitäten personenabhängiger als an französischen – betrifft diese Dynamik nicht nur die an der Universität von Berufs wegen Forschenden. Sie ist vielmehr schon im Studium ein wichtiges Moment der Konkurrenz, sind doch die Erfolgskriterien für Studienerfolg und für eine erfolgreiche akademische Karriere dieselben.

Die wissenschaftliche Ausbildung und Tätigkeit läßt sich – faßt man die genannten Merkmale zusammen – als Konkurrenz um symbolisches Kapital, den Zugang zu Positionen und um Anteile an den verschiedenen (Forschungs- und Lehr-)Etats beschreiben. Die Dominanzen und Abhängigkeiten, die die Logik des universitären Feldes bestimmen, können daher in ihrer Grundstruktur an den im Feld vorhandenen Positionen und deren Relation zueinander abgelesen werden. Daß Konkurrenz ein bedeutendes Moment der Logik des universitären Feldes ist, ist damit offenkundig; aber kann man das universitäre Feld auch als ein Kampffeld beschreiben? Ist die Universität eine Arena für sportliche Kämpfe und/oder für mehr oder weniger harte Verschiebungskämpfe? Für beide Formen von Kämpfen gibt es Beispiele aus der jüngeren Universitätsgeschichte:

Für die eher *sportlichen Kämpfe* des akademischen Feldes können die Versuche jedes Studentenjahrganges als Beispiel dienen, sich im universitären Feld eine günstige Ausgangsposition für ihre Laufbahn (frz. »trajectoire«) zu verschaffen und in den von außen undurchsichtigen Zulassungsverfahren der deutschen Universitäten ihre individuellen Chancen zu nutzen bzw. zu optimieren. Wo gibt es Auswahlverfahren, und wo kann man sich direkt einschreiben? Wie werden Wartezeiten berechnet? Reicht die Abiturnote für den NC*? Und wie kombiniert man Berufsausbildung und Studienoption so, daß optimale Chancen für die Zulassung zur Universität wie auf dem späteren Berufsmarkt gegeben sind? Im komplizierten Gefüge der mit diesen Fragen umschriebenen Konditionen bzw. Reglungslücken (kombiniert mit Markteinschätzungen) konkurrieren Studienbewerber heute um Karrieremöglichkeiten; und diese Art des Taktierens, des Versuchs, eigene Schwachstellen zu kompensieren und die der Konkurrenten auszunutzen, hat durchaus Ähnlichkeiten mit dem Konkurrieren im Sport.[157]

Das prominenteste Beispiel für *Verschiebungskämpfe im akademischen Feld* sind für Bourdieu die Studentenunruhen aus dem Mai 1968. Auslöser dieser Kämpfe waren soziale Veränderungen gesamtgesellschaftlicher Art (die weiter oben bereits genauer untersucht wurden, s. 1.2.2; 2.2.2). Die damit verknüpfte Erhöhung der Absolventen-

---

157. Auch wenn diese Konkurrenzform zu den »sportlichen« Kämpfen des universitären Feldes gehört, so erfolgt dies doch vor einem für die einzelnen Akteure existentiellen Hintergrund. Dies wird deutlich, wenn man von einem anderen Feld aus, z. B. dem ökonomischen, diese Kämpfe betrachtet: Zugang zum akademischen Feld zu bekommen und sich dort erfolgreich zu positionieren, bedeutet bereits, für das ökonomische Feld einen Konkurrenzvorteil gewonnen zu haben. Denn statistisch gesehen, also in der Tendenz, haben auf dem Arbeitsmarkt Bewerber mit akademischer Ausbildung nicht nur bessere Chancen, einen Arbeitsplatz zu bekommen; sie steigen auch mit höherem Gehalt ein und haben bessere Chancen, ihr Einkommen schnell zu steigern. (s. hierzu Sennett, 1998, S. 117 ff.).

zahlen von schulischen Ausbildungen, die den Universitätszugang eröffnen, hat in Frankreich wie in der Bundesrepublik die bis dahin stabilen Karrieremöglichkeiten der Hochschulabsolventen entwertet und entsprechende Kämpfe um die Positionen (nicht nur um deren Besetzung, sondern um deren Bedeutung) ausgelöst. Diese Entwicklung wurde weiter oben bereits unter systemtheoretischen Gesichtspunkten als zunehmender Selektionsdruck und zunehmende Selbstselektion thematisiert. Bourdieus Analyse jedoch geht weiter: Parallel produzierte Veränderungen im Lehrkörper (Zunahme der mit der Grundausbildung beauftragten unteren akademischen Ränge, nun ohne Aufstiegschancen) verknüpften sich mit den Kämpfen der Studenten, setzten strukturelle Regeln außer Kraft und ließen das Gleichgewicht des akademischen Feldes zerfallen (s. Bourdieu, 1988, S. 254–274). Als ein Produkt der sich daraus ergebenden Krise der Universität kann auch (s. die Analyse unter 2.2.3) die Einrichtung von Studentenberatung gelten.

Allerdings sind nicht alle Auseinandersetzungen im universitären »Schlachtfeld« so spektakulär. Es gibt auch regional begrenzte Kämpfe bzw. Schlachten mit unbedeutenderen Auswirkungen. So sind z. B. die Versuche, die Ende der 80er Jahre unternommen wurden, um über Rankinglisten eine Bewertungshierarchie unter deutschen Universitäten zu etablieren (und damit einigermaßen stabile Verwertungshierarchien bei den Abschlüssen zu schaffen), mit der Erweiterung der Universitätslandschaft um die Hochschulen der neuen Bundesländer zu Beginn der 90er Jahre vorerst ins Leere gelaufen. Und an die Turbulenzen, die die Integration der Pädagogischen Hochschulen in die Universitäten (in NRW* ab 1973) mancherorts auslösten und die einzelne Fakultäten in Schlachtfelder der Hierarchisierung von Professorentiteln verwandelte, erinnern sich heute nur noch Insider.

Wenn der soziale Raum der Universitäten (= der Institutionen, deren gesellschaftliche Aufgabe die Produktion von Erkenntnis und Wissenschaft ist und die daher als frei von partikularen Interessen und persönlichen Werten gedacht werden) als soziales Feld (mit den skizzierten Implikationen) beschrieben wird, dann kann dies – je nach unterstelltem Motiv – als zynisch oder entlarvend verstanden werden (im Sinne von: »die gesellschaftlich hoch geschätzten Institutionen sind nichts als ...«). Bei einer solchen Lesart jedoch geht man an Bourdieus Theorie des Feldes vorbei; denn diese versteht »Feld« nicht als etwas, das den inhaltlichen Aufgaben der Universität (Forschung und Lehre) entgegengesetzt ist oder diesen – illegitimerweise – hinzugefügt wird. »Feld« ist vielmehr das, was Forschung und Lehre organisiert und in seiner spezifischen Logik dazu führt, daß durch die Kräfte des Feldes in den feldspezifischen Spielen, Kämpfen und Schlachten Wissenschaft produziert wird (deren funktionale Seite sich als Kommunikationssystem im Sinne Luhmanns beschreiben läßt).

Wissenschaft und Erkenntnis unter den Strukturen eines Feldes zu untersuchen, heißt für Bourdieu nicht, ihren Anspruch auf Universalität zu bestreiten. Es bedeutet vielmehr, den theoretischen Blick – das Spezifikum von Wissenschaft und Erkenntnis (»le point de vue scolastique«, Bourdieu, 1994, S. 221 ff; dt. 1998a, S. 203–218) – auf die sozialen und historischen Bedingungen zu beziehen, die ihn ermöglichen. Diese historischen Bedingungen lassen sich auf der Grundlage der von Bourdieu geleisteten Untersuchungen benennen und in die Beschreibung von Wissenschaft einbeziehen:

◆ Wichtigste Voraussetzung wissenschaftlichen Arbeitens ist die Freiheit von den Notwendigkeiten der individuellen Reproduktion, die entweder durch persönliche Ressourcen (état) oder durch eine Position in staatlichen Einrichtungen (État) gegeben ist. Diese Voraussetzung impliziert, daß Wissenschaft nicht jedermann gleichermaßen zugänglich ist. Ein état muß anderweitig erworben werden und hat historisch immer nur wenigen zur Verfügung gestanden. Die Absicherung durch den Staat ist gleichbedeutend damit, daß um den Zugang zu den staatlich gesicherten Positionen konkurriert werden muß.

◆ Hinzukommen die erforderlichen Kompetenzen und Dispositionen der Personen, die durch schulische Bildung und Sozialisation erworben werden. Auch diese, fast banal wirkende Voraussetzung des wissenschaftlichen Feldes hat, wenn man sie mit historischer Konkretion füllt, Implikationen, die für die weitere Analyse von Bedeutung sind. Denn der Erwerb der erforderlichen Kompetenzen und Dispositionen war in der Entstehungsgeschichte der modernen Wissenschaft das Privileg männlicher Mitglieder des Bürgertums. Die historisch gewachsenen Formen von Nachwuchsförderung und von Konkurrenz (deren Bedeutung für das universitäre Feld bereits deutlich geworden ist) stammen aus dem habituellen Repertoire dieser Gruppe und tragen auch heute noch deutliche Züge dieser Herkunft.

◆ Unter Bedingungen, unter denen diese Voraussetzungen nicht einzeln und zufällig gegeben sind, sondern strukturell hervorgebracht werden, entsteht ein soziales Feld, das sich – relativ autonom – der Produktion von Erkenntnissen widmen kann. Historisch sind diese Bedingungen mit der Moderne gegeben, für Bourdieu genauer seit der Entstehung des modernen Staates. Hinsichtlich der zeitlichen Verortung und hinsichtlich der Vorstellung, daß parallel mehrere autonome gesellschaftlichen Felder entstehen, entspricht dies dem Konzept der funktionalen Differenzierung bei Luhmann.

In dem universitären Feld, das unter den genannten Bedingungen entsteht, gedeihen spezifische Formen des sozialen Austauschs und des Konkurrierens, die vor allem *symbolischen Gewinn* eintragen, in denen also um akademisches Renommee, akademische Reputation und akademischen Einfluß gekämpft wird:

»Wer hier gewinnen will, muß Argumente, Beweisführungen und Widerlegungen gewinnen lassen. Die ›pathologischen Beweggründe‹, von denen Kant spricht, müssen sich hier in logische Gründe verwandeln, um anerkannt zu werden... Diese sozialen Universen, die in gewisser Hinsicht genau so sind wie alle anderen – mit Macht, Monopolen, Interessen, Egoismen, Konflikten usw. – sind in anderer Hinsicht sehr verschieden davon, außergewöhnlich, sogar ein bißchen mirakulös: In der Tat sind die Regeln, die den Konkurrenzkämpfen stillschweigend oder ausdrücklich auferlegt sind, derart, daß auch die ›pathologischsten‹ Regungen in soziale Formen und Formationen fließen und sich in Verfahrensregeln fügen müssen – insbesondere bei Diskussionen und Auseinandersetzungen – daß sie Kanons folgen müssen, die mit dem zusammenpassen, was man – im jeweiligen Moment der Geschichte – unter Vernunft versteht.« (Bourdieu, 1994, S. 234).[158]

3.3.2 Die Konfiguration der Positionen im universitären Feld

Will man verstehen, wie der Logik des universitären Feldes folgend, Erkenntnisse produziert *und* Macht und Dominanz (re-)produziert werden, dann ist die Konfiguration der Positionen in diesem Feld genauer zu betrachten. Welche markanten Positionen – so ist zu fragen – welche Verknüpfungen mit dem Feld der Macht, welche Dominanzen gibt es im akademischen Feld? Welche Konkurrenzkämpfe sind damit verbunden?

Bourdieu hat in »Homo academicus« (1988) eine Untersuchung der Bedingungen des akademischen Feldes in Frankreich vorgelegt, deren zentrale Thesen man auf deutsche Verhältnisse übertragen kann[159]: Auf drei Ebenen lassen sich im universitä-

---

158. Übers. R.G.; im Original lautet der Text: »pour y triompher, il faut y faire triompher des arguments, des demonstrations, des refutations, Les »mobiles pathologiques«, dont parle Kant, doivent s'y convertir en motifs logiques pour être reconnus... Ces univers sociaux qui, par certains côtes, sont comme les autres, avec des pouvoirs, des monopoles, des interêts, des egoismes, des conflits, etc. sont, par d'autres côtés, très différents, exceptionnels, voire un peu miraculeux: en effet, les règles tacitement ou explicitement imposées aux luttes de concurrence y sont telles que les pulsions les plus »pathologiques« sont obligées de se couler dans des formes et des formations sociaux, de se plier à des procédés réglés, notamment en matiere de discussion, de confrontation, d' obéir à des canons qui sont conformes à ce que l'on entend à chaque moment de l'histoire, par raison.« (Die vorgenommene Übersetzung weicht bewußt ab von: Bourdieu, 1998a, S. 216)

159. Auf die wichtigsten Unterschiede zwischen dem Hochschulsystem der beiden Länder, die bei einer solchen Übertragung von Ergebnissen zu berücksichtigen sind, sei hier verwiesen:
• Das französischen Schul- und Hochschulsystem ist zentralistisch organisiert und untersteht für das ganze Land dem Erziehungsministerium. Rahmenpläne und Prüfungsaufgaben werden zentral gestellt und sind dadurch landesweit relativ einheitlich. Demgegenüber ermöglicht die konföderale Struktur des deutschen Bildungssystems Regionalisierungen und länderbezogene Abweichungen – nicht nur bei Sondereinrichtungen, die gibt es in Frankreich auch, sondern – in der Regelschule bzw. in der Universität. Um für die weitere Analyse keine verwirrende Unübersichtlichkeit zu produzieren, werde ich mich durchgängig auf die Bedingungen des Landes Nordrhein-Westfalen beziehen. Die Ergebnisse sind jedoch alle auf andere Bundesländer übertragbar.
• Das französische Schul- und Hochschulwesen ist durch die Institution des »concours« bestimmt. Damit sind sowohl die jährlichen Abschlußprüfungen gemeint als auch die Ein-

ren Feld Wert- und Machthierarchien ausmachen, die z. T. parallel, z. T. gegenläufig wirken, insgesamt aber im Zusammenspiel ihrer Auswirkungen das universitäre Feld bestimmen:

3.3.2.1 Die Hierarchie der wissenschaftlichen Positionen

Die erste Ebene, auf der Macht, Einfluß und Prestige des universitären Feldes in ein Gefüge von Abhängigkeiten und Dominanz umgesetzt ist, ist die der in Forschung und Lehre eingebundenen Positionen. Eine solche Position (= eine besoldete wissenschaftliche Stelle) innezuhaben, bedeutet, legitimerweise und an offiziell zugewiesener Stelle dem Zentrum des universitären Feldes anzugehören. Diese Positionen sind in der Universität hierarchisch angeordnet, wobei die Freiheitsgrade der Themen- und Methodenwahl nach oben größer werden – nur die höchsten Positionen genießen folglich die »Voraussetzungen des scholastischen Blicks« vollständig. Die Hierarchie der Positionen in Forschung und Lehre ist durch Besoldungsstaffelung sowie durch die Zuordnung von Ressourcen und Rechten innerhalb der Korporation Universität abgesichert. Grundlage hierfür sind gesetzliche Regelungen. Die Hochschulgesetze der Länder legen diese Struktur (nach den Maßgaben des bundeseinheitlichen Hochschulrahmengesetzes) fest.[160]

gangsprüfungen für bestimmte Laufbahnen (z. B. die des Professors). Dieses in allen öffentlichen Institutionen greifende Prüfungssystem hat u.a. den Effekt, daß Konkurrenz und Auslese sichtbar und offen stattfinden (während sie in deutschen Universitäten eher verdeckt bleiben) und daß die Fähigkeit, auf eine Prüfung hin zu lernen und zu arbeiten, explizit zum akademischen Habitus gehört.

• In Frankreich wie in der Bundesrepublik sind an den Universitäten die traditionellen Fakultäten (in Frkr.: philosophische, medizinische, juristische, naturwissenschaftliche, pharmazeutische) aufgelöst und durch Fächerdepartements ersetzt worden. Da die alten Fakultäten in Frankreich mehr Gewicht hatten (relativ unabhängige Verwaltung, z. T. eigene Standorte), spielt die Zugehörigkeit zu einer bestimmten »fac« für das Prestige immer noch eine große Rolle. Dem entspricht an deutschen Hochschulen mehr der Ruf einer bestimmten Universität und eine eher fachrichtungsspezifische Sozialisation; Bourdieus Thesen zur Bedeutung der Fakultäten werden deshalb genau so wenig übernommen wie seine Analysen der »Grandes Écoles«. Für die deutschen Verhältnisse ist seine Untersuchung der Disziplinen von größerer Bedeutung. (Zu den Differenzen zwischen deutschem und französischem Bildungssystem s. Schwibs, 1988; Gilcher-Holtey, 1995, S. 115–124)

160. Um ein Beispiel zu nennen: Für NRW* ergibt sich aus der z. Zt. geltenden Universitätsgesetz folgend (s. MfWF* 1996, S. 49–60) eine relativ klare Hierarchie. Unterschieden werden: Professorinnen und Professoren (dem Landesbeamtengesetz folgend mit C 4-Stellen ausgestattet) → Hochschuldozentinnen und Hochschuldozenten (C 3- bzw. C 2-Stellen) → Oberassistentinnen und Oberassistenten (C 2-Stellen) → Wissenschaftliche Assistentinnen und Assistenten (C 1-Stellen). Im Übergang von den C2- zu den C3-Stellen ist die Habilitation als akademische Eingangsqualifikation verbindlich. Im Zuge der »Inflation akademischer Qualifikationen« hat sich diese Qualifikationshürde faktisch bereits nach unten verschoben. Unterhalb der bereits genannten, im engeren Sinne als Laufbahnstellen geltenden Positionen sind die wissenschaftlichen Mitarbeiterinnen und Mitarbeiter angesiedelt – weisungsgebundene bzw. festgelegten Aufgaben zugeordnete Angestellte, von denen in der Regel die Promotion erwartet wird. Und unterhalb dieser Ebene wiederum

Die formal vorgegebene Stellenstruktur ist nicht nur dadurch hierarchisch, daß die jeweils höher angeordneten Stellen besser besoldet, mit mehr Prestige versehen und besser ausgestattet sind als die darunter liegenden. Die Hierarchisierung kommt auch dadurch zustande, daß die Anzahl der vorgegebenen Positionen von unten nach oben abnimmt (Auslesekonkurrenz also strukturell vorgegeben ist) und daß die Rekrutierung von Nachwuchskräften innerhalb *derselben* Hierarchie erfolgt. Nur die Besetzer der oberen Ränge werden von außerhalb berufen. Aber auch diese Stellenbesetzungen erfolgen faktisch innerhalb der »Zunft«, sind doch die hierfür in Frage kommenden Personen, bis sie die Position erreicht haben, von der aus eine solche Berufung möglich ist, durch Kongresse, Verbände und Publikationen allen am Verfahren Beteiligten bekannt, so daß es auch hier kein wirkliches »außen« gibt. Damit kommt der Fähigkeit, innerhalb einer männlich geprägten Hierarchie Beziehungen aufnehmen und sich dann im Laufe der eigenen Qualifizierung angemessen aus ihnen emanzipieren zu können, eine große Bedeutung für das Reüssieren im Feld zu. Daß diese Hierarchie männlich geprägt ist, hat (wie unter 2.2.2 beschrieben) historische Gründe, die allerdings, was die Alltagskultur des Umgangs und die Formen symbolischer Gratifikation angeht, bis heute wirksam sind.[161]

◆ Auf dem Hintergrund der skizzierten Struktur dürfte die Konkurrenz um Stellen im universitären Feld zugleich schärfer und verdeckter sein als andernorts; schärfer, weil sie nicht innerhalb eines anonymen Pools erfolgt, sondern innerhalb einer peer-group; und verdeckter deshalb, weil man zumindest bis zum Abschluß der Promotion seine Karriereabsichten nicht sichtbar machen muß, sind doch alle denselben Qualifikationsformen unterworfen, ob sie eine universitäre Laufbahn anstreben oder Berufsfelder außerhalb der Universität ins Auge fassen.

Allein das Vorhandensein dieser Hierarchie von Positionen hat unmittelbare Auswirkungen auf die Studierenden: Zum einen impliziert sie, daß *alle* Studierenden sich innerhalb derselben Form von Konkurrenz behaupten müssen. Auch wenn die Laufbahn des/der einzelnen nach dem Examen außerhalb der Universität verläuft, wird der professionelle Wert der Person bei Eintritt ins Berufsfeld durch das Abschneiden in der universitären Ausleseprozedur bestimmt – und das um so mehr, je weniger der/die einzelne mit anderen Kapitalarten (ökonomisches, soziales Kapital) ausgestattet ist. Andererseits läßt sich die Konkurrenz aus demselben Grund subjektiv auch entschärfen: Die Verlierer im Wettkampf um Erfolg in der akademische Laufbahn können sich

---

rangieren die als Förderpool genutzten (wissenschaftlichen und studentischen) Hilfskraftstellen. Die bis in die 70er Jahre hinein für die Kontinuität der Fakultäten wichtigen akademischen Ratsstellen sind kontinuierlich abgebaut worden und heute quantitativ unbedeutend.

161. Zur Langlebigkeit symbolischer Dominanz – und die Geschlechterherrschaft ist in der Konzeption Bourdieus wesentlich durch männliche Dominanz auf dieser Ebene geprägt – s. Bourdieu, 1997a; zum Entwicklungsstand der Geschlechterkultur an Universitäten s. Müller, 1998.

ohne Gesichtsverlust um Stellen »außerhalb« bemühen und dazu passende Qualifikationsbiographien produzieren. Eine gewisse Doppeldeutigkeit ist der akademischen Hierarchie dadurch strukturell eigen – eine Doppeldeutigkeit, die es deutschen Studenten aller Fachrichtungen besser und länger als französischen ermöglicht, »für sich selbst wie für andere die Unbestimmtheit der sozialen Identität fortbestehen zu lassen« (Bourdieu, 1988, S. 266).

Allerdings entstehen daraus auch spezifische Probleme, die von den Personen nach innen gewendet auszuhalten bzw. zu lösen sind (in der Diktion Luhmanns gesprochen: Probleme für das psychische System): Der Entscheidungsdruck, welche Berufslaufbahn die richtige ist, ist häufig Dauerbegleiter während des Studiums; jede neue Arbeitsmarktprognose kann die getroffene Entscheidung in Frage stellen; jede Irritation des Leistungsvermögens lenkt den Blick in die Praxis außerhalb der Universität; und Studenten, denen es nicht gelingt, sich im universitären Feld als leistungsfähig und brillant sichtbar zu machen und darin Bestätigung zu erfahren, erleben oft ein aufreibendes und ineffektives Schwanken zwischen Leistungsbemühen im Studium (dem dann häufig die »illusio« fehlt) und Ausweichversuchen auf dem Arbeitsmarkt (die schnell desillusioniert werden).

Die Doppeldeutigkeit der unteren Positionen im wissenschaftlichen Feld, die dieses Schwanken zwischen wissenschaftlicher Karriere und anderweitiger Verwertung der erworbenen Qualifikationen hervorbringt, erhält eine weitere Ambivalenz, wenn die Kooperations- und Förderbeziehungen sexualisiert und die symbolische Gratifikation mit persönlichen Beziehungsangeboten vermischt werden. Die erhaltenen Gratifikationen können dann nämlich nicht mehr eindeutig als akademischer Erfolg gewertet werden (sie könnten genauso gut anderen Vorzügen der Person gelten bzw. auf andere als akademische Leistungen zielen) – eine Falle, die insbesondere für ambitionierte Studentinnen offensteht.[162]

3.3.2.2 Das unterschiedliche Gewicht der verschiedenen Disziplinen

Ähnlich wie in Frankreich ist in bezug auf Prestige und Einfluß auch im deutschen Universitätssystem nicht eine Fakultät gleichbedeutend mit der anderen. Allerdings scheint das Prinzip der Anciennität der Disziplinen in der deutschen Universität von geringerer Bedeutung zu sein.[163] Aber auch wenn die Differenzlinien im Detail nicht genau dort verlaufen, wo Bourdieu sie für die französischen Universitäten sieht, so läßt sich doch ein zentraler Befund Bourdieus auf hiesige Verhältnisse übertragen: Im

---

162. Zu den möglichen Auswirkungen solcher Sexualisierung für die betroffenen Frauen s. Großmaß, 1996.
163. Dies ist bereits deutlich, wenn man dem Augenschein folgt: Die Disziplinen der ehemaligen philosophischen Fakultät haben ähnlich wie die Theologische Fakultät stärker an Prestige verloren als die Philfac an französischen Universitäten. Das Renommee dieser Disziplinen, das darauf basierte, gesellschaftlich relevante Sinndeutungen zu produzieren, liegt heute weniger bei »der Zunft als ganzer« als vielmehr bei einzelnen Personen, die dieses symbolische Kapital auch nicht unbedingt in soziales Kapital innerhalb der Hochschule umsetzen können.

akademischen Feld existieren zwei Prinzipien der Legitimation von Bedeutung und Einfluß, die sich z. T. überschneiden, z. T. entgegengesetzt wirken, insgesamt aber den Strukturen des Feldes eingelagert sind.

So gibt es ein eher weltliches Legitimationsprinzip, das auf der unterschiedlichen Bedeutung der akademischen Disziplinen für das ökonomische Feld (hier sind Medizin, Wirtschaftswissenschaften und Teile der Ingenieurwissenschaften gewichtiger als Psychologie, die Philologien oder die Naturwissenschaften) beruht, bzw. auf der Nähe der jeweiligen Disziplin zur staatlichen Macht (hierher beziehen die Rechtswissenschaften ihr Prestige; und auch die Pädagogik, die in der akademischen Rangordnung der Disziplinen ziemlich unten rangiert, gewinnt erheblich an Gewicht, seit und soweit sie durch Präsenz in Bildungskommissionen z. B. auf das Schulsystem Einfluß nimmt). Dieses Legitimationsprinzip wirkt bei der Besetzung von Ausschüssen, der Mitarbeit in Kommissionen (auch außerhalb der Universität) und durch das Gewicht der Äußerungen zu allgemeinen Fragen der gesellschaftlichen Entwicklung, Einschätzungen der Situation der Universitäten eingeschlossen. Es wirkt mit Hilfe des einsetzbaren sozialen Kapitals und basiert letztendlich auf der möglichen Konvertierung akademischen (kulturellen) Kapitals in ökonomisches.

Daneben existiert ein zweites »auf der Autonomie der wissenschaftlichen und intellektuellen Ordnung begründetes Prinzip, das sich umgekehrt von Jura oder Medizin bis zu den Naturwissenschaften immer nachdrücklicher geltend macht« (Bourdieu, 1988, S. 101). Hier geht es um Leistung und Renommee auf dem im engeren Sinne wissenschaftlichen Terrain; es geht um die Bewertungshierarchie in Forschung und Lehre, jeweils in Vergleich und Konkurrenz zu Forschung und Lehre der Fachkollegen. Diese von außen einheitlich als akademisch wahrgenommene Reputationsebene ist nach innen noch einmal deutlich hierarchisiert: Forschungsautorität gilt mehr als Lehrautorität.

Mitglieder der Universität, die ihre Position im Feld dem autonom-wissenschaftlichen Legitimationsprinzip verdanken, befinden sich in der Leitung von Forschungsgruppen, können auf eine hohe Übersetzungs- und Zitierrate verweisen und haben als Gutachter in Qualifikationsverfahren und Berufungen großes Gewicht. In der außeruniversitären Öffentlichkeit sind sie wahrnehmbar als Kongreßreisende oder -veranstalter; in den Print-Medien werden sie gelegentlich als Experten befragt, Fernsehauftritte sind eher selten. Universitätsintern läßt sich das Renommee, das auf diesem Prinzip basiert, in Zugriff auf Forschungsmittel umsetzen; oder es produziert Nachsicht bei Nachlässigkeiten in bürokratischen Angelegenheiten. In soziales Kapital umsetzbar ist das damit verbundene symbolische Kapital nur dann, wenn die Person bereits ausreichend mit sozialem Kapital (Beziehungen zu anderen wichtigen Personen, sowie die Fähigkeit, sich in unterschiedlichen Felder angemessen zu bewegen) ausgestattet ist.

Die Konkurrenz zwischen dem weltlichen und dem wissenschaftlichen Legitimationsprinzip macht sich auf verschiedenen Ebenen bemerkbar: Sie ist in den offen sichtbaren Kämpfen und Auseinandersetzungen innerhalb der Universität wirksam – ob es um die Praxisorientierung von Studiengängen, die Einführung von B.A.*-Abschlüssen oder die Bewertung von Fachrichtungen nach Kriterien der Verwertbarkeit auf dem Arbeitsmarkt geht, immer sind dies auch Kämpfe zwischen diesen beiden Legitimationsprinzipien bzw. zwischen den Gruppen, die ihre Bedeutung und damit ihre Macht einem der beiden Prinzipien verdanken. Dieselbe Konkurrenz ist auch in den persönlichen Kämpfen um Reputation zu spüren, wenn etwa der Erfolg eines Kollegen in den Medien damit kommentiert wird, es habe schon lange keinen Aufsatz von ihm mehr gegeben, der beim Fachpublikum Aufmerksamkeit erregt habe, oder wenn ein außergewöhnlicher Forschungserfolg mit der Weltfremdheit des betreffenden Wissenschaftlers verknüpft kolportiert wird, oder wenn man über eine in beiden Bereichen erfolgreiche Kollegin erzählt, sie sei schon seit Wochen nicht mehr in ihrer Sprechstunde erreichbar.

◆ Wie die Hierarchisierung der Stellen, so hat auch die Konkurrenz zwischen diesen beiden Legitimationsprinzipien von Einfluß und Macht unmittelbare Auswirkungen auf die Studierenden. Sie bestimmt das soziale Klima in den verschiedenen Fachbereichen und führt zu stark abgegrenzten soziokulturellen Kreisen innerhalb der Hochschulen (s. Liebau & Huber, 1985, S. 314; 325–336). Sie führt zu unterschiedlichen Formen der Verwertung von Wissen. Sie prägt den Umgang mit den methodischen Erfordernissen, die der Gegenstand des Faches fordert, und ist so an der Herausbildung fachspezifischer Arbeitskulturen beteiligt (zur Form dieser Kulturen s. el Hage & Böhmter, 1998, S. 60–80).

Zudem hat sie Auswirkungen auf die politische Orientierung und Organisation der Studenten. Fachrichtungen »weltlicher« Macht tendieren zu Sympathien für die etablierten Parteien und bevorzugen die entsprechenden Organisationsformen; Fachrichtungen »autonom akademischer Legitimation von Macht und Einfluß« dagegen neigen zur Hervorbringung autonomer Organisationsformen und subkultureller politischer Orientierung. Damit sind auch Differenzen in der Sozialisation des akademischen Habitus angelegt, die selbst wiederum als Abgrenzungsmittel dienen können.[164]

Im Gegensatz zur Hierarchie der wissenschaftlichen Positionen haben die unterschiedliche Bewertung der Disziplinen und die Differenzierung von Legitimität keine formale Seite (Eingangsbedingungen z. B. oder Titel), über die sich feldöffentlich verhandeln ließe. Sie sind daher zwar für Insider deutlich zu spüren und als Orientierungspunkte benutzbar, für Akteure, denen die akademische Welt mit ihrer kulturellen Verbindung zum ökonomischen Feld und zum Feld der Macht unvertraut ist, sind sie nicht faßbar. Damit eignen sie sich gut für Formen interner Ausgrenzung (s.

---

164. Daß die zu solchen Abgrenzungen gehörenden Stereotype weiterhin produziert und verwendet werden, ist z. B. an belletristischen Verarbeitungen abzulesen: Der Roman »Lichtenbergs Fall« von Georg M. Oswald (1997) bietet eine Fülle von Anschauungsmaterial für die »weltliche« Orientierung von Studenten der Rechtswissenschaft. Diese Darstellung ist deshalb besonders prägnant, weil sie von einem »Verlierer« innerhalb der weltlichen Konkurrenz unter Mobilisierung akademischer Legitimationsansprüche vorgebracht wird.

Bourdieu et al., 1997, S. 527–533)[165]. Wenn etwa Söhne aus Migrantenfamilien Rechtswissenschaften studieren (um ihrer Familienrolle in der Gesellschaft der Bundesrepublik nachkommen zu können), dann reagieren sie damit auf die in der Auseinandersetzung mit der staatlichen Bürokratie erfahrene weltliche Macht des Rechtes. Deutlich wird ihnen oft nicht, daß mit der Wahl einer solchen Studienrichtung nur dann etwas gewonnen ist, wenn die Akteure auch das passende soziale Kapital in ihre Laufbahn einbringen und in ihrem Studium die doch recht spezifische juristische »illusio« entwickeln.

3.3.2.3 Die universitäre Bürokratie

Seit den strukturellen Veränderungen der Universitäten durch die Studienreform der 70er Jahre ist eine dritte Ebene von Einfluß und Bedeutung im universitären Feld immer wichtiger geworden: die unmittelbare Einbindung der Hochschulen und Fachbereiche in das Feld der Macht in Form der staatlichen Bürokratie[166]. Dies hat nicht nur die Dichte der unmittelbaren Eingriffe ministerieller Erlasse in die Hochschule erhöht, sondern parallel zum Ausbau und zu wachsendem Einfluß der universitären Verwaltung geführt. Beispielhaft für die Effekte dieser Entwicklung sind Programme wie die zur Förderung der »Qualität der Lehre«[167], die (als mit Finanzen gekoppelte und deshalb wirksame Initiativen) zur Reform des Lehrbetriebes von ministerieller Seite ausgingen und (auf Grund des hohen Aufwandes, der erforderlich war, um in den Genuß der Ressourcen zu kommen) den Hochschulverwaltungen und bürokratienahen Zentralen Einrichtungen neue – auf Lehrinhalte und Prestige von Wissenschaftlern bezogene – Einflußmöglichkeiten bescherten.

Mit solchen strukturellen Veränderungen an den Universitäten (Verwaltungs-

---

165. Formalisierte Hierarchien regeln demgegenüber die *formellen Zugangsbedingungen* und produzieren auf diesem Wege den *Ausschluß* von (möglicherweise am Feld interessierten) Akteuren vom Feld. Formelle Hierarchisierungen haben für die dadurch Ausgeschlossenen den Nachteil, daß ihnen im Feld überhaupt keine Chance eingeräumt wird; sie haben allerdings den Vorteil, in der Regel verrechtlicht und dadurch auch bekämpfbar bzw. einklagbar zu sein. *Interne Ausgrenzungen* dagegen (systemtheoretisch: Selbstselektion) geben den einzelnen Akteuren eine Chance – eine Chance allerdings, die in den Kämpfen des Feldes dann mit geringen Gewinnchancen verbunden ist. Erfolgreiche Emanzipationsbewegungen haben daher nach Durchsetzung der Gleichberechtigung eine zweite Phase zu bestehen, die der Auseinandersetzung mit den Strukturen der internen Ausgrenzung. Die in einer Reihe von Bundesländern erkämpften Maßnahmen der Frauenförderung im Hochschulbereich können als aktuelle Beispiele für Versuche gelten, interner Ausgrenzung gegenzusteuern.
166. Eine Entwicklung, die auch Luhmann wahrgenommen und kommentiert hat; s. Luhmann, 1992, S. 74–79
167. Programme unter diesem Stichwort hat es ab 1990 in mehreren Bundesländern gegeben. Beginn und insofern Vorbild hierfür war das »Aktionsprogramm Qualität der Lehre«, das im November 1990 vom Wissenschaftsministerium NRW* vorgestellt wurde, und (nach Überarbeitung durch spezialisierende Arbeitsgruppen) mit Sondermitteln für Lehrevaluation und Tutorenprogramme nahezu alle Hochschulen des Landes einbinden konnte.

Know-how ist unmittelbar in Personal- und Sachressourcen konvertierbar) wird das Machtverhältnis zwischen der akademischen Autorität und der bürokratischen Ordnung zugunsten der Bürokratie verschoben (nicht ohne wiederum innerhalb der Verwaltung zu Verschiebungskämpfen zu führen). So hat sich z. B. eine (auch als solche wahrgenommene) Verwaltungslaufbahn entwickelt, die von den Verwaltungen in den Hochschulen in die Ministerialverwaltungen führt, wodurch Karrieren möglich werden, die eine höhere Besoldung und mehr Macht bieten, als im universitären Feld selbst zu erreichen ist. Mit diesen Veränderungen verknüpft sind neue, zusätzliche Möglichkeiten des individuellen Konkurrierens um Einfluß *in* der Universität. Die Verwaltungskarriere macht es einer selbst aus dem akademischen Feld stammenden Gruppe (die durch die akademische Konkurrenz geprägt ist, das »Spiel« also kennt) möglich, in die akademische Konkurrenz einzugreifen, indem sie eine strukturell eingebaute Ambivalenz ausspielt, die Ambivalenz nämlich, einerseits eine Art zweitrangiger Autorität zu repräsentieren, andererseits aber die höherwertige akademische Autorität einschränken, kontrollieren und zum Gegenstand eigener Strategien machen zu können.

Dieselbe Entwicklung hat der Verwaltung allerdings, was diese Seite des universitären Spiels betrifft, in Gestalt der Wissenschaftlichen Einrichtungen mit Sonderaufgaben eine neue Konkurrenz beschert. Im Gegensatz zu den wissenschaftlichen Einrichtungen mit Service-Funktion (Bibliotheken, Hochschulrechenzentren, an einige Hochschulen Studentenberatung) verstehen sich Einrichtungen wie die Hochschuldidaktischen Zentren oder die Zentren für Lehrerbildung als »wissenschaftlich«, weil sie selbst Forschung betreiben und z.T. auch Lehrveranstaltungen durchführen. Insofern reklamieren sie für ihre Initiativen akademisches Prestige. Andererseits bedienen sie sich der Steuerungsinstrumente des politischen Feldes (Expertisen, Konzeptentwicklung, Intervention durch Einzelmaßnahmen). Dadurch konkurrieren sie auf dem Terrain der Organisationsentwicklung mit der (bürokratischen Seite der) Hochschulleitung. Gleichzeitig jedoch verfügen diese Einrichtungen über keinerlei Verwaltungsbefugnisse und sind innerhalb der Universität selbst von der Verwaltungshierarchie abhängig. – Insgesamt eröffnet sich damit eine weitere Dimension des Kampfes um Legitimität und Macht in der Universität.

Auch die bürokratische Ebene der Konkurrenz um Macht hat Auswirkungen auf das Studium und den Status von Studenten. Denn für die Ausdehnung der bürokratischen Einflußsphäre eignen sich besonders solche Themen, Initiativen und Expertisen, die die vorhandenen Spannungen und Gegensätze zwischen den verschiedenen Legitimationsprinzipien nutzen. Nicht zufällig liegen daher die Ansatzpunkte für die Etablierung eines wirksamen Hochschulmanagements einerseits im Bereich der Präsentation einer Universität bei Wirtschaftsunternehmen und in der regionalen Politik (die Differenz zwischen weltlicher und akademischer Autorität nutzend) und andererseits im Aufgreifen von Problemen im Bereich der Lehre (den Gegensatz zwischen Forschung und Lehre nutzend). Themen aus beiden Bereichen eignen sich als »enjeu«, da sie bereits vorhandene Interessengegensätze aufgreifen. Für die Seite der neuen Bürokratie ist es daher naheliegend, auf die Studentenschaft als Bündnispartner gegen etablierte universitäre Autoritäten zurückzugreifen, denn studentische Interessen (gute Ausbildungsqualität bzw. Erhöhung der Verwertbarkeit von Abschlüssen) lassen sich hier einbinden und mobilisieren. Für die Studentenschaft hat dies auf lange Sicht eine Statusverschiebung zur Folge: Die Einbindung in die pädagogische Ausbildungsverantwortung der Universität wird gelockert – es ist mehr von Service und Kundenorientierung die Rede als von Ausbildung und Förderung.[168] Damit ist nicht nur die affirmative Form des »Schüler«-Seins, sondern auch der Modus des Aufbegehrens aufgelöst – zwei Formen, denen sich Studentsein als soziale und kulturelle Identität lange verdankte.[169]

Nimmt man die skizzierten Ebenen von Einfluß, Autorität und Macht des universitären Feldes insgesamt in den Blick und betrachtet ihr Zusammenwirken, dann ist deutlich: Jede Lehrstuhlbesetzung, jede Überarbeitung einer Prüfungsordnung, jedes Promotions- oder Habilitationsverfahren, jede Messebeteiligung, jedes Forschungsprojekt und jedes neue Projekt zur Verbesserung der Studienqualität – der gesamte Alltagsbetrieb einer Universität ist immer (auch) von Konkurrenzen und Konflikten zwischen diesen Ebenen bestimmt. Nicht nur einzelne Akteure betreiben ihr »Spiel« im universitären Feld, auch die verschiedenen Ebenen der Macht wirken konkurrierend durch die Auseinandersetzungen hindurch und in diese hinein. In diesem Sinne gilt,

> »daß das universitäre Feld – wie jedes andere auch – Stätte der Auseinandersetzung und des Kampfes ist, in dem es um die Bestimmung der Voraussetzungen und Kriterien der legitimen Zugehörigkeit und Hierarchie geht, das heißt der relevanten, wirksamen Eigenschaften, die sich als Kapital einsetzen lassen und spezifische Profite erzielen, die vom jeweiligen Feld abgesichert werden« (Bourdieu, 1988, S. 45).

Dieser Aspekt des Kämpfens im universitären Feld hat für die Studierenden existentielle Bedeutung; denn obwohl sie durch das Abitur formal legitimiert sind, am »Spiel« teilzunehmen, ist die Frage, ob ihre Zugehörigkeit im Sinne des Feldes legitim ist, zunächst einmal völlig offen. Diese Form legitimer Zugehörigkeit muß im Laufe des Studiums erst erworben werden. Der durch die Öffnung der Hochschulen zunehmende Zwang zur Selbstselektion, den die systemtheoretische Analyse konstatiert hatte, läßt sich mit den Kategorien Bourdieus als eine Form der Konkurrenz beschreiben, in der die Bedeutung der *impliziten* Strukturen des Feldes (=Hierarchie der Positionen, unterschiedliches Gewicht der Disziplinen, Relationen zum Feld der Macht) *zunimmt*.

---

168. Auch darin liegt – systemtheoretisch gesprochen – eine zusätzliche Anforderung an das psychische System: Nicht nur Berufsziel, Studienrichtung, Praxisbezug ... müssen entschieden und die Entscheidung dann individuell verantwortet werden; auch die Wahl des richtigen Serviceangebots liegt bei der einzelnen Person.
169. Diese Entwicklung läßt sich auch als eine für das Soziotop Universität geltende Beschreibung für das in der systemtheoretischen Analyse konstatierte »Ortloswerden des psychischen Systems« lesen.

Und da in dieser Konkurrenz alle alles einsetzen müssen, über das sie verfügen (ökonomisches, kulturelles, soziales und symbolisches Kapital), die Ausstattung mit diesen Kapitalien jedoch abhängig von der Herkunft der einzelnen sehr unterschiedlich ist, ergibt sich eine große innere Differenzierung der Studentenschaft, die weniger in Gruppierungen sichtbar wird, die sich zu Wort melden, als vielmehr in quantitativen Trends beim Out-put der Institution.

Die Zunahme von Abiturienten, die ein Fachhochschulstudium aufnehmen[170], eine konstant hohe Studienabbrecherquote (insbesondere bei Studierenden aus Nicht-Akademiker-Familien)[171], ein deutlicher Karriereknick bei Frauen nach der Promotion[172] und überlange Studiendauer bei Studierenden aus Migrationsfamilien (im Verwaltungsdeutsch: Bildungsinländer)[173] – in solchen Trends spiegeln sich Gewinne und Verluste im Kampf um die legitime Zugehörigkeit zum universitären Feld.

Wie – so ist nun zu fragen – läßt sich die Position der Studentenberatung innerhalb der skizzierten Strukturen des universitären Feldes bestimmen?

3.3.3 Die Position der Studentenberatung im universitären Feld

Betrachtet man den Ort der Studentenberatung im universitären Feld, dann ist von Anfang an in frappierender Eindeutigkeit klar: Eine Beratungseinrichtung hat auf kei-

---

170. Waren 1975 noch 19 % der Studierenden an Fachhochschulen Abiturienten, so ist dieser Anteil für den Studienbeginn im Wintersemester 1995/96 auf 49 % angestiegen (s. HIS-Kurzinformationen A 8/96 S.7).

171. Die Studienabbrecherquote läßt sich nicht genau angeben, da die statistischen Daten der Hochschulen keine eindeutige Unterscheidung zwischen Hochschulwechsel, Studienunterbrechung und Studienabbruch zulassen. Die Berechnungen von HIS* basieren auf einer Korrelation zwischen Studierendenzahlen in höheren Semestern und den Zahlen der korrespondierenden Studienanfängejahrgänge. Zwischen 1979 und 1984 stieg die durchschnittliche Studienabbruchquote von etwa 22 % auf etwa 27 %. (s. HIS-Kurzinformation A 7/1992, S. 7) Im Studienjahr 1993/94 lag die Quote für Universitätsstudierende bei 30 %, für Fachhochschulstudierende bei 19 %.

172. »1992 studierten an allen wissenschaftlichen Hochschulen im früheren Bundesgebiet 39 % Frauen (an den Universitäten 42 %); unter den StudienanfängerInnen waren 42 % Frauen (an den Universitäten 46 %). Von den Promotionen wurden im selben Jahr 28% von Frauen abgelegt, von den Habilitationen 10%. ProfessorInnenstellen an wissenschaftlichen Hochschulen verteilen sich zu 6 % auf Frauen (C4-Stellen an den Universitäten zu 3 %), AssistentInnenstellen zu 17 % und wissenschaftliche MitarbeiterInnenstellen zu 22 %...« (Hasenjürgen, 1996, S. 65, Fußnote 84).

173. Zu diesem Trend liegen meines Wissens (noch) keine Auswertungen der Statistiken der Hochschulen vor. Studierende Kinder von Migranten werden, soweit sie nicht selbst die deutsche Staatsangehörigkeit erworben haben (was selten zu Studienbeginn der Fall ist) in der statistischen Gruppe der ausländischen Studierenden geführt und sind nur an dem häufig (aber nicht immer) notierten zusätzlichen Merkmal »dt. Hochschulzugangsberechtigung« zu erkennen (s. z. B. Statistisches Jahrbuch 1997/98 der Universität Bielefeld, S. 27). Daß es den behaupteten Trend gibt, wird daran deutlich daß er hochschulintern als Problem diskutiert wird.

ner der drei beschriebenen Machtebenen bedeutsame Einsätze ins Spiel zu bringen, mit denen sich Einfluß verschaffen ließe. Wie diese Position im einzelnen beschaffen ist, zeigt sich, wenn man die Zuordnung einer Beratungseinrichtung zu den beschriebenen Hierarchieebenen des universitären Feldes genauer ansieht.

Diese Zuordnung vorzunehmen, fällt relativ leicht: Beratungsstellen zu errichten, ist in NRW* durch das Universitätsgesetz vorgeschrieben (§ 82); und auch die Zuordnung zur Hochschulverwaltung ist gesetzlich geregelt (§ 82, Absatz 2). Schon von ihrer Organisationsform her ist eine Beratungsstelle also der bürokratischen Macht von Verwaltung und Zentralen Einrichtungen zugehörig. So gibt es in NRW zwar verschiedene Spielarten der Einbindung zentraler Beratungseinrichtungen – einige ZSB*s sind eigenständige Dezernate, andere sind Abteilungen in Verwaltungsdezernaten, einige sind Zentrale Betriebseinheiten – aber *alle diese Organisationsformen gehören der dritten Ebene der Hierarchisierung* im universitären Feld an.

Die Differenzen der verschiedenen Formen der Einbindung sind Differenzen innerhalb dieser Ebene. Für den Arbeitsalltag sind die damit verbundenen Unterschiede nicht bedeutungslos: selbständiges Dezernat oder Abteilung eines Dezernats zu sein, bedeutet, der traditionellen Bürokratie innerhalb der Universität anzugehören, einer sehr strikten Hierarchie (mit den entsprechend engen Dienstwegen), in der dann letztendlich Verwaltungsjuristen über Beratung befinden. Zentrale Einrichtung zu sein, bedeutet, der durch die Studienreform entstandenen neuen Bürokratie anzugehören; Beratungsstellen, die den Status einer Zentralen Einrichtung haben, sind mit einem etwas größeren Handlungsspielraum ausgestattet (eigener Etat, formuliertes Arbeitskonzept, Kontrolle durch einen Beirat, der aus Vertretern verschiedener Statusgruppen zusammengesetzt ist). In bezug auf die Dynamik des universitären Feldes sind diese Unterschiede jedoch ausschließlich gradueller Art.

Hat man diese Zuordnung vorgenommen und versucht die Position von Beratung innerhalb der Bürokratie zu bestimmen, dann ist genau so schnell klar, daß Beratungseinrichtungen auch auf der Verwaltungsebene nur wenig und dazu unbedeutendes Kapital repräsentieren: Sie gehören von ihrer Aufgabenstellung her zu den Einrichtungen, die inhaltlich-pädagogische Funktionen haben – Funktionen, die innerhalb der Verwaltung das geringste Ansehen genießen und von den Beförderungsmöglichkeiten der Verwaltungslaufbahnen ausgeschlossen sind. Die Mitarbeiter/innen der Studentenberatungsstellen kommen aus verwaltungsfernen Berufsgruppen (keine Juristen; kaum Volks- oder Sozialwirte; statt dessen: Pädagogen, Psychologen, Sozialwissenschaftler) und bleiben auf Grund der Sozialisierung durch ihre Tätigkeiten auch nach längerer Zugehörigkeit in ihrem Habitus verwaltungsfern[174].

---

174. Diese Habitusdifferenz betrifft nicht nur Hexis, Sprache und die extrem auseinandergehende Bewertung formaler Kommunikationsformen; sondern auch für beide Bereiche zentrale Denk- und Wahrnehmungsschemata: So gehört es zum professionellen Denken von Berater/innen, *jede* Kommunikation, also auch die schlichte Weitergabe von Informationen, aus der Verarbeitungsperspektive derer wahrzunehmen, die sie benötigen. Verwaltungsjuristisches Denken dagegen verlangt personenunabhängige Kodifizierung und beruht daher auf dem Ausschluß gerade der für Beratung grundlegenden Perspektive. Bera-

Deutlich ist auch, daß die damit verbundene Randstellung so ohne weiteres nicht durch die Aktivierung von Kapital aus einer der anderen Ebenen aufgewertet oder verschoben werden kann. Verknüpfungen zum ökonomischen oder sozialen Kapital gibt es weder durch inhaltlich-organisatorische Verbindungen zu Wirtschaft, Kultur oder Politik, die sich aus der Arbeit ergäben, noch bringen die Personen, die in der Beratung tätig sind, individuell Kapitalformen mit, die als Einsatz wirksam sind – Beratungstätigkeit ist, wie andere Formen sozialer Arbeit auch, ein klassisches Berufsfeld für Aufsteiger kleinbürgerlicher Herkunft[175]. Und das akademische Prestige der Studiengänge, aus denen Berater selbst kommen – in der Diktion Bourdieus die »neuen Disziplinen« (s. Bourdieu, 1988, S. 269 f.) – rangiert im unteren Bereich.

Die strukturelle Einordnung der Positionen in den Stellenplan bestätigt dies: Berater gehören in ihrer Mehrheit zum nicht-wissenschaftlichen Personal; ihre Stellen sind jedoch wissenschaftlichen Angestelltenstellen gleichgeordnet, nicht den Positionen der Verwaltungslaufbahn – eine Beförderung/Karriere ist so weder im Verwaltungsbereich noch in der Wissenschaft möglich. Beratung, so läßt sich zuspitzen, ist sicher an einer Stelle des universitären Feldes verortet, die in bezug auf die Kämpfe des Feldes weitgehende Einflußlosigkeit garantiert.

Daß mit einer so schwachen Position, wie sie die Studentenberatung im universitären Feld innehat, Schwierigkeiten für die Einbindung der Beratungsarbeit in die Kooperationsformen der Hochschule verknüpft sind, ist offenkundig. Es ist schwer, von einer solchen Position aus an den Entscheidungsprozessen des Feldes und der damit verbundenen Konkurrenz um Einfluß teilzunehmen, selbst die Einbindung in den Informationsfluß der Verwaltung bleibt unvollständig. Und umgekehrt ist auch die Rückmeldung von Arbeitserfahrungen an andere Positionen im Feld nicht ohne Probleme – Mitteilungen einer Beratungsstelle lassen sich leicht entwerten, ignorieren oder umdeuten. Entsprechend häufig werden Schwierigkeiten dieser Art von seiten der Hochschulpolitik wie von Beraterseite konstatiert. So beklagt etwa die aktuelle Diskussion um die Hochschulstrukturverbesserung eine »fehlende Rückkopplung der Studienberatung zur Lehre« (HRK, 1994, S. 9)[176]. Und auf der anderen Seite spiegelt auch das Erleben der Mitarbeiter/innen von Studentenberatungsstellen die Schwierigkeiten ihrer Position:

ter/innen werden schon aus diesem Grund von Verwaltungsseite immer als irgendwie »psychologisch« agierend wahrgenommen, selbst wenn sie sich mit – aus ihrer eigenen Sicht – völlig »unpsychologischen« Fragen, wie dem Bereitstellen präziser Informationen beschäftigen.

175. Bereits aus dieser Grundkonstellation läßt sich schließen, daß die z.T. durchaus stattfindenden Versuche, durch Lobbyismus zugunsten von Beratung auf Landtag und Ministerium einzuwirken oder durch Mitwirkung an Studienreformkommissionen gestaltend tätig zu sein, zwar nicht völlig folgenlos sind, aber doch wiederum auf eine ziemlich niedrige Hierarchiestufe – nun der Politik – bezogen bleiben.

176. Insofern ist es paradox, wenn dasselbe Dokument im selben Zusammenhang feststellt: »Während die administrative Zuordnung der Allgemeinen Studienberatungsstellen – sei es als Teil der Hochschulverwaltung, sei es als Zentrale Einrichtung der Hochschule – im allgemeinen zufriedenstellend geregelt ist, wird ihre Tätigkeit von den akademischen Gremien zum Teil unzureichend wahrgenommen.« (HRK, 1994, S. 9)

»Der Widerspruch, daß einerseits die inhaltliche Arbeit wenig bekannt und ge-
schätzt ist..., obwohl andererseits nur die Arbeitsinhalte Quelle für Gefühle von
Zufriedenheit, Anerkennung und Erfolg sind, kennzeichnet die Situation von Studentenberatern und wird konflikthaft erlebt« –

so eine Gruppe von Studentenberatern über ihr Berufsleben (ARGE, 1989, S. 6).

Welche Effekte hat diese Positionierung des sozialen Systems Beratung auf dessen
Kommunikationsmöglichkeiten? Die Beratungstätigkeiten im engeren Sinne – die
Kommunikation innerhalb des von der Einrichtung geschaffenen kulturellen Raumes
sowie die (Beratungsbedarf) abtastende Kommunikation mit dem Feld (s. 2.1.1.1) –
sind davon nicht in einschränkendem Sinn betroffen. Diese sind nicht unmittelbar von
den übrigen Kommunikationswegen der Hochschule abhängig (sie funktionieren autopoietisch), und die stark differierende Selektivität der Beratungskommunikation
sorgt dafür, daß die Angebote anschlußfähig bleiben. Im übrigen ist es gerade die
Einflußlosigkeit von Beratung im Feld, die diese davor schützt, als mit Reglementie-
rungsmacht verbunden wahrgenommen zu werden.

Auf die selbstreflexive Kommunikation von Beratung und auf mögliche Rückmeldungen an das universitäre Feld jedoch hat diese Positionierung einschränkende Auswirkungen. Der wichtigste Effekt scheint mir zu sein, daß Beratungsarbeit in einer Art
fachlichem Vakuum stattfindet. Im Arbeitsalltag bleibt das Team einer Beratungsstelle
in allen Fragen, die das Beratungskonzept oder die Schwerpunktsetzung ihrer Projekte
betreffen, auf sich selbst verwiesen. Weder eine Einbindung in den fachlichen Beratungsdiskurs (s. 1.1), noch eine Einbindung in die Diskussionen des Feldes sind von
der Struktur her nahegelegt. Erfahrungen aus der Beratungsarbeit, die Aufschluß über
Konflikte und strukturelle Probleme im universitären Feld geben können, gelangen
weder in die Öffentlichkeit des universitären Feldes noch in die politischen Debatten
über die Situation der Universitäten. Genau so wenig gehen wissenschaftliche Untersuchungen und Projekte (etwa zu den Problemlagen unterschiedlicher Studentenpopu-
lationen oder zu den Streßfaktoren im universitären Feld) von den Beratungsstellen
aus.

Durch die Machtlosigkeit von Beratung ist sichergestellt, daß Rückmeldungen aus
der Beratungsarbeit ausschließlich via Hochschulbürokratie (und das heißt »auf dem
Dienstweg« über die Rektorate oder durch »Empfehlungen« von Studienreformkommissionen) in die Öffentlichkeit bzw. ins universitäre Feld gelangen. Der direkte Zugang zu der Ebene weltlich legitimierter Macht ist genau so verschlossen, wie der
Zugang zur wissenschaftlich legitimierten Autorität. Die Positionierung der Studentenberatung im universitären Feld produziert – so läßt sich zuspitzen – um die Beratungsprozesse herum ein fachliches Vakuum, mit dem Effekt, daß *semantisch* anschlußfähige Kommunikation mit dem Feld faktisch ausgeschlossen ist.

◆ Setzt man diesen Befund in Beziehung zu den Aufgaben von Beratung, dann
 erhält er einen interessanten Akzent: Beratung war innerhalb der Konzeption
 Bourdieus als Arbeit am Habitus und Explizitmachen der Spielregeln des Feldes

bestimmt worden – zwei Tätigkeiten, durch die die Berater/innen (aus dem speziellen Blickwinkel derer, die mit den Anforderungen des Feldes Schwierigkeiten haben) mit den »verleugneten« bzw. »verdrängten« Voraussetzungen des »scholastischen Blicks« in Berührung kommen. Beratung ermöglicht also, so ließe sich schließen, Einblicke in die Voraussetzungen des wissenschaftlichen Lernens und Arbeitens, über die im Feld selbst zu kommunizieren vielleicht nicht ohne Brisanz ist. Die Form, in der die Studentenberatung in die Hochschulbürokratie eingebunden ist, sorgt hinsichtlich dieser Brisanz für Entschärfung.

Denn was mit den Arbeitserfahrungen aus Beratungsprozessen geschieht, wenn sie in Kommunikation mit der Verwaltung formuliert werden, läßt sich in Anschluß an die systemtheoretische Analyse (s. 2.1.3) deutlich benennen: Beratungserfahrungen verwandeln sich in »Expertenwissen«, was bedeutet: sie nehmen die Form angeforderter (quantitativ argumentierender) Berichte und Statistiken an, sie operieren mit Fallzahlen und »behandelten« Problemen – sie verwandeln sich in organisationskonforme Kommunikation, aus der jedes ungelöste Problem, jeder offene Konflikt, jeder Feldbezug und jedes Thematisieren der Voraussetzungen erfolgreichen Studierens verschwunden ist: Die angesprochenen Themen verwandeln sich in »Beratungsanlässe«, Beratungsprozesse werden quantifiziert und erscheinen als Arbeitszeit in Relation zu den Fallzahlen; die Zahl der Anfragen und die Menge der umgesetzten Informationsmaterialien repräsentieren den »Beratungsbedarf«. Die räumlich gebundene Vielfalt von Beratungstätigkeiten (s. 1.1.1) wird in eine zeitlich meßbare Linearität von Gleichartigem verwandelt. Und die in den Beratungsprozessen deutlich werdende Spannung zwischen individueller Option hinsichtlich eines Studiums (=Erwartungen/Ansprüche des psychischen Systems) und den organisatorischen und sozialen Strukturen des gegebenen Studienangebotes (= Erwartungen/Ansprüche der beteiligten sozialen Systeme) verschwinden aus solchen Beschreibungen genau so wie die innerhalb des Systems Beratung möglichen Formen des Zuwachses an Kompatibilität (s. 2.2.1).

3.3.4 Ausblick: Effekte bürokratischer Kommunikation über studentische Probleme

Die Einbindung der Studentenberatung in die bürokratische Kommunikation über Probleme der Hochschulen produziert selbst – dies zeigt sich, wenn man die Auswirkungen bürokratischer Kommunikation genauer betrachtet – Effekte hinsichtlich der Orientierungsprobleme von Studierenden, die in dem expliziten Auftrag von Beratung nicht vorkommen, sondern eher verdeckt bleiben. In der verwaltungskonformen Kommunikation über Beratungserfahrung geht nämlich nicht nur – wie es zunächst scheint – etwas verloren. Es wird vielmehr (vermittelt über die Instanzen der neuen Bürokratie, die die Semantiken für das politische Feld produzieren) auch *eine neue Realität konstruiert*. Es lohnt sich daher, auf diese Seite der Wirksamkeit von Beratung auch einen Blick zu werfen:

Die aus der Beratungsarbeit stammenden Daten, die oben als Expertenwissen bezeichneten Fallzahlen und Problemkataloge, erfahren in den sich anschließenden Kommunikationsprozessen weitere Transformationen. Wichtiges Medium hierfür sind eigens zu diesem Zweck zusammengesetzte Kommissionen, die Vorlagen für die politischen Entscheidungsgremien erarbeiten.

Zur Verdeutlichung soll hier ein Beispiel für eine solche Expertise genauer betrachtet werden; ich wähle ein Beispiel aus jüngster Zeit, das sich mit Fragen beschäftigt, die sehr nah am Arbeitsfeld der Studentenberatung liegen: die »Analysen und Empfehlungen zum Übergang Schule–Hochschule« (Gemeinsame Kommission 1996, S. 19–58). Diese Expertise beschäftigt sich mit den Schwierigkeiten, die Schüler zu bewältigen haben, wenn sie ein Studium aufnehmen.

Zur Klärung dieses Fragenbereichs wird der Versuch gemacht, ausgehend von einem Defizitkatalog hinsichtlich der »Studierfähigkeit« bereits eingeschriebener Studenten, Empfehlungen zu erarbeiten, die in Zukunft zu mehr Informiertheit und Orientierung, sowie zu klareren Entscheidungen bei Studienanfängern führen sollen. Da die Zusammensetzung der Arbeitsgruppe, die diese Empfehlungen ausgearbeitet hat, nicht untypisch für solche Expertengruppen ist und eine im Sinne Bourdieus aussagekräftige Konfiguration von Positionen spiegelt, sei sie hier genannt. Beteiligt waren: eine Fachhochschulstudentin, ein Student der Rechtswissenschaften, Vertreter also aus zwei Studienrichtungen mit eher weltlicher Legitimation; ein Mitarbeiter des von der Bundesregierung finanzierten Instituts für Hochschulinformation HIS*, einer Institution, die ihre Daten direkt für das politische Feld erhebt und aufbereitet; eine Ministerialrätin aus der Kultusbürokratie; eine Fachhochschulprofessorin technischer Fachrichtung; ein Professor der Pädagogik, der ein Schulprojekt leitet, also wissenschaftliches und weltliches Renommee repräsentiert; ein Berufsberater, der eine Modelleinrichtung career-service an einer Universität leitet, also weltlich legitimiert ist und Anerkennung durch die Hochschulbürokratie erworben hat; ein Studentenberater ohne zusätzliche Legitimation, mit relativ schwacher Position also, auch in der Kommission (s. Gemeinsame Kommission 1996, S. 56).

Grundlage der »Empfehlungen« sind die Erfahrungen, die die Experten qua Person repräsentieren; verarbeitet werden darüber hinaus bereits quantifizierte Arbeitsergebnisse aus den beteiligten Institutionen. Neben den Daten aus der Studentenberatung werden solche der Bundesanstalt für Arbeit einbezogen; für die Problemdefinition entscheidend sind – wie ein Vergleich mit den entsprechenden Texten zeigt – die Kategorien, mit denen die Sozialwissenschaftler von HIS* ihre im Auftrag des Staates durchgeführten Direkterhebungen zum Hochschulbereich ordnen und interpretieren.[177]

---

177. Wie weitreichend die Definitionsmacht solcher Erhebungen ist, wird deutlich, wenn man einen direkten Vergleich des Sprachgebrauchs der »Empfehlungen« mit entsprechenden Studien von HIS* vornimmt. Als ein Beispiel sei auf Lewin, 1997 verwiesen. Da sich diese Erhebung thematisch mit dem Bericht der zitierten Arbeitsgruppe deckt, lohnt sich ein Vergleich. Die verwendeten Beschreibungskategorien – Studierfähigkeit, Defizit, Mangel, Selbständigkeit, Kommunikationsfähigkeit – sind identisch (s. Lewin, 1997, S. 16–17). Daß die Definitionsmacht in dieser Expertenrunde so einseitig verteilt ist, kann

Den politischen Kontext, für den diese Expertise erstellt wurde, stellen die aktuellen Bemühungen um eine Strukturreform der Universitäten dar – die zweite Phase der Studienreform. Kennzeichnend für diese seit Beginn der 90er Jahre erneut gemachten Anstrengungen zur Reform der Universitäten sind die Bedingungen, unter denen sie stattfinden, bzw. die sie diktieren: Unverändert hohe Studierendenzahlen, leere öffentliche Kassen und die strukturellen Mängel, die sich durch die Abwartehaltung der Hochschulen wie der Politik in den 80er Jahren (Überlastquoten, Ausbaustop) an den Universitäten eingestellt haben. Studienreform heißt nun nicht mehr – wie in den 70er Jahren – Ausbau und Neukonzeptionierung, sondern Interventionen mit begrenzten Mitteln und Überprüfung der in der ersten Reform geschaffenen Bedingungen. Empfehlungen, Richtlinien und Sonderetats der zuständigen Landesministerien spielen hierbei eine große Rolle; und begründet werden diese politischen Interventionen durch Expertisen wie die bereits zitierte – Produkte der Vermittlungsinstanzen der neuen Hochschulbürokratie.

In solchen Expertisen trifft man auf Einschätzungen der Studiensituation, in denen sich neben der Sicht anderer Positionen auch Beratungserfahrungen spiegeln. Dabei wird (durch Wiederaufgreifen von Begriffen wie »Informations- und Orientierungsdefizit«, »Stellenwert der Studieneingangsphase«, »überhöhte Studiendauer«) unmittelbar an die Problembeschreibungen für das universitäre Feld angeschlossen, die zu Beginn der 70er Jahre zur Institutionalisierung von Studienberatung geführt hatten (s. 1.2.2). Aufgabe der aktuellen »Empfehlungen und Analysen« ist es, diese Problembeschreibungen zu aktualisieren sowie weiter auszuarbeiten und zu differenzieren – nun unter Mitarbeit von Studienberatern.

Das Konstrukt, das auf diesem Wege entsteht, entwirft – ich komme auf mein Beispiel zurück – ein Bild von Studium und Studienerfolg, in dem sämtliche Probleme, die bei Studienbeginn und im Verlauf eines Studiums auftreten können, in Form eines Defizitkataloges zusammengetragen und dann in (zu verbessernde) Kompetenzen und Fertigkeiten[178] der Studierenden übersetzt werden. – Was den bisherigen Studenten

---

bei näherem Hinsehen nicht erstaunen: Die Vertreter von HIS* sind die einzigen Experten, deren professionelle Tätigkeit darin besteht, Daten zu erheben, Kategorien zu bilden und Deutungen auf der Ebene zu produzieren, die in der zu erstellenden Expertise gefragt ist. Für alle übrigen Mitglieder der Arbeitsgruppe ist die Auswertungsebene der Expertise *nicht* Alltagsterrain ihrer Arbeit, sondern Ausnahme- und Einzelaktivität.

178. Zu den Verzerrungen, die sich ergeben, wenn habituelle Repertoires in Einzelfähigkeiten und -kompetenzen aufgelöst werden, hat sich Bourdieu, 1985 in einem Interview mit Bernd Schwibs geäußert: »Tatsächlich lassen sich genuin psychologische (oder biologische) und genuin soziologische Dimensionen der Bildung kognitiver und normativer Strukturen nur qua Abstraktion isolieren (die allerdings über die Trennung der Disziplinen institutionalisiert ist). ... Das biologische Einzelwesen, oder wenn Sie wollen, sein Gehirn, ist universell mit der Fähigkeit und der Bereitschaft zur Totalisierung, Systematisierung und Kreativität ausgestattet – das macht den Habitus der Chomskyschen ›Kompetenz‹ auch so ähnlich; im Gegensatz zu ihr ist er jedoch sozial konstituiert... Nehmen Sie alle Eindrücke, die ein Mensch empfangen hat – Sie werden daraus keine einzige vernünftige Handlung deduzieren können, selbst wenn es Ihnen gelingt, zu antizipieren, in welche Richtung sich seine kreative Fähigkeit bewegen wird....« (Bourdieu, 1985, S. 385 f.)

fehlt, sollen die zukünftigen erwerben können. Das sich dabei additiv ergebende Kompetenzniveau für erfolgreiches Studieren ist beachtlich: Nicht nur alle Facetten des akademischen Feldes (Universität und dazugehöriger europaweiter Berufsmarkt) sollen gewußt/gekannt werden; auch die Kenntnis von beruflichen Alternativen, das Beherrschen von Lern- und Arbeitstechniken, der Umgang mit Gruppen, eine zuverlässige Selbstwahrnehmung sowie Souveränität bei der Entscheidungsfindung werden gefordert (s. Gemeinsame Kommission 1996, S. 24 f.). Ein solches Bild von einem Studenten/einer Studentin zu entwerfen ist gänzlich realitätsfern. Es unterstellt ein Maß an persönlicher Reife und kommunikativer Kompetenz, das von Studierenden allein auf Grund ihres Lebensalters nicht zu erwarten ist; und es verlangt Überblick und Gelassenheit in bezug auf die eigenen Ausbildungs- und Berufsmöglichkeiten, die man in einer geglückten Berufskarriere vielleicht entwickeln kann, nicht aber bei Studienbeginn zur Verfügung hat.

Begreifen läßt sich das, was hier vor sich geht, nur, wenn man es als Produkt des Systems versteht, das es hervorgebracht hat. Es handelt sich, systemtheoretisch gesprochen, um die Erwartungen des *sozialen* Systems ›Wissenschaftsorganisation‹ an das *psychische* System »Student«. Die hierbei von seiten der Wissenschaftsorganisation formulierten Erwartungen haben – das ist deutlich – die Autopoiesis psychischer Systeme nicht mehr im Blick, sondern behandeln psychische Systeme, als seien sie direkt durch soziale Interventionen zu beeinflussen und auf diesem Wege zu unendlichen Differenzierungsleistungen anzuregen.

Vergleicht man Beschreibungen des skizzierten Typs mit den Auseinandersetzungen und Analysen, die Anfang der 70er Jahre zur Hochschulreform und zur Institutionalisierung von Studienberatung geführt hatten, dann ist als erstes festzuhalten, daß sich an den Grundproblemen, mit denen ein Studium belastet ist, in den vergangenen 25 Jahren offenbar nicht viel geändert hat. Die wachsende Entscheidungszumutung an die einzelnen und die Entwertung der Studienabschlüsse durch Vervielfachung der Absolventen sind nach wie vor struktureller Bestandteil der Ausbildungssituation, sie betreffen allerdings heute (in absoluten Zahlen) eine größere Anzahl von Personen. Verändert hat sich in den vergangenen Jahren die Sprache, in der darüber verhandelt wird – an die Stelle von moralisch-politischen Forderungen ist nüchternes Konstatieren getreten. Verändert hat sich auch, daß nicht mehr von strukturellen Problemen der Universität und des akademischen Arbeitsmarktes die Rede ist, sondern von den Fähigkeiten und Defiziten der Studierenden im Umgang mit diesen Gegebenheiten.

Zwischenzeitlich ist es – so läßt sich schließen – gelungen, die Problematik auf allen sozial relevanten Kommunikationsebenen (Studienbewerber und Studenten eingeschlossen) in Überlegungen zu Arbeitsmarktprognosen und zur Differenzierung individueller Qualifikationsprofile zu übersetzen. In der Terminologie Luhmanns ausgedrückt, bedeutet dies: Es ist gelungen, die Zurechnung des Risikos auf das psychische System *sozial zu legitimieren*. Man kann folglich heute davon ausgehen, daß alle Ansprüche psychischer Systeme, Sicherheit, eine klare Ausbildungsstruktur sowie Berufsperspektiven von der Universität zu bekommen, keine Chance mehr haben, sozial bestätigt zu werden.

◆ Die Konsequenzen, die solche Veränderungen für die Akteure im Feld haben, sind in der Terminologie Bourdieus deutlich zu benennen: Ist die Zurechnung von Entscheidungsrisiken bzw. von Gewinnen und Niederlagen auf die Subjekte erst einmal im beschriebenen Sinne Konsens im Feld, dann erfährt der Umgang mit den Voraussetzungen des akademischen Erfolgs eine Verschiebung. Sie sind weniger expliziter Gegenstand der Auseinandersetzungen um die Regeln des wissenschaftlichen »Spiels« und um die Zugehörigkeit zum universitären Feld. Sie werden statt dessen impliziter Teil des Spieles um die Bedeutung und Bewertung wissenschaftlicher Leistungen und Kommunikation. Dies hat Folgen für den Aktionsspielraum der einzelnen: Für Akteure, die viel ins Feld einzubringen haben (Zeit, Energie, Vorbildung und feldangemessenen Habitus) wird der Spielraum größer; für Akteure, die wenig einzubringen haben (im Extremfall nichts außer einer formal ausreichenden Schulbildung) wird der Spielraum eng.

Daß die psychosoziale Beratung an den Universitäten (selbst ein Produkt der Ansprüche der Studierenden an die Institution) an dem hier skizzierten Prozeß der diskursiven Verschiebung der Legitimität von Ansprüchen mitwirkt, und zwar für sie selbst einigermaßen unbemerkt, dies hängt unmittelbar mit ihrer Positionierung im universitären Feld zusammen. Beratung nimmt eine Position ein, von der aus es gleichermaßen schwer ist, Überblick über die Prozesse des Feldes und deren Einbindung in das Feld der Macht zu gewinnen, wie es ausgeschlossen scheint, semantisch anschlußfähige Kommunikation mit anderen Positionen des Feldes zu eröffnen.

Aus der Perspektive Bourdieus ergibt sich im Kontext dieser Überlegungen ein über das bisher Gesagte hinausgehender Aspekt: Für die einzelnen Akteure im universitären Feld steigt nicht nur der unmittelbare Konkurrenzdruck sowie der Druck, es sich selbst anrechnen zu müssen, wenn man in der Konkurrenz des universitären Feldes verliert. Darüber hinaus leistet die in den Expertisen der neuen Bürokratie produzierte Semantik auch einen spezifischen Beitrag zur Verleugnung/Verdrängung der Voraussetzungen des Erfolgs im universitären Feld. Die Universität und das Studium erscheinen in dem (aus kontextlosen Einzelmerkmalen zusammengesetzten) Konstrukt von Studienkompetenz als ein Feld, in dem alle profitieren und erfolgreich sein können, solange sie ein bestimmtes (durchaus anspruchsvolles) Set an universellen menschlichen Fähig- und Fertigkeiten mitbringen. So werden die Bedingungen der akademischen Konkurrenz und der Kampf um die legitime Zugehörigkeit zum universitären Feld verdeckt. Und zugleich erscheinen die Kompetenzen, aus denen sich Studierfähigkeit zusammensetzt, als voraussetzungslose Einzelmerkmale von Personen, die man irgendwie durch Information, Entscheidungsvorbereitung und den »Aufbau lokaler Beratungsverbünde« (Gemeinsame Kommission, 1996, S. 57) befördern bzw. durch das Thematisieren von Arbeitstechniken in Tutorien nachbessern kann. Die Voraussetzungen eines feldangemessenen Habitus werden damit genauso verdrängt wie die Tatsache, daß in der Karriereplanung auf Beratungsdienste angewiesen zu sein, ein in der Konkurrenz um interessante Positionen eher zweitrangiges soziales Kapital darstellt (s. Bourdieu et al., 1997, S. 530 f.).

Zu der hier skizzierten bürokratischen Sicht auf die subjektiven Voraussetzungen einer erfolgreichen Studienkarriere bietet das Habitus-Konzept Bourdieus eine Alternative. Der akademische Habitus ist in seiner Sicht weder voraussetzungslos, noch unabhängig vom universitären Feld, noch aus Einzelmerkmalen oder -fertigkeiten additiv zusammengesetzt. Er bietet sich deshalb für die Analyse und Organisation von Beratungserfahrungen geradezu an.

3.4 Der akademische Habitus – eine spezifische Form der Selbstorganisation im universitären Feld

Nimmt man die Anforderungen, die das universitäre Feld für die sich darin bewegenden Akteure bereithält, zum Ausgangspunkt der Beschreibung des akademischen Habitus, dann lassen sich die wichtigsten Merkmale relativ leicht benennen. Sie ergeben sich, wenn man die Regeln des »Spiels«, das in diesem Feld stattfindet, ausbuchstabiert[179]:

Bereitschaft zu Konkurrenz als dialogischer, die mit Argumenten operiert; Spaß an der Reflexion von Sprache, von Bedeutung und von Begriffen um ihrer selbst willen; Gespür für die Selbstverortung und die Einordnung der anderen in die scholastische Tradition der Disziplin; ein Sensorium für die Hierarchie der Disziplinen und die entsprechende Bewertung bzw. Relativierung der zugehörigen Epistemologien; Angezogensein von/persönliches Interesse an universellen Fragen (= Sublimierung); intuitives Sich-Einstellen-Können auf die Topographie des akademischen Feldes und spontanes Sich-Orientieren an den (nahegelegenen) Positionen, die die eigene Position stärken können – so lautet der Katalog von geforderten habituellen Dispositionen, der sich vom Feld aus gesehen ergibt. Diese Beschreibung des Habitus ist zwar bereits inhaltlicher als die Anforderungskataloge der bürokratischen Kommunikation über Wissenschaft. Sie läßt sich jedoch immer noch als additiv erstelltes Kompetenzprofil lesen und sagt nichts über die *Struktur* aus, in der sich die genannten habituellen Möglichkeiten zum Repertoire von *Personen* fügen.

Bezieht man die oben (s. 3.1.3) allgemein herausgearbeiteten Bestimmungen des Habitus (= ein *System* von kognitiven, emotionalen und körperlichen Dispositionen, Praxissinn, »illusio« und »investissement« eingeschlossen) auf den akademischen Habitus, dann ist deutlich: ein individueller Habitus, der es einer Person erlaubt, im universitären Feld sicher zu agieren, entsteht dann, wenn die genannten Dispositionen in strukturierter Form so zusammenspielen, daß daraus ein individuelles, flexibles Reaktionsrepertoire wird, das eine Person als untrennbar zu sich gehörend erlebt.

Habitus in diesem Verständnis lassen sich nicht beliebig erweitern oder zusätzlich erwerben, denn die einzelnen Fähigkeiten, Erwartungen, Reaktionsmuster und Besetzungen sind durch sich wiederholende Praxis individuell erworben; und die verschie-

---

179. Mit dieser Seite des akademischen Habitus hat sich Bourdieu ausführlich in den »Méditations pascaliennes« beschäftigt (s. Bourdieu, 1997b).

denen Facetten und Ebenen eines Habitus spielen jeweils so zusammen, daß die Ausprägung der einen Fähigkeit die Möglichkeit der anderen beeinflußt. Die Leseratte der klassischen Kinderliteratur beispielsweise ist nicht nur deshalb nicht zugleich eine »Sportkanone«, weil der literarische Topos es so will und braucht, sondern weil man auch im realen Lebensprozeß nicht den wesentlichen Teil seiner Zeit mit Lesen *und* mit sportlichem Training verbringen kann – Lesebegeisterung bedarf genauso der sich wiederholenden und dadurch Versiertheit produzierenden Leseübung, wie erstklassige sportliche Leistungen des täglichen Trainings bedürfen. Neben Schule und alltäglicher Lebensorganisation ist auch in einem gut geordneten Kinderleben meist nur für eine dieser »Leidenschaften« Platz. Die Ausprägung der einen Spezialisierung schließt daher die andere meist aus.

Entsprechendes gilt auch für komplexere Habitusausprägungen, als sie im Personenset der Kinderliteratur zu finden sind. Wer etwa im Verlauf seiner Familiensozialisiation gelernt hat, »praktisch zu denken«, kann dem intellektuellen Vergnügen, abstrakten Theorien bis in die letzten Verästelungen ihrer logischen Konstruktion zu folgen, meist wenig abgewinnen, sondern muß sich Verwendungszusammenhänge vorstellen können, damit die eigene Kreativität überhaupt in Gang kommt. Ein Habitus ist – so ließe sich zuspitzen – sowohl eine strukturierte Form, sich als Person der sozialen Realität gegenüber zu organisieren, als auch eine strukturierte Form, die Welt für die eigene Wahrnehmung zu strukturieren. Oder – um die Terminologie Luhmanns aufzugreifen – die Erwartungsproduktion des psychischen Systems hinsichtlich seiner Umwelten beruht auf der habituell verankerten Verdichtung von Vorerfahrungen.

Als eine solche strukturierte Form des Sich-Organisierens von Personen wird der akademische Habitus nicht erst im universitären Feld produziert. Die Akteure bringen vielmehr, wenn sie als Studienanfänger ins universitäre Feld einsteigen, bereits ein individuell ausgeprägtes persönliches Repertoire des Sich-Zurechtfindens in diese (für sie neue) Welt mit, ein Repertoire, das sich im Sozialisationsprozeß durch Verarbeitung der (jeweils relevanten) Erfahrungswelten herausgebildet hat. Und die Lern- und Veränderungsprozesse, die ein Studium für die habituelle Seite der Person bedeutet, setzen ein solches Repertoire voraus und differenzieren die wissenschaftsspezifischen Facetten.

Nimmt man diese Produktionsbedingungen des Habitus ernst, dann lassen sich Konsequenzen daraus ableiten, die für die Beratungsarbeit an der Hochschule von Bedeutung sind:

◆ Bei der Zusammensetzung der Studentenschaft, die heute nach Status der Herkunftsfamilie, Geschlecht und ethnisch-kultureller Herkunft heterogen ist, ist davon auszugehen, daß die habituellen Möglichkeiten der einzelnen, sich zum universitären Feld in Beziehung zu setzen, von sehr unterschiedlichen Repertoires bestimmt werden. Die individuellen Habitus dürften also unterschiedlich »leicht« und selbstverständlich auf die Anforderungen des universitären Feldes reagieren; und selbst die angemessenen wirkenden Habitus sind vermutlich nicht einheitlich.

◆ Ein Erfolgs- oder Defizitmodell hinsichtlich der habituellen Voraussetzungen für Studienerfolg läßt sich daraus nicht ableiten, da die Akteure jeweils mit dem Gesamtrepertoire ihrer habituellen Möglichkeiten auf die Anforderungen des Feldes reagieren und das Zusammenspiel der Dispositionen nicht vorhersagbar ist:

»Nehmen Sie alle Eindrücke, die ein Mensch empfangen hat – Sie werden daraus keine einzige vernünftige Handlung deduzieren können, selbst wenn es Ihnen gelingt, zu antizipieren, in welche Richtung sich seine kreative Fähigkeit bewegen wird.«
(Bourdieu, 1985, S. 386).

So kann eine stark ausgeprägte »illusio« z. B. Ahnungslosigkeit hinsichtlich der Positionen im Feld manchmal ausgleichen (und dies wahrscheinlich in den Geistes- und Naturwissenschaften eher als in den Gesellschaftswissenschaften). Kommunikative Kompetenzen wiederum und ein Gespür für wichtige soziale Beziehungen können unangemessenes »investissement« in Balance bringen. Und in manchen Konflikten des Studienverlaufs kann ein feldfremder »praktischer Sinn« helfen, Krisen der »illusio« zu meistern.

◆ Angeben läßt sich allerdings, welche habituellen Anforderungen das universitäre Feld stellt und wie ein Habitus aussieht, der diesen Anforderungen einigermaßen problemlos nachkommen kann. Entlang eines solchen idealtypischen Habitus können dann (mit Blick auf die Arbeit der Studentenberatung) Orientierungsprobleme und Risiken benannt werden, die das universitäre Feld für Akteure bereithält, die auf andere Felder hin sozialisiert wurden bzw. die auf Grund beschreibbarer biographischer Hintergründe (vom universitären Feld aus gesehen) brüchige Habitus in ihre akademische Laufbahn einbringen.

Als eine in diesem Sinne idealtypisch »passende« Form des Sich-Organisierens im universitären Feld soll der akademische Habitus im folgenden skizziert werden:

Die Beschreibungen, die Bourdieu in unterschiedlichen Kontexten zum akademischen Habitus liefert (s. Bourdieu, 1988; 1997b; Bourdieu & Wacquant, 1996), lassen sich drei unterschiedlichen Ebenen zuordnen, wodurch sich eine erste Struktur des Habitus ergibt:

Die im akademischen Feld Tätigen gehen einer spezifischen Form der *Arbeit* nach; sie bemühen sich, in Realisierung dieser Arbeit und durch Etablierung im Feld ihre *persönlichen Bedürfnisse* zu befriedigen (Kontakt, soziale Anerkennung, erotische Bestätigung, ökonomisches Auskommen); und sie sind darauf aus, sich im akademischen Feld so zu *positionieren*, daß sich günstige Bedingungen für die Verwirklichung ihrer Interessen ergeben.

Nimmt man das Ausmaß, in dem jeweils über Habituelles feldöffentlich verhandelt werden kann, zum Kriterium, dann repräsentieren diese drei Ebenen auch unterschiedliche Grade der Implizitheit des Habitus: Über die Formen der Arbeit läßt sich im Feld öffentlich verhandeln (so werden Arbeitstechniken in Einführungskursen besprochen;

und auch bei der Besprechung von Semester- und Abschlußarbeiten gibt es häufig Tips zum Arbeitsverhalten) – wenn auch nicht in all ihren Aspekten. Die persönliche Bedürfnisbefriedigung hat für das akademische Feld die Bedeutung des Privaten, sie bleibt daher als Thema weitgehend informellen Gesprächen vorbehalten. Die Positionierung im Feld schließlich wird noch verdeckter gehandhabt, im Normalfall wird darüber nicht gesprochen; im Konfliktfall allerdings, bei auffälligen Karrierebrüchen z. B. wird deutlich, daß alle Beteiligten darum wissen – wenn etwa Einschätzungen mit Formeln wie »so geht das auch nicht...« oder »Was X sich herausgenommen hat, kann man auch nicht machen...« ausgetauscht werden.

Alle drei Ebenen des akademischen Habitus wirken zusammen, wenn sich Akteure im Feld etablieren. Auf allen drei Ebenen kann man unterstellen, daß die Beteiligten zwar nicht über einheitliche Zielvorstellungen oder inhaltlich gleichartige Interessen verfügen, daß sie bei aller Verschiedenartigkeit der Optionen im einzelnen jedoch gleichermaßen daran interessiert sind, ihre Sache möglichst gut zu machen, bzw. mit ihren jeweiligen Interessen im akademischen Feld zu reüssieren. Für alle drei Ebenen lassen sich feldspezifische Repertoires ausmachen, über die zu verfügen für das Reüssieren im Feld ausschlaggebend ist. Diese drei Ebenen werden im folgenden skizziert:

3.4.1 Die scholastische Form der Arbeit

Daß Arbeit der ökonomischen Reproduktion der Personen dient und damit äußeren Zwängen unterliegt, gilt auch für das akademische Arbeiten. Allerdings gehört es zum Spezifikum des akademischen Feldes, daß diese Notwendigkeiten der persönlichen Existenzsicherung im Arbeitsprozeß selbst nicht nur unsichtbar gemacht werden, sondern in einer Weise vorausgesetzt sind, die Bourdieu Verdrängung (frz. »refoulement«) nennt. Die akademische Arbeit wird als eine konzipiert, die den Bedingungen der Existenzsicherung (Notwendigkeit, äußere Zwänge, direkte Korrelation von Zeit und Geld) entgegengesetzt ist. Dies hat in verschiedener Hinsicht Auswirkungen auf die akademische Arbeitspraxis:

◆ Der *Grad an individueller Freiheit* beim Setzen inhaltlicher Schwerpunkte wie bei der Organisation der Arbeit ist (bei allen auch in diesem Punkt vorhandenen Differenzen der Disziplinen) im akademischen Feld insgesamt vergleichsweise groß. Tätigkeiten wie die Analyse und Produktion von Texten, das Durchführen von Experimenten und die Beteiligung an Diskussionen sind weitgehend frei von direktem äußeren Zwang. Die Motivation zur Beschäftigung mit Erkenntnisprozessen ist nur in sehr vermittelter Weise mit materiellen Zwecken verknüpft; sie hat zunächst einmal die Form des persönlichen Interesses und Engagements an der Sache (s. Bourdieu, 1997b, S. 241–244). Fragt man z. B. Studienanfänger nach den Gründen für die getroffene Studienfachwahl, dann erweist sich akademisches Interesse an dem Hinweis, die entsprechende Fachrichtung habe schon in der Schule Spaß gemacht bzw. historische, physikalische, rechtliche ... Fragen hätten schon immer interessiert[180]. Die emotionale und identifikatorische Besetzung der Arbeit (= investissement) ist auf einer solchen Grundlage größer als in den meisten anderen Feldern – Wolf Wagner spricht vom »Eros des Faches« (Wagner, 1992, S. 97). Daß akademische Arbeit in ihrer Themenwahl und in der individuellen Organisation der Tätigkeiten weitgehend selbstbestimmt ist, ist allerdings mehr als eine angenehme Zutat. Es ist so bedeutsam für das Sich-einlassen-Können auf die entsprechenden Denkprozesse, daß in Arbeitssituationen, in denen sich äußerer Zwang und »entfremdete« Strukturen nicht abweisen lassen – Prüfungsvorbereitungen z. B. – Arbeitsstörungen entstehen, wenn es der Person nicht gelingt, diesen Zwang in etwas Selbstbestimmtes umzudeuten (»Schauspiel« bzw. »sportlicher Wettkampf« sind verbreitete Umdeutungsmetaphern, s. Wagner, 1992, S. 112 f.).

In solchen Umdeutungen steckt neben der Wiederaneignung der eigenen Arbeit die Anerkennung von Prüfungen als Element des universitären Feldes. Denn bei Prüfungen handelt es sich, obwohl sie oft als solche dargestellt werden, eben nicht um Rituale, die der äußeren Welt geschuldet sind und die man deshalb irgendwie hinter sich bringen muß. Prüfungen stehen für die Grenzen der Zugehörigkeit zum universitären Feld und erfüllen damit eine wichtige Funktion innerhalb der akademischen Hierarchien. Und der fachspezifisch unterschiedlich »lockere« oder rigide Umgang mit der Prozedur »Prüfung« dient mehr der Abgrenzung der Disziplinen voneinander, als daß dadurch die Erfahrung Prüfung aus der Perspektive der Prüflinge grundsätzlich verändert würde.[181] Prüfungen »sind der institutionalisierte »wertende Vergleich« (Wagner, 1992, S. 111) und als solcher sind sie – akademische »illusio« vorausgesetzt – ein Antrieb, den unteren Rängen des akademischen Lebens zu entkommen, in denen die Legitimität der Zugehörigkeit noch in Frage steht. Was Bourdieu für die Dynamik aller Felder feststellt, gilt für das akademische Feld in dieser spezifischen Form: Der Grad an Freiheit, den das Erreichen einer Position für die persönliche Arbeitssituation sichert, ist ein zentraler Spieleinsatz (enjeu) des Feldes (s. Bourdieu, 1997b, S. 243). Studienordnungen, Prüfungen, die Abhängigkeiten, die beim Erwerb eines Titels eingegangen werden müssen – bei all diesen Einschränkungen der Selbstbestimmtheit handelt es sich für Akteure des Feldes,

---

180. Daß die Äußerung eines solchen Interesses nicht gedankenlos erfolgt, sondern gerade bei Studienanfängern in ein breites Spektrum von Wünschen an einen zukünftigen Beruf und Bemühungen der Konkretisierung eingeordnet werden muß, zeigen Untersuchungen zur Berufsorientierung von Studienanfängern. Bei der HIS*-Studienanfängerbefragung wurden zum Wintersemester 1996/97 erstmals Fragen zu den Berufszielen der Erstimmatrikulierten aufgenommen. In der Ranglist der Berufsziele nehmen fachliche Interessen (nicht direkt auf das Studienfach bezogen) die Positionen 6 und 8 ein; in der Wissenschaft tätig zu sein, rangiert an 12. Stelle. (S. HIS Kurzinformationen A 2/1998, S. 8).

181. Zur Verdeutlichung eine Episode aus der Beratungsarbeit: In einer Gruppe zum »Übergang Studium – Beruf« werden in einer Sitzung Examens«reste« besprochen. Eine Teilnehmerin (Diplomandin des Studiengangs Pädagogik, einer Fakultät also mit »weicher« Prüfungskultur) spielt ein fiktives Gespräch mit »ihrem« Prüfer. Die für sie wichtigste Sequenz dieses Gesprächs ist dessen Eröffnung: »So, Herr X., jetzt ist es vorbei, ich habe mein Diplom in der Tasche; ab jetzt sind wir per »Sie«! Nie wieder werde ich »Axel« zu Ihnen sagen ...«

die verstanden haben, um was es geht, nicht um Unfreiheiten, die der Arbeit zugerechnet werden, sondern um Auflagen, die zu erfüllen sind, um Zugehörigkeit zu erlangen.

Und gerade im Behaupten von Selbstbestimmtheit gegen diese Zwänge liegt auf der Ebene des »investissement« die Bewährung in bezug auf diese Anforderungen. Diese Bereitschaft, sich Prüfungen und damit fremdbestimmter Arbeit zu unterziehen und dabei doch zu wissen, daß die akademische Arbeit »eigentlich« im selbstbestimmten Umgang mit Theorie besteht – diese Bereitschaft kann nur jemand aufbringen, der oder die bereits breite Erfahrung in der Auseinandersetzung mit theoretischen Problemen hat, die einen packen und faszinieren. Eine geglückte schulische Sozialisation und/oder eine entsprechender primärer Habitus sind hierfür die Voraussetzung.

◆ Bei so weitgehender persönlicher Identifikation läßt sich das, was zur Arbeit gehört, oft nicht vom privat-persönlichen Nachdenken über menschliche Belange bzw. den Zusammenhang der Welt abgrenzen. Der Übergang von der *Arbeit zur Muße* ist daher sowohl bei den meisten einzelnen Arbeitsvorgängen wie für das Verhältnis zur Arbeit insgesamt unscharf (s. Bourdieu, 1997a, S. 266). Ein Doktorand etwa, der bei der Lektüre der Wissenschaftsseite der Tageszeitung Anstöße für die Vereinfachung einer Fragestellung erfährt, die ihn in seiner Dissertation beschäftigt, der daraufhin die Lektüre unterbricht, eine Notiz anfertigt und diese an die entsprechende Stelle des Manuskriptes oder der Datei plaziert, unterscheidet nicht zwischen Arbeit und Freizeit. Und dies nicht nur deshalb, weil bei diesem Ablauf schwerlich der Punkt auszumachen ist, an dem eine solche Unterscheidung festzumachen wäre, sondern auch weil es zur akademischen Art des In-der-Welt-Seins gehört, Erkenntnisprozesse als prinzipiell – und das heißt auch jederzeit – offene zu verstehen und zu praktizieren. Dieser, sich in den Personen selbstverständlich herstellende spezifische (in unserem Fall: akademische) Bezug zur Welt wird von Bourdieu mit dem Begriff »illusio« gefaßt. –

»Die illusio ist jene Art und Weise, in der Welt zu sein, von der Welt besetzt zu sein, die es bewirkt, daß ein Akteur von einer sehr weit entfernten Sache berührt wird, eine Sache, die sogar abwesend sein kann, aber zu dem Spiel gehört, in dem er engagiert ist.«
(Bourdieu, 1997b, S. 162)[182].

Dieser akademische Bezug zur Welt ist für die Ausbildung akademischer Fertigkeiten und Kompetenzen von großer Bedeutung. Denn auf dem Hintergrund der Durchlässigkeit von Arbeit und Muße führt die akademische »illusio« dazu, daß rhetorische Gewandtheit auf unterschiedlichen Ebenen des intellektuellen Spiels

---

182. Übersetzung R.G.: Das Original lautet: L'illusio est cette manière d' être dans le monde, d' être occupé par le monde qui fait que l' agent peut être affecté par une chose très éloignée, où même absente, mais participant du jeu dans lequel il est engagé.

eingeübt werden kann: Vom geistreichen Wortspiel über die hitzige Debatte in der Kneipe, über die Explikation einzelner Sachverhalte bei der gemeinsamen Prüfungsvorbereitung bis zum Seminarvortrag und der Beteiligung an der Diskussion einer Arbeitsgruppe reichen die Ausdruckformen, in denen die persönliche Variante akademischer Eloquenz entwickelt wird.

Und in diesem Kontinuum entwickelt sich neben der sprachlich-rhetorischen Kompetenz auch das Gespür für die verschiedenen Grade von Ernsthaftigkeit, die dem akademischen Spiel der Diskussion in unterschiedlichen Situationen zukommt. Ob solche Fähigkeiten entwickelt werden können, hängt natürlich auch davon ab, in welchem Maße die dafür erforderliche Zeit wirklich zur Verfügung steht. Dies läßt sich gut an der Beratungserfahrung mit sogenannten Langzeitstudierenden verdeutlichen. Sobald man genauer hinschaut, zeigt sich hinter diesem Etikett: ökonomische Knappheit; Jobs, die immer wieder aufs Neue den Kontakt zum Studium unterbrechen; große Anstrengungen, um in die intellektuelle Auseinandersetzung zurückzufinden; sowie das Verschwinden des Spielerischen und der Faszination aus der Beschäftigung mit den Studieninhalten. Der Bezug zur Welt verliert die spezifisch akademische Färbung und wird mehr und mehr von den Notwendigkeiten der Existenzsicherung bestimmt.

◆ Ein solches Bestimmtwerden durch die Bedingungen anderer Felder hat auch deshalb gravierende Auswirkungen, weil gerade der *Umgang mit Zeit* im akademischen Feld eine spezifische Form hat. Zeit wird in diesem Feld zur Zeit der »scholè« – einer

◆ »Zeit, die frei vergeben wird, für Ziele, die frei und willkürlich gewählt sind, wobei es sich wie bei Intellektuellen und Künstlern um solche der Arbeit handeln kann, einer Arbeit jedoch, die in ihrem Rhythmus und ihrer Dauer von allen äußeren Zwängen befreit ist...«
(Bourdieu, 1997b, S. 265).[183]

Oder, wie es Otto Kruse pragmatischer und auf die Studiensituation bezogen formuliert:

»Zeitsouveränität ist eines der wenigen Privilegien, das das deutsche Hochschulsystem seinen Studierenden gewährt. Sie können weitgehend selbst entscheiden, wie sie ihren Tagesablauf, ihr Semester, den Verlauf ihres Studiums und die Examensphase strukturieren. ... Zeitsouveränität verlangt aber – das ist der Preis der Freiheit – Gestaltungs- und Entscheidungsleistungen, von denen viele Studierende überfordert sind.

---

183. Übersetzung R.G.: Das Original lautet: »temps employé librement à des fins librement choisies et gratuites qui, comme chez l'intellectuel ou l'artiste, peuvent être celles du travail, mais affranchi, dans son rhythme, son moment de durée, de toute contrainte externe...«

Studentin Petra beispielsweise muß – anders als etwa ihre berufstätige Freundin – täglich entscheiden, wann sie aufsteht, wann sie zu arbeiten beginnt, wie lange sie arbeitet, ob sie ihre Lehrveranstaltung besucht oder nicht, welchen Schein sie in diesem Semester machen will, ob sie einen günstigen Gelegenheitsjob, der mitten im Semester liegt, annimmt oder nicht, wann sie ihr Examen beginnt, wieviel Zeit sie sich für ihre Abschlußarbeit nimmt usw. Ihre berufstätige Freundin dagegen ... hat eine feste Arbeitszeit, einen festen wöchentlichen Rhythmus von Arbeit und Freizeit, eine vorgegebene Anzahl von Urlaubstagen für das ganze Jahr, einen festen Katalog von Arbeitsaufgaben und ein eingespieltes Arbeitstempo. Sie muß erst nach Feierabend beginnen, sich zu entscheiden, wie sie ihre Zeit gestalten will. Petra dagegen muß nicht nur ihre Arbeitsinhalte selbst auswählen, sie muß auch Arbeitstempo, Arbeitsmenge und den Übergang zur Freizeit selbst regulieren.« (Kruse 1997, S. 96).

Ein solcher »souveräner« Umgang mit Arbeitszeit hat zur Konsequenz, daß Zeit als kalkulierbare Arbeitszeit im akademischen Feld nicht selbstverständlich vorkommt. Die Frage danach, wieviel Zeit eine Tätigkeit benötigt, ist bei Planungsprozessen nicht selten ganz ausgeklammert. Ins Auge gefaßt werden meist inhaltliche, manchmal auch zeitliche Zielvorgaben; diese werden jedoch nicht auf einzelne Arbeitsschritte bezogen.

Im Beratungsalltag wird die Unvertrautheit mit »Zeitmanagement« hinsichtlich der eigenen Arbeit immer dann sichtbar, wenn zur Klärung eines Arbeitsproblems von den individuellen Arbeitsstrategien die Rede ist. Studenten praktizieren oft einen Arbeitsstil, der unterstellt, bei einer richtig guten Idee ergäbe sich die Ausarbeitung – zeitlos – von selbst; und auf die Vorführung einer Modellrechnung zur Arbeitsplanung, die einzelne Arbeitsschritte in Zeitmengen umsetzt, reagieren sie, als hätten sie gerade einer Zaubervorführung beigewohnt. Daß Zeit im akademischen Feld die beschriebene Form von Nichtexistenz führt, bedeutet natürlich nicht, daß die einzelnen bei ihren Arbeiten »alle Zeit der Welt haben«, wie ein Student (im Rahmen eines Studientechniken-Kurses) dieses Gefühl zeitlicher Unbegrenztheit auf den Punkt bringt. Es bedeutet vielmehr, daß ein hohes Maß an Selbstdisziplin und ein gutes Gespür für die Zeitrhythmen von verschiedenen Arbeitsprozessen gefordert sind, um etwa bei der Vorbereitung eines Vortrags oder Referates einschätzen zu können, welches der günstigste Zeitpunkt ist, um mit der Vorbereitung zu beginnen, wieviel Lesearbeit und Recherche man sich leisten kann und wieviel Zeit das Ausformulieren einer Argumentation erfordert. Arbeitserfahrungen der Vergangenheit müssen hierfür präsent sein; und Anforderungen, die auf einen zukommen, sollten im Blick sein. Die Zeit ist, so läßt sich zuspitzen, nicht in erster Linie etwas quantitativ Abgrenzbares, sondern eine Dimension, in der Anforderungen des Feldes und persönliche Rhythmen in Übereinstimmung zu bringen sind.

»Der gute Spieler ist einem Beispiel Pascals zufolge derjenige, der seinen Ball

optimal plaziert bzw. der sich selbst nicht dort plaziert, wo der Ball sich befindet, sondern dort, wo er hinfallen wird.«
(Bourdieu, 1997b, S. 249)[184].

Bringt es jemand hinsichtlich der Zeitrhythmen akademischen Arbeitens zur Meisterschaft des guten Ballspielers (und dies ist auch für Wissenschaftler keine Selbstverständlichkeit), dann bedeutet dies in der Regel, Zeitrhythmen unterschiedlicher Art ohne viel bewußtes Planen miteinander zu verbinden: Die Vorbereitung auf Routineanforderungen, bei der man auf bereits Erarbeitetes zurückgreift, erfolgt kurzfristig, ohne daß die eigene Forschungstätigkeit (in der in längerfristigen Arbeitsprozessen Neues produziert wird) davon berührt ist. Und für das (durch Gespräche, Kolloquien, Kongreßbeiträge angestoßene) Sich-Einlassen auf Trends, neue Richtungen oder Fragestellungen findet sich eine passende Unterbrechung anderer Verpflichtungen.

Um es zu praktischer Sicherheit in der »Einplanung« von Anforderungen zu bringen, bedarf es des Trainings und der Erfahrung des Scheiterns. Jeder Student, jede Wissenschaftlerin, jeder wissenschaftliche Erfolgsautor hat die Erfahrung gemacht, zu guter Letzt, mit zu wenig Zeit, eine terminlich festgelegte Arbeit (Referat, Vortrag, Examensarbeit, Zeitschriftenaufsatz) gerade noch fertigzustellen (bzw. genau dies nicht zu schaffen). Ob die Erfahrung des Scheiterns zur kontinuierlichen Begleitung des Studiums wird oder ob daraus ein *Gefühl für die Rhythmen der Schreibtischarbeit* entsteht, hat zum einen mit dem kulturellen Kapital des/der Betreffenden zu tun – wer die Aufgabe herauszufinden, welche Arbeitsrhythmen angemessen sind, schon aus der Schülerzeit als eine zu bewältigende kennengelernt hat (z. B. beim Erlernen eines Musikinstruments oder beim Herumbasteln an einem Computerprogramm), hat bessere Chancen, einen eigenen Planungsstil zu entwikkeln, als jemand, der oder die es für die fachliche Überlegenheit der anderen hält, wenn es gelingt, ein Referat in der vorgegebenen Zeit angemessen vorzubereiten. Zum anderen bedarf ein solcher Lernprozeß auch der sozialen Bestärkung und Unterstützung – wer über Arbeitskrisen mit kompetenten Mitstudenten reden kann, ohne ausschließlich Konkurrenzgebahren zu produzieren, oder wer im Gespräch mit Lehrenden nicht eingeschüchtert reagiert (dies bedeutet meist, daß es nur noch um die Selbstbehauptung in der Situation geht), sondern in einen offenen Austausch über den eigenen Arbeitsprozeß eintritt, erfährt meist emotionale Entlastung (im Sinne von »gehört einfach dazu« oder »kenn ich auch«) und bekommt praktische Tips oder findet den Weg in die Beratungsstelle.

◆ Zur intrinsischen Motivation für akademische Arbeit und zum beschriebenen Umgang mit Zeit paßt die Art der *Gratifikation*, die das akademische Feld für erfolgreiche Tätigkeiten bietet. Die Gratifikation für geleistete Arbeit ist *symbolischer*

---

184. Übersetzung R.G.: Das Original lautet:«le bon joueur est celui qui, selon l'exemple pascalien, 'place mieux' sa balle ou qui se place lui-même non pas où se trouve la balle mais à l'endroit où elle va tomber.«

Art. Dies gilt sowohl für die akademischen Titel, als auch für die weniger greifbaren Formen der symbolischen Gratifikation wie Lob (durch akademische Lehrer), Anerkennung (bei Gleichrangigen) und Reputation (in der scientific community). Diese symbolischen Formen der Gratifikation leisten mehrfaches gleichzeitig: Sie bestärken bzw. korrigieren die Richtung, in die sich die individuellen Arbeitsschwerpunkte und -ambitionen entwickeln können. Und neben der direkten Bestätigung des »ich habe es gut gemacht« enthält die symbolische Belohnung der eigenen Arbeit immer auch ein Versprechen auf Zukunft: »ich habe Chancen in dem Bereich, in dem ich mich bewege«. Gleichzeitig ist das Erreichen symbolischer Bestätigung des eigenen Tuns nicht nur für die inhaltliche Arbeit von Bedeutung. Vielmehr verleiht jedes Erwerben symbolischer Gratifikation auch Macht – in erster Linie Definitionsmacht: Wer positiv aufgefallen ist, kann in Zukunft beeinflussen, wer positiv auffällt; oder auf die Titel bezogen: wer promoviert ist, kann legitimerweise die Dissertationen anderer bewerten.

»Bekannt sein und anerkannt sein, heißt auch die Macht zu besitzen, anzuerkennen, Bestätigung zu geben und mit Erfolg sagen zu können, wer es verdient, bekannt und anerkannt zu sein.«
(Bourdieu, 1997b, S. 285)[185]. –

Die verschiedenen Hierarchien legitimer Autorität im universitären Feld basieren auf dieser Form der Gratifikation. Fragt man, wie dieses System mit der oben behaupteten Notwendigkeit sachorientierten, inhaltlichen Interesses an Erkenntnisprozessen zu verbinden ist, dann lautet die Antwort Bourdieus: Wie bei dem Austausch symbolischer Güter in allen anderen gesellschaftlichen Bereichen gelingt dies auch im akademischen Feld dadurch, daß die eine Handlung (das akademische Arbeiten) von der anderen Handlung (Beanspruchung von Autorität) durch Rituale, Formalisierungen und geteilte Überzeugungen zeitlich und durch den jeweils wirksamen Bedeutungshorizont so weit voneinander entfernt gehalten wird, daß der Zusammenhang verdeckt bleibt. Die Formen der symbolischen Gratifikation richtig zu deuten und für die Klärung der eigenen Position im Feld zu nutzen – diese Fähigkeit setzt bereits passende Dispositionen voraus (und das heißt in diesem Falle: Eingeübtsein in symbolische Formen der Gratifikation durch die familiale oder schulische Sozialisation). Sie ist in der Universität u.a. deshalb schwer zu erlernen, weil diese Kompetenz nirgendwo explizit als solche hervorgehoben wird und weil ein einzelner Akteur es gar nicht bemerken muß, wenn ihm oder ihr bestimmte Formen der symbolischen Gratifikation unverständlich bleiben. So bedeutet es z. B. häufig mehr Wertschätzung, auf die These eines Referates außerhalb der Seminarsitzung noch einmal angesprochen zu werden, als einen Kurzkommentar unter der zugehörigen Ausarbeitung zu finden. Dies nicht zu wissen, führt nicht zu

---

185. Übersetzung R.G., das Original lautet: être connu et reconnu, c' est aussi détenir le pouvoir de reconnaître, de consacrer, de dire, avec succès, ce qui mérite d'être connu et reconnu...«

einem Fehler, den man als solchen bemerken kann, es bedeutet, eine Chance gar nicht als solche wahrzunehmen und deshalb zu verpassen.

Betrachtet man die habituellen Seiten des akademischen Arbeitens in der hier skizzierten Form als persönliches Repertoire, dann ist deutlich, daß es sich dabei nicht um Fertigkeiten handelt, die isoliert erworben werden können und sich dann additiv ergänzen. Vielmehr handelt es sich um ein Gefüge von Kompetenzen, die sich wechselseitig bedingen und die sich als körperliche, emotionale und kognitive Dispositionen situativ und anforderungsbezogen betätigen.

Als solche werden die Grunddispositionen für wissenschaftliches Arbeiten in der Universität meist stillschweigend vorausgesetzt. Sie sind selten Gesprächsthema, und sie sind (im Gegensatz zu den fachspezifischen Methoden) nicht Gegenstand der Unterweisung. Sie werden vielmehr von den Akteuren in Betätigung ihres »sens pratique« in das Feld eingebracht und durch die Erfahrungen im Feld differenziert und weiterentwickelt. Durch Differenzierung und Weiterentwicklung vorhandener Dispositionen entstehen auch die (die Arbeit betreffenden) disziplinenspezifischen Unterschiede im akademischen Habitus. Sie entstehen durch differierende Praktiken im Umgang mit dem jeweiligen Gegenstand, durch unterschiedliche Formen der Prüfungsprozedur und durch Modifikationen des zeitlichen Arbeitsrhythmus. Im günstigen Fall finden sich passend prädisponierte Individuen in den verschiedenen Disziplinen ein; ein fachangemessener Habitus der Arbeit stellt sich dann fast nahtlos her. Auch aus diesem Grunde fallen die Grunddispositionen des akademischen Arbeitens im universitären Alltag nicht als bedeutsam auf. Sie können wahrgenommen werden, wenn man das akademische Feld verläßt und die Einflüsse eines anderen Feldes u.a. daran spürt, daß man auf Personen trifft, die mit großer Selbstverständlichkeit beim Essen gerade nicht von ihrem beruflichen Tun reden; die, wenn sie arbeiten, jede einzelne Tätigkeit zeitlich genau planen; und die mit ihrer Arbeit gar nicht erst anfangen würden, solange nicht klar ist, wieviel Geld genau dieser Auftrag einbringt.

> ◆ Wie bedeutsam die akademischen Grunddispositionen im universitären Feld sind, ist im Feld selbst nur dann zu spüren, wenn sie fehlen oder nur in brüchiger Form vorhanden sind: Wer »sein« Thema ausschließlich im Rahmen der durch die Studienordnung festgelegten Aufgaben verfolgt und nicht in breiteren Zusammenhängen davon affiziert ist; wer Ideen, die in informellen Gesprächen vorkommen, nicht aufgreift und keine eigenen Verbindungen herstellt – der wird auch nichts produzieren, das Aufmerksamkeit erregt. Ein solcher Akteur wird im Feld farblos und damit erfolglos bleiben. Wer kein Gespür für die Rhythmen der Schreibtischtätigkeit hat und sich keine Pause gönnt, wenn der Kopf brummt, wird eine der klassischen studentischen Arbeitsstörungen produzieren. Wer die Anerkennung, die er oder sie erfährt, nicht als symbolische Gratifikation versteht und sich entsprechend auch nicht für weiteres Sich-Einlassen motiviert fühlt, wird möglicher-

weise trotz guter Leistungen an Rückmeldungsmangel leiden und allmählich den Kontakt zum Fach, die »illusio«, verlieren.

Ob der individuelle Habitus für den Bereich der Arbeit passend oder (ganz oder teilweise) brüchig ist, hängt – soviel wurde schon bei der Erläuterung der einzelnen Aspekte deutlich – davon ab, welche Bedeutung der Arbeit in der familialen und schulischen Sozialisation zukam und wieviel Raum zur Kultivierung der akademisch nützlichen Dispositionen während des Studiums vorhanden ist. Beides hängt häufig miteinander zusammen – wer in andere als akademische Arbeitsformen eingeübt ist (in verwertungsorientierte z. B. oder in beziehungsabhängige[186]), ist auch während des Studiums häufiger in zusätzliche Anforderungen und Praxisformen eingebunden, die die Weiterentwicklung akademisch nützlicher Dispositionen einschränken[187]. Diese Verknüpfung ist allerdings nicht zwingend. Sowohl Christa (s. Fallgeschichte in 1.1.2) als auch Marion (um die es in der Therapiegruppenszene weiter unten geht, s. 3.4.3), stammen aus Nichtakademiker-Familien (Christas Vater ist ein erfolgreicher Geschäftsmann, die Mutter Hausfrau; Marions Vater ist Arbeiter, die Mutter Krankenschwester), werden aber in ihrem Studium sorgfältig gefördert und haben den entsprechenden Raum, ihre Kompetenzen zu entwickeln. Diesen Raum zu nutzen, ist, wie die berichteten Schwierigkeiten zeigen, für sie deshalb nicht ganz einfach, weil die habituellen Grunddispositionen für akademisches Arbeiten zwar für den Erfolg der Akteure im Feld große Bedeutung haben, den Prozessen und Kommunikationen des Feldes jedoch implizit sind. Man spürt sie als Druck (wie Marion) oder als diffus schlechtes Gewissen (wie Christa), kann jedoch nicht so ohne weiteres herausfinden, was jeweils nicht in Ordnung ist. Noch viel stärker als für die Ebene des akademischen Arbeitens gilt dieses Merkmal der Implizitheit feldspezifischen Könnens für den Bereich der persönlichen Lebensgestaltung, der zwar privater Natur ist, zugleich aber über die Etablierung im universitären Feld mitbestimmt.

---

186. Für diese zweite Variante findet sich eine gute Explikation in der Studie »Das Elend der Welt« (Bourdieu et al., 1997). Drei Oberstufenschülerinnen werden dort von Sylvain Broccolichi unter der Überschrift »Ein verlorenes Paradies« vorgestellt. In der Mittelstufe hatten sie als leistungsbereite und -fähige Schülerinnen in einem eher schwierigen Schulumfeld die besondere Zuwendung und Unterstützung einiger Lehrer erfahren und dieses individuell ermutigende emotionale Lernklima eng mit der eigenen Begabung und Leistungsfähigkeit verknüpft. In der konkurrenten und unpersönlicheren Atmosphäre der (französischen) gymnasialen Oberstufe erleben sie Isolation, Verlust von Gemeinschaftserleben, Krisen der Selbstachtung und der eigenen Arbeitsfähigkeit. (S. Bourdieu et al., 1997; S. 557–574)

187. Dies ist ein Resultat der Untersuchung von Brigitte Hasenjürgen zu herkunfts- und geschlechtsbedingten Einschränkungen akademischen Erfolgs. (s. Hasenjürgen, 1996)

3.4.2 Geselligkeit und intellektuelle Konkurrenz – die akademische Form inkorporierten sozialen Kapitals

Die Formen der unmittelbar persönlichen Reproduktion, die im akademischen Feld üblich und gegeben sind, Wohnumfeld, alltägliche Versorgung, Freundschaften und Liebesbeziehungen sowie die Möglichkeiten der psychischen Unterstützung – all dies wird in der Universität (die in diesem Punkt dem ökonomischen Feld ähnlich verfährt) eher dem Privatbereich zugeordnet. Diese Seite des universitären Lebens wird daher auch kaum öffentlich verhandelt (wenn, dann in ritualisierter Form); sie ist allerdings Gegenstand informeller Kommunikation. Für Personen, die neu ins universitäre Feld eintreten, ist aus diesem Grunde nicht leicht zu erkennen, daß es eine spezifisch akademische Form der Lebensgestaltung überhaupt gibt. Anders als im angelsächsischen Hochschulsystem, das mit einem relativ aufwendigen sozialen Netz der Tatsache Rechnung trägt, daß Studienanfänger auch hinsichtlich der persönlichen Reproduktion eine neue Welt betreten, werden die persönlichen Angelegenheiten im deutschen Universitätsalltag als bereits geregelte vorausgesetzt. Die oben (s. 2.2.3) beschriebene Auflösung der psychosozialen Infrastruktur der klassischen Universität tut ein Übriges: Die Orientierung in der neuen Umwelt Universität muß individuell geleistet werden (ohne kontaktstiftende Rituale), mit je nach sozialer/kultureller Herkunft und Geschlecht unterschiedlich reichhaltigen Anknüpfungspunkten. Für Studienanfänger bedarf es folglich einiger Anstrengungen, um eine passende Unterkunft zu finden, das Versorgungssystem zu erkunden und die verschiedenen akademischen und geselligen Treffpunkte ausfindig zu machen.

Nach längerer Zugehörigkeit zum universitären Feld sind diese Anfängerschwierigkeiten – wie andere Voraussetzungen der scholastischen Existenz auch – vergessen. Die Lebensumwelt ist alltäglich geworden; und wenn Probleme in diesem Bereich auftreten, dann erscheinen sie als solche individueller Art. Aus der Perspektive Bourdieus ist diese Verschiebung der Wahrnehmung selbst ein Etablierungseffekt. Wer in einem Feld seinen Platz behauptet hat, richtet sich ein, gestaltet die Umgebung seinen habituellen Möglichkeiten und persönlichen Bedürfnissen entsprechend – »angeleitet durch Sympathien und Antipathien, Zuneigung und Abneigung, Gefallen und Mißfallen, schafft man sich eine Umgebung, in der man sich ›zu Hause‹ fühlt« (Bourdieu, 1997b, S. 178)[188].

Für Neuankömmlinge im akademischen Feld allerdings ist zunächst einmal nur zu spüren, daß es innerhalb der Universität anders zugeht als andernorts. Soziale Differenzierungen innerhalb des Feldes scheinen nicht zu existieren, statt dessen begegnen einem verschiedene individuelle Selbstdarstellungsformen. Studentische Lebensformen erscheinen als ein offenes Set, aus dem die einzelnen das Passende auswählen, ohne daß sich daraus Konsequenzen für den Studienverlauf und die eigene Karriere ergeben.[189] Und die Tatsache, daß die Universität über die verschiedenen Möglichkei-

---

188. Übersetzung R.G.: Das Original lautet: »guidé par les sympathies et les antipathies, les affections et les aversions, les goûts et les dégoûts, on se fait un environnement dans lequel on se sent ›chez soi‹«

189. Diese individualistische, stilorientierte Oberfläche des akademischen Feldes galt lange als

ten gleichmäßig informiert, verstärkt diesen Eindruck noch. Trotzdem beginnt mit der Regelung der persönlichen Lebenssituation am Studienort die Verortung im akademischen Feld. Ob man in einer Wohngemeinschaft lebt oder im Studentenwohnheim, ob die Eltern (wie dies bei Kindern von Arbeitsmigranten häufig der Fall ist) für die Unterbringung bei Verwandten sorgen oder beim Umzug behilflich sind (eine typische Form kleinbürgerlicher Fürsorge), ob man in der Mensa ißt, oder die Gemeinschaftsküche im Wohnheim zum sozialen Zentrum macht, ob man am Erstsemesterwochenende einer Studentengemeinde oder des AStA* teilnimmt oder bei einer Burschenschaft Anschluß sucht, ob man das Programm des Hochschulsports auf die eigenen Interessen hin prüft oder sich auf seinen alten Sportverein verläßt – all dies entscheidet über den sozialen Ort, den man im universitären Feld einnehmen wird und über die Kontakte und Beziehungen, die sich daraus ergeben. Denn je nach dem, welche Wahl die einzelnen für ihre persönliche Lebenssituation treffen oder auf Grund ihrer Ressourcen treffen können, verorten sie sich in dem einen oder anderen studentischen Milieu. Sie schaffen/finden für sich eine Umgebung, in der die persönliche Reproduktion, die vorhandenen Kapitalformen und die Sicht auf das universitäre Feld im großen und ganzen zusammenpassen. Solche studentischen Milieus sind auch Milieus im Luhmannschen Sinne – sie stellen ein spezifisches Set an Anschlußmöglichkeiten für Kommunikation dar.

Zur Verdeutlichung zwei Beispiele für mögliche Milieus:

Wer den Studienort als Arbeitsplatz definiert, während der Woche im Studentenwohnheim lebt und am Wochenende sein soziales Leben am Heimatort wieder aufnimmt, trifft sowohl im Wohnheim als auch bei seinen Heimfahrten auf Studierende mit ähnlicher Ausrichtung (oft aus den naturwissenschaftlichen Fächern der Lehrerausbildung und dann männlich; oder aus den Wirtschafts- bzw. Rechtswissenschaften und dann weiblich[190]). Er oder sie wird eine pragmatische Einstellung zum Studium

---

Spezifikum des studentischen Lebens, das eingebettet in eine autoritäre schulische Sozialisation auf der einen Seite und gesicherte Karrieremöglichkeiten auf der anderen Seite auch glorifiziert werden konnte und zur Mythenbildung taugte. Inzwischen sind als Produkt sozialer Differenzierungsprozesse Stilvielfalt und individualisierte Lebensform »postmoderne« Normalität. Und die zur postmodernen Lebensweise gehörenden Formen der Verunsicherung und Angst (s. Bauman, 1997, S. 170–204) sind auch Teil des studentischen Lebens.

190. Solche, vielleicht etwas willkürlich wirkende Zuordnungen von Geschlecht, Fachrichtungswahl und der Existenzweise »Fahrstudent« werden plausibel, wenn man die jeweils zusammenwirkenden sozialen Faktoren ausbuchstabiert: So sind es häufig ehrgeizige Töchter aus Facharbeiter- oder (niedrigen) Angestelltenfamilien, die den Berufswunsch der Eltern »Bankangestellte« auf eine Studienrichtung hin übersetzen, gleichzeitig jedoch die soziale und emotionale Nähe zu Familie und Beziehung am Heimatort als Lebenshintergrund aufrechterhalten. Konsequenz: Es wird ein Studienort in der Nähe der Heimatstadt gewählt, das Wochenende wird mit Freund/Familie »zu Hause« verbracht. Auch das zur Kennzeichnung des Milieus konstruierte männliche Pendant läßt sich entsprechend plausibilisieren: Söhne aus Arbeiter- bzw. Handwerkerfamilien, die den Lebensraum »Schule« als fördernd und (häufig auch: als vor den Ansprüchen der Familie auf Mitarbeit schützend) erlebt haben, setzen ihre Sachinteressen in die entsprechenden Fächer der Leh-

haben und bestärken, viele Auseinandersetzungen des universitären Feldes unverständlich finden und sich in den eigenen Zukunftsvisionen vor allem mit der Zeit nach dem Studium – und das bedeutet für ihn/sie jenseits der Universität – beschäftigen. Studierende diesen Typs sind meist verläßliche Mensabesucher. Hier und im Umfeld der Lehrveranstaltungen werden Beziehungen angeknüpft und gepflegt. Wenn der Kontakt zu den anderen Studenten des Milieus gelingt, dann ergeben sich hieraus im Verlauf des Studiums feste (häufig geschlechtshomogene) Lerngruppen, die gemeinsam Aufgaben lösen, Prüfungen vorbereiten und nach getaner Arbeit eine lockere Geselligkeit in der Kneipe pflegen.

Fest in einem solchen Milieu etabliert zu sein, impliziert die Chance auf einen mittelmäßigen, vielleicht auch guten, sicher jedoch nicht auf einen (im akademischen Sinne) »glänzenden« Studienabschluß. Es bedeutet meist den Ausschluß von einer wissenschaftlichen Karriere, und es birgt das Risiko von Arbeitsstörungen und Motivationsverlust, sobald eine ernsthafte familiäre Krise oder Auflösungserscheinungen der Clique das soziale Netz bedrohen.

In ein ganz anderes Milieu geraten Studienanfänger, die den Stellenwert ihres Studiums offener definieren. Sie erleben zu Beginn eine längere Phase der Unisicherheit, habe diese Unsicherheit meist jedoch als etwas akzeptiert, das »dazugehört«. Häufig sind sie für ihr Studienfach bereits vor Studienbeginn (akademisch) motiviert; und sie erkunden die Universität im Vorfeld der endgültigen Entscheidung (und dies meist nicht allein, sondern mit einem Freund/einer Freundin zusammen). Mit etwas »fortune« kommen sie zu einem günstigen Zeitpunkt in »ihre« Fakultät und bekommen so etwas von der Atmosphäre des Faches mit – wie geredet wird, wo und wie man Gesprächspartner findet, was gerade die Gemüter erregt. Bei der Fachschaft* gibt es vielleicht Hinweise auf Wohngemeinschaften, »gute« Wohnheime und interessante Stadtviertel. Wieder etwas Glück vorausgesetzt, gelingt es, sich in einem der empfohlenen Wohnbereiche zu etablieren.

Und so erlebt der oder die Betreffende von Beginn an Studium und Leben, private Interessen und fachliche Diskurse als »irgendwie« miteinander zusammenhängend, als ein Feld, in dem die einzelnen ihren Ort finden müssen – kommunizierend, Beziehungen knüpfend, Unterstützung suchend. Ob und wie das dann gelingt, hängt nicht (nur) vom gewählten Zugang ab, sondern von den habitualisierten Arbeitsformen, von »investissement« und »illusio«, sowie von der Fähigkeit, sich angemessen im Feld zu positionieren (s. dazu weiter unten). Was ein solcher Zugang zum Feld, der die eigene Verunsicherung akzeptiert, jedoch in jedem Fall leistet, ist die Herstellung von Kontakt zum universitären Feld: das Spiel kann beginnen. Eine solche Orientierung bei

---

rerausbildung um, behandeln den Studienort dann jedoch als etwas weiter entfernten Arbeitsplatz, den man (wie die Bundeswehr) auf Zeit hinnimmt, von dem man sich jedoch am Wochenende in der vertrauten Peer-group erholt. – Die Beispiele wurden nicht ausgewählt, um zu verwirren, sondern um dem konkreten Zusammenspiel der Faktoren »Geschlecht« und »soziale Herkunft« Rechnung zu tragen, die sich gerade nicht wechselseitig zu quantitativen Maßen von Benachteiligung steigern, sondern verschiedene, konkret nicht so ohne weiteres vergleichbare Lebensformen schaffen.

Studienbeginn setzt häufig voraus, bereits irgendwie mit dem akademischen Milieu vertraut zu sein, denn dann hat man das Gespür für die »richtigen« Zeitpunkte und die »richtigen« Ansprechpartner und ist nicht auf zufällige »glückliche« Umstände angewiesen, sondern hat die »fortune« (nicht des Tüchtigen, aber) dessen, der am richtigen Platz ist.

Ob einer der hier skizzierten oder ein ganz anderer Weg ins universitäre Feld eingeschlagen wird, ist aus der Sicht Bourdieus keine Frage von Informiertheit über Studienmöglichkeiten und -bedingungen, wie dies in den Expertisen der Wissenschaftsbürokratie (s. 3.3.4) unterstellt wird. Es ist vielmehr von der Kapital- und Habitusausstattung der Akteure als ganzer abhängig. Studierende, die die Universität als einen von ihrem übrigen Leben abgetrennten Arbeitsplatz definieren, sind meist über die formelle Seite des Studiums nicht schlechter informiert als solche, die sich der Lebensphase »Studium« mit erkundender Neugier nähern. Sie sehen ihre Ausbildung in einem pragmatischen Verwertungszusammenhang und setzen bei der Informationsverarbeitung die entsprechenden Akzente, sie verstehen (im Sinne Luhmanns) anders und anderes. Vor allem aber unterscheiden sie sich in den Bewältigungsstrategien für Unsicherheit und Veränderung.

Diese Bewältigungsstrategien (Beibehalten etablierter sozialer Netze versus Aufbau neuer sozialer Netze) unterliegen nicht in erster Linie individuellen Differenzen oder kognitiv gesteuerten Entscheidungsprozessen (obwohl faktisch natürlich zahlreiche Entscheidungen zu treffen sind); es handelt sich vielmehr um erprobte Strategien der jeweiligen Herkunftsmilieus.

Was daher zunächst als eine Frage des persönlichen Geschmacks oder Stils erscheint – die Formen der persönlichen Reproduktion – erweist sich auf den zweiten Blick als eine Zuordnung der einzelnen Akteure zu unterschiedlichen Sektoren des universitären Feldes. Die unterschiedlichen studentischen Milieus repräsentieren nicht nur bestimmte Formen der privaten Lebensorganisation (Wohnung, Kleidung, Beziehungsformen, politische Orientierung, Kommunikationsstil, Sportarten), sondern auch unterschiedliche akademischen Disziplinen: in den Burschenschaften z. B. dominieren männliche Akademiker der »weltlichen« Disziplinen, während in den Studentengemeinden vorwiegend Natur- und Geisteswissenschaftler/innen mit moralisch-politischem Hintergrund zu finden sind; und so bedeutet das sich Etablieren in einem bestimmten studentischen Milieu auch die Verortung in einem bestimmten Sektor des akademischen Feldes[191]; und dieser wiederum repräsentiert eine bestimmte Form der Legitimation von Autorität. So sind die meisten Studienanfänger relativ schnell (allein über die Einbindung, die ihre persönliche Lebensform mit sich bringt) mit einem bestimmten Sektor des universitären Feldes stärker verbunden als mit anderen. Und je nach dem, wie ihre konkrete Studienrichtung und ihr primärer Habitus (Sicherheit im Auftreten, Beteiligung an Diskussionen, Kleidungsstil) zu den sozialen Erwartungen dieses Sektors des Feldes paßt, werden sie sich im Zentrum, am Rande oder in einer untergeordneten Position befinden.

---

191. Zu diesem Zusammenhang insgesamt s. Liebau & Huber, 1985, S. 316 ff.

Innerhalb der Universität in ein Netz an Beziehungen eingebunden zu sein, hat in Verbindung mit den Grunddispositionen des akademischen Arbeitens weiterreichende Konsequenzen. Um eine Form von »illusio« zu entwickeln, die einen erfolgversprechenden Bezug zu dem herstellt, »was an der Uni so läuft«, bedarf es eines lebendigen Austausches mit anderen Akteuren des Feldes. Die erfolgreiche Präsenz in den Diskussionen der Veranstaltungen eines Studienganges setzt breite Erfahrungen in informellen Diskussionen und Debatten voraus. Und so hängen die individuellen Möglichkeiten des akademischen Erfolgs stark davon ab, wie gut es den einzelnen gelingt, Beziehungen aufzubauen, in denen die spezifische Form von Kollegialität und intellektueller Konkurrenz gedeiht, die angstfreie und doch Herausforderung bietende Diskussionen ermöglicht. Solche Beziehungen aufzubauen, gelingt meist nur dann, wenn man irgendwie am richtigen Ort gelandet ist – an einem Ort, an dem man Personen, Gruppierungen und Gesellungsformen vorfindet, die den eigenen habituellen Möglichkeiten entsprechen, von denen man positiv wahrgenommen wird und Bestätigung erfahren kann.

Der hier angesprochene gesellige Aspekt des universitären Lebens, der in der Universität selbst nicht sichtbar, sondern nur in seinen Auswirkungen wahrnehmbar ist, läßt nachvollziehen, warum z. B. die Integration ausländischer Gaststudenten in vielen Universitäten trotz etlicher Bemühungen von seiten der Hochschulleitung ein Problem darstellt – »ausländische Studierende« leben meist in Studentenwohnheimen, in denen sie deshalb »unter sich bleiben«, weil diese Lebensform (im Gegensatz zum angelsächsischen Campus-Leben) an deutschen Hochschulen vorwiegend von Studierenden ge«wählt« wird, die sich am Anfang ihres Studiums befinden und/oder mit begrenztem ökonomischen und sozialen Kapital ausgestattet sind. Studierende in dieser Situation sind selten aufgeschlossen für Fremdes/Anderes; und für die Gaststudenten ergibt sich dadurch eine kulturelle »Insellage«. Diese verhindert das Sich-Einklinken in einige (der für das Im-Feld-Sein relevanten) Kommunikationssysteme und beschränkt die Studierenden auf die Arbeitskontakte im engeren Sinne.

So können sie ihr kulturelles Kapital (Wissen, Sprachkenntnisse, Weltläufigkeit) nicht angemessen verwerten; und der Tendenz des universitären Feldes, ethnisch-kulturelle Differenzen zur Herstellung symbolischer Dominanz zu nutzen (und damit internen Ausschluß zu produzieren), wirkt dann kaum etwas entgegen.

Derselbe Aspekt trägt auch viel dazu bei, daß es im akademischen Feld trotz vergleichsweise weitreichender Gleichstellungspolitik nach wie vor eine deutliche Geschlechterdifferenz der Erfolgschancen gibt. Auf zwei Ebenen wirkt sich hier die in der Gesellschaft verankerte männliche Dominanz im universitären Feld zum Nachteil der Frauen aus: *Alle* Akteure im Feld sind auf gut funktionierende persönlich-emotionale Unterstützung angewiesen, um wirklich erfolgreich agieren zu können. Neben der familiären Unterstützung und dem (in der Hochschule für Männer besser zu etablierenden) Netz der Peer-group spielen gerade für junge Erwachsene Intimbeziehungen in dieser Hinsicht eine große Rolle. Die Chance, stärkende Beziehungen zu finden (statt anstrengender) ist für Männer (auf Grund der geschlechtsspezifisch unterschiedlichen Zuwendungserwartung und -bereitschaft) immer noch größer als für Frauen.[192] Zusätzlich wirkt sich die Erotisierung bzw. Sexualisierung von Interaktionen im Alltag auf Grund der kulturell verankerten Geschlechterhierarchie zuungunsten von Frauen aus. Der sexualisierende Blick verknüpft sich mit den körperbezogenen Aspekten männlicher Dominanz; »doing gender« ist daher immer hierarchisierend (s. Mühlen Achs, 1996), mit dem Effekt, daß dieselben Interaktionen, die bei Männern die akademische »illusio« stärken (im Sinne von: sich als relevanter Akteur ins akademische Spiel eingebunden fühlen), diese bei Frauen schwächen. Oder vom Feld, nicht von den Akteuren aus gesehen: Die geschlechtsspezifische Positionierung der Subjekte, die in den alltäglichen Interaktionen immer wieder aufs Neue vorgenommen wird, hat für Männer die Bedeutung der Zentrierung (hinsichtlich der Dynamik des Feldes); für Frauen dagegen hat sie dezentrierende Wirkung.[193]

3.4.3 Die Kunst, sich im Feld günstig zu positionieren

Die Umstrukturierung der Universität, die Einbeziehung neuer sozialer Gruppen in das akademische Feld hat seit langem dazu geführt, daß das Finden des »richtigen« Ortes im universitären Feld für viele Studienanfänger/innen nicht störungsfrei verläuft, sondern mit großen Anstrengungen und Risiken verbunden ist. Wenn es mißlingt, heißt dies häufig Isolation inmitten von Menschen – Kontaktprobleme (ein klassisches Symptom, das die Studentenberatung seit ihren Anfängen kennt) lassen sich auf diesem Hintergrund verstehen. Die Position im Feld nicht finden zu können, von der aus effektives Agieren möglich ist, hat oft auch den Verlust der »illusio« zur Folge; oder aber, wenn dieser Bezug zum Feld sehr vital ist, bedeutet es, unter großem Konkurrenzdruck die sozialen Bezüge bewußt und geplant herzustellen, die sich »am richtigen Ort« spontan ergäben. Damit kommt eine Seite des akademischen Habitus in den Blick, die bei einer homogeneren Zusammensetzung der Studentenschaft weitgehend verdeckt geblieben war: Um im universitären Feld erfolgreich agieren zu können, um mehr zu sein als eine »quantité négligeable« bedarf es eines guten Gespürs für das im Feld vorhandene Geflecht von Positionen und für die erfolgversprechende Plazierung der eigenen Person und der eigenen Einsätze.

Zur Verdeutlichung ein Beispiel aus der Studentenberatung, es handelt sich bei der folgenden Sequenz um den Ausschnitt einer Therapiegruppensitzung.

---

192. Dies gilt in besonderem Maße für heterosexuelle Konstellationen (da sich hier die Zuwendungserwartungen und die Zuwendungsbereitschaft häufig komplementär verstärken); es gilt jedoch als Tendenz auch in gleichgeschlechtlichen Beziehungen: Zuwendung *zugunsten der eigenen Leistungsfähigkeit* in Anspruch zu nehmen, fällt Männern in der Regel leichter als Frauen.

193. Die Auswirkungen einer solchen Dezentrierung reichen bis zur Einschränkung des feldangemessenen Konkurrierens auch bei erfolgreichen Wissenschaftlerinnen (s. Hagemann-White, 1995).

Marion hat in der Anfangsrunde berichtet, daß sie wieder so unruhig sei, Schlafstörungen habe und manchmal nicht essen könne. Im Verlauf der Sitzung kommen die Teilnehmerinnen erneut auf ihre Beschwerden zu sprechen und beschäftigen sich intensiv mit Marions Situation. Sie ist Soziologiestudentin und bemüht, ihre Leistungsnachweise schnell und mit nicht allzu viel Aufwand zusammen zu bekommen, nimmt aber gleichzeitig intensiv am Leben der Fakultät teil, geht zu Vorträgen, meldet sich zu Wort, versucht in »wichtige« Studiengruppen hineinzukommen. Schon zweimal hat sie für eine begrenzte Zeit einen Hilfskraftjob angeboten bekommen und die Aufgaben dann auch übernommen, obwohl sie eigentlich schon genug zu tun hatte. »Wegen des Geldes habe ich das nicht gemacht, obwohl es natürlich ganz schön ist, etwas mehr zu haben«, erklärt sie, »aber für das Notwendige kommen meine Eltern schon auf, sie haben nicht viel Geld, aber es ist ihnen wichtig, daß ich meine Ausbildung machen kann. Doch ich finde, man darf solche Angebote nicht ablehnen, dann fragt er einen nicht noch einmal, und man ist außen vor. Und wenn ich ein Auslandssemester machen will, brauche ich sein Gutachten.« Die anderen Frauen in der Gruppe versuchen Marion klarzumachen, daß sie einfach in zu kurzer Zeit zu viel erreichen will, daß sie sich zu viel Streß macht und sich deshalb so unwohl fühlt. »Vielleicht nimmst du das alles viel zu wichtig, Leistung ist doch nicht alles, auch wenn man studiert«, sagt eine Teilnehmerin, die bereits ein Studium abgeschlossen hat. Nun wird deutlich, was Marion unterschwellig beunruhigt: »Ich leiste nicht viel, ich bin gar nicht so gut, wie du glaubst, eigentlich habe ich immer Angst, daß rauskommt, wieviele Lücken ich habe«. In der sich nun anschließenden Debatte um Bluff, Leistungsstreß und die Frage, was wirklich zählt, gehen die Meinungen auseinander. Wissenschaftliche Leistungen und akademische Karrierechancen werden diskutiert und gegeneinander abgewogen. Dem Versuch, ihr ein Arbeitsethos nahezulegen, das darauf verzichtet zu strahlen und zu glänzen und mehr darauf setzt, daß gute Arbeit sich inhaltlich auszahlt, im Studium und im späteren Beruf, hält Marion empört entgegen: »Na klar, muß man sich immer sichtbar machen als eine, die etwas zu sagen hat, die klug ist und sich in der Universität zu bewegen weiß – sonst gehört man zu der grauen Masse derer, die in die Uni kommen, Seminare besuchen, Scheine machen; und irgendwann haben sie dann Examen gemacht und sind verschwunden, und niemand hat sie überhaupt wahrgenommen. Zu denen will ich nicht gehören.«

In diesem Ausschnitt wird nicht nur deutlich, daß Marion möglicherweise soziale Einbindungen fehlen, die es ihr ermöglichten, ohne diese Daueranstrengung sozial sichtbar zu sein und ihrer Ausbildung in Ruhe nachzukommen. In diesem Gesprächsausschnitt ist auch zu spüren, wie sehr Marion um die Zugehörigkeit zum akademischen Feld kämpfen muß. Es geht ihr dabei nicht nur um Eingebundensein und um Arbeitsmöglichkeiten, es geht auch um ihre Positionierung im Feld; und hierfür hat Marion ein gutes Gespür.

Einige Aspekte gekonnter Selbstpositionierung lassen sich an diesem Beispiel erläutern:

◆ Marion weiß, daß es erforderlich ist, die Studienordnung zu erfüllen (= alle Lei-stungsnachweise zusammen zu bekommen); sie weiß jedoch auch, daß damit noch nichts gewonnen ist, sondern daß das »Spiel« damit erst wirklich beginnt. Sie ver-sucht, hierfür eine günstige Ausgangsposition zu finden, und das heißt, bei allen Vorträgen präsent zu sein, die die Fakultät in dem Themenfeld veranstaltet, in dem Marion im weiteren arbeiten will. Die Vortragskultur einer Fakultät ist dafür geeig-net: Sie ist öffentlich (= es findet kein statusbezogener Ausschluß statt); und sie ist zugleich ein sozialer Ort, an dem sich themenbezogene Formen der Zugehörigkeit installieren lassen.

◆ Bereits auf der Ebene des studentischen »investissement« reicht es nicht, sich über-haupt in den theoretischen Debatten des Faches zu engagieren; auch hier gilt es, die richtige Position zu finden. Es gibt »wichtige« und (folglich auch) unwichtige Stu-diengruppen. Wichtig sind solche, die thematisch im Trend liegen (ohne reine Mo-deerscheinungen zu sein) und die sich in ihrer Äußerungsform, in ihrem Diskus-sionsstil bei den Lehrenden Respekt zu verschaffen wissen, d.h. solche, die – sy-stemtheoretisch gesprochen – in Diskursen mit Karrierechancen anschlußfähig sind. Auch hier geht es darum, nicht da zu sein, »wo der Ball sich befindet, sondern dort, wo er hinfallen wird« (Bourdieu, 1997b, S. 249).

◆ Marion weiß – auch das wird in dem Gesprächsausschnitt deutlich – daß Hilfskraft-stellen mehr bedeuten als die Ausübung einer bezahlten Aushilfstätigkeit (s. 3.3.2.1). Eine solche Stelle angeboten zu bekommen, stellt auch eine Form der Gratifikation dar; man erwirbt (wenn auch auf Zeit und mit niedrigstem Status) legitime Zugehörigkeit zum Feld. Und es ist diese Seite der Gratifikation, um de-retwillen man ein solches Angebot »nicht ablehnen« darf.

◆ Folgt man dem Gesprächsverlauf der Therapiegruppe, dann läßt sich bei Marion auch ein habituell sicherer Umgang mit der doppelten Bedeutung von akademi-scher Brillanz erkennen: Sie beginnt die Beschreibung ihrer Situation, indem sie über Arbeitsbelastungen in ihrem Studium so spricht, daß die anderen Frauen selbstverständlich davon ausgehen, es gehe um ein Zuviel an Schreibtischarbeit. Die sachlich-inhaltliche Seite des Studierens steht also – durchaus feldangemessen – zunächst im Vordergrund. Erst die klärenden Nachfragen der anderen Teilnehme-rinnen bringen (als etwas Dahinterliegendes) Marions Kämpfen um Zugehörigkeit zum Vorschein.
Am Ende dieser Gesprächsrunde, als die Gruppe ihr »Verzicht auf Strahlen und Glänzen« vorschlägt, wird deutlich, worum es bei Marions Anstrengungen neben den bereits angesprochenen Ebenen auch noch geht: Sichtbar sein als eine, die zählt. Es ist vermutlich der Kommunikationsform »Therapiegruppe« zuzurechnen, daß diese drei Ebenen der Positionierung so klar zum Thema werden. Im akademi-schen Alltag bleiben sowohl der Kampf um Zugehörigkeit wie der um Gesehen-werden in der Regel latent. Und es ist vermutlich der Tatsache zuzurechnen, daß es

sich hier um eine *Frauen*gruppe handelt, daß einer Student*in* zugebilligt wird, die verschiedenen Aspekte ihres Ehrgeizes in Ruhe zu untersuchen.

Betrachtet man die hier herausgearbeiteten Aspekte insgesamt, dann kann man Marion, was ihre Präsenz im universitären Feld angeht, einen gut ausgeprägten »Plazierungssinn« (Bourdieu et al., 1997, S. 531) bescheinigen. Damit ist die Kunst, sich günstig zu positionieren, jedoch noch nicht vollständig beschrieben. Hinzukommen muß ein Gespür für die verschiedenen Formen der Autorität und Macht (s. 3.2.2.2), die Fähigkeit nützliche Kooperationsbeziehungen zu knüpfen, sowie Lust an dem Sicheinlassen auf das »Kraftfeld« Universität. Allen habituell verankerten Kompetenzen zur Selbstpositionierung ist jedoch eine Grundstruktur gemeinsam: Immer geht es um das Herstellen einer produktiven Balance zwischen den subjektiven Möglichkeiten der Akteure (= Kompetenzen, Energie, Kapital), den dafür günstigen Positionen des Feldes (= Studienrichtung, Studienort, Spezialgebiet, studentisches Milieu) und Anknüpfungspunkten für wissenschaftliche Kommunikation. Je besser diese Balance gelingt, desto günstiger ist der individuelle Start ins universitäre Spiel[194].

Die hier beschriebene Fähigkeit, sich selbst günstig im Feld zu positionieren, kann in der Universität dann erworben und ausgebaut werden, wenn es dafür Anknüpfungspunkte in den bereits vorhandenen Dispositionen gibt. Marion z. B. verdankt ihre Sicherheit im Erkennen dessen, worum es geht, einer für sie harten, im Ergebnis jedoch erfolgreichen Schulzeit, die sie (aus dem Arbeitermilieu stammend) als Außenseiterin in einem Traditionsgymnasium verbracht hat.

Wer solche Anknüpfungspunkte nicht hat, erlebt die Universität gar nicht erst als ein strukturiertes Feld, in dem man selbst auch um eine Position kämpfen kann, sondern als eine für alle gleichermaßen anonyme Institution. Akteure, die mit dieser Anonymität scheinbar besser zurechtkommen, werden dann für besonders selbstbewußt oder für fachlich besonders begabt gehalten. Es sind die Effekte eines im skizzierten Sinne (mehr oder weniger) ausgeprägten oder eben nicht vorhandenen Plazierungssinns, über die sich im universitären Feld Prozesse *interner Ausgrenzung* (Bourdieu et al., 1997, S. 527–533) realisieren[195].

In Übertragung von französischen Untersuchungsergebnissen sind solche Ausgrenzungseffekte einerseits für Studierende zu erwarten, die aus dem etablierten Kleinbürgertum stammen (Handwerker, Facharbeiter, Kleinhändler) und durch die verbreiterten Bildungschancen neu ins akademische Feld eindringen. Sie können die praktizierten Formen der Plazierung im Feld zwar wahrnehmen, haben jedoch nicht das Gespür

---

194. Um Mißverständnisse zu vermeiden: Eine optimale Positionierung aller Akteure hätte nicht zur Folge, daß alle (wie bei einem Volkslauf) dieselbe Startposition einzunehmen versuchten. Unterschiedliche Interessen und unterschiedliche Ressourcen machen *verschiedene* Ausgangspunkte zu jeweils günstigen Startpositionen. Allerdings wäre bei optimaler Positionierung aller eine deutliche Konzentration an bestimmten Punkten im Feld zu erwarten.

195. Diese nicht als bewußtes Ergebnis von Handlungen angestrebten und insofern subjektlosen Effekte von Kommunikation sind mit der systemtheoretischen Kategorie »Selbstselektion« (von Systemen, nicht von Akteuren im Feld!) zutreffend benannt.

für deren Bedeutung und können sie daher für sich selbst nicht schnell genug realisieren (s. Bourdieu, 1997c, S. 659–679).

Zum anderen betreffen diese Effekte (und zwar in radikalerer Form) Kinder von Arbeitsmigranten, die sich oft mit hohem Einsatz um die Wahrnehmung der Bildungschancen (= die individuell zugängliche Möglichkeit der Integration) bemühen, die institutionelle Kultur der Bildungseinrichtungen jedoch als undifferenziert fremd wahrnehmen und deshalb auf die Möglichkeit der Selbstpositionierung gar nicht kommen (s. Bourdieu et al., 1997, S. 87–109).

3.4.4 Ausblick: Unterschiede in den habituellen Voraussetzungen und das Erleben von Brüchen im Habitus

Führt man sich die erstellte Skizze des akademischen Habitus in ihren wichtigsten Facetten – Arbeit, soziale Verortung und Positionierung im Feld – vor Augen, dann ist zunächst einmal deutlich, daß Bourdieus These, die Universität verdecke durch die Dynamik des Feldes die Voraussetzungen ihres Tuns, für die habituellen Bedingungen wissenschaftlichen Arbeitens und wissenschaftlichen Erfolges weitgehend zutrifft. In den Alltagsroutinen von Laborarbeit, Forschungskolloquium, Seminar, Vorlesung und Senatssitzung werden die auf seiten der Subjekte erforderlichen Dispositionen als selbstverständlich genommen; und auch in sozialen Situationen, die explizit der Einführung in die Praktiken von Wissenschaft und Studium dienen (bei der Besprechung von Studienarbeiten etwa oder in Tutorien bzw. Studienanfängerveranstaltung) wird nur eine Auswahl dieser Voraussetzungen angesprochen; zudem werden dann personenferne Thematisierungsformen gewählt, und die habituellen Differenzen, die herkunftsbedingt sind und für die weitere Laufbahn »einen Unterschied« machen, bleiben ausgespart.

Die Voraussetzungen des akademischen Habitus sind jedoch dadurch, daß sie der Dynamik des Feldes implizit bleiben, nicht unwirksam, sie werden in ihren Auswirkungen durch Unsichtbarkeit eher verstärkt. Unterschiedliche Startbedingungen und (damit verbunden) *unterschiedliche Spielräume* zur Entfaltung der individuellen Dispositionen sind deshalb keine unwesentlichen Faktoren für den Studienerfolg oder -mißerfolg bzw. für die darüber hinausgehenden Chancen im akademischen Feld; und als solche sind sie Teil der Realität des universitären Feldes. Um nicht nur immer wieder in allgemeiner Form auf das Vorhandensein solcher Unterschiede zu verweisen, sondern diese Faktoren für den Erfolg der verschiedenen Gruppierungen im Feld konkreter benennen zu können, wurde bei der Explikation der verschiedenen Ebenen des Habitus mit denselben Kategorien operiert, die Bourdieu verwendet: »soziale Herkunft«, »Geschlecht« und »ethnisch-kulturelle Herkunft«[196].

---

196. Daß die Verwendung solcher Kategorien zur Benennung von Faktoren, an denen sich Ungleichheit festmacht, nicht unproblematisch ist, ist spätestens seit der »Dekonstruktionsdebatte« im Feminismus (s. Butler, 1991; sowie die Diskussion in Heft 2/93 der »Feministische Studien«) unübersehbar. Wer Geschlechterdifferenzen als Wesenseigenschaf-

Diese Kategorien verweisen in Bourdieus Theorie nicht nur auf Unterschiede; sie geben auch Richtungen und Tendenzen an, was die Art dieser Unterschiede betrifft. So bedeutet die soziale Herkunft (= Position im sozialen Raum, soweit sie durch die ökonomisch-berufliche Verortung der Herkunftsfamilie bestimmt ist) im universitären Feld dann ein eindeutiges Plus, wenn diese bereits eine passende akademische Tradition repräsentiert. In allen anderen Fällen läßt sich aus der sozialen Herkunft etwas darüber ableiten, welche Habitusanteile leicht an das akademische Feld anzupassen sind und welche eher Schwierigkeiten machen werden, denn aus der sozialen Herkunft läßt sich schließen, welches ökonomische und kulturelle Kapital (wahrscheinlich) zur Verfügung steht, welche Praxisformen den primären Habitus geprägt haben und wie günstig/ungünstig sich diese jeweils zu den Anforderungen der Universität verhalten.

Ökonomische Knappheit und eine enge Bindung an die Notwendigkeiten der Existenzsicherung machen das Sich-Einlassen auf die Formen des akademischen Arbeitens (Freiheit von Zwang, Durchlässigkeit Arbeit/Muße, Entwickeln akademischer »illusio«) schwer; gelernte Nähe von Denken und praktischer Verwendung der Ergebnisse behindern die Bereitschaft, Theorie um ihrer selbst willen zu schätzen. Aber auch die (vom sozialen Spektrum her gesehen) entgegengesetzte Ferne vom akademischen Habitus, Unvertrautheit mit der Mühe des Lernens und Setzen auf die vielseitige Konvertierbarkeit ökonomischen Kapitals schränken die Erfolgschancen im akademischen Feld häufig ein.

Die zweite Kategorie, »Geschlecht«, verweist auf die Wirksamkeit der im Feld vorhandenen und im Habitus der Akteure sich realisierenden Formen männlicher Dominanz. Diese bedeutet in der Universität heute nicht mehr den Ausschluß von Frauen; nach der formellen Zulassung zu Beginn dieses Jahrhunderts ist inzwischen auch die faktische Gleichberechtigung bei der Zulassung zum Studium realisiert (Studentinnen stellen inzwischen insgesamt knapp die Hälfte der Studierenden an Universitäten). Männliche Dominanz wirkt heute im universitären Feld vorwiegend über die bereits im primären Habitus ausgeprägte Geschlechtsspezifik von Dispositionen, über die männlichen Beziehungsmodellen folgende Nachwuchsförderung und über interne

---

ten von Personen faßt, leistet damit einen diskursiven Beitrag zur Festigung männlicher Dominanz; wer Differenzen der ethnisch-kulturellen Herkunft innerhalb einer Wertedebatte thematisiert oder zu an den Personen haftenden kulturellen Begrenztheiten erklärt, arbeitet an Ausgrenzungsdiskursen. Andererseits bedeutet das Nicht-Thematisieren solcher Differenzierungs- und Hierarchisierungsmerkmale, über Ungleichheit, Macht und Ausgrenzung nur sehr abstrakt und personenfern sprechen zu können. Insofern gibt es für diese Problematik keine generelle Lösung. Im Kontext der Theorie Bourdieus, darauf sei hier noch einmal verwiesen, liegt der Geltungsanspruch der verwendeten Kategorien immer im Bezug auf das Gefüge von Relationen und Positionen in einem sozialen Feld bzw. Raum. Welche Konsequenzen die jeweilige soziale Herkunft für die Personen hat, ob Geschlecht als Ausgrenzungsmerkmal wirkt oder als Einschränkung der erreichbaren Positionen, ob eine bestimmte ethnische Herkunft von einem Feld ausschließt oder nur wenige Auswirkungen hat, ist daher keine feste Größe, sondern immer nur feldspezifisch und historisch konkret zu bestimmen.

Ausgrenzungseffekte der »Geschlechterkultur« (s. Müller, 1999) aus. Mit Hilfe des Habitus-Konzeptes lassen sich die wichtigsten Schaltstellen für das Wirksamwerden männlicher Dominanz benennen: Immer noch bringen Studienanfänger in Bereichen, die für das Reüssieren im Feld bedeutsam sind, geschlechtsspezifische Dispositionen mit. So ergibt sich als ein Ergebnis der HIS* Studienanfänger-Befragung zum Wintersemester 96/97 eine deutliche Geschlechterdifferenz hinsichtlich der beruflichen (nicht der persönlichen!) Orientierung: Frauen geben sozialen Beziehungen und Aspekten im Beruf eine größere Bedeutung, Männer heben Karriere und Erfolg hervor (HIS-Kurzinformation A 2/1998, S. 8–10). Hierzu paßt vielleicht, daß auch bei der Verwertung der symbolischen Gratifikation für eine wissenschaftliche Karriere Männer dominieren (je höher in der wissenschaftlichen Hierarchie, desto deutlicher die faktische Begrenzung für Frauen). Männliche Dominanz zeigt sich auch im Nutzen oder Schaden, den persönliche Beziehungen für die akademische Präsenz haben können (viele Beziehungsformen, von denen Männer auch für ihr Vorwärtskommen im Feld profitieren, sind für Frauen auf Grund von Sexualisierung und Hierarchisierung eher schädlich), sowie in der Quantität der Positionierungsmöglichkeiten – die Anzahl der Möglichkeiten ist auf Grund männlicher Dominanz auch bei der Konfiguration der Positionen (s. 2.2.2) für Frauen niedriger.

Die dritte Kategorie, »ethnische Herkunft« verweist auf die Folgen, die eine von der dominanten Kultur abweichende ethnische Herkunft für das Reüssieren in einem Feld hat. Auswirkungen solcher Herkunftsdifferenzen werden für das universitäre Feld greifbar, wenn man sich vor Augen führt, daß die Herausbildung von Wissenschaft – ob als Funktionssystem oder als autonomes Feld gefaßt – Ergebnis der Ausdifferenzierung der europäischen Gesellschaft(en) ist und insofern für die Konvertierbarkeit der relevanten Kapitalien und die Funktionstüchtigkeit der Habitus auch die kulturellen Selbstverständlichkeiten dieses sozialen Raumes voraussetzt. Universitäten sind hochentwickelte Produkte der jeweils dominanten Kultur einer Gesellschaft. Insofern sind auch die Auswirkungen einer von dieser Kultur abweichenden ethnisch-kulturellen Herkunft auf die Chancen der einzelnen Akteure im universitären Feld vielschichtig:

Werden kulturell-ethnische Differenzen, die ja als konkurrierende Kapitalien im Feld auftreten und die Spielregeln in Frage stellen könnten, entwertet, indem sie körpernah konstruiert (s. 2.2.2) und zur Durchsetzung symbolischer Dominanz genutzt werden, dann entsteht rassistische Ausgrenzung. Wird die (mit unterschiedlicher ethnischer Herkunft verbundene) verschiedene Ausstattung mit kulturellem und sozialem Kapital im Feld ausschließlich als Defizit einer Gruppe gehandelt, dann findet neben der Konkurrenz mit feldspezifischen Mitteln (jedoch als solche erscheinend) eine Politik der internen Ausgrenzung statt. »Ethnische Herkunft« verweist darüber hinaus auf spezifische habituelle Brüche hinsichtlich der Dynamik des universitären Feldes, sie verweist auf differentes soziales und kulturelles Kapital sowie auf Ambivalenzen der »illusio«, die Bourdieu als »widersprüchliches Erbe« (Bourdieu et al., 1997, S. 651 ff.) bezeichnet.

Konkretisiert man dies für die Verhältnisse an deutschen Universitäten, dann stellt man für den hier zur Diskussion stehenden Punkt der habituellen Brüche allerdings fest, daß mit der Kategorie »Ethnizität« die Aufmerksamkeit zwar in eine wichtige Richtung gelenkt wird, sich aus diesem Begriff jedoch kaum inhaltliche Schlüsse ergeben. »Ethnische Herkunft« faßt im universitären Feld hinsichtlich der Nähe oder Ferne zum akademischen Habitus in einem solchen Maß Verschiedenheit zusammen, daß sich daraus auf allgemeiner Ebene nur wenige Hinweise auf konkrete Feldkonflikte ableiten lassen. So kann z. B. das, was für die Tochter/den Sohn eines (aus einer außereuropäischen Agrarregion) stammenden Arbeitsmigranten zur internen Ausgrenzung führt – die Notwendigkeit, sich im Feld günstig zu positionieren – für den Sohn /die Tochter politischer Flüchtlinge aus einem Land der »dritten Welt« zum erfolgreichen Anknüpfungspunkt der Integration in die ansonsten fremde deutsche Kultur werden, wenn, wie dies häufig der Fall ist, die Eltern akademische Bildung an amerikanischen bzw. britischen Schulen und Hochschulen erworben haben.

Und zu noch einmal anderen Auswirkungen führt die Bedeutung derselben Dispositionen für akademisch ausgebildete Immigranten aus dem ehemals sowjetischen Einflußbereich. Ihnen hilft der meist gut ausgeprägte Plazierungssinn nur dann weiter, wenn zusätzlich ökonomische und soziale Ressourcen vorhanden sind, um die Entwertung der bereits früher erworbenen akademischen Abschlüsse und die Kämpfe um die formale Anerkennung legitimer Zugehörigkeit durchzustehen. – In noch stärkerem Maße als bei »Geschlecht« und »sozialer Herkunft« ist daher der Verweis auf Brüche und Unangepaßtheit im akademischen Habitus, die aus der ethnisch-kulturellen Herkunft resultieren, ein Hinweis darauf, die mit dieser Kategorie wiederum verdeckten Differenzen wahrzunehmen.

Die durch den Verweis auf die soziale und ethnisch-kulturelle Herkunft sowie auf das Geschlecht – auch in ihren Ausgrenzungseffekten – sichtbar gemachte Abhängigkeit des akademischen Habitus von seinen Voraussetzungen bedeutet jedoch, daran ist zu erinnern, *keine Determiniertheit des Habitus.* Trotz der großen Bedeutung der sehr unterschiedlichen habituellen Ausstattung der Studierenden ist der akademische Habitus nichts, das von vornherein völlig festgelegt wäre und aus dem sich feste, voneinander abgrenzbare Kompetenz- bzw. Defizitprofile ableiten ließen. Der Habitus ist ein kreatives Potential, und er ist nicht als voll ausgeprägtes Repertoire vorhanden, wenn Studienanfänger die Universität betreten; er wird vielmehr im Verlauf des Studiums durch Differenzierung, Korrektur und Integration neuer Erfahrungen aus den in der schulischen Sozialisation bereits geformten Dispositionen des primären Habitus entwickelt.

D.h. die jeweils personengebundene Struktur der Selbstorganisation im Feld wird in ihrer Betätigung entfaltet und ausgebildet. Und in diesem Prozeß der Hochschulsozialisation können auch feldfremde Habitusformen oder -anteile zu einer angemessenen, in manchen Konstellationen auch überlegenen Bewältigung von Anforderungen des Feldes finden. Die Entwicklung eines funktionstüchtigen akademischen Habitus ist daher, so läßt sich zuspitzen, für *alle* Akteure im universitären Feld das Ergebnis eines Lern- und Sozialisationsprozesses.

Allerdings liegt gerade in der Gleichheit dieser Erwerbsbedingungen des akademischen Habitus im Feld wiederum eine Quelle der Differenzierung von Laufbahnen (im

Sinne von »trajectoire«[197]), in der die Feldangemessenheit des primären Habitus eine Rolle spielt. Denn ein solcher Entwicklungsprozeß ist wie alle Lern- und Sozialisationsprozesse störungs- und krisenanfällig. Da dieser Prozeß in eine *Lebensphase* fällt, in der wichtige Weichenstellungen für das Erwachsenenleben stattfinden (s. die Debatte um »verlängerte Adoleszenz«), und da die den Habitus betreffenden Lernprozesse wesentlich *implizite Anforderungen des Feldes* betreffen und in Regionen der Person reichen (Emotionen, Motivationen, Ehrgeiz, Sublimierungsfähigkeit, Loyalität), die der *bewußten Kontrolle weitgehend entzogen* sind (in der Terminologie Luhmanns: die psychische Operation der Erwartungsproduktion und deren Verdichtung zu Ansprüchen), können aus Störungen und Krisen des Lernprozesses leicht auch Krisen werden, die die ganze Person erfassen (= psychische Krisen im unter 2.1.1.2 und 2.2.1 erarbeiteten Sinne).

◆ In den Ressourcen und Repertoires, die die einzelnen haben, um solche Krisen zu meistern, kommen noch einmal die Unterschiede der Akteure hinsichtlich ihrer persönlichen Ressourcen und ihres Habitus zum Tragen: Wie passend oder unpassend der Ort ist, an dem sich die einzelnen im Feld wiederfinden; wie adäquat oder inadäquat das persönliche Repertoire an Bewältigungsstrategien für intellektuelle und soziale Anforderungen ist; wie weit die individuelle Form der »illusio« hinsichtlich des gewählten Ausschnittes des akademischen Spiels trägt; – dies alles erweist sich nicht nur daran, ob man seinen Platz im Feld überhaupt findet, und auch nicht nur im unterschiedlichen Gelingen einzelner Vorhaben; es erweist sich auch und vor allem in der Verarbeitung von Störungen und Krisen. Oder, anders gesagt, nicht nur im Gelingen von Leistungen, nicht nur am Maß der intellektuellen Präsenz erweist sich die Leichtigkeit eines passenden Habitus, sondern auch in der Art und Weise, in der Irritationen und Störungen erlebt und verarbeitet werden.

Wenn jemand z. B. seine ganze Kraft benötigt, um die Eindrücke des Universitätsalltags zu verarbeiten und den äußeren Anforderungen des gewählten Studienganges (wie sie sich in den Vorschriften der Studienordnung ausdrücken) nachzukommen, dann kann das Auftreten einer Krise (Verpatzen einer Klausur, Konzentrationsstörungen bei der Schreibtischarbeit oder das Auftreten diffuser Angstgefühle in Seminaren) über die Grenze der persönlichen Kraft gehen. Fehlen in einer solchen Situation auch noch die sozialen Ressourcen für materielle und emotionale Unterstützung (und bei Studierenden, denen der akademische Habitus insgesamt fremd ist, ist dies oft der

---

197. Das französische Wort »trajectoire« bezeichnet die Flugbahn eines Planeten oder Raumschiffes und wird von Bourdieu gerade in Abgrenzung von dem (wie im Deutschen positiv konnotierten) Begriff »carrière« verwendet. Gemeint ist die durch Positionen und Orte im Feld beschreibbare Bahn eines Akteurs, ganz gleich, ob diese Bahn als Erfolg oder Flop bewertet wird. – Ich habe im Verlauf der Argumentation durchgängig das deutsche Wort »Laufbahn« verwendet.

Fall), dann kann eine Krise den Rückzug aus dem Feld (Studienabbruch oder nur noch formales Aufrechterhalten des Studentenstatus) zur Folge haben.

Ganz anders wirken Störungen und Krisen unter umgekehrtem Vorzeichen: Ein Akteur, dessen habituelles Repertoire gut mit den situativen Anforderungen des Feldes übereinstimmt, hat persönliche Ressourcen frei, sich auf die Situationen des Studienalltags einzulassen und viel von den Abläufen wahrzunehmen, die eigene Kommunikation und Ausstrahlung eingeschlossen. Störungen und Irritationen sowie eigenes Nicht-Genügen sind unter diesen Bedingungen *in der Situation* und *auf die konkrete Praxis bezogen* zu erkennen:

»Der Habitus hat seine Brüche, seine Krisenmomente von Nicht-Stimmigsein und Verschiebung: Die Relation der sofortigen Anpassung ist ausgesetzt, in einem Moment des Zögerns, in dem eine Art der Reflexion sich einstellen kann, die nichts mit dem Considerare des scholastischen Denkers zu tun hat...«
(Bourdieu, 1997b, S. 191).

Erfolgt diese Wahrnehmung sehr nah am Prozeß, nahezu parallel, dann ist eine unmittelbare Korrektur möglich ohne Unterbrechung des Vollzugs der eigenen Handlungen:

»durch körperliche Bewegungen hindurch, die den Status von Entwürfen haben (ein Abmessen mit dem Blick oder mit Gesten, nach der Art der Tennisspieler z. B., die einen mißratenen Schlag noch einmal durchgehen, die Effekte der abgeschlossenen Bewegung abschätzen oder den Abstand zwischen dieser Bewegung und der Bewegung die es auszuführen gilt), die der Praxis zugewandt bleiben und nicht dem, der sie ausführt.«
(Bourdieu, 1997b, S. 192)[198].

Habituelles Nichtgenügen, Brüche im Vollzug der Praxis im Feld haben unter diesen Bedingungen Entwicklung und Erweiterung des persönlichen Repertoires zur Folge, nicht unbedingt in jedem Fall mit der beschriebenen Leichtigkeit, aber mit zusätzlicher Reflexion und unter Nutzung sozialer Unterstützung gelingt ein solcher Lernprozeß in der Regel.

Noch einmal anders ist die Situation für Personen, deren persönlicher Habitus nicht schon von früh an auf intellektuelle Betätigung und symbolische Gratifikation hin geformt wurde, die dann aber im Verlauf der schulischen Sozialisation gerade diese

---

198. Übersetzung dieses wie des vorhergehenden Zitats R.G. Das Original lautet: »L'Habitus a ses ratés, ses moments critiques de déconcertement et de décalage: la relation d'adaption immédiate est suspendue, dans un instant d'hésitation où peut s'insinuer une forme de réflexion qui n'a rien à voir avec celle du penseur scolastique et qui, a travers les mouvement esquissés du corps (celui par exemple qui mesure du regard ou du geste, à la façon du joueur de tennis refaisant un coup raté, les effets du mouvement accompli ou l'écart entre ce mouvement et le mouvement à effectuer), reste tournée vers la pratique et non vers celui qui l'accomplit.«

Aspekte des akademischen Habitus als Verhaltensanforderungen des schulischen/universitären Feldes zu befolgen gelernt haben. Diese Personen können sich in den Alltagssituationen der Universität, die nicht unmittelbar auf »Lernen« bezogen sind, weniger vom Praxissinn leiten lassen; Handlungen bedürfen in stärkerem Maße der *bewußten Entscheidung*, der Wahrnehmungsfokus muß eigens gesucht werden, und das eigene Verhalten bedarf mehr der Kontrolle:

»... der Grad, in dem man sich den Automatismen des praktischen Sinns überlassen kann, variiert offenkundig nach den Situationen und den Bereichen der Aktivität, und auch nach der Position, die man im sozialen Raum einnimmt: es ist wahrscheinlich, daß diejenigen, die sich in der sozialen Welt ›an ihrem Platz‹ befinden, sich mehr und vollständiger ihren Dispositionen überlassen oder auf diese vertrauen können (das ist die ›Anmut‹ der Leute von guter Herkunft) als diejenigen, die ihre Position eher ›aus Versehen‹ besetzen, seien sie Parvenues oder Deklassierte; diese wiederum können sich das, was für andere von selbst geht, leichter bewußt machen, denn sie sind gezwungen, aufmerksam die primären Bewegungen eines Habitus zu überwachen und zu korrigieren, der ein wenig angepaßtes oder deplaziertes Verhalten generiert.«
(Bourdieu, 1997b, S. 192 f.)[199].

Krisen und Störungen im universitären Sozialisationsprozeß erhöhen bei einer solchen Konstellation von Dispositionen den Druck zur Selbstkontrolle (in der Sprache Luhmanns: sie steigern den Reflexionsbedarf), sie vergrößern den »zu überwachenden« Bereich und führen zu Streß. Die dazugehörenden Empfindungen und Gefühle (Anspannung, Überforderung, an der Grenze sein) begleiten die Situationen des Feldes – sie sind situativ spürbar, können aber nicht mehr auf einzelne Praktiken bezogen werden. Die Möglichkeiten, die solchen Akteuren zur Verfügung stehen, um mit diesem Erleben umzugehen, entsprechen nicht unbedingt dem für das weitere Fortkommen produktiven Möglichkeiten des Feldes; sie entstammen dem primären Habitus, d.h. sie nutzen das (je nach sozialer Herkunft, Geschlecht und ethnisch-kultureller Verortung unterschiedliche) Repertoire des Herkunftsmilieus, mit dem Risiko, daß die Hilfe, die sie erfahren, sie zugleich von ihren universitären Vorhaben wegführt.

Ein weiterer Typ von Krisenreaktion ergibt sich bei Akteuren, die unter den Bedingungen eines »widersprüchlichen Erbes« leben: Aufsteiger aus »bildungsfernen Schichten«, für die ein erfolgreiches Sich-Etablieren im akademischen Feld auch

---

199. Übersetzung R.G. Das Original lautet: »... le degré auquel on peut s'abandonner aux automatismes du sens pratique varie évidemment selon les situations et les domaines d'activité, mais aussi selon la position occupée dans l'espace social: il est probable que ceux qui sont ›à leur place‹ dans le monde social peuvent plus et plus complètement s'abandonner ou se fier à leur dispositions (c'est ›l'aisance‹ des gens bien nés) que ceux qui occupent des positions en porte-à-faux tel les parvenus ou les déclassés; mais ceux-ci ont plus de chances de porter à la conscience ce qui, pour d'autres, va de soi, car ils sont contraints de se surveiller et de corriger consciemment les ›premiers mouvement‹ d'un Habitus générateur de conduites peu adaptées ou déplacées.«

Loyalitätskonflikte mit den Werten ihres Herkunftsmilieus bereithält; Frauen, für die Brillanz bei intellektuellen Leistungen immer auch mit Verunsicherung (ihrer weiblichen Identität) und Versagensangst gepaart ist; Studierende, die mit einem anderen kulturellen Hintergrund als dem westlich-europäischen leben und sich zwischen den Kulturen/»hybrid« fühlen. Ein widersprüchliches Erbe hat bei auftretenden Studienkrisen meist die völlige Infragestellung des eigenen Lebenskonzeptes zur Folge sowie das Virulentwerden der ansonsten stillgestellten Schuldgefühle dem »anderen« Erbe gegenüber.

3.5 Anknüpfungspunkte für Beratung im universitären Feld

Mit den skizzierten Unterschieden in den habituellen Voraussetzungen der Studierenden und den damit verbundenen Unterschieden in der Verarbeitung von Irritationen und Störungen, wie sie im Verlauf eines Studiums auftreten, ist die Verbindung zu den Aufgaben der Studentenberatung hergestellt; denn Krisen, Störungen und Irritationen sind das Arbeitsfeld von Beratung. Mit der Herstellung dieser Verbindung ist zugleich die Frage aufgeworfen, welche neuen Aspekte sich für das Praxisfeld »Beratung« ergeben, wenn im Sinne Bourdieus der soziale Raum Hochschule als universitäres Feld und die Handlungsrepertoires der Studierenden als akademischer Habitus beschrieben werden?

Zunächst einmal läßt sich konstatieren, daß das Konzept Bourdieus in bezug auf die Fragen, die bereits durch die systemtheoretische Betrachtung zufriedenstellend geklärt werden konnten – Was ist psychosoziale Beratung? Wie funktioniert eine Beratungseinrichtung? – wenig bietet, das über den bereits erarbeiteten Stand hinausgeht. Da sich jedoch die Beschreibung der Funktionsseite von Beratung mit der Feld/Habitus-Semantik gut verknüpfen läßt, kann hier mit einigen Modifikationen auf den bereits erarbeiteten Stand zurückgegriffen werden:

Beratung, so läßt sich nun definieren, erfolgt durch ein offenes Kommunikationsangebot (hergestellt durch extrem differierende Selektivität), das durch strukturelle Kopplungen mit der Hochschulbürokratie einerseits und dem (für die Studierenden relevanten Ausschnitt des) universitären Feld(es) andererseits als soziales System etabliert und funktionstüchtig gehalten wird. Die in diesem System praktizierte Beratungskommunikation gewinnt ihre Wirksamkeit über: das Freisetzen von Gefühlen, das Nachvollziehen der Erwartungsproduktion des (Orientierungshilfe suchenden) psychischen Systems im (psychotherapeutisch geschulten) Gespräch; durch Kommunikation über die Bedingungen des universitären Feldes, durch Thematisierung psychischer Prozesse und (so läßt sich jetzt hinzufügen) durch Nacherleben der habituellen Verdichtungspraxis (von Erwartungen zu Ansprüchen) sowie durch eine Erweiterung des habituellen Repertoires via Kommunikation.

Die Leistung der durch die Theorie Bourdieus hergestellten Sicht auf Beratung liegt, auf einer anderen, über die Beschreibung der Funktionsweise hinausgehenden Ebene:

Zum einen stellt die Analyse des universitären Feldes/Habitus eine *Semantik* bereit, auf die bei der Kommunikation über Orientierungsschwierigkeiten und -möglichkeiten in der Universität (nicht nur als Institution, sondern auch als Lebensraum) unmittelbar zurückgegriffen werden kann. Zum anderen bietet die Konzeption Bourdieus eine Möglichkeit, das Dilemma, das eine Beratungseinrichtung kommunikativ lösen muß – *allen* nämlich ein Beratungsangebot zu machen, ohne allen Beratung bieten zu können – nicht nur über die Selektivität zu steuern, sondern dieser Selektivität auch eine inhaltliche Richtung zu geben. Beide Aspekte sollen im folgenden hinsichtlich ihrer Auswirkungen für die Beratungspraxis erläutert werden:

3.5.1 Die Semantik von Feld und Habitus in der Beratungsarbeit mit Studierenden

Die in den vorangegangenen Abschnitten erarbeitete Analyse des universitären Feldes und des diesem Feld zugehörigen Habitus läßt sich unmittelbar für die Beratungsarbeit in der Hochschule nutzen, wenn man sie als *Bezugssemantik* (ganz im Sinne des systemtheoretischen Begriffs »Semantik«) für die Beratungskommunikation nutzt. So wie die Operationsweise des Bewußtseins (= systemtheoretisches Konzept von Psyche) in der Beratungskommunikation benutzt werden kann, um dem psychischen System Klarheit über sich selbst zu verschaffen; so wie der psychotherapeutische Diskurs als Bezugssemantik beim Klären innerer Konflikte herangezogen wird, damit Affekte und Regression in die Kommunikation einbezogen werden können; genauso kann die Beschreibung des universitären Feldes/eines feldangemessenen Habitus als Bezugssemantik fungieren, wenn über Schwierigkeiten mit den Anforderungen der Universität kommuniziert wird. Das Feld/Habitus-Konzept ist als Bezugssemantik für Beratungsprozesse deshalb geeignet, weil es sowohl zu thematisieren erlaubt, was einer einzelnen Person im Feld Schwierigkeiten macht, als auch das, was dieser Person persönlich ein angemessenes Reagieren erschwert, als auch die Verknüpfung dieser beiden Dimensionen.

Im Rahmen einer solchen Semantik kann ein Beratungsgespräch detailliert und in sehr konkreten Bildern erwägen, welche Position im Feld erreicht werden muß, um die individuellen Optionen zu realisieren. Es läßt sich untersuchen, ob und in welchen Bereichen realistischerweise habituelle Veränderungen angestrebt werden können. Es kann auch überlegt werden, welche Aktionen im Feld erfolgversprechend sind bzw. ob und wie sich mit dem je persönlichen Repertoire die gewünschten Erfolge herstellen lassen, möglicherweise auch mit feldunüblichen Mitteln. Da es sich bei den Bestimmungen des Feldes um *Relationen*, bei den Bestimmungen des Habitus um *Dispositionen* und bei den Zielen der Akteure um *Optionen* handelt, ist mit diesem Konzept nicht Determinismus vorgegeben, sondern ein begrenztes, aber flexibles Set an »Spiel«möglichkeiten, das in einer (was die Kämpfe des Feldes angeht) sicheren und (dennoch) emotional bedeutsamen Reflexionssituation (wie sie Beratung darstellt) optimiert werden kann. Die Analyse des universitären Feldes und des akademischen Habitus übernimmt damit als Bezugssemantik in der Beratung eine

> ähnliche Funktion hinsichtlich der sozialen Dimension, auf die sich Beratung bezieht, wie es die systemtheoretische Analyse für die Operationsformen des Psychischen tut.

Wie läßt sich dies auf die konkrete Beratungspraxis beziehen? – Beratung bedeutet in dieser Sicht das Angebot von Orientierungshilfe, sowohl hinsichtlich des Feldes als auch bezogen auf die habituellen Schwierigkeiten und Möglichkeiten in diesem Feld. Dies impliziert all die Kommunikationsformen und -ebenen, die für das autopoietische System »Beratung« herausgearbeitet worden sind. So geht es (erstens) um das Bereitstellen von Informationen und aufklärender Kommunikation über die »Spiel«-möglichkeiten und -formen im universitären Feld, denn intuitiv sich erschließende Feldkenntnis kann heute bei den meisten Studierenden nicht vorausgesetzt werden. Zur Verdeutlichung der praktischen Relevanz einer Semantik des Feldes für diesen Ausschnitt der Beratungsarbeit hier einige Beispiele: Im beratenden Umgang mit Zulassungsreglungen, Prüfungs- und Studienordnungen läßt sich z. B. vermitteln, daß diese Regelungen den (rechtlich relevanten und deshalb wichtigen) äußeren Rahmen der Studienbedingungen und des Studienerfolgs darstellen, dessen je unterschiedliche inhaltliche Ausfüllung durch individuelles Engagement (= investissement) und Schwerpunktsetzung (= Positionierung/illusio) *verschiedene* Laufbahnen im akademischen Feld zur Folge hat.

Bei der Information über »studentisches Wohnen« etwa kann die Bedeutung solcher Kontakte zu Mitstudierenden angesprochen werden, die sich selbstverständlich im Alltag ergeben und die ohne viel Aufwand Austausch über die Erfahrungen im Feld ermöglichen; und es läßt sich vom hohen Stellenwert angemessener räumlicher Arbeitsbedingungen »zu Hause« sprechen, um die sich (nun) niemand anderes (mehr) kümmert und die es bewußt zu gestalten gilt.

In den von einer Beratungseinrichtung zur Verfügung gestellten Materialien zu Arbeits- und Studientechniken können wichtige Grunddispositionen des akademischen Arbeitens (Bedeutung von Gesprächen über die eigene Arbeit, Arbeitsrhythmen, unterstellte Selbstverständlichkeit des Know-hows) zur Sprache kommen. Was in Teil 1 und 2 als Verbesserung der »kulturellen Ortskenntnis« überschrieben war, bekommt so eine inhaltliche Ausrichtung – die geleistete Analyse des universitären Feldes (s. 3.3) und die Beschreibung des akademischen Habitus (s. 3.4) stehen hierfür als theoretischer Bezugsrahmen zur Verfügung.

Beratung bietet über solche Informationen hinaus zweitens ein Angebot an Trainingskursen und Gesprächsgruppen (in der Terminologie der Systemtheorie: Reflexionsmöglichkeiten für das psychische System), in denen die Studenten Optimierungsstrategien für den persönlichen Habitus erkunden und erproben können und mit denen eine Beratungsstelle zugleich den Beratungsbedarf des Feldes abtastet. Auch bei solchen Gruppenangeboten lassen sich nun, ohne daß die Offenheit des Angebotes verloren geht, inhaltliche Gesichtspunkte für die Gestaltung der Arbeitsprozesse formulieren.

Auch hierzu einige Beispiele: Prüfungsseminare etwa machen die Differenz zwischen der Selbstbestimmung der theoretischen Arbeit und dem Zwang zur Präsentation explizit zum Thema. Sie behandeln diese beiden Aspekte des akademischen Arbeitens in den Problembeschreibungen und Übungen als zwei verschiedene Aufgaben, die sehr unterschiedliche Kompetenzen erfordern und die man besser getrennt und nacheinander angeht.

Kommunikationstrainings oder Gruppen zum Thema »Redeängste« führen in verschiedene und deutlich als verschieden gekennzeichnete Redekulturen des akademischen Feldes ein, sie machen die Funktionalität der verschiedenen Formen von Eloquenz deutlich und versuchen, die Übergänge zwischen den verschiedenen Formen des Redens erfahrbar zu machen. Mit Redeübungen und -praxis geht für die meisten Teilnehmer/innen solcher Gruppen eine Normalisierungserfahrung einher, hinsichtlich ihrer eigenen Schwierigkeiten, sich im universitären Feld zu Wort zu melden; und zugleich wird nachvollziehbar, daß »Reden-Können« nicht eine Sache des Selbstbewußtseins ist, das man eben hat oder nicht, sondern daß es sich dabei um das Produkt einer beschreibbaren Praxis handelt, das durchaus erweitert werden kann. Und in Bewerbungstrainings – einem weiteren Gruppenangebot der Studentenberatung – läßt sich die Doppeldeutigkeit des akademischen Erfolgs (wissenschaftliche Laufbahn versus Beruf außerhalb der Universität) aufdecken, wodurch häufig individuelle Entscheidungen möglich und Repertoires zum »Verkaufen« der eigenen Kompetenzen freigesetzt werden. Gruppenangebote für »Langzeitstudierende« schließlich können neben ökonomischen und individuellen psychischen Problemen auch den Verlust/das Brüchigwerden der »illusio« thematisieren sowie Rückgewinnungschancen erproben.

Schließlich sind es (drittens) die verschiedenen Formen psychischer Krisen (die im Verlauf eines Studiums aus der Spannung zwischen der Dynamik des universitären Feldes und den habituellen Möglichkeiten der Studierenden entstehen können), in denen sich eine Beratungsstelle als Ressource anbietet. Solche Krisen sind »psychische Krisen« in der (in Teil 2) erarbeiteten Bedeutung: Sie werden als Irritation des psychischen Systems, als Verunsicherung, Enttäuschung und Angst erlebt, und sie können Ausdrucksformen annehmen, die das Weiteragieren (= Teilnahme an sozialen Systemen) unsicher machen bzw. ausschließen.

Auch im beratenden Umgang mit akuten psychischen Krisen ist es hilfreich, eine Semantik des Feldes und des feldangemessenen Habitus zur Verfügung zu haben. So kann auf die Normalität von Irritationen im Studienverlauf hingewiesen werden; so läßt sich deutlich machen, warum manche biographischen Erfahrungen und habituellen Prägungen es schwerer machen als andere, mit den Anforderungen des universitären Feldes zurechtzukommen, bzw. daß es auch andere als intellektuelle Anforderungen gibt, an denen man scheitern kann. So lassen sich Auswege ersinnen, die die vorhandenen Ressourcen nutzen und vielleicht sogar bisherige Schwachpunkte des persönlichen Habitus in Stärken verwandeln.

Auf allen drei Ebenen der Beratungsarbeit ist es nützlich, wenn man über die *Zeitpunkte* Genaueres weiß, zu denen psychische Krisen wahrscheinlich werden. Auch hier ist mit der Analyse des akademischen Feldes/Habitus mehr Konkretheit möglich als bisher. Dem Feld/Habitus-Konzept folgend sind Krisen immer dann wahrscheinlich, wenn Prüfungen bzw. Karriereengpässe, die durch die Hierarchie der Positionen (s. 3.3.2.1) vorgegeben sind, die legitime Zugehörigkeit zum akademischen Feld für die einzelnen (erneut/verstärkt/völlig unerwartet) in Frage stellen. Wie jeweils mit einer solchen Infragestellung umgegangen werden kann, ist natürlich vom Stand der einzelnen im Feld und von den individuellen Ressourcen abhängig. Erhöhte Krisenwahrscheinlichkeit gilt jedoch für alle Studierenden.

Solche kritischen Punkte einer studentischen Laufbahn liegen unter den gegenwärtigen Studienbedingungen:

◆ vor Aufnahme eines Studiums/bei Studienbeginn, wenn die individuelle Ausgangsposition für das akademische Feld festgelegt wird;

◆ bei den ersten Studienleistungen, die einen Akteur als Person sichtbar machen (Referate, Kurzvorträge, Protokolle);

◆ bei der Zwischenprüfung/dem Vordiplom

◆ im Hauptstudium, wenn die Wahl eines Schwerpunktes die sozial sichtbare/ kommunikativ auszuhandelnde Zuordnung zu einem Hochschullehrer/einer Arbeitseinheit der Fakultät erforderlich macht;

◆ bei der Erstellung der ersten größeren Arbeit;

◆ beim Abschlußexamen;

◆ bei der Entscheidung für/gegen eine Promotion.

Solche kritischen Punkte einer Studienlaufbahn sind vordergründig gesehen Herausforderungen an die einzelnen Akteure, sich im universitären Feld zu bewähren; bei jeder Bewährung innerhalb des universitären Feldes jedoch steht die Legitimität der Zugehörigkeit zur Disposition – und dabei geht es eben um mehr als formelle Zugehörigkeit. Da gibt es die innere Bühne, auf der die habituell verankerten persönlichen Maßstäbe für Gelingen/Erfolg nicht selten vernichtende Urteile sprechen; es gibt die äußere Bühne der (je nach Position im Feld unterschiedlichen) relevanten anderen, die oft Konkurrenten und als solche »die schärfsten Kritiker sind«; und es gibt die für den weiteren Verlauf des Studiums wichtigen Bewertungsmechanismen der Universität (Anerkennung/Kritik durch Hochschullehrer, Prüfungsergebnisse, Gutachten), durch die Ausschluß von der weiteren Karriere oder von zukünftigen Chancen erfolgen kann.

Welche Kriterien jeweils für die einzelnen Akteure greifen (ob eine »Zwei« eine schlechte Note ist, oder ob »Durchkommen« reicht), wer jeweils die relevanten anderen sind (Familie, Peer-group, Hochschullehrer) – dies hängt vom Habitus der betreffenden Person und von der Fachkultur der jeweiligen Disziplin ab. Wie gravierend eine auftretende Krise erlebt wird, ob es sich um eine Lern- oder Motivationskrise handelt, die mit den zur Verfügung stehenden Ressourcen überwunden werden kann, oder ob daraus eine psychische Krise wird, die äußerer Hilfe (z. B. in Form einer Beratung) bedarf – dies wiederum ist von den Ressourcen, der Kapital- und Habitus-ausstattung der einzelnen abhängig.

Zur Verdeutlichung sei auf die bereits in den vorangegangenen Kapiteln vorgekommenen Beratungsbeispiele verwiesen: Der Student aus der Anfangssequenz des (in 1.1.1) beschriebenen Arbeitstages interpretiert das Beratungsangebot der ZSB* als Serviceleistung für die schwierige Situation des Eintritts ins universitäre Feld und baut Orientierungshilfe von vornherein in seinen Entscheidungsprozeß ein. Die mit dem anstehenden Studienbeginn verknüpfte Irritation und Verunsicherung wird auf diese Weise normalisiert und weniger als persönliches Versagensrisiko erlebt. Möglicherweise verdankt er diese Nüchternheit der schon in seinem ökologischen Jahr gemachten Erfahrung von Feld«passagen».

Christa (aus der Fallbeschreibung in 1.2) hat ihre Krisenerfahrung bei der Examensarbeit ganz auf die innere Bühne verschoben und versucht, nach außen hin ihre Position zu behaupten. Die (für sie habituell gewordenen) Vorstellungen der Herkunftsfamilie über Lernen und Klugsein haben es ihr schwer gemacht, einen funktionstüchtigen Arbeitshabitus zu entwickeln, der auch in schwierigen Situationen trägt; sie erlebt eine ernsthafte Krise. Marion, die Soziologiestudentin aus der beschriebenen Therapiegruppensitzung (s. 3.4.3) befindet sich in der (für den wissenschaftlichen Erfolg im engeren Sinne) wichtigen Phase der Selbstpositionierung zu Beginn des Hauptstudiums; und sie bewegt sich am Rande einer psychischen Krise (sie hat psychosomatische Symptome und erlebt Gefühlsüberflutung). Sie steckt in einer Situation dauernder Überforderung, ohne über soziale und kulturelle Ressourcen zu verfügen, die es ihr ermöglichten, es »leichter zu haben«. Die Therapiegruppe stellt für sie so etwas wie eine zusätzliche Ressource an unterstützenden Beziehungen dar – vielleicht eine Chance für eine undramatische Bewältigung ihrer Situation.

Wird in einer Krise wie in diesen drei Beispielen Beratung in Anspruch genommen, dann besteht die Aufgabe für den/die Berater/innen darin, die von den Betroffenen selbst häufig nur diffus wahrgenommenen Störungen und Irritationen zu verstehen und sie inhaltlich auf die Spannung zwischen habituellen und fachlichen Möglichkeiten der Person einerseits und den Konkurrenzformen und Konflikten des Feldes andererseits zu beziehen. In der Beratungsarbeit mit Christa ist dieser Prozeß Gegenstand des ersten Gesprächs; in den weiteren Sitzungen ist dieser Bezugsrahmen dann immer präsent. Über die unmittelbare Entlastung des psychischen Systems hinaus (die systemtheoretisch gut zu beschreiben ist (s. 2.1.2.2), können in einem Beratungsprozeß mit Rückgriff auf die Semantik von Feld und Habitus auch Lösungen für die psychischen Irritationen (Habitusbrüche) und die sozialen Konflikte (Feld-Habitus-Diskrepanz) erarbeitet werden – durch Ortsveränderung im Feld (im Extremfall: aus dem Feld heraus) oder durch Positionsveränderungen oder durch habituelle Veränderungen der Person (im Fall von Christa ging es vor allem um diesen letzten Aspekt).

3.5.2 Möglichkeiten zielgerichteter Beratungsangebote

Nicht nur für die unmittelbare Arbeit mit der Klientel ergeben sich aus der Analyse des Feldes und des Habitus Anhaltspunkte für die inhaltliche Gestaltung von Beratung; auch für die den Beratungsbedarf abtastende Kommunikation mit dem Feld lassen sich Gesichtspunkte ableiten, die eine größere Zielgerichtetheit der Angebote ermöglichen. Ausgangspunkt hierfür ist die Überlegung, daß ja nicht nur die Chancen der einzelnen, im universitären Feld zu reüssieren, von den Habitus- und Kapitalvoraussetzungen abhängig sind, die sie ins Feld mitbringen; auch das Be- und Verarbeiten von Krisen, die mit einer gewissen Wahrscheinlichkeit zum Studienverlauf gehören, ist von diesen Voraussetzungen abhängig. Knappe Ressourcen und brüchige Habitus machen es wahrscheinlicher, daß psychische Krisen nicht mehr mit den im Alltag vorhandenen Ressourcen bewältigt werden können, sondern professioneller Orientierungshilfen bedürfen.

Obwohl psychische Krisen im systemtheoretischen Sinn für alle wahrscheinlich sind, treffen sie – wegen der Unterschiede in Positionierung und Ressourcenausstattung – doch nicht für alle ein. Und das Maß, in dem in einer Krise Unterstützung von außen erforderlich ist bzw. gewünscht wird, differiert genauso wie die Art bzw. Ebene der Unterstützung, um die es dann geht; die Offenheit von Beratungsangeboten ist auch aus dieser Perspektive funktional. Aus der Analyse des universitären Feldes und des akademischen Habitus ergeben sich, über das bisher Gesagte hinausführend, Anhaltspunkte für die Art dieser Unterschiedlichkeit:

Schwierigkeiten und Krisen sind aus der Theorieperspektive Bourdieus immer dann zu erwarten, wenn die Diskrepanz des individuellen Habitus zu den Habitusanforderungen des Feldes Brüche in den Verhaltensmöglichkeiten (bzw. sozial nicht zu legitimierende Erwartungen) hervorbringt und diese zugleich mit den Habitus- und Kapitalressourcen des/der Betreffenden nicht verstanden bzw. nicht kompensiert werden können – weder durch Positionswechsel oder -verschiebung, noch durch die Nutzung anderer »Spiel«möglichkeiten. Im universitären Feld trifft dies in besonderem Maße für Akteure zu,

◆ die unter großer ökonomischer Knappheit leiden (und so das Risiko »illusio«-Verlust ➜ Langzeitstudium ➜ drop-out eingehen),
◆ deren Arbeitshabitus so weit vom akademischen Habitus entfernt ist, daß die Selbststeuerung von Arbeitsprozessen kollabiert (mit dem Risiko, daß durch die Zurücknahme von »investissement« eine Krise vom Typ »psychischer Legitimationsverlust« produziert wird), oder
◆ deren »widersprüchliches Erbe« sie bei jeder Karriereirritation anfällig für Krisen macht, und zwar für Krisen, in denen das gesamte Lebenskonzept (die Anwesenheit im universitären Feld eingeschlossen) auf dem Spiele steht.

◆ Beratungseinrichtungen können auf solche erhöhten Risiken für psychische Krisen hinweisen; sie können auch mit prophylaktischen Maßnahmen darauf eingehen, indem sie Beratungsangebote erarbeiten, die einzelne Zielgruppen in ihren Schwierigkeiten und Konflikten im Feld ansprechen. Krisenprophylaxe in diesem Sinne erfolgt durch entsprechende Signale (Plakate, Informationsmaterialen, besondere Sprechstunden) in den Räumen der Einrichtung und an relevanten Orten im Feld; durch das Thematisieren spezifischer Risiken bei Vorträgen und Informationsveranstaltungen, sowie durch zielgruppenspezifische Trainingsgruppen bzw. therapeutische Gruppen. Allein eine Thematisierung von Problemen im Feld hat für die davon Betroffenen einen Normalisierungseffekt und bietet insofern Entlastung. Werden solche Angebote aufgegriffen/wahrgenommen, dann ist eine (möglicherweise neue) zielgruppenspezifische Beratungskommunikation entstanden. Treffen erhöhte Wahrscheinlichkeit für psychische Krisen und Formen symbolischer Dominanz im Feld (sexuelle Übergriffe gegen Frauen, feindliches Klima gegenüber dunkelhäutigen Studierenden oder solchen einer bestimmten ethnischen Herkunft) zusammen und wird darüber kommuniziert, dann kann aus Akzentsetzungen der prophylaktischen Arbeit ein Beratungsschwerpunkt werden, wie dies (in 1.1.3) für die Arbeit mit Frauen beschrieben worden ist. Ein solcher Arbeitsschwerpunkt kann immer dann relative Stabilität erreichen, wenn im Feld Verschiebungskämpfe zugunsten der Dominierten und Ausgegrenzten stattfinden, die den Problemen dieser Gruppe von Akteuren Resonanz verschaffen.

Durch Maßnahmen, die wie die hier angesprochenen geeignet sind, Beratungsangebote inhaltlich gezielter zu gestalten, verlieren die entsprechenden Angebote nicht ihre beratungsspezifische Offenheit. Es handelt sich weiterhin um Kommunikationsangebote extrem unterschiedlicher Selektivität; erst wenn diese Angebote im Sinne von »Beratung in Anspruch nehmen« verstanden worden sind, gibt es so etwas wie Beratungsbedarf hinsichtlich der angesprochenen Thematik. Die den Beratungsbedarf abtastende Kommunikation mit dem Feld verliert also nicht ihr Mißerfolgsrisiko (wenn niemand oder nur sehr wenige auf ein Angebot eingehen, ist es im systemtheoretischen Sinn nicht verstanden worden – die Kommunikation ist mißglückt); sie wird jedoch durch die Zielgerichtetheit der Angebote, die eine Semantik des Feldes ermöglicht, schneller und dadurch insgesamt flexibler hinsichtlich sich verändernder Konflikte im Feld.

Teil 4:
Folgerungen

Nach Abschluß der sehr breit gefächerten Analyse des Praxisfeldes »psychosoziale Beratung« soll es im folgenden nun darum gehen, die erarbeiteten Ergebnisse zusammenzutragen und auf die Konsequenzen für die praktische Arbeit hin zu reflektieren. Um der Klarheit der Argumentation willen werden Ergebnissichtung und Reflexion der Konsequenzen für die berufliche Praxis in zwei voneinander getrennten Schritten vorgenommen. In einem ersten Schritt wird der Gedankengang der ersten drei Teile noch einmal nachgezeichnet, und die jeweils erarbeiteten Bestimmungen von Beratung werden sukzessive so zusammentragen, daß sie sich zu einem immer genaueren Bild dieses Praxisfeldes vervollständigen. Aus einigen Aspekten dieses Bildes lassen sich Schlußfolgerungen für die berufliche Beratungsarbeit ableiten, die dem Innovationspotential von Beratung mehr Raum verschaffen und zugleich einer weitergehenden Professionalisierung von Beratung dienen. Diese konzeptionellen Überlegungen sind einem zweiten Schritt vorbehalten.

4.1 Das erarbeitete Bild von psychosozialer Beratung

Betrachtet man die erarbeiteten Beschreibungen für psychosoziale Beratung unter dem Gesichtspunkt, welche neuen Aspekte sich daraus für dieses Praxisfeld ergeben, dann läßt sich zunächst einmal so etwas wie eine Definition von Beratung formulieren, in der psychosoziale Beratung (in Abgrenzung von Medizin, Psychotherapie und Sozialarbeit) als eigenständiges Phänomen gefaßt wird:

◆ *Psychosoziale Beratung ist eine kulturelle Innovation, die in den ersten Jahrzehnten dieses Jahrhunderts in den Industriegesellschaften entsteht und sich als Antwort auf sozio-kulturelle Veränderungen verstehen läßt, die mit Beginn des Jahrhunderts auftreten und sowohl Orientierungsschwierigkeiten für Individuen produzieren als auch soziale und/oder politische Konflikte auslösen.*

Daß solche Veränderungen auftreten und sich daraus gesellschaftliche Umstellungsprobleme ergeben, ist nicht unbedingt neu; neu ist eher, daß diese Probleme (Umstrukturierung des Zugangs zur Erwerbsarbeit über Berufe, Veränderung der Geschlechterrelation und der familialen Lebensformen) zwar eine große Zahl von Individuen betreffen, jedoch als individuell und persönlich erlebt werden und Desorientierung deshalb auch im Bereich des Emotional-Psychischen entsteht.

◆ Spezifikum von Beratung ist, daß mit Angeboten, nicht mit Maßnahmen auf diese Probleme reagiert wird, Angebote, die es den einzelnen ermöglichen und überlassen wollen, neue Orientierungen zu erarbeiten.

Damit dies möglich ist, muß Beratung ein Problem lösen, das selbst auch neu ist, nämlich (ohne theologische oder ärztliche Autorität) einen öffentlich zugänglich Raum zu schaffen, in dem Intim-Persönliches verhandelt werden kann und der zugleich die Intimsphäre der Personen vor öffentlichem Zugriff schützt.

◆ Psychosoziale Beratungseinrichtungen lösen dieses Problem, indem sie räumliche Übergänge (Darstellung des Angebots in der Öffentlichkeit, offen zugänglicher Sprechstunden- bzw. Informationsbereich, Nischen für Einzelkontakte, abgeschlossene Räume für persönliche Einzelgespräche und Gruppen) produzieren und kommunikative Flexibilität auf seiten der Mitarbeiter ausbilden.

Die (unter 1.1 vorgenommene) Beschreibung von Beratungspraxis aus der Perspektive der dort Tätigen hat diesem ersten Bild bereits einige Präzisierungen hinzugefügt:

Der materielle wie kommunikative Raum einer Beratungseinrichtung ist gerade deshalb für den Übergang vom öffentlich Verhandelbaren zum Intim-Persönlichen geeignet, weil er eine große Vielfalt von Orientierungsmöglichkeiten (von der schlichten Auskunft; über die einigermaßen gründliche Information, bei der die individuellen Umstände Berücksichtigung finden; bis zum Gespräch über sehr Persönliches) präsent sein läßt, wobei die kommunikative Kompetenz der Berater/innen sicherstellt, daß die mit dieser Vielfalt notwendig verbundene Unstrukturiertheit der Situation nicht den Rat-Suchenden aufgebürdet wird. Neben einer solchen kommunikativen Begleitung durch das Angebot sind es die *Orientierungsanforderungen des sozialen Raumes*, auf den sich eine Beratungsstelle bezieht, die die Offenheit möglicher Themen begrenzen und einer Beratungseinrichtung Kontur geben. – Die Studentenberatung bezieht sich auf den Lebensraum Universität; eine Stadtteilberatung auf den Stadtteil, in dem sie angesiedelt ist; die Drogenberatung auf die regionale Drogenszene; eine Schulberatungsstelle auf den kommunalen Lebensraum Schule; eine Erziehungsberatungsstelle auf den familialen Lebensraum innerhalb einer bestimmten Region...

◆ Ihr spezifisches *Themenspektrum* gewinnt eine Beratungseinrichtung, indem sie Fragestellungen aufgreift, die sich aus den Konflikten der Individuen mit den Orientierungsanforderungen des sozialen Raumes ergeben, diese formuliert und darauf antwortende Informations- und Beratungsangebote macht. Wenn sich solche Angebote kommunikativ bewähren und die äußeren Rahmenbedingungen es ermöglichen, entwickeln sich daraus *Arbeitsschwerpunkte*.

Dieses aus der heutigen Perspektive professioneller Berater/innen erstellte Bild bekommt eine weitere Dimension, wenn man (wie in Teil 1.2) die sozialhistorische Perspektive hinzunimmt:

◆ Psychosoziale Beratung in der heute ausgeübten Form erweist sich beim Blick in die Geschichte als das Ergebnis eines historischen Prozesses von ca. 60 Jahren, das als Produkt gesellschaftlicher Konflikte und Interessengegensätze disparaten Ansprüchen unterliegt. Die Konflikte, die zur Entstehung von Beratung geführt haben, werden durch diese neue Interventionsform nicht gelöst – jedenfalls nicht in der Form, in der sie sich gestellt hatten – sondern durch das Schaffen eines »Zwischenraumes« in neuer Weise *kommunikabel* gemacht.

Der Selbstorganisationsprozeß einer Beratungseinrichtung, in dem in der beschriebenen Weise ein differenziertes Beratungsangebot für die jeweilige Klientel entwickelt wird, übernimmt, dies ist dem zunächst gezeichneten Bild hinzuzufügen, die Funktion, soziale Konflikte und Interessengegensätze räumlich, zeitlich und kommunikativ so voneinander zu trennen, daß sie nicht unmittelbar aufeinander prallen.

Die historische Rekonstruktion hat auch deutlich gemacht, daß die in der aktuellen Diskussion als selbstverständlicher Bestandteil von Beratung gehandelte *psychologische Dimension* nicht von allem Anfang an dazugehört, sondern erst in der zweiten Entwicklungsphase von Beratung (seit den 60er Jahren) an Bedeutung gewinnt und zumindest teilweise auch ein Produkt der Professionalisierung von Beratung ist. Die der Beratung immanente Tendenz zur Psychologisierung von Kommunikation entsteht dadurch, daß ein von den Alltagsprozessen abgelöstes Kommunikationsangebot stärker auf die symbolische/psychische Dimension setzen muß als psychosoziale Kommunikation, die in materielle Alltagskontexte eingebunden ist.

Die damit deutlich werdende Komplexität professioneller psychosozialer Beratung war Anlaß, diese Interventionsform einer systemtheoretischen Beschreibung zu unterziehen.

Die systemtheoretische Sicht auf psychosoziale Beratung verändert das Bild gegenüber den Selbstbeschreibungen von Beratungseinrichtungen und fachlichem Diskurs in einem Punkt radikal. Man könnte sagen, psychosoziale Beratung verliert nun endgültig ihre Unschuld hinsichtlich der Einbindung in das politische System. Aus dieser Perspektive betrachtet, kann sich Beratung nicht länger als ein eher altruistisches Angebot verstehen, in dem der Sozialstaat irritierten Individuen Unterstützung und Selbstexplorationsmöglichkeiten zur Verfügung stellt und das sich von Psychiatrie, Erziehungssystem und kontrollierender Sozialarbeit gerade hinsichtlich der Ausübung von Zwang abgrenzen kann.

Zwar bleibt Beratung auch in dieser Sicht ein offenes Angebot, das in Anspruch zu nehmen auf Freiwilligkeit beruht; deutlich wird jedoch auch, daß Beratung als eigenständiges, autopoietisches System für die Systeme seiner Umwelt die Funktion übernimmt, soziale Störungen (die durch Verweigerung, dysfunktionales Verhalten oder

Rückzug von Personen produziert werden) in bearbeitbare psychische Probleme der Individuen zu verwandeln, die die Beratungsstelle aufsuchen. Die dazu erforderliche Umschreibung von Problemen wird natürlich nicht von den Beratungsstellen bewußt vorgenommen und als Ideologie vertrieben, sie ist auch nicht das ausschließliche Produkt von Beratungsprozessen, sondern Effekt umfassenderer kultureller Entwicklungen. Beratungsstellen bilden diese Transformation allerdings als System ab und stellen sie immer wieder aufs neue her. Als unabhängiger Anwalt ihrer Klientel können Beratungsstellen nicht mehr gut auftreten, wenn diese Dimension ihres Tuns erst einmal deutlich geworden ist. Akzeptiert man diese Desillusionierung, dann gewinnt man Plausibilisierungen und Erklärungen für wichtige Merkmale, die bereits bei der Beschreibung der Phänomenebene deutlich geworden waren:

◆ Wichtigstes Resultat ist, daß sich die Kommunikationshandlungen einer Beratungseinrichtung drei verschiedenen Ebenen zuordnen lassen Kommunikation mit dem politischen System (Träger), abtastende Kommunikation mit (den sozialen Systemen) der Umwelt, und Beratungskommunikation mit der Klientel. Diese drei Ebene sind unterschiedlich gestaltet und zeichnen sich in ihren beratungsspezifischen Anteilen (also in allen Bereichen mit Ausnahme der Verwaltungskommunikation) durch extrem unterschiedliche Grade an Selektivität aus.

Auf dem Hintergrund dieses Verständnisses von psychosozialer Beratung fällt die anstehende Abgrenzung von der Psychotherapie relativ leicht: *Beratung und Psychotherapie sind schlicht verschiedene soziale Systeme*, die ihre Kommunikation unterschiedlich eröffnen, strukturieren und einordnen. Entscheidend ist nicht, ob einzelne Sequenzen von (face-to-face) Beratungsgesprächen eindeutig von entsprechenden Sequenzen psychotherapeutischer Arbeit unterscheidbar sind; entscheidend ist auch nicht, ob Beratungsinterventionen Symptome zum Verschwinden bringen (dürfen); entscheidend ist auch nicht, ob Psychotherapie am Krankheitsbegriff orientiert ist oder vielleicht doch auch gelegentlich Krisenintervention betreibt – entscheidend ist vielmehr, daß Psychotherapie als Teil des Gesundheitswesens operiert (mit den entsprechenden Konsequenzen für die Kommunikationsformen und -leistungen). Psychosoziale Beratung dagegen ist je nach Aufgabenstellung jeweils unterschiedlichen Funktionssystemen (oder von Funktionssystemen abhängigen »Soziotopen«) zugeordnet und ist (je nach Entstehungsgeschichte in unterschiedlicher Weise) an das politische System gekoppelt. Die beschriebene Operationsweise des autopoietischen Systems »Beratung« gilt über alle sonstigen Unterschiede hinweg für sämtliche Formen von psychosozialer Beratung.

Als eigenständiges (systemtheoretisch: autopoietisches) soziales System entwickkelt psychosoziale Beratung spezifische (und das heißt von Psychotherapie, Bildung, Verwaltung ... verschiedene) Kommunikationsformen, und zwar nicht nur, was die schon angesprochene Operationsform (extrem differierende Selektivität) betrifft, sondern auch in bezug auf ihre inhaltliche (= semantische) Seite; dies geschieht durch die beratungstypische Art, Umwelt in die Kommunikation einzubeziehen. Zwei Aspekte dieses Ergebnisses sind für die Beratungsdiskussion besonders interessant:

Zum einen *bezieht jede Beratungseinrichtung in ihre Kommunikation den sozialen Raum ein, dem sie angehört* (systemtheoretisch: die soziale Umwelt, an die sie durch strukturelle Kopplung gebunden ist). Der lebensweltliche Bezug psychosozialer Beratung, der in der Beratungsdebatte eine wichtige, wenn auch oft undeutliche Rolle spielt, findet so einen theoretischen und d.h. in der Analyse für jede Beratungseinrichtung genau zu benennenden Ort.

Die wichtigste Umwelt für die konkrete Beratungsarbeit jedoch, und damit bin ich beim zweiten Aspekt, ist das menschliche Bewußtsein, die Psyche (der faktischen oder potentiellen Klientel), auf die durch Kommunikation Einfluß genommen wird bzw. genommen werden soll.

◆ Im Kontext der Systemtheorie läßt sich nun beschreiben, *wie Psyche arbeitet* (durch Produktion von Vorstellungen, wobei Vorstellungen vom Typ »Erwartung« bzw. »Anspruch« besondere Bedeutung haben), *wie psychische Krisen entstehen* (durch Zunahme der Entscheidungszumutungen und dann in Form inneren oder äußeren Legitimationsverlustes), *wie durch Kommunikation Krisen entschärft werden können* (durch Nachvollziehen der Vorstellungsabfolge und durch Verstehen), und *welche Rolle Gefühle in diesem Prozeß spielen* (sie übernehmen die Sicherstellung/Wiederherstellung der Operationsfähigkeit des Bewußtseins).

Ein weiterer Punkt, in dem die systemtheoretische Beschreibung zu Klarheit führt und der für die praktische Arbeit von hoher Bedeutung ist, betrifft den *Stellenwert von Informationen*. Für viele Beratungseinrichtungen sind die bereitgehaltenen Informationen ein notwendiges Übel zur Gestaltung des Übergangs vom Öffentlichen zum Persönlichen und für die Beantwortung von Nachfrage im sachlich-informativen Bereich. In der Sicht der Systemtheorie bekommen die Informationsmaterialien eine höhere Bedeutung: Zum einen haben sie den Stellenwert, Kommunikation »auszuflaggen«, was bedeutet, das Beratungsangebot in seinen verschiedenen Facetten sichtbar zu machen. In der Aufarbeitung von Daten und der Bereitstellung von Informationen gestaltet eine Beratungseinrichtung daher auch die Akzente und Mitteilungsrichtungen ihres Beratungsangebotes. Informationen über relevante Systeme der sozialen Umwelt einer Beratungsstelle zur Verfügung zu stellen, hat zudem die Bedeutung, den *Stellenwert von »Ortskenntnis«* für die Orientierungsprozesse der einzelnen sichtbar zu machen und die Einbeziehung dieser Dimension auch in individuelle Beratungsgespräche zu erleichtern.

Neu und für die meisten Berater/innen sicherlich überraschend ist die systemtheoretisch sichtbar zu machende kulturelle Funktion von psychosozialer Beratung. Beratung ist nicht nur ein Produkt der sich erhöhenden Reflexivität von Psyche; Beratung trägt – dies ist im Vergleich der Themen der beiden historischen Etablierungsphasen von Beratung deutlich geworden – auch selbst zur Thematisierung dieser Selbstreflexivität von Psyche bei. Denn die Funktionsweise des psychischen Systems in (die Beteiligten berührender und deshalb) relevanter Weise zum Thema zu machen, ist ein wichtiges Mittel, in Beratungsgesprächen Verstehen und Entlastung von Selbstzurechnungsdruck herzustellen. Und eine der wichtigsten Ressourcen für das Funktionieren von Psyche sind Gefühle. Insofern ist die Thematisierung der Selbstreflexivität von Psyche, wie sie in der Beratungskommunikation erfolgt, weitgehend identisch mit dem Thematisieren von Gefühlen.

◆ Beratung als etabliertes soziales System bildet auf diese Weise Ansatzpunkte für eine eigenständige Semantik der Gefühle aus. Im Gegensatz zu den drei hier konkurrierenden Semantiken für Gefühle (die empirische psychologische Forschung, die Belletristik und der psychotherapeutische Diskurs) ist das Thematisieren von Gefühlen durch Beratungskommunikation weder objektivierend, noch romantisierend, noch pathologisierend.

Die kulturellen Effekte der Beratungsarbeit, die aus der beratungsspezifischen Kommunikation über Psyche und Gefühle resultieren, sind meist nicht als solche zu erkennen und zu spüren. Sie werden durch Gespräche in Interaktionssystemen des Feldes wirksam, die an Beratungserfahrungen anschließen, und gehen, da es keinen entsprechenden Beratungsdiskurs gibt, selten über die unmittelbare Umwelt einer Einrichtung hinaus. Sie sind jedoch wichtig genug, um ihnen als etwas, das zur Beratung gehört, mehr Aufmerksamkeit zu schenken.

Der systemtheoretische Blick auf die psychosoziale Beratung ist, dies läßt sich festhalten, ausgesprochen produktiv. Er läßt dennoch einige Aspekte unscharf bzw. unzureichend ausgeleuchtet, die gerade für die Praxis von Beratung wichtig sind:

Praktiker/innen haben – dies zeigen die in der Beratungsdebatte immer wieder ins Zentrum gerückten Problemanalysen der lebensweltlichen Hintergründe potentieller Klientele – ein Interesse daran, genauer zu erfahren, welche Art von Orientierungsproblemen die soziale Umwelt den Personen im Feld bereitet. Dies genauer beschreiben zu können, ist für die Beratungspraxis deshalb von Bedeutung, weil dann die soziale Dimension eines Problems oder einer Krise im Beratungsprozeß besser formuliert werden kann. Praktiker/innen wollen auch wissen, wie es auf seiten der Subjekte zu den Unterschieden individueller Krisenanfälligkeit kommt, die im Beratungsalltag deutlich werden. Hängt doch die Wirksamkeit jeder beratenden Kommunikation auch von dem Maß an Konkretion ab, in dem die Berater den individuellen Verarbeitungsschwierigkeiten der sozialen Erfahrung gegenüber nachgehen und diese verstehen können. Für keine der beiden Fragerichtungen, weder für die Frage nach problemverursachenden Strukturen in der sozialen Umwelt noch für die Frage nach den Unterschieden in der Krisenanfälligkeit individueller psychischer Systeme, bietet die Systemtheorie weiterführende Ansätze. Dies war Anlaß, die Perspektive einer weiteren soziologischen Theorie hinzuzunehmen, mit der sich – um im Bild zu bleiben – genau diese Aspekte von psychosozialer Beratung scharf einstellen bzw. ausleuchten lassen.

Die Feld-Habitus-Analyse Bourdieus, die aus diesem Grunde für einen weiteren Untersuchungsschritt herangezogen wurde, hatte, was die Funktionsseite von Beratung betrifft, der systemtheoretischen Beschreibung nicht viel hinzuzufügen. In gewisser Hinsicht bestärkt sie die durch die Systemtheorie bereits eröffnete pragmatisch-nüchterne Sicht auf dieses Praxisfeld. Die Analyse des Feldes bzw. der Felder, auf die sich eine Beratungseinrichtung bezieht, und die Betrachtung der eigenen Klientel als Akteure in solchen Feldern, ermöglichen einen nüchternen Blick auf die eigene Arbeit, und sie tragen darüber hinaus zu einer weiteren *Entpathologisierung der Krisen und Probleme* bei, in und bei denen Beratung als Orientierungshilfe in Anspruch genommen wird. Sind es doch auch im Rahmen dieses Konzeptes nicht die Personen, die gestört bzw. nicht in Ordnung sind. Im Blickpunkt stehen vielmehr die Relationen zwischen der Dynamik eines Feldes und den persönlichen Ressourcen von Akteuren. Bei der Analyse von Brüchen in diesen Relationen geht es nicht um richtig oder falsch, gesund oder krank, sondern um die Leichtigkeit des Zusammenpassens bzw. die Erfahrung von Brüchigkeit. Ein Habitus, der in einem Feld defizitär wirkt, kann in der Dynamik eines anderen Feldes ausgesprochen erfolgreich sein. Und wie bei Luhmann sind es auch in der Sicht Bourdieus nicht in erster Linie die einzelnen Akteure, sondern gesellschaftliche Veränderungen (das Autonomwerden von Feldern, Verschiebungen in der Bedeutung der einzelnen Felder), die dazu führen, daß zunehmend häufig die Dynamik von Feldern und die Ressourcen der in diesen Feldern agierenden Personen nicht zueinander passen.

Die wirklich interessanten Erträge der Perspektive Bourdieus liegen jedoch jenseits der Funktionsebene. Sie betreffen, systemtheoretisch gesprochen, die Struktur der Umwelt des Systems »Beratung«, oder anders gesagt, die »Soziotope«, mit deren Problemen und Schwierigkeiten sich eine Beratungseinrichtung beschäftigt. Und sie betreffen die mehr oder weniger günstige Ausstattung der Personen für das Leben und Zurechtkommen in solchen Soziotopen. Die Theorie Bourdieus hat gerade hierzu etwas zu sagen, denn sie analysiert Soziotope als soziale »Felder« und die Ressourcen der in diesen Feldern sich bewegenden Personen als »Habitus« und »Kapital«.

In der Perspektive dieser Theorie gelingt es dann auch, *psychosoziale Beratung überzeugend von anderen Formen von Beratung abzugrenzen*, ohne auf politisch-moralische Kategorien zurückgreifen zu müssen, wie es z.B. Hans Zygowski (1984; 1989) tut, und ohne auf unterschiedliche Ebenen von Interesse verwiesen zu sein, wie die von mir in der Einleitung vorgenommene Unterscheidung. Eine auch für Folgedifferenzen tragfähige Unterscheidung von verschiedenen Beratungsformen ergibt sich, wenn das soziale Feld, auf das bezogen eine Beratungseinrichtung arbeitet, zum Bezugspunkt genommen wird:

◆ *Psychosoziale Beratung verdankt sich* in all ihren Formen *der Dynamik des politischen Feldes* (im Unterschied etwa zu der dem ökonomischen Feld angehören den Kundenberatung). Und die Differenzen zwischen den verschiedenen psychosozialen Beratungsangeboten lassen sich, was ihre äußere Form und institutionelle Absicherung angeht, der Gliederung des politischen Feldes zuordnen.

Was ihre Arbeitsaufträge angeht, so handelt es sich um Interventionen des politischen Feldes in Felder oder Sektoren von Feldern, die öffentlicher/staatlicher Kontrolle unterliegen. Psychosoziale Beratungseinrichtungen mit ihren verschiedenen Themenstellungen und Zielgruppen gehen, der Dynamik des politischen Feldes folgend, auf politische Auseinandersetzungen bzw. Verschiebungskämpfe zurück. Und das, was als Auftrag oder Aufgabenstellung bzw. als Beratungsbedarf formuliert/definiert wird, entsteht aus der Umformung der in diesen Kämpfen verhandelten Themen. So wird aus »mein Bauch gehört mir« ein Schwangerschaftskonflikt und aus der »Aufhebung von entfremdetem Lernen« eine studentische Lernstörung. Wie eine solche Transformation im einzelnen vor sich geht, läßt sich wiederum in systemtheoretischen Kategorien genauer beschreiben als in den Kategorien der Feld-Habitus-Analyse (für die Entstehungsgeschichte der Studentenberatung ist dieser Prozeß in Teil 2 nachvollzogen worden).

Da Erziehungsberatung, Berufsberatung, Drogenberatung, Studentenberatung, Bildungsberatung ... und Frauenberatung zu unterschiedlichen Zeiten, als Antwort auf Probleme und Konflikte in unterschiedlichen Feldern bzw. Sektoren von Feldern entstanden sind und auch weiterhin in verschiedene Sektoren des politischen Feldes eingebunden bleiben, befinden sie sich auch aktuell in unterschiedlichen Feldabhängigkeiten. Dies hat Auswirkungen nicht nur auf die Kommunikation einer Beratungsstelle mit ihrem Träger, sondern auch auf die jeweilige inhaltliche Aufgabenstellung.

Denn je nachdem, welchen Ort eine Einrichtung in der sozialen Felderlandschaft einnimmt, hat sie es auch in ihrer Arbeit mit unterschiedlichen Feldeffekten zu tun. Die Bildungsberatung arbeitet wesentlich an den Auswirkungen und Möglichkeiten des schulischen Feldes, die Berufsberatung beschäftigt sich mit Feldinterferenzen zwischen schulischem Feld und Wirtschaft. Die Drogenberatung ist dem kommunalen Sektor des politischen Feldes zugeordnet und bearbeitet die in einer Kommune als Drogenproblem definierten Ausgrenzungskonflikte. Stadtteilberatungen haben es mit Ortseffekten zu tun (= sich überschneidende Auswirkungen von Verlusten in mehreren Feldern, die an bestimmten geographischen Orten, die zugleich soziale Orte sind, zu Mehrfachproblemen kulminieren). Und die Studentenberatung ist (hierin der Schul- oder Bildungsberatung ähnlich) in ihrem Feldbezug eindeutig auf ein einzelnes Feld, die Universität, bezogen, dem sie zugleich auch angehört. Die unterschiedliche Einbindung der einzelnen psychosozialen Beratungsangebote hat auch zur Konsequenz, daß die Analyse des relevanten Feldes (bzw. der relevanten Felder) für jede Sparte psychosozialer Beratung gesondert geleistet werden muß. So wie die systemtheoretische Betrachtung deutlich macht, wo die Gemeinsamkeit aller psychosozialen Beratungsangebote liegt – in der besonderen Form ihrer Kommunikation nämlich – liefert die Perspektive Bourdieus Beschreibungsmöglichkeiten für die Differenzen zwischen diesen Angeboten.

An den Ergebnissen der exemplarisch durchgeführten Analyse des universitären Feldes läßt sich verdeutlichen, in welchen Punkten eine solche Beschreibung des Feldes, auf das sich eine Beratungseinrichtung bezieht, das Bild von Beratung vervollständigt:

Als erstes ist festzuhalten, daß jede Feldanalyse, jede Analyse des feldzugehörigen Habitus dem System »Beratung« selbst Feldkenntnisse einbringt, durch die das, was bisher als »kulturelle Ortskenntnis« eher global umschrieben war, eine strukturierte Form enthält, in der sich Einzelbeobachtungen und Einzelprobleme, wie sie in der Beratungsarbeit vorkommen, strukturieren und aufeinander beziehen lassen. Hierarchien, Bewertungsmaßstäbe und Verwaltungsformen, wie sie für das universitäre Feld beschrieben wurden, lassen sich nicht nur für dieses Feld, sondern (in anderer Form) auch für andere soziale Felder ausmachen.

Liegt die Beschreibung eines Feldes erst einmal vor, dann werden die in diesem Feld erfolgversprechenden Formen des Konkurrierens und Vorwärtskommens genauso thematisierbar, wie die habituellen Grundvoraussetzungen für ein Reüssieren im Feld. Wie für den akademischen Habitus herausgearbeitet wurde, gibt es in einem sozialen Feld günstige und weniger günstige Dispositionen sowohl für die jeweils relevante Form der Arbeit, als auch für die feldspezifische Form der Geselligkeit, als auch hinsichtlich der Möglichkeiten, sich im Feld als Akteur zu positionieren. Auf der Basis einer solchen Beschreibung ist es dann möglich, Krisenwahrscheinlichkeiten abzuleiten – für bestimmte Positionen im Feld wie für bestimmte habituelle Voraussetzung. Eine solche Beschreibung kann jedoch nicht in allgemeiner Form geliefert werden, sondern muß für die je spezifische Umwelt eines Typs von Beratungseinrichtung eigens erarbeitet werden. Was dann entsteht, ist

◆ eine *Semantik für die soziale Dimension von Beratungsprozessen,* die als Bezugssemantik in die Beratungskommunikation eingehen kann – eine Semantik, die nicht an die jeweiligen Tabus des Feldes gebunden ist, und daher auch die verdeckten Voraussetzungen des Agierens im Feld thematisieren kann.

Dieser Aspekt ist für jede Beratungskommunikation von unmittelbarer Bedeutung – sind es doch häufig diese »verleugneten« Voraussetzungen, in bezug auf die ein individueller persönlicher Habitus unpassend und brüchig sein kann.

Mit einer solchen Semantik läßt sich zudem die den Beratungsbedarf abtastende Kommunikation mit dem Feld effektiver gestalten; ist es doch möglich, Themen als Beratungsangebot zu formulieren, in denen sich Schwierigkeiten des Feldes abbilden, die gerade erst entstehen, also (noch) nicht in der beratungsinternen Kommunikation vorgekommen sind.

◆ Die Kategorien Bourdieus eigenen sich insbesondere zur Antizipation von Problemen, die sich aus Prozessen interner Ausgrenzung, aus strukturellen Formen symbolischer Dominanz und extremer ökonomischer Knappheit ergeben.

Alle drei Typen von Schwierigkeiten betreffen in der Regel nicht (nur) einzelne, sondern soziale Gruppierungen im Feld, alle drei sind aus strukturellen Veränderungen des Feldes ableitbar und insofern zu erkennen.

Für beide Ebenen von Beratungskommunikation also – für die stelleninterne Kommunikation mit der Klientel wie für die den Bedarf abtastende Kommunikation mit dem Feld – stellt die Perspektive Bourdieus eine soziale Bezugssemantik bereit. Damit ergänzt sie die systemtheoretisch erarbeitete Semantik der Operationen des Psychischen.

Auch für die Semantik des Psychischen ergibt sich mit Hilfe der Feld-Habitus-Analyse eine durch die Systemtheorie nicht zu leistende Konkretisierung. Systemtheoretisch ließ sich zwar erklären, wie psychische Krisen entstehen – durch gravierende und sich häufende Anspruchsenttäuschungen nämlich. Erklären ließ sich jedoch nicht, wie es zu der unterschiedlichen Krisenanfälligkeit verschiedener psychischer Systeme kommt. Das Habitus-Konzept Bourdieus kann an dieser Leerstelle fast nahtlos eingefügt werden: Erwartungs- und Anspruchsproduktion funktionieren reibungslos und ohne Formen der Enttäuschung, die Turbulenzen im psychischen System auslösen, wenn der individuell erworbene Habitus zu den Habitusanforderungen eines Feldes paßt. Die Verdichtungspraxis, mit der individuelle psychische Systeme Ansprüche produzieren, ist in den Vorerfahrungen des Bewußtseins ausgebildet worden, die auf bestimmte Felder bezogen stattfanden bzw. auf bestimmte Felder hin ausgerichtet waren. Hat sich die Dynamik dieser Felder bedeutend verändert oder müssen sich die psychischen Systeme in Umwelten orientieren, auf die sie nicht vorbereitet worden sind, dann passen die Verdichtungspraxis des psychischen Systems und seine Erfahrung an der Grenze zum Sozialen nicht mehr zusammen; es entstehen Irritationen oder Brüchigkeiten. Psychische Krisen können, so läßt sich schließen, als gravierende Erfahrungen von Nichtpassen und Brüchigkeit der individuellen Orientierungsmöglichkeiten in einem Feld entstehen. Systemtheorie und Feld-Habitus-Analyse ergänzen sich bei der Konzeptionalisierung dieses Prozesses. Die systemtheoretische Beschreibung erfaßt den Ablauf der psychischen Vorgänge, die Feld-Habitus-Analyse beschreibt die Erlebnis- und Erfahrungsinhalte und gibt der Beschreibung von Krisen eine Richtung – für die Analyse wie für die Bearbeitung. Beratungskommunikation ist so beides zugleich: Nachvollziehen der Vorstellungsabfolge des psychischen Systems und *Arbeit am Habitus*.

Und in noch einem weiteren Punkt bringt die theoretische Perspektive Bourdieus die Beschreibung von psychosozialer Beratung weiter: Aus der Untersuchung des umgebenden Feldes (bzw. der umgebenden Felder) folgen auch Einsichten in bezug auf die Position, die eine Beratungsstelle selbst in diesem Feld einnimmt: Für die Studentenberatung war herausgearbeitet worden, daß die Einrichtung in keiner der drei wichtigen Hierarchien des Feldes eine bedeutende Position besetzt und zudem weder durch das Prestige ihrer Tätigkeit noch durch die Kapitalien ihrer Mitarbeiter über Ressourcen verfügt, die ihr als Akteur im Feld Spielraum verschaffen könnten.

Diese Machtlosigkeit von Beratung ist einerseits funktional, sorgt sie doch dafür, daß die Beratungsstelle im Feld nicht selbst als Teil des Spiels wahrgenommen wird. Auf diese Weise ist einigermaßen sichergestellt, daß nicht bereits der Akt, Beratung in Anspruch zu nehmen, als Positionsverschiebung wirkt bzw. im Feld selbst als »Verlieren« erscheint. Andererseits hat diese Machtlosigkeit auch zur Folge, daß die Hochschulbürokratie faktisch ein Monopol über das Wissen ausübt, das eine Beratungsstelle in ihrer Arbeit über die Probleme und Konflikte im Feld erwirbt. Eine solche Position der Machtlosigkeit ist, so läßt sich zuspitzen, für die Einbindung psychosozialer Beratung in das politische Feld stabilisierend, für die Mitarbeiter/innen von Beratungsstellen jedoch ist sie nicht sehr befriedigend; werden doch bestimmte Facetten des beruflichen Erfolgs – die angemessene Verwertung von beruflicher Erfahrung, der Erwerb von Prestige und sozialem Kapital – blockiert.

Ob sich aus der geleisteten Analyse des Praxisfeldes »psychosoziale Beratung« Innovationsimpulse für die berufliche Praxis ableiten lassen, ist daher eine Frage, die nicht nur für die Qualität von Beratungsarbeit von Bedeutung ist, sondern (wegen ihrer Auswirkung auf die professionelle Identität) auch im unmittelbaren Interesse von Beratern und Beraterinnen liegt. Einige innovative Aspekte einer theoretisch fundierten Beratungspraxis werden im nun folgenden Abschnitt, sozusagen als Ausblick, formuliert.

4.2 Konsequenzen für die Beratungsarbeit

Schon im Verlauf der Analyse der Teile 2 und 3 ist an Einzelpunkten immer wieder auf Auswirkungen der Ergebnisse auf die Beratungspraxis hingewiesen worden. So folgt z.B. aus der systemtheoretischen Beschreibung der drei Kommunikationsebenen, auf denen »Beratung« operiert, daß es wenig Sinn hat, mit dem Träger bzw. der Verwaltung in beratungsspezifischer Selektivität zu kommunizieren (man wird einfach nicht verstanden); gleichzeitig ist klar, daß auf diese Kommunikation nicht verzichtet werden kann, handelt es sich hierbei doch um eine strukturelle Kopplung. Beratungseinrichtungen tun also gut daran, verwaltungskonforme Kommunikation (die Beratern habituell und von der Arbeitsstruktur her fern liegt) als eigenes Kommunikationssystem zu pflegen und gleichzeitig darauf zu achten, daß diese Kommunikation (als eine dem mächtigeren System zugehörige) nicht die Beratungskommunikation zu beherrschen beginnt.

Aus der Feld-Habitus-Analyse läßt sich in entsprechender Weise ein Beispiel für Auswirkungen auf die Praxis anführen: Die Analyse des akademischen Habitus hatte deutlich gemacht, daß neben ökonomischer Knappheit und Brüchigkeiten in den Grunddispositionen des akademischen Arbeitens auch die Auswirkungen von symbolischer Dominanz, die mit Personenmerkmalen (Geschlecht, abweichende ethnische

Herkunft) operiert, die Wahrscheinlichkeit psychischer Krisen im Studienverlauf steigern. Für die Studentenberatung ist es naheliegend, aus einem solchen Befund abzuleiten, daß (im Bereich der den Bedarf abtastenden Kommunikation mit dem Feld) Beratungsangebote erforderlich sind, die die zugehörigen Themen aufgreifen und die Ausgrenzungserfahrungen und Belastungen der Personen als feldzugehörige »normalisieren«.

Konsequenzen aus solchen Einzelergebnissen lassen sich zu Maximen verallgemeinern, woraus sich wiederum interessante Hinweise für die Beratungspraxis insgesamt ergeben. Hierzu im folgenden einige abschließende Erläuterungen:

4.2.1 Als System agieren

Nimmt man die Selbstbeschreibung von Beratungsstellen oder den fachlichen Diskurs über Beratung zum Ausgangspunkt (s. die Diskussion der Literatur in 1.1), dann ist deutlich, daß in der Regel nur ein Ausschnitt der Systemoperationen von Beratung im Zentrum des Interesses steht. Die Diskussionen drehen sich um die Beratungskommunikation innerhalb einer Beratungsstelle und orientieren sich dabei an der face-to-face Kommunikation von Beratungsgesprächen. Die übrigen Kommunikationsangebote der Einrichtung (Bereitstellen von Informationen, die den Bedarf abtastende Kommunikation mit dem Feld) machen zwar einen bedeutenden Teil der alltäglichen Arbeit aus, sind jedoch selten Gegenstand von Reflexion oder bewußter konzeptioneller Auseinandersetzung. Und die Kommunikation mit dem Träger bzw. der Verwaltung – die zweite strukturelle Kopplung des Systems »Beratung« – wird als lästiges Übel behandelt, das man entweder minimalisiert oder aber – bei stark hierarchisierten Teams – zum Bestandteil der Leitungstätigkeit macht (die dann selbst so etwas wie eine Verwaltung in der Beratung darstellt, mit dem entsprechenden Zuwachs an bürokratischer Macht für die damit befaßten Personen und der Tendenz, auch die Beratungstätigkeit bürokratienäher zu definieren). Beratungseinrichtungen müssen jedoch, so läßt sich zuspitzen, alle Kommunikationsebenen ihrer Tätigkeit als gestaltungsbedürftig bzw. beratungsrelevant wahrnehmen.

Betrachtet man unter diesem Gesichtspunkt den Umgang, den Berater/innen mit den Möglichkeiten ihres beruflichen Tätigkeitsfeldes faktisch praktizieren, dann erscheint diese Umgangsform als nur eingeschränkt professionell, wird doch darauf verzichtet, *alle relevanten Kommunikationsebenen* des Systems »Beratung« *methodisch anzugehen* und in ein Gesamtkonzept der Arbeit einzubinden. Dies ist nicht als Kritik an der Berufsausübung einzelner Berater und Beraterinnen zu verstehen. Denn: Eingeschränkte Professionalität in diesem Sinne ist bei »neuen Professionen« durchaus nicht ungewöhnlich. Erst die Etablierung eines Berufsfeldes, erst die Erprobung von Qualifizierungswegen und erst die theoretische Reflexion erschließen für alle Aspekte eines Praxisfeldes professionelle Umgangsweisen. Die systemtheoretische Analyse des Praxisfeldes »Beratung« macht es nun möglich, einen Zuwachs an Professionalität anzustreben, und zwar hinsichtlich der Einbindung von Beratung in das politische

Feld einerseits und bezogen auf die (den Bedarf abtastende) Kommunikation mit dem Feld andererseits. Was durch die angemessene Einbeziehung dieser beiden strukturellen Kopplungen in die Analyse, Reflexion und Konzepterarbeitung von Beratung zu gewinnen ist, kann auf der Basis der geleisteten Untersuchung angegeben werden:

◆ Die beschriebenen Auswirkungen der bürokratischen Kommunikation über die Probleme eines Feldes (s. 3.3.4) sind Effekte der Position der Machtlosigkeit von Beratungssystemen. Sie sind auf dem gegenwärtigen Stand der Entwicklung von Beratungsprofessionalität weder zu kritisieren noch zu erweitern, da es keinen anderen als den bürokratischen Diskurs über diese Probleme gibt, auf den man sich bei einer solchen Kritik oder Erweiterung stützen könnte. Naheliegend wäre es daher, *zusätzliche Diskurse zu eröffnen* bzw. die Kommunikation über Beratungserfahrungen für weitere Systeme (Wissenschaft z. B.) anschlußfähig zu gestalten. Erst wenn über die Probleme der Felder, mit denen Beratungseinrichtungen in ihrer Arbeit zu tun haben, in verschiedenen legitimen Diskursen (Wissenschaft, Politik, Literatur und Journalismus ...) verhandelt wird, ist das Monopol des bürokratischen Diskurses zu irritieren. Voraussetzung dafür ist allerdings, daß das bisher weitgehend naive Verhältnis, das Berater/innen zum Feld der Macht haben, einer kritischen Distanz weicht und der Kommunikation über die im Feld vorhandenen Orientierungsprobleme ein größerer Stellenwert eingeräumt wird.

◆ Daß sich die Ergebnisse einer Feld-Habitus-Analyse für die Effektivierung und Flexibilisierung der (Beratungsbedarf abtastenden) Kommunikation mit dem Feld nutzen lassen, ist bereits angesprochen worden. Dies setzt natürlich voraus, daß diese Kommunikation nicht naturwüchsig (durch Anfragen aus dem Feld oder Vorgaben der Verwaltung gesteuert), sondern auf der Grundlage der Beratungserfahrungen systematisch erfolgt. Anstünde daher die Ausarbeitung von bereichsspezifischen Beratungskonzepten, in denen die prophylaktische Arbeit, die Kommunikation mit dem Feld und die Herausbildung und Überprüfung von Beratungsschwerpunkten so aufeinander abgestimmt werden, daß Arbeitserfahrungen jeweils auf jeden dieser Aspekte hin ausgewertet werden können. Jedes Gruppenangebot, jede Broschüre und jede Informationsveranstaltung einer Einrichtung läßt sich dann auf ihren Stellenwert für diese drei Dimensionen hin überprüfen: Welchen prophylaktischen Wert hat das Angebot? Welches Kommunikationsangebot an das Feld stellt es dar? Welche Resonanz ist zu erwarten? Und enthält es auch Elemente, die den Beratungsbedarf in bezug auf neue (im Sinne von bisher noch nicht im Beratungsangebot angesprochene) Orientierungsprobleme abtasten? – Erst mit einem solchen mehrdimensionalen Konzept ist eine Beratungseinrichtung ausreichend flexibel hinsichtlich der Dynamik von sozialen Feldern. Und mit einem solchen Konzept wäre zugleich eine systemangemessene Form der Selbststeuerung gegeben, die sich als systemeigene Form der Qualitätssicherung nutzen ließe.

Als System agieren heißt, wenn es sich um ein berufliches Tätigkeitsfeld handelt, *alle* Ebenen der Kommunikation methodisch reflektiert in das Arbeitskonzept einbeziehen. Für das Praxisfeld »psychosoziale Beratung« ist diese Professionalität bisher vor allem auf die Beratungskommunikation innerhalb des Systems »Beratung« bezogen entwickelt worden – durch den fachlichen Diskurs über Beratung und durch die Adaption psychotherapeutischen Wissens und Könnens für die beraterische Praxis. Eine Erweiterung der Perspektive im skizzierten Sinne steht nun an.

4.2.2 An einer Semantik des Feldes arbeiten

Schon mehrfach ist in den bisherigen Überlegungen davon die Rede gewesen, daß eine Analyse des Feldes bzw. der Felder zu leisten ist, auf die sich eine Beratungseinrichtung in ihrer Arbeit bezieht. Eine Semantik des Feldes, die dann als Bezugssemantik für die Beratungsarbeit fungiert, setzt eine solche Analyse ja zumindest in Ansätzen voraus. Nun läßt sich fragen, ob es überhaupt realistisch ist, eine solche Forderung an das soziale System »Beratung« zu richten. Denn Beratungseinrichtungen kämpfen in ihrem Alltag mit Kapazitätsengpässen, sie sind relativ machtlos und können nur im Ausnahmefall zusätzliche Ressourcen für ihre Arbeit erschließen. Eine Analyse wie die hier für das universitäre Feld durchgeführte ist im Beratungsalltag nicht so ohne weiteres zu leisten; und die hier vorgenommene Analyse bezieht sich zudem insofern auf eine relativ einfach strukturierte Beratungsumgebung, als es die Studentenberatung nur mit *einem* Feld zu tun hat, dem sie zugleich angehört. Die meisten anderen Beratungseinrichtungen sind von komplizierteren Feldkonstellationen umgeben.

Ein solcher Einwand ist zunächst einmal richtig und trifft die Sache dennoch nicht ganz. Geht es doch weniger darum, eine vollständige Analyse zu erbringen und sie dann als abgeschlossene der Beratungsarbeit zugrundezulegen – auch die vorgelegte Analyse des universitären Feldes ist weder vollständig noch abgeschlossen. Es geht vielmehr darum, diese Dimension in den Blick zu bekommen und die eigenen Arbeitserfahrungen und -wahrnehmungen in diesen Kontext einzuordnen. Ist diese Dimension erst einmal im Blick, dann zeigt sich schnell, wieviel Feldkenntnis Beratungseinrichtungen in ihrer Tätigkeit ohnehin zusammentragen. Wichtige Details einer Semantik des Feldes finden sich bereits in den Papieren und Schriften, die Berater und Beraterinnen alltäglich verarbeiten, um ihren Job tun zu können. Elemente einer Feldbeschreibung sind in den Materialien enthalten, die Beratungseinrichtungen herausgeben; und last not least ist auch jeder Klient und jede Klientin Informant/in über die Dynamik des Feldes und die Schwierigkeiten, die man damit haben kann.

Zur Verdeutlichung ein Beispiel aus meinem eigenen beruflichen Alltag: Kurse zu »Studientechniken« anzubieten, gehört in der Studentenberatung seit den Anfängen zum Arbeitsrepertoire. Sie stellen ein prophylaktisches Angebot an Studierende dar, die ihr Arbeitsverhalten verbessern wollen; sie sind zugleich Trainingsmöglichkeiten für diejenigen, die sich in einem Beratungsprozeß befinden; und es handelt sich dabei um Kommunikationsangebote, die im Feld (hinsichtlich der Arbeitsanforderungen des

Feldes und der Irritationen des Habitus) den Beratungsbedarf abtasten. Erfahrungen aus diesem Arbeitsfeld der Studentenberatung werden meist bezogen auf die Lernprozesse der Teilnehmer ausgewertet. Sie können jedoch auch als feldspezifische formuliert werden und sind dann Elemente einer Semantik des akademischen Feldes. Hier ein (diesen Arbeitsbereich betreffender) Ausschnitt aus dem Jahresbericht der Beratungsstelle:

Studientechniken in der Studentenberatung – eine Einführung in akademisches Geheimwissen.

In der Beratungsarbeit mit Studierenden, die Identifikationsprobleme mit ihrem Fach, Unschlüssigkeit in bezug auf Hausarbeiten und die Examensarbeit oder Ängste bzw. fast panische Reaktionen vor dem häuslichen Schreibtisch zum Ausdruck bringen, erweist sich häufig beim detaillierten Durchsprechen des Problems, daß die Arbeit am Schreibtisch mit einer Mischung aus Selbstverständlichkeit (wir alle wissen schließlich, wie so etwas vor sich geht) und Unschärfe wahrgenommen wird. Das Problem wird z.B. beschrieben als: »Ich mühe mich unglaublich lange ab mit einem Text, und ich komme einfach nicht weiter.« – Aber wie lange der Betreffende sich an wievielen Textseiten abgemüht hat, was genau er unternommen hat, um weiterzukommen, und für sich selbst kontrollierbar zu machen, was er geschafft hat; das alles ist genauso wenig rekonstruierbar wie ihm Vorstellungen darüber zu entlocken sind, was an Leistungen denn realistischerweise erwartet werden kann.

In solchen Situationen greife ich häufig zum Mittel des Arbeitsprotokolls, indem ich den Studenten bitte, über eine Woche hinweg zeitlich präzise den eigenen Tagesablauf zu protokollieren. Der Hinweis, daß es um äußere Abläufe geht (was habe ich getan, was hat mich beschäftigt) und nicht um Vorhaben und daß die morgendliche Dusche, das Treppeputzen, der Arztbesuch und der Schwatz in der Cafete auch Tätigkeiten sind, die festgehalten werden sollen, löst häufig Erstaunen aus, führt dann aber eine Woche später zu brauchbaren Grundlagen für die weitere Klärung der Situation.

In der Auswertung solcher Protokolle wird dann bereits oft ein Teil des Problems der Betreffenden sichtbar:

Sie haben ein unrealistisches Bild von dem, was sie tun. Im Selbstbild werden nur Schreibtischarbeit, Sport und soziale Aktivitäten als Tätigkeiten gewertet, die Zeit kosten können. Sämtliche reproduktiven Tätigkeiten (Einkaufen, Arztbesuche, Mahlzeiten), die notwendigen Wege und Organisatorisches, das mit dem Studium zusammenhängt (z.B. Bücherausleihen), zählen einfach nicht im inneren Zeitbudget mit. Gelegentlich werden selbst Lehrveranstaltungen nicht als Arbeit gezählt. Auf einem solchen Hintergrund kann schnell das Gefühl entstehen, zuviel herumzutrödeln und nicht genug zu arbeiten.

In der Regel arbeiten diese Studenten nicht zu wenig, sondern zuviel (wenn man unter »arbeiten« versteht: »Zeit am Schreibtisch verbringen«). Die in anderen Tätigkeiten erbrachte Anstrengung wird beim eigenen Leistungsanspruch nicht berücksichtigt. Pausen werden kaum zugebilligt (da die eigene Ermüdung unverständlich bleibt), und vier bis fünf Stunden individueller Schreibtischarbeit werden in Zeiten, in denen z. B. ein Referat ansteht, für zu wenig gehalten, obwohl sie für jemanden, der darin nicht geübt ist, eindeutig zuviel sind.

In den Arbeitsprotokollen kommen selten Mißerfolge vor, im Sinne von »Ich bin nicht weitergekommen, habe die Arbeit an diesem Passus aufgegeben, erst einmal etwas anderes getan.« Statt dessen erscheinen Müdigkeit, Tagträumereien oder Phasen, von denen im nachhinein nicht mehr festgestellt werden kann, was eigentlich geschehen ist. Deutlich wird dann im Gespräch darüber: Die Studenten haben die Vorstellung, arbeiten heiße problemlos voranschreiten. Grenzerfahrungen, Steckenbleiben, erst einmal Sackenlassen-Müssen des Erarbeiteten sind einfach nicht vorgesehen. Techniken und Erfahrungen, wie mit so etwas umzugehen sei, liegen nicht vor. Daß auch Denken, Verstehen und Formulieren Prozesse sind, die mit Krisen voranschreiten, ist oft nicht bekannt/bewußt. Statt dessen werden Krisenerfahrungen als Unfähigkeitssymptome gewertet und entsprechend geleugnet oder durch depressives Grübeln »bearbeitet«
(Großmaß, 1994, S.13 f.)

Eine solche Beschreibung enthält (neben der Beschreibung von Beratungsmethoden) Informationen über unangemessene Vorstellungen, die bei Studierenden darüber zu finden sind, wie erfolgreiche Schreibtischtätigkeit abläuft; und sie gibt Aufschluß über die Probleme, die sich aus einer unangemessenen Haltung zur Arbeit ergeben können. Sie enthält jedoch auch Informationen darüber, wie im universitären Feld mit dieser Seite des akademischen Habitus umgegangen wird, wieviel Erfolgsdruck vorhanden ist und wie wenig über Schwierigkeiten bei der Arbeit kommuniziert wird. Sie läßt sich mühelos mit der (unter 3.4.1 beschriebenen) scholastischen Form der Arbeit in Beziehung setzen, und sie stimmt überein mit Beschreibungen des akademischen Arbeitens, die sich im universitären Feld selbst als anschlußfähig erwiesen haben (wie die inzwischen in fünfter Auflage erschienene Anleitung zum wissenschaftlichen Schreiben von Otto Kruse, s. Kruse, 1997).

◆ An einer Semantik des Feldes zu arbeiten heißt, solche Arbeitserfahrungen zu formulieren und (unter Einbeziehung der über das Feld zur Verfügung stehenden Informationen, Daten und wissenschaftlichen Untersuchungen) systematisch für eine Beschreibung des Feldes auszuwerten.

Ob solche Beschreibungen sich dann als anschlußfähig erweisen, im politischen Feld oder (für den hier untersuchten Fall) im akademischen Feld, ist (wie bei jeder Kommunikation, insbesondere aber bei Beratungskommunikation) offen. Anschlußmöglichkeiten für solche Beschreibungen zu erproben und in unterschiedlichen Kontexten immer wieder herauszufordern, gehört (s. 4.2.1) zum professionellen Agieren eines Beratungssystems.

4.2.3 An einer Semantik der Gefühle arbeiten

Auch die zweite Ebene, auf der die Beratung kulturelle Effekte hat – die Semantik des Psychischen bzw. die Semantik der Gefühle – läßt sich im Interesse der Professionalität von Beratungsarbeit systematisieren und ausbauen. Die Schwierigkeiten hierbei liegen – anders als bei der Semantik des Feldes – weniger darin, daß die Arbeitskapazität von Beratungseinrichtungen ein solches Unterfangen aussichtslos erscheinen läßt. Denn die dazu erforderliche Analyse des psychischen Systems muß nicht für jedes Feld von Beratung neu erstellt werden. Man kann sich vielmehr in verschiedenen Feldern auf dieselbe Beschreibung (s. 2.1.1.2 und 2.2.1) beziehen. Auch die in der systemtheoretischen Explikation von mir verwendeten Beispiele (das grußlose Zusammentreffen mit einem Kollegen etwa oder die systemtheoretische Analyse des Beratungsgesprächs aus 1.1.1) lassen sich problemlos in andere Bereiche von Beratung übertragen.

Schwieriger scheint es zu sein, den Mitteilungen einer Beratungsstelle zur psychischen Seite von Kommunikation und Kommunikationsstörungen in den jeweiligen Diskursen überhaupt Resonanz zu verschaffen. Zur Verdeutlichung möchte ich auch hier auf ein Beispiel aus meiner eigenen Arbeit zurückkommen:

1995 entstand in der Universität Bielefeld eine heftige und in mancher Hinsicht heikle Debatte über sexuelle Übergriffe auf Studentinnen. Ob und in welchem Umfang es so etwas überhaupt gibt, wurde diskutiert, welche Maßnahmen zu ergreifen seien und wieweit die Verantwortung der Universität für ihre Mitglieder reicht. In diesem Zusammenhang organisierte die Gleichstellungskommission der Universität eine Vortragsreihe, in der auch die Perspektive der Beratungsstelle präsent sein sollte. Wie ist eine solche Aufgabe aus der Perspektive psychosozialer Beratung zu lösen? – Will man nicht die (oben kritisierte) Form des Expertendiskurses benutzen, dann läßt sich über Beratungserfahrungen am besten in der konkreten Form von kommentierten Fallbeispielen sprechen. Dies in einer Weise zu tun, die an der Realität bleibt und zugleich die Persönlichkeitssphäre der Betroffenen schützt (also Anonymität gewährleistet), ist gerade dann nicht so einfach, wenn die Darstellung nicht vor Fachpublikum, sondern im Feld selbst erfolgt. Falldarstellungen in der relevanten Öffentlichkeit des Feldes so zu präsentieren, daß sie verdeutlichen, um was es geht, und nicht zu spektakulären Einzelfällen werden, macht zusätzliche Einordnungen erforderlich. Ich habe bei meinem Beitrag versucht, diesen Schwierigkeiten mit folgender Einleitung gerecht zu werden:

Sexuelle Übergriffe haben Auswirkungen auf die Betroffenen – nachhaltige Auswirkungen, sowohl für das emotionale Erleben als auch auf das Arbeitsverhalten und den sozialen Umgang mit anderen. Soviel ist inzwischen unbestritten. Welcher Art diese Auswirkungen sind, ob und wieweit sie in den Verantwortungsbereich der Hochschule fallen, das ist – nimmt man die bisherigen Debatten zum Maßstab – weniger klar. Die Zentrale Studentenberatung dieser Universität ist bei der Beratung studierender Frauen in den unterschiedlichsten Problembereichen immer wieder auch mit den Auswirkungen sexueller Übergriffe befaßt. Wir Beraterinnen gewinnen hierdurch Einblick in die Art und Weise, in der junge Frauen Erfahrungen sexueller Gewalt verarbeiten. Wir sehen, was es sie kostet und wie häufig sie damit auch scheitern. Aus dieser Beratungsarbeit möchte ich heute berichten – damit die damit verknüpften Einsichten auch der öffentlichen Diskussion zur Verfügung stehen. Zuvor jedoch sind einige Überlegungen zum öffentlichen Sprechen über sexuelle Übergriffe erforderlich. Denn auch die Form des darüber Redens bedarf meinem Eindruck nach der Verständigung, da es um ein schwieriges Thema geht, schwierig insofern als es ins Intime reicht und die je eigenen Ängste und Versuchungen berührt. In solchen Fällen behilft sich der öffentliche Diskurs, sobald Verschweigen und Tabuisieren nicht mehr tragen und über sexuelle Grenzverletzungen gesprochen werden muß, mit Schutzmechanismen des Begrenzens und des Ausgrenzens. So verständlich eine solche Reaktion ist, so wenig ist sie der Sache dienlich. Deshalb wird bei mir als erstes vom Umgang mit solchen Schutzmechanismen die Rede sein:

Schutz durch Ausgrenzung: Das Opfer, der Täter und das sprechende Subjekt.
Über die Folgen sexueller Übergriffe auf Frauen zu sprechen, bedeutet häufig, zwischen zwei Extremen herumzulavieren: Da gibt es die Sensationsgier auf die dramatischen Einzelfälle, das aufgeregt-erschreckte »Hast du schon gehört?...«, die den detektivischen Impuls freisetzen, den Täter dingfest zu machen. Das andere Extrem ist das Jonglieren mit anonymen Zahlen, mit Hochrechnungen, Dunkelziffern und Prozentsätzen, durch das sich beides, sowohl die Übergriffe als auch ihre als »Störungen« beschriebenen Folgen, in die Normalität des Statistischen verflüchtigen. Beide Extreme sind für den Umgang mit dem alltäglichen Phänomen der sexuellen Grenzverletzung aus demselben Grund unproduktiv, aus dem sie das Sprechen noch verhältnismäßig leicht fallen lassen: sie nehmen die jeweils Sprechenden vom Problem aus. Beide Formen erlauben es den sprechenden Subjekten, sich und ihre persönliche Alltagserfahrung auszuklammern und an die Stelle der Auseinandersetzung mit Macht, Sexualität und der in der Verknüpfung beider stattfindenden Demütigung von Frauen ein Reden über andere Personen und deren Täter- oder Opfersein zu setzen.
Ein solches Ausklammern der eigenen Person aus dem Thema findet z. B. statt, wenn einflußreiche Personen dieser Universität – nicht zufällig Männer – die Auseinandersetzung über sexuelle Übergriffe so strukturieren, daß nur über straf- und disziplinarrechtlich relevante Taten geredet werden kann. In einem solchen an der Rechtsprechung orientierten Diskurs gilt dann (zu recht!) die Unschuldsvermutung: Täter müssen überführt werden, und alle nicht als Täter überführte Personen werden entschuldet, gerade dadurch daß ein Täter benannt wird. Man nimmt sich jedoch auch dann aus dem Diskurs aus, wenn in Stellvertretung von Opfern mit Zahlen operiert wird und die Folgen von sexueller Gewalt in Form von Krankheitsraten und psychischen Störungen thematisiert werden – nicht zufällig sind die so Sprechenden Frauen. Hierbei produziert der Augenschein der Situation diesen Ef-

fekt: Es wird von Ohnmacht, Persönlichkeitsstörungen, Sprachlosigkeit und Krankheit berichtet. Die jeweils Sprechenden sind leibhaftige Gegenbilder: gesunde, eloquente und durchsetzungsfähige Personen. Sie sind die Starken, die sich der Opfer annehmen, sie können nicht gemeint sein.

So wird in der öffentlichen Debatte meist über sexuelle Übergriffe als etwas gesprochen, das jeweils nur andere wirklich betrifft. Das betroffene Subjekt wird ausgegrenzt und durch denselben Akt – man könnte fast sagen im selben Atemzug – wird der/die Sprechende als verantwortlich handelndes Subjekt gesetzt, das sich solcher Probleme annimmt. Eine solche Subjekt-Objekt-Positionierung mag für politische Gremien unvermeidlich sein. Für eine sachlich angemessene Auseinandersetzung mit sexuellen Grenzverletzungen im sozialen Raum Hochschule ist sie im doppelten Sinne unproduktiv. Unproduktiv erstens weil man so vielleicht gerade noch zu defensiven Einzelmaßnahmen kommt (wie der Einrichtung von Frauenparkplätzen und Selbstverteidigungskursen), nicht aber zu einem grundlegend anderen Umgang mit Macht, Erotik und Geschlecht, worum es auch und vielleicht vor allem ginge. Unproduktiv zum anderen aber auch, weil in einem solchen Sprechen Opfer und Täter sexueller Übergriffe wiederum nicht als Subjekte präsent sind. Dadurch verstärkt die öffentliche Redepraxis das, was im sexuellen Übergriff auf Frauen ohnehin geschieht, den Angriff auf den Subjektstatus der Frau einerseits und die Ausgrenzung des Übergriffs aus dem männlichen Subjekt andererseits.

Wir sind mitten im Thema!

Ich will im folgenden über dieses Thema so zu sprechen versuchen, daß nachvollziehbar bleibt, was das alles mit dem Alltag in der Universität und mit uns als darüber sprechende Personen zu tun hat. D. h. ich werde nicht von Zahlen, Opfern und Ereignissen sprechen, sondern von Erfahrungen. Es wird um Geschichten von Personen und Arbeitsprozessen gehen, um Erlebnisse und Konflikte, um den oft mühseligen Prozeß, in dem sich Subjekte in der Universität zu orientieren und das dort Erlebte in ihre Person zu integrieren versuchen. ...

(Großmaß, 1996, S. 13 f.)

Auf dem Hintergrund dieses Einordnung wurden in dem Vortrag dann drei – verfremdete – Fallbeispiele erzählt und interpretiert. Eins davon sei hier wiedergegeben:

Es geht um Petra, eine Studentin der Geschichtswissenschaften, aus deren längeren Einzelberatung ich im folgenden einige Ausschnitte beschreibe.

Petra nimmt telefonisch mit der Beratungsstelle Kontakt auf. Ihre Hausärztin habe ihr empfohlen, sich an uns zu wenden. Sie könne nicht mehr in die Universität gehen. Einen Gesprächstermin mit Petra zu vereinbaren, ist schwierig, da sie dafür das Universitätsgebäude betreten muß. Ich beschreibe, wie sie in die Beratungsstelle kommen kann, ohne durch die Halle gehen zu müssen, und verabrede einen Termin nach 17.00 Uhr (wenn es leerer ist). Darauf kann sie sich einlassen.

In unserem ersten Gespräch ergibt sich folgender Hintergrund für ihre Schwierigkeiten: Petra hat vor sechs Jahren als interessierte Anfängerin ihr Geschichtsstudium begonnen und war nach anfänglichen Schwierigkeiten mit der als eher unverbindlich empfundenen akademischen Arbeitsform recht erfolgreich. Das Grundstudium hat sie zügig hinter sich gebracht; und im Hauptstudium hat sie sich dann im Schwerpunkt »Geschlechtergeschichte« engagiert. Nebenher arbeitete sie als Hilfskraft in einem der Sonderforschungsbereiche. Petras Schwierigkeiten begannen, so ihre eigene Beschreibung, als sie anfing, sich mit einem möglichen Thema für die Magisterarbeit zu beschäftigen. Sie war unsicher, ob sie ihren Interessen folgen oder sich in ein »neutraleres« Thema einarbeiten sollte. Freunde rieten ihr zur zweiten Lösung (um ihre späteren beruflichen Möglichkeiten nicht einzuschränken). Gleichzeitig fühlte sie sich unter Druck, zügig anzufangen, da ihre finanziellen Mittel begrenzt waren. »Irgendwie kam so eine Phase«, erzählt Petra, »da klappte nichts mehr so richtig. Ich wurde krank, mein Computer ging kaputt, meine Beziehung wurde schwierig. Ich habe mich halt immer mehr aus der Uni zurückgezogen. Irgendwann habe ich dann gemerkt, so geht das nicht weiter. Ich habe mich dann gezwungen, wieder in die Uni zu gehen. Und dann hatte ich diese Angstanfälle. Das ist nicht immer gleich. Mal geht es ganz gut, dann vergesse ich, daran zu denken und kann in der Bibliothek arbeiten. Aber manchmal überfällt es mich schon auf dem Weg. Allein die Vorstellung, durch die Halle zu gehen, löst Panik aus, Herzklopfen, weiche Knie. Dann geh' ich wieder nach Hause und fühl mich ganz schrecklich. In so einer Situation bin ich dann neulich zu meiner Ärztin gegangen.«

An dieses Erstgespräch schließt sich eine längere Sequenz von Gesprächen an. Wir klären ihre Arbeitsbedingungen, verabreden kleine Schritte, in denen sich Petra wieder mehr in den Uni-Alltag einklinkt. Wir besprechen Arbeitspläne und finden Möglichkeiten, wie sie sich durch ihre Angst weniger einschränken lassen kann. Petra fängt an, Sport zu machen (um insgesamt kräftiger zu werden) und lernt eine Entspannungstechnik. Ein Paargespräch findet statt, in dem die wechselseitigen Ansprüche und gegenseitige Unterstützungsmöglichkeiten geklärt werden. Allmählich geht es Petra insgesamt besser. Sie fühlt sich wohler, beginnt an einer Magisterarbeit zu schreiben. Die Angstanfälle bleiben.

Wir beschäftigen uns noch einmal mit den Panikanfällen selbst: Wann treten sie auf? Wo ist es am schlimmsten? Welche Visionen begleiten sie? Was ist bedrohlich? – Räumliches Zentrum ihrer Angst ist die zentrale Halle der Universität, so unser Ergebnis. Die für Petra schwierigste Tageszeit ist kurz vor Öffnung der Mensa. Bei unserem nächsten Termin bringt Petra ein Bild mit, das sie nach unserem Gespräch gemalt hat, »ganz spontan«. Zu sehen ist die Unihalle, voller Menschen. In der Mitte des Bildes eine einzelne Frau, um die herum sich ein menschenleerer Kreis befindet. Und von der Galerie herab: glotzende, körperlose Männerköpfe, die mit Blickpfeilen auf die Frau in der Mitte zielen. Wir sprechen über die Gefühle, die dieses Bild vermittelt: Ausgeliefertsein, Ohnmacht, Wehrlosigkeit, Bedrohung. Und eher beiläufig erzählt Petra, daß sie, als sie noch Hilfskraft war, eine zeitlang anonyme Anrufe erhalten hat, in denen eine Männerstimme sie zu Telefonsex aufforderte, ihr erzählte, wie aufregend es sei, sie durch die Halle gehen zu sehen, ihre

Kleidung beschrieb .... Petra war mehrfach panisch aus der Uni gerannt, hatte tagelang nicht ans Telefon gehen können. Schließlich war sie krank geworden. Nun, da sie davon spricht, ist Petra etwas verlegen. Sie ist der Meinung, mit so etwas müsse eine emanzipierte Frau fertig werden können. – »Wie oft ist schließlich schon hinter mir her gepfiffen worden, mit dreizehn, vierzehn fing das an.« – Daß es eine Verbindung zu ihren persönlichen Problemen geben könnte, darauf ist sie nicht gekommen. Sie hatte diese Erlebnisse auch längst vergessen, hatte gar nicht mehr daran gedacht.

Welche Erfahrungen über die psychischen Auswirkungen sexueller Übergriffe stecken in Petras Geschichte? Petra ist massiven sexuellen Belästigungen ausgesetzt, die irgendwie mit ihrem Gesehenwerden in der Uni-Halle, dem wichtigsten öffentlichen Ort der Hochschule, verknüpft sind. Diese Belästigungen mittels Telefon haben durchaus bedrohlichen Charakter. Der Mann kennt ihre Telefonnummer und kann durch Beschreibung ihrer Kleidung deutlich machen, daß er präsent ist, wenn sie durch die Halle geht. Petra muß sich bei jedem Weg durch die Halle seiner möglichen Präsenz bewußt sein, sich seinem sie entblößenden Blick ausgesetzt fühlen. Massivere Übergriffe sind möglich. Diese Bedrohung erfolgt zu einem Zeitpunkt, an dem Petra schwierige Entscheidungen treffen muß, die mit den Chancen, die sie sich in der Universität einräumt, zu tun haben. Sie ist verunsichert, leicht irritierbar. Und die massive Irritation, die sie erlebt, bezieht sich genau auf ihre Anwesenheit im öffentlichen akademischen Raum. Petras Reaktion heißt: Verlassen des Ortes, zunächst im unmittelbar räumlichen Sinne, dann in der – eher unbewußten – Verarbeitung dieser Erlebnisse auch psychisch und sozial. Dabei wird ihr paradoxerweise ihr eigener Anspruch an emanzipiertes Verhalten zur Falle. Sie verharmlost die bedrohlichen Erlebnisse im »Vergessen« und ist ihrer Angst dadurch »grundlos« ausgeliefert. Petra vermeidet den entblößenden Blick des obszönen Anrufers und ist damit aus der akademischen Öffentlichkeit verbannt.

Und was, so läßt sich fragen, hätte Petra dabei helfen können, weniger kostenintensiv für ihre eigene Person mit der Übergriffserfahrung umzugehen? Drei Punkte fallen mir ein, wenn ich in dieser Richtung nachdenke: – eine Hochschulöffentlichkeit, die sexuelle Übergriffe nicht leugnet, sondern auch im alltäglichen Umgang zum Thema werden läßt – die selbstverständliche Klarheit, daß wenn Petra über ihre Erfahrungen spricht, der Anrufer Probleme bekommt und nicht etwa sie selbst – Unterstützung darin, daß Emanzipiertsein nicht heißt, alles aushalten zu müssen und niemals Hilfe zu brauchen. Für alle drei Punkte ließe sich etwas tun, von der Hochschulleitung, durch die Lehrenden, in der Alltagskommunikation der Studierenden.

(Großmaß, 1996, S. 16–18)

◆ In dieser Fallbeschreibung wird der Versuch gemacht, soziale Erfahrungen und die damit verbundenen Gefühle aus der Subjektposition wiederzugeben und so zu beschreiben, daß sie für die Zuhörenden nachvollziehbar und verständlich werden. Zum Thema wird auf diese Weise die Erfahrung psychischer Krisen, zum Thema werden nicht »psychische Störungen« oder Pathologien des individuellen psychischen Systems. Psychische Krisen in dieser Form thematisieren zu können, ist nicht eine Frage des Stils (obwohl es auch sprachlich-stilistischer Entscheidungen bedarf). Ein solches Reden über psychische Krisen wird vielmehr dadurch möglich, daß die verstehende Kommunikation des Beratungsprozesses beschreibend nachvollzogen wird – eine beratungsspezifische Semantik entsteht.

So über die eigenen Arbeitserfahrungen zu reden, ist nicht sehr leicht – werden doch psychische Prozesse beschrieben, für die sich auch die Beraterin im nachvollziehenden Gespräch die Erlebnisperspektive angeeignet hat und die deshalb emotional »nah« sind. Zudem wurde hier eine Ebene der Formulierung gewählt, die in dem Diskurs, für den dieser Text entstanden ist, völlig neu war; die Anschlußfähigkeit war also (mehr noch als sonst) ungesichert.

Dennoch ist es wichtig, solche Versuche zu machen; denn für das individuelle Erleben und Verarbeiten von irritierenden sozialen Erfahrungen gibt es ansonsten kaum ausgearbeitete kulturelle Modelle, an die die Akteure im Feld für ihre Selbstbeschreibung anschließen könnten, ohne in die Position des Defizitären bzw. – in der Sprache Bourdieus ausgedrückt – des »Verlierers« zu geraten. Psychosoziale Beratung dagegen produziert in ihrer professionellen Kommunikation Ansatzpunkte für eine beschreibende Semantik psychischer Prozesse, in der auch Krisen kommunizierbare Erfahrungen des Bewußtseins sind. Diese Ansatzpunkte lassen sich ausbauen und den Akteuren im Feld zur Verfügung stellen. Daß es solche »Neben«effekte von Beratung gibt, hängt unmittelbar damit zusammen, wie sich dieses soziale System aus seiner Umwelt ausgrenzt: Beratung produziert nicht Defizitausgleich, sondern Anschlußfähigkeit; sie pathologisiert nicht, sondern sie orientiert.

Verzeichnis der verwendeten (mit* versehenen) Abkürzungen:

ASTA   Allgemeiner Studentenausschuß, Vertretung der Studierenden einer Hochschule

B.A.   Bachelor of Arts, akademischer Titel im angelsächsischen Universitätssystem, z.Zt. unter dem Gesichtspunkt der Internationalisierung des Studiums in der deutschen Diskussion.

BMfJS   Bundesministerium für Jugend und Soziales

BRD   Bundesrepublik Deutschland, die Abkürzung wird im Text zur Bezeichnung der Bundesrepublik vor 1990 verwendet

DGVT   Deutsche Gesellschaft für Verhaltenstherapie, Verband der Verhaltenstherapeuten in Deutschland, bietet Zusatzausbildungen an und beteiligt sich aktiv an gesundheitspolitischen Diskussionen.

Fachschaft   Vertretung der Studierenden auf Fakultätsebene

HIS   Hochschul-Informations-System GmbH, zentrales Institut für Hochschulforschung, vom »Bundesministerium für Bildung, Wissenschaft, Forschung und Technologie« gefördert

HRG   Hochschulrahmengesetz, gesetzlicher Rahmen für die Hochschulgesetze der Länder

mcd   minimale cerebrale Dysfunktion, ein Syndrom das aus mehreren, relativ kleinen Auffälligkeiten im Verhalten und/oder im kognitiven Bereich besteht, die nicht unmittelbar einem (anderen) Krankheitsbild zugeordnet werden können.

MfWF   Ministerium für Wissenschaft und Forschung in NRW, bis Anfang 1998 für die Universitäten des Landes zuständig.

NC   Numerus clausus, die gängige Bezeichnung für Zulassungsbeschränkungen im Hochschulbereich

NRW   das Bundesland Nordrhein-Westfalen, Bezugsgrundlage der Analyse des universitären Feldes

PBS   Psychotherapeutische Beratungsstelle, die Beratungsstellen an Universitäten bzw. Universitätsstandorten, die, meist in Trägerschaft der Studentenwerke, psychotherapeutische Arbeit mit Studierenden leisten.

Pro Familia   Deutsche Gesellschaft für Familienplanung, Sexualpädagogik und Sexualberatung

PSAG   Psychosoziale Arbeitsgemeinschaft, kommunaler Zusammenschluß von Einrichtungen und Diensten der psychosozialen Versorgung

ZSB   Zentrale Studienberatung

ZSB Bielefeld Zentrale Studentenberatung der Universität Bielefeld

ZVS   Zentralstelle für die Vergabe von Studienplätzen, Dortmund

Literatur

A

ARGE (=Arbeitsgemeinschaft der Studentenberater) (1989). *Rundbrief. O.O.*
ARGE (1996). *Herbst-Tagung 1995, 6.–9. September in Osnabrück.* Osnabrück.
Ashley Reuchkowski, B. & Ashley, D. (1986). Sexualität und Gewalt: Der pornographische Körper als Waffe gegen Erotik und Nähe. *Psychologie und Gesellschaftskritik* (»Frauen und Psychologie II«), 38, 7–36.

B

Baacke, D. (1993). Biographie: Soziale Handlung, Textstruktur und Geschichten über Identität. In D. Baacke & T. Schulze (Hrsg.), *Aus Geschichten Lernen* (S. 41–84). Weinheim/München.
Baacke, D. (1997). *Medienpädagogik.* Tübingen.
Bäuerle, D., König, H. & Pedina, H. (1979). *Praxis der Drogenberatung.* Stuttgart.
Bäuerle, W. (1969). *Der Begriff Beratung in der Jugendhilfe.* Hamburg.
Bauman, Z. (1997). *Flaneure, Spieler und Touristen. Essays zur postmodernen Lebensform.* Hamburg.
Beck, M. (1991). Beratung als multiprofessionelles und kooperatives Handeln. In M. Beck, G. Brückner & H.-U. Thiel (Hrsg.), *Psychosoziale Beratung* (S. 35–44). Tübingen.
Beck, M., Brückner, G. & Thiel, H.-U. (Hrsg.). (1991). *Psychosoziale Beratung – Klient/inn/en – Helfer/innen – Institutionen.* Tübingen.
Beck, U. (1986). *Risikogesellschaft – Auf dem Weg in eine andere Moderne.* Frankfurt.
Beck, U., Vossenkuhl, W. & Ziegler, U. E. (1995). *eigenes Leben. Ausflüge in die unbekannte Gesellschaft, in der wir leben.* München.
Beratungsführer (1994). Hrsg. von der Deutschen Arbeitsgemeinschaft für Jugend und Eheberatung e.V. (Im Auftrag des BMf.FS). 2 Bände. München.
Bourdieu, P. (1982). *Die feinen Unterschiede.* Frankfurt.
Bourdieu, P. (1985). Vernunft ist eine historische Errungenschaft, wie die Sozialversicherung. Bernd Schwibs im Gespräch mit Pierre Bourdieu. *Lebensform und Lebensstil. Neue Sammlung, 3, 85,* 376 – 394.
Bourdieu, P. (1988). *Homo Academicus.* Frankfurt.
Bourdieu, P. (1992). *Die verborgenen Mechanismen der Macht.* Hamburg.
Bourdieu, P. (1994). *Raisons Pratiques. Sur la théorie de l'action.* Paris.

Bourdieu, P. (1996). *Sur la télévision*. Paris.

Bourdieu, P. (1997a). Die männliche Herrschaft. In I. Dölling & B. Krais (Hrsg), *Ein alltägliches Spiel. Geschlechterkonstruktion in der sozialen Praxis* (S. 153–217). Frankfurt.

Bourdieu, P. (1997b). *Méditations pascaliennes*. Paris.

Bourdieu, P. (1998a). *Praktische Vernunft*. (=deutsche Übersetzung von Bourdieu 1994) Frankfurt.

Bourdieu, P. (1998b). *Vom Gebrauch der Wissenschaft. Für eine klinische Soziologie des wissenschaftlichen Feldes*. Konstanz.

Bourdieu, P. & Wacquant, L.J.D. (1996). *Reflexive Anthropologie*. Frankfurt.

Bourdieu, P. et al. (1997). *Das Elend der Welt. Zeugnisse und Diagnosen alltäglichen Leidens an der Gesellschaft*. Konstanz.

Bock, T. & Weigand, H. (Hrsg.)(1991) *Hand-werks-buch Psychiatrie*. Bonn.

Braun, C. v. (1985). *Nicht-Ich. Logik, Lüge, Libido*. Frankfurt.

Brecht, K., Friedrich, V., Hermanns, L.M., Kaminer, I.J. & Juelich, D.H. (1985). (Hrsg.). *»Hier geht das Leben auf eine sehr merkwürdige Weise weiter...« – Zur Geschichte der Psychoanalyse in Deutschland*. Hamburg.

Brückner, M. (1996). Sozialmanagement – Der neue Blick auf soziale Arbeit. In M. Brückner (Hrsg.), *Frauen und Sozialmanagement* (S. 7–46). Freiburg.

Brunner, E.J. (1997). Der Synergetische Effekt in der Beratung. In F. Nestmann (Hrsg.), *Beratung. Bausteine für eine interdisziplinäre Wissenschaft und Praxis* (S. 91–98). Tübingen.

Brunner, E.J. & Schönig, W. (1990). (Hrsg.). *Theorie und Praxis von Beratung. Pädagogische und psychologische Konzepte*. Freiburg.

Burke, P. (1990). Das College in Oxbridge – ein Männerbund? In G. Volger & K. v. Welck (Hrsg.), *Männerbande, Männerbünde* (S. 65–70). 2 Bde. Köln.

Bußmann, H. & Lange, K. (1996). *Peinlich berührt. Sexuelle Belästigung von Frauen an Hochschulen*. München.

Butler, J. (1991). *Das Unbehagen der Geschlechter*. Frankfurt.

C

Castro Varela, del Mar M., Schulz, S., Vogelmann, S. & Weiß, A. (1998). *Suchbewegungen. Interkulturelle Beratung und Therapie*. Tübingen.

Chur, D. (1997). Beratung und Kontext – Überlegungen zu einem handlungsanleitenden Modell. In F. Nestmann (Hrsg.), *Beratung. Bausteine für eine interdisziplinäre Wissenschaft und Praxis* (S. 39–70). Tübingen.

Connel, R.W. (1995). *»The Big Picture«. Formen der Männlichkeit in der neueren Weltgeschichte*. *Widersprüche, 56/57*, 23–45.

D

Daxner, M. (1996). *Aktuelle Probleme des Hochschulsystems – zur sozialen Situation der Studierenden, zu Hochschulzulassung und Hochschulzugang.* (Einleitungsvortrag der Herbsttagung 1995, ARGE Studentenberatung, 6.9.–9.1995 in Osnabrück). In ARGE 1996, S. 1–10.

Döhler, M. (1997). *Die Regulierung von Professionsgrenzen. Struktur und Entwicklungsdynamik von Gesundheitsberufen im internationalen Vergleich.* Frankfurt.

Dörner, K. (1967). *Die Hochschulpsychiatrie.* Stuttgart.

Deutsches Studentenwerk e.V. (1978). (Hrsg.) *Psychotherapeutische Beratungsstellen für Studenten – Eine Bestandsaufnahme.* Bonn.

E

Elias, N. (1939). *Über den Prozeß der Zivilisation. Soziogenetische und psychogenetische Untersuchungen.* 2 Bde. Basel.

Engel, F. (1997). Dacapo – oder moderne Beratung im Themenpark der Postmoderne. In F. Nestmann (Hrsg.), *Beratung. Bausteine für eine interdisziplinäre Wissenschaft und Praxis* (S. 179–216). Tübingen.

Engel, F. & Nestmann, F. (1995). Beratung: Lebenswelt, Netzwerk und Institutionen. In H.H. Krüger & T. Rauschenbach (Hrsg.), *Einführung in die Arbeitsfelder der Erziehungswissenschaft* (S. 177–188). Opladen.

Erikson, E.H. (1966). *Identität und Lebenszyklus.* Frankfurt.

Ertmann, D. & Kurth, M. (1996). Im Dienste der Studierenden. In *Deutsche Universitätszeitung,* 17, 12–13.

F

Feministische Studien. Heft 2/ 1993. »Kritik der Kategorie ›Geschlecht‹«. Weinheim

Fiedler, P. (1988). Existentielle Krisen und Krisenintervention. In G. Hörmann & F. Nestmann (Hrsg.), *Handbuch der pschosozialen Intervention* (S. 114–127), Opladen.

Figge, P., Kaiphas, W., Knigge-Illner, H. & Rott, G. (1995). *Psychologische Studienberatung an deutschen Hochschulen. Eine empirische Studie zu Kontext, institutionellen Bedingungen und Aufgaben.* München.

Flax, J. (1990). *Thinking Fragments. Psychoanalysis, Feminism, & Postmodernism in the Contemporary West.* Berkeley.

Fox-Keller, E. (1986). *Liebe, Macht und Erkenntnis.* München.

Frank, A. (1990). *Hochschulsozialisation und akademischer Habitus.* Weinheim.

Frese, J. (1983). Dialektik der Gruppe. In *Gruppendynamik im Bildungsbereich,* Jg. 9, 3/4, 5–33.

Frommann, A. (1990). Was geschieht eigentlich in Beratungen? In E.J. Brunner & W. Schönig (Hrsg.), *Theorie und Praxis von Beratung* (S. 28–40). Freiburg.

Fürstenau, P. (1979). *Zur Theorie psychoanalytischer Praxis.* Stuttgart.

G

Gelso, C.J. & Fretz, B.R. (1992). *Counseling Psychology.* Forth Worth.

Gemeinsame Kommission für die Studienreform im Land Nordrhein-Westfalen (1996). (Hrsg.): *Perspektiven: Studium zwischen Schule und Beruf.* Darmstadt.

Gerstenmaier, J. & Nestmann, F. (1982). *Praxis psychosozialer Berater: Ergebnisse einer Befragung psychosozialer Berater.* Universität Bielefeld.

Giese, D. & Melzer, G. (1994). *Die Beratung in der sozialen Arbeit.* Frankfurt.

Gilcher-Holthey, I. (1995). *Die Phantasie an die Macht. Mai 68 in Frankreich.* Frankfurt.

Glaser, B.G. & Strauss, A.L. (1979). *The discovery of grounded theory. Stragegy for qualitative research.* New York.

Grewe, N. (1990). (Hrsg.). *Beratungslehrer – eine neue Rolle im System.* Neuwied.

Großmaß, R. (1981). Arbeit mit Frauengruppen in der Studentenberatung. In *Gruppendynamik im Bildungsbereich*, Jg. 8, 2/3, 57–80.

Großmaß, R. (1984). Zur psychosozialen Situation von Frauen an der Hochschule. In *Memorandum II des Arbeitskreises der Wissenschaftlerinnen von NRW »Privilegiert – und doch diskriminiert«* (S. 36–48). Dortmund.

Großmaß, R. (1986). Feminismus und Therapie. In *beiträge zur feministischen theorie und praxis, »Neue Heimat Therapie«, 17, 7–23*

Großmaß, R. (1991). Frauen in der psychosozialen Beratung: Die Seite der Helferinnen. In F. Nestmann & C. Schmerl (Hrsg.), *Frauen – das hilfreiche Geschlecht* (S. 45–58). Hamburg.

Großmaß, R. (1994). Studientechniken in der Studentenberatung – eine Einführung in akademisches Geheimwissen. In *ZSB-Jahresbericht 1993* (S. 12–18). Bielefeld.

Großmaß, R. (1996). Psychische Folgen sexueller Übergriffe auf Studentinnen. In *ZSB-Jahresbericht 1995* (S. 13–24). Bielefeld.

Großmaß, R. (1997). Paradoxien und Möglichkeiten psychosozialer Beratung. In F. Nestmann (Hrsg.), *Beratung. Bausteine für eine interdisziplinäre Wissenschaft und Praxis* (S. 111–136). Tübingen.

Großmaß, R. (1999). Sind Gefühle funktional? In M. Bauschulte, V. Krech & H. Landweer (Hrsg.), *»Wege – Bilder – Spiele«. Festschrift zum 60. Geburtstag von Jürgen Frese* (S. 157–168). Bielefeld.

Großmaß, R. & Schmerl, C. (1996). *Leitbilder, Vexierbilder und Bildstörungen.* Frankfurt.

H

Hagemann-White, C. (1995). Feministische Wissenschaft und feministische Herrschaft. Zum Problem der Familialisierung von Macht. In I. Modelmog & U. Gräßer (Hrsg.), *Konkurrenz & Kooperation. Frauen im Zwiespalt* (S. 13–26). Münster.

Hage, N. el & Böhmter, D. (1998). *»Wie war Ihr Name gleich noch 'mal?« – Probleme und Lösungsansätze bei der Beratung von Studierenden.* MSWWF 7. Düsseldorf.

Hasenjürgen, B. (1996). *Soziale Macht im Wissenschaftssystem. SozialwissenschaftlerInnen und Frauenforscherinnen an der Hochschule.* Münster.

Heintz, S. & Staudinger, S. (1996). *Ein anderer Blick in die Universität. Lesebuch für Studentinnen und solche, die es werden wollen.* Regensburg.

Heller, K. (1975). (Hrsg.). *Handbuch der Bildungsberatung.* Stuttgart.

HIS-Kurzinformation (1992, 1996, 1997, 1998), herausgegeben vom Hochschulinformationssystem (HIS) Hannover, (erscheint unregelmäßig); zitiert wurden Daten aus den Heften: A 7/ 1992; A 8/1996; A 1/1997; A 5/1997; A 11/1997; A 18/1997; A 2/1998

HRK (= Hochschulrektorenkonferenz). (1994). *Die Studienberatung in den Hochschulen in der Bundesrepublik Deutschland.* Dokumente zur Hochschulreform 95. Bonn.

Hörmann, G. (1985). Beratung zwischen Fürsorge und Therapie. *Zeitschrift für Pädagogik, 31,* 6, 805–820.

I, J

Irigaray, L. (1980). *Speculum. Spiegel des anderen Geschlechts.* Frankfurt.

Jens, W. (1981). *Eine deutsche Universität. 500 Jahre Tübinger Gelehrtenrepublik.* München.

Jöhrens, I. & Rausch, I. (1975). Zur Situation der Studienberatung in der Bundesrepublik – Entwicklungen und Perspektiven. In K. Heller (Hrsg.), *Handbuch der Bildungsberatung* (S. 691 –704), Stuttgart.

K

Kaskos, G. (1978). *Familienfürsorge zwischen Beratung und Zwang.* München.

Keupp, H. (1985). Psychosoziales Elend an den Hochschulen als Handlungsfeld der Studentenberatung – Wahrnehmungs- und Handlungsmöglichkeiten über den »Klinischen Blick« hinaus hin zur Prävention. *Verhaltenstherapie und psychosoziale Praxis, 2,* 318–332.

Keupp, H. (1987). *Psychosoziale Praxis im gesellschaftlichen Umbruch.* Bonn.

Keupp, H. (1993). Die (Wieder-)Gewinnung von Handlungskompetenz: Empowerment in der psychosozialen Praxis. *Verhaltenstherapie und psychosoziale Praxis,* 25, 365–381.

Knigge-Illner, H. & Kruse, O. (1994). (Hrsg.). *Studieren mit Lust und Methode. Neue Gruppenkonzepte für Beratung und Lehre.* Weinheim.

Kozicki, N. (1993). »Ich wär an Ihrer Stelle zurückgetreten, Herr Biedenkopf« – Institutsbesetzung in Querenburg. In N. Kozicki (Hrsg.), *Aufbruch im Revier. 1968 und die Folgen* (S. 53–65), Essen.

Krüger, H.J., Maciejewski, F. & Steinmann, I. (1982). *Studentenprobleme. Psychosoziale und institutionelle Befunde.* Frankfurt.

Kruse, O. (1994). Zeitmanagement im Studium. In H. Knigge-Illner & O.Kruse (Hrsg.), *Studieren mit Lust und Methode. Neue Gruppenkonzepte für Beratung und Lehre* (S. 96–118). Weinheim.

Kruse, O. (1997). *Keine Angst vorm leeren Blatt. Ohne Schreibblockaden durchs Studium.* (fünfte Auflage). Frankfurt.

Kypke, I. & Voss, H. (1991). Feministische Beratung. In M. Beck, G. Brückner & H.-U. Thiel (Hrsg.), *Psychosoziale Beratung* (S. 70–81). Tübingen.

L

Liebau, E. & Huber, L. (1985). Die Kulturen der Fächer. *Neue Sammlung 3* »Lebensstil und Lernform«, 314–339.

Lewin, K. (1997). *Die Schnittstelle zwischen Schule und Studium aus der Sicht der Studienberechtigten und Studienanfänger.* HIS Kurzinformation A 18/97. Hannover.

Lorey, I. (1996). *Immer Ärger mit dem Subjekt. Theoretische und politische Konsequenzen eines juridischen Machtmodells: Judith Butler.* Tübingen.

Luhmann, N. (1982). *Liebe als Passion. Zur Codierung von Intimität.* Frankfurt.

Luhmann, N. (1984). *Soziale Systeme. Grundriß einer allgemeinen Theorie.* Frankfurt.

Luhmann, N. & Schorr, K.E. (1988). *Reflexionsprobleme im Erziehungssystem.* Frankfurt.

Luhmann, N. (1992). *Beobachtungen der Moderne.* Opladen.

Luhmann, N. (1992a). *Die Wissenschaft der Gesellschaft.* Frankfurt.

Luhmann, N. (1992b). *Universität als Milieu. Kleine Schriften. hrsg. von André Kieserling.* Bielefeld.

Luhmann, N. (1993) *»Was ist der Fall?« und »Was steckt dahinter?« Die zwei Soziologien und die Gesellschaftstheorie. Bielefelder Universitätsgespräche und Vorträge 3.* Bielefeld.

Luhmann, N. (1996). *Die neuzeitlichen Wissenschaften und die Phänomenologie.* Wien.

Luhmann, N. (1997). *Die Gesellschaft der Gesellschaft.* 2 Bde. Frankfurt.

M

Mahler, E. (1971). *Psychische Konflikte und Hochschulstruktur. Gruppenprotokolle.* Frankfurt.

Mai, S. (1991). Die »Hausfrauen«-Gruppe: Frauen beraten im Stadtteil. In F. Nestmann & C. Schmerl (Hrsg.), *Frauen – Das hilfreiche Geschlecht. Dienst am Nächsten oder soziales Expertentum?* (S. 69–82). Hamburg.

Mayer, B. (1979). *Empirische Untersuchung einer kooperativen Studentenberatung und theoretische Aspekte einer emanzipatorischen Bildungsberatung.* Tübingen.

Mecheril, P. (1996). Auch das noch... Ein handlungsbezogenes Rahmenkonzept Interkultureller Beratung. *Verhaltenstherapie und psychosoziale Praxis, 28,* 17–35.

Mentzos, S. (1976). *Interpersonale und institutionelle Abwehr.* Frankfurt.

MfWF (= Ministerium für Wissenschaft und Forschung des Landes Nordrhein-Westfalen) (1996). (Hrsg.). *Handbuch Hochschulen in Nordrhein-Westfalen. Teil 1: Gesetze Verordnungen, Erlasse.* Düsseldorf.

Moeller, M.L. & Scheer, J. (1974). *Psychotherapeutische Studentenberatung. Probleme der Klienten, Problematik der Institution.* Stuttgart.

Moeller, M.L. (1988). *Die Wahrheit beginnt zu zweit.* Hamburg.

Mollenhauer, K. (1965). *Führung und Beratung in pädagogischer Sicht.* Heidelberg.

Montessori, M. (1952). *Kinder sind anders.* Stuttgart.

Mühlen Achs, G. (1996). Die Macht der Berührung. In H. Bußmann & K. Lange (Hrsg.), *Peinlich berührt. Sexuelle Belästigung von Frauen an Hochschulen* (S. 65–84). München.

Müller, H.-P. (1992). *Sozialstruktur und Lebensstile. Der neuere theoretische Diskurs über sozialer Ungleichheit.* Frankfurt.

Müller, U. (1999). Asymmetrische Geschlechterkultur in der Hochschule. In A. Neusel & A. Wetterer (Hrsg.), *Vielfältige Verschiedenheiten. Geschlechterverhältnisse in Studium, Hochschule und Beruf* (S. 135–195). Frankfurt.

N

Negt, O. (1995). *Achtundsechzig. Politische Intellektuelle und Macht.* Göttingen.

Nestmann, F. (1981). Artikel »Beratung« In G. Rexilius & S. Grubitzsch (Hrsg.), *Handbuch psychologischer Grundbegriffe. Mensch und Gesellschaft in der Psychologie* (S. 128–135). Hamburg.

Nestmann, F. (1983/84). *Projektbericht: Nicht professionelle psychosoziale Beratung. Gastwirte als Alltagsberater.* Fakultät für Pädagogik, Universität Bielefeld.

Nestmann, F. (1988). Artikel »Beratung« und »Alltägliche psychosoziale Intervention«. In G. Hörmann & F. Nestmann (Hrsg.), *Handbuch der psychosozialen Intervention* (S. 101–113, 160–169). Opladen.

Nestmann, F. (1988a). *Die alltäglichen Helfer. Theorien sozialer Unterstützung und eine Untersuchung alltäglicher Helfer aus vier Dienstleistungsbereichen.* Berlin.

Nestmann, F. (1991). Beratung, soziale Netzwerke und soziale Unterstützung. In M. Beck, G. Brückner & H.-U.Thiel (Hrsg.), *Psychosoziale Beratung* (S. 47–69). Tübingen.

Nestmann, F. (1996). Psychosoziale Beratung – ein ressourcentheoretischer Entwurf. *Verhaltenstherapie und psychosoziale Praxis, 28,* 359–376.

Nestmann, F. (1997). (Hrsg.). *Beratung. Bausteine für eine interdisziplinäre Wissenschaft und Praxis.* Tübingen.

Nestmann, F. (1997a). Beratung als Ressourcenförderung. In F. Nestmann (Hrsg.), *Beratung. Bausteine einer interdisziplinären Wissenschaft und Praxis* (S. 15–38), Tübingen.

Nestmann, F. (1997b). Big Sister is Inviting You – Counseling und Counseling Psychology. In F. Nestmann (Hrsg.), *Beratung. Bausteine einer interdisziplinären Wissenschaft und Praxis* (S. 161–178). Tübingen.

Nestmann, F. (1997c). Beratung als eigenständige Profession. In Zentrale Studentenberatung der Universität Bielefeld (Hrsg.), *Arbeitsfeld »Studentenberatung« – zum professionellen Umgang mit individuellen Bedürfnissen. (Tagungsbericht)* (S. 10–22). Bielefeld.

Neue Praxis: Sonderheft: »Sozialarbeit und Therapie« (1978). Neuwied.

Neumann, W. (1994). Zentrale Studentenberatung. In P. Lundgreen (Hrsg.), *Reformuniversität Bielefeld 1969–1994. Zwischen Defensive und Innovation* (S. 458–460). Bielefeld.

O, P

Oswald, G.M. (1997). *Lichtenbergs Fall.* München.

Pearson, R.E. (1996). *Beratung und soziale Netzwerke. Lern- und Praxisanleitung zur Förderung sozialer Unterstützung.* Weinheim.

Peter, L. (1998). Habitus und männliche Herrschaft. Das Geschlechterverhältnis in der Theorie von Pierre Bourdieu. *Forum Wissenschaft,* 1/98, 45–49.

PSAG-Fachgruppe Beratung und Therapie (1996). (Hrsg.). *Familien-, Erziehungs- und Lebensberatung in Bielefeld. Gemeinsamer Arbeitsbericht Bielefelder Beratungsstellen für das Jahr 1995,* Bielefeld.

Psychotherapeutische Beratungsstelle des Studentenwerks Heidelberg (1985). *Informationspapier zur Hochschulpsychotherapie in Heidelberg.* Heidelberg.

R

Radkau, J. (1998). *Das Zeitalter der Nervosität.* München.

Rahm, D. (1979). *Gestaltberatung. Grundlagen und Praxis integrativer Beratungsarbeit.* Paderborn.

Redlich, A. (1997). Psychologische Beratung ist mehr als verkürzte Therapie. In F.

Nestmann (Hrsg.), *Beratung. Bausteine einer interdisziplinären Wissenschaft und Praxis* (S. 151–160). Tübingen.

Rinkens, H.-D. (1997). Zusammenarbeit von Beratungseinrichtungen für Studierende. *Beiträge zur Hochschulpolitik,* 2/98, 12–18.

Röhrle, B. (1994). *Soziale Netzwerke und soziale Unterstützung.* Weinheim/München.

Rogers, C. (1992). *Entwicklung der Persönlichkeit.* (9. Aufl.). Stuttgart.

Rogers, R.D. (1972). *Die nicht-direktive Beratung.* München.

Rompeltien, Bärbel (1994). *Die Bewerbung. Ein Trainingshandbuch zur Berufs- und Lebensplanung von Hochschulabsolventinnen.* München.

Rose, L. (1997). Körperästhetik im Wandel. Versportung und Entmütterlichung des Körpers in den Weiblichkeitsidealen der Risikogesellschaft. In I. Dölling & B. Krais (Hrsg.), *Ein alltägliches Spiel. Geschlechterkonstruktion in der sozialen Praxis* (S. 125–149). Frankfurt.

S

Scheich, E. (1996). (Hrsg.). *Vermittelte Weiblichkeit. Feministische Wissenschafts- und Gesellschaftstheorie.* Hamburg.

Schmerl, C. (1984). *Das Frauen- und Mädchenbild in den Medien.* Opladen.

Schmitz, H. (1989). *Leib und Gefühl. Materialien zu einer philosophischen Therapeutik.* Paderborn.

Schnautz, R. (1981). Artikel »Berufsberatung«. In G. Rexilius & S. Grubitzsch (Hrsg.), *Handbuch psychologischer Grundbegriffe* (S. 135–140). Hamburg.

Schrödter, W. (1997). Zum Konzept von Beratung als integrativer Bestandteil der psychosozialen Versorgung. In F. Nestmann (Hrsg.), *Beratung. Bausteine einer interdisziplinären Wissenschaft und Praxis* (S. 71–90). Tübingen.

Schuch, H.-W. (1983). *Formierung psychosozialer Prozesse. Zur Problematik bürokratischer Hilfe.* Gießen.

Schwibs, B. (1988). Erläuterungen zum französischen Hochschulsystem. In P. Bourdieu (Hrsg.), *Homo akademicus* (S. 437–455). Frankfurt.

Sennett, R. (1998). *Der flexible Mensch. Die Kultur des neuen Kapitalismus.* Berlin.

Soden, K. v. (1988). *Die Sexualberatungsstellen der Weimarer Republik. 1919–1933,* Berlin.

Sozialwissenschaftliche Forschung und Praxis e.V. (1978 & 1988). (Hrsg.). *beiträge zur feministischen theorie und praxis.* Köln. Heft 1. »Erste Orientierungen«. München 1978; Heft. 21/22 »Mamalogie« Köln 1988.

Spazier, D. & Bopp, J. (1975). *Grenzübergänge. Psychotherapie als kollektive Praxis.* Frankfurt.

Statistisches Jahrbuch 1997/98 der Universität Bielefeld, (1998) hrsg. von der Informations- und Pressestelle der Universität Bielefeld. Bielefeld.

Strupp, H.H. & Binder, J.L. (1991). *Kurzpsychotherapie.* Stuttgart.

T

Tausch, R. & Tausch, A.-M. (1991) *Erziehungspsychologie.*(10. Auflage). Göttingen.

Thiersch, H. (1991). Soziale Beratung. In M. Beck, G. Brückner & H.-U. Thiel (Hrsg.), *Psychosoziale Beratung* (S. 23–34). Tübingen.

Thiersch, H. (1995). Wohlfahrtsstaat im Umbruch – Perspektiven der sozialen Arbeit. *neue praxis* 3, 311–321.

Thiersch, H. (1997). Soziale Beratung. In F. Nestmann (Hrsg.), *Beratung. Bausteine einer interdisziplinären Wissenschaft und Praxis* (S. 99–110). Tübingen.

V, W

Vogt, I. (1997). Geschlechtsspezifische Aspekte von Beratung – Exemplarische Überlegungen am Beispiel der Suchtkrankenhilfe. In F. Nestmann (Hrsg.), *Beratung. Bausteine einer interdisziplinären Wissenschaft und Praxis* (S. 137–150). Tübingen.

Wagner, W. (1977). *Uni-Angst und Uni-Bluff.* Frankfurt.

Wagner, W. (1992). *Uni-Angst und Uni-Bluff. Wie studieren und sich nicht verlieren.* Vollständig überarbeitete Neuauflage. Hamburg.

Willke, H. (1994). *Systemtheorie II: Interventionstheorie. Grundzüge einer Theorie der Intervention in komplexe Systeme.* Stuttgart/Jena.

Willutzki, U. & Lüker, N. (1991). Mythen und Meinungen zu sexuellem Mißbrauch: Die Perspektive von PraktikerInnen im psychosozialen Bereich. In M. Beck G. Bückner & H.-U. Thiel (Hrsg.), *Psychosoziale Beratung* (S. 145–156). Tübingen.

Z

Ziolko, H.U. (1969). (Hrsg.). *Psychische Störungen bei Studenten.* Stuttgart.

ZSB-INFO: Materialien Studientechniken. (1995). Herausgegeben von der Zentralen Studentenberatung der Universität Bielefeld. Bielefeld.

ZSB-Jahresbericht 1995. (1996). Herausgegeben von der Zentralen Studentenberatung der Universität Bielefeld. Bielefeld

Zygowski, H. (1984). (Hrsg). *Erziehungsberatung in der Krise. Analysen und Erfahrungen.* Tübingen.

Zygowski, H. (1987). (Hrsg.) *Psychotherapie und Gesellschaft. Therapeutische Schulen in der Kritik.* Hamburg.

Zygowski, H. (1989). *Grundlagen psychosozialer Beratung.* Opladen.

María del Mar Castro Varela, Sylvia Schulze, Silvia Vogelmann & Anja Weiß (Hrsg.)

Suchbewegungen

Interkulturelle Beratung und Therapie

Forum 40, 1998, 320 Seiten, DM 44.-
ISBN 3-87159-140-8

Suchbewegungen. Der Titel des Buches ist zugleich Programm. Zu Wort kommen nicht nur TherapeutInnen und BeraterInnen, sondern auch die NutzerInnen psychosozialer Arbeit. Aus unterschiedlichen Perspektiven üben sie Kritik an der gängigen Praxis, stellen bestehende theoretische und therapeutische Zugänge in Frage und erkunden die (Un-)Möglichkeiten einer "anderen" psychosozialen Arbeit:
– Ausbildungskonzepte, die einen ressourcenorientierten, reflexiven und kreativen Zugang zu interkultureller Arbeit ermöglichen.
– Ansatzpunkte zur gezielten Öffnung von Institutionen für alle potentiellen NutzerInnen und Professionellen – für Schwarze Deutsche, JüdInnen, weibliche Flüchtlinge, Vielsprachige, Sinti und Roma.
– Überlegungen zu einem neuen, pluralistischen Selbstverständnis von psychosozialer Professionalität.
Herausgeberinnen und AutorInnen wollen hiermit eine Suche in Gang setzen und damit Bewegung in die psychosoziale Arbeit bringen. Das Ziel ist eine der interkulturellen Realität angemessene psychosoziale Arbeit.

Aus dem Inhalt:

Frank Nestmann (Hrsg.)

Beratung
Bausteine für eine interdisziplinäre Wissenschaft und Forschung

Beratung tritt immer weiter aus dem Schatten klinisch-therapeutischer Orientierung. Von AutorInnen aus ganz unterschiedlichen Professionen werden zunehmend neue Konzepte psychosozialer Beratungstheorie und -praxis entwickelt, die zum ersten Mal in diesem Band zusammenfassend vorgestellt werden.

Die Beiträge zeigen eindrucksvoll die Perspektive einer eigenständigen Beratungsidentität für professionelle Helferinnen und Helfer auf, die im diversifiziertesten aller Tätigkeitsfelder psychologischer, pädagogischer und sozialer Arbeit tätig sind.

Forum 37, 1997, 220 Seiten, DM 38.-
ISBN 3-87159-137-8

Aus dem Inhalt:

Frank Nestmann
Beratung als Ressourcenförderung

Dietmar Chur
Beratung und Kontext - Überlegungen zu einem handlungsanleitenden Modell

Wolfgang Schrödter
Zum Konzept von Beratung als integrativer Bestandteil der psychosozialen Versorgung

Ewald Johannes Brunner
Der synergetische Effekt in der Beratung

Hans Thiersch
Soziale Beratung

Ruth Großmaß
Paradoxien und Möglichkeiten psychosozialer Beratung

Irmgard Vogt
Geschlechtsspezifische Aspekte von Beratung - Exemplarische Überlegungen am Beispiel der Suchtkrankenhilfe

Alexander Redlich
Psychologische Beratung ist mehr als verkürzte Therapie

Frank Nestmann
Big sister is inviting you - counseling und counseling psychology

Frank Engel
da capo - oder moderne Beratung im Themenpark der Postmoderne

Bitte fordern Sie unser Gesamtverzeichnis an:
dgvt-Verlag, Hechinger Str. 203, 72072 Tübingen
Tel. (07071) 792850, Fax: 792851, E-Mail: dgvt-Verlag@dgvt.de